# 机动车安全技术检验机构检验技术人员专业技术培训教程

山东认证协会　编写

山东大学出版社

# 《机动车安全技术检验机构检验技术人员专业技术培训教程》编委会

**主　编**：郑培堂　凌　云

**副主编**：秦占波　王代路

**编　委**：（以姓氏笔画为序）

王代路　王志刚　王言宁　刘淑敏

陈建文　郑培堂　凌　云　秦占波

唐向臣　郝　芹　樊玉建

# 再版前言

近年来，我省机动车保有量不断攀升，一方面有力地促进了经济社会的发展，保障了人民群众生活水平的提高；另一方面，我们也应该清醒地认识到，各类交通事故频发给广大人民群众的生命财产安全和社会稳定带来严重损害。为切实保护人身安全，保护公民、法人和其他组织的财产安全及其他合法权益，提高道路通行质量和效率，我国于2003年10月颁布实施了《中华人民共和国道路交通安全法》。按照法律要求实施的机动车安全技术检验是有效预防和减少机动车交通事故的重要技术手段。2009年10月，国家质检总局出台了《机动车安全技术检验机构监督管理办法》（质检总局令第121号），对机动车安检机构检验行为进行了全面规范。为进一步创新改革机动车安全技术检验工作，规范检验行为，加强检验监管，创新服务措施，国家相关部门出台了《关于加强和改进机动车检验工作的意见》《检验检测机构资质认定 机动车安全技术检验机构评审补充要求》等一系列政策措施，并修订了《机动车运行安全技术条件》（已于2012年9月1日起施行）和《机动车安全技术检验项目和方法》（已于2015年3月1日起施行）。

机动车安全技术性能标准的有效落实是机动车能安全行驶的重要保证，机动车安检机构对做好机动车安全技术检验把关有着不可推卸的责任。安检机构检验人员的素质和能力直接影响机动车的安全检验质量，影响交通安全和人民生命财产的保障。为进一步规范全省机动车安检机构检验人员的检验行为，全面提升安全技术检验技能，切实减少由机动车安全技术检验把关不严所导致的道路交通安全事故，山东认证协会组织部分专家对2012年出版的《机动车安全技术检验机构检验技术人员专业技术培训教程》进行了改版：一是根据知识和逻辑结构调整了部分章节的顺序；二是根据《机动车运行安全技术条件》和《机动车安全技术检验项目和方法》调整了机动车安全技术检验项目、方法和要求；三是根据国家有关要求对检验人员上岗资格和能力要求作了相应的明确。

再版后的《机动车安全技术检验机构检验技术人员专业技术培训教程》以机动车安全技术检验相关法律法规为框架，结合省质监局的有关要求以及山东省机动车安全检验业务工作特点和需要，力求实现将技术法规要求与机动车行业发展需要有机结合，并将国家技术法规的要求转化为指导性的操作方法，使机动车安全技术检验人员易于学习和掌握。

希望广大机动车安检机构检验人员和机动车安检机构资格许可管理人员，认真学习掌握相关知识，熟悉相关要求，提高专业素质和操作技能，力争为全面提升全省机动车安全技术检验工作水平打下良好的基础。

本教程在编写过程中得到了省质监局领导的指导和支持。同时临沂市公安局交警支队机动车检测站、济南政务汽车检测中心、临朐县机动车辆检测中心、山东省交通科学研究所、济南新凌志检测技术有限公司、山东省汽车质量监督检验站等单位也对本教程的编写给予了大力协助，并承担主要编写工作。在此表示衷心的感谢。

本教程虽然经多次评审和修改，但由于编写时间仓促，难免还存在错漏之处，恳请广大读者批评指正。

编　者

2016 年 2 月 25 日

# 目 录

# 第一章　机动车安全技术检验基础知识

本章结合机动车安全技术检验的实际情况，主要对机动车安全技术检验部分相关术语、机动车分类等基础知识进行讲解，旨在为检验人员奠定良好的检验基础。

## 第一节　机动车安全技术检验部分相关术语

### 一、机动车安检机构

机动车安检机构是指在中华人民共和国境内，根据《中华人民共和国道路交通安全法》及其实施条例的规定，按照机动车国家安全技术标准等要求，对上道路行驶的机动车进行检验，并向社会出具公证数据的检验机构。

### 二、机动车检验

1. 机动车安全技术检验

机动车安全技术检验是指根据《中华人民共和国道路交通安全法》及其实施条例规定，按照机动车国家安全技术标准等要求，对上道路行驶的机动车进行检验检测的活动，包括机动车注册登记时的初次安全技术检验和登记后的定期安全技术检验。

2. 注册登记检验

注册登记检验是指机动车安全技术检验机构对申请注册登记的机动车进行的安全技术检验。

3. 在用机动车检验

在用机动车检验是指机动车安全技术检验机构对已注册登记的机动车进行的安全技术检验。

### 三、国产汽车型号编制规则

在安检机构进行检验前，登录员要登录被检车辆的基本信息，其中包括车辆型号。1988 年，国家颁布了《汽车产品型号编制规则》(GB 9417—88)。对于汽车产品型号的构成，各企业均有自己的编制规则，但一般均由企业名称代码、车辆类别代号、主参数代号、产品序号等组成(见图 1-1)。同时，有些企业为了便于内部管理，又制定了一些内控编号，通过编号能更清楚地看出车辆的参数，如发动机功率区间、轴距、驱动方式、发动机排量、驾驶室特征等，但这些编号仅在企业内部使用。

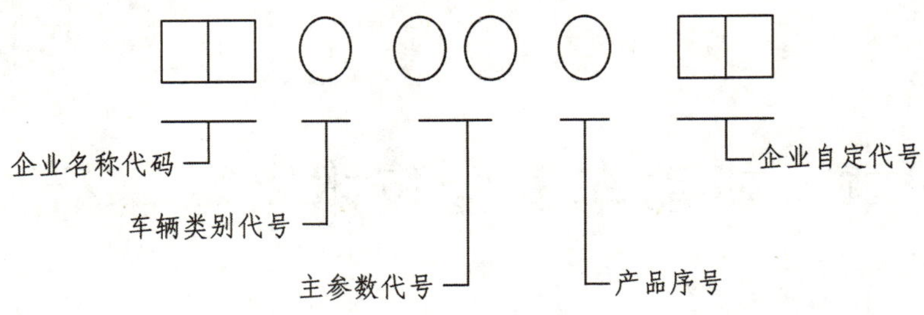


图 1-1　汽车型号编制规则

主参数代号用两位阿拉伯数字表示，载货汽车、越野汽车、自卸汽车、牵引汽车、专用汽车与半挂车的主参数代号为车辆的总质量(t)。牵引汽车的总质量包括牵引座上的最大质量。当总质量在 100 t 以上时，允许用 3 位数字表示。客车及半挂车的主参数代号为车辆长度(m)。当车辆长度小于 10 m 时，应精确到小数点后一位，并以长度(m)值的 10 倍数值表示。轿车的主参数代号为发动机排量(L)，应精确到小数点后一位，并以其值的 10 倍数值表示。主参数的数字修约按《数值修约规则与极限数值的表示与判定》(GB/T 8170)的规定，主参数不足规定位数时，在参数前以“0”占位。

车辆类别代号详见表 1-1。

**表 1-1**　**车辆类别代号**

| 车辆类别代号 | 车辆种类 | 车辆类别代号 | 车辆种类 | 车辆类别代号 | 车辆种类 |
|---|---|---|---|---|---|
| 1 | 载货汽车 | 4 | 牵引汽车 | 7 | 轿车 |
| 2 | 越野汽车 | 5 | 专用汽车 | 8 | 暂无 |
| 3 | 自卸汽车 | 6 | 客车 | 9 | 半挂车及专用半挂车 |

对于专用汽车，还要有专用汽车分类代号(见图 1-2)。

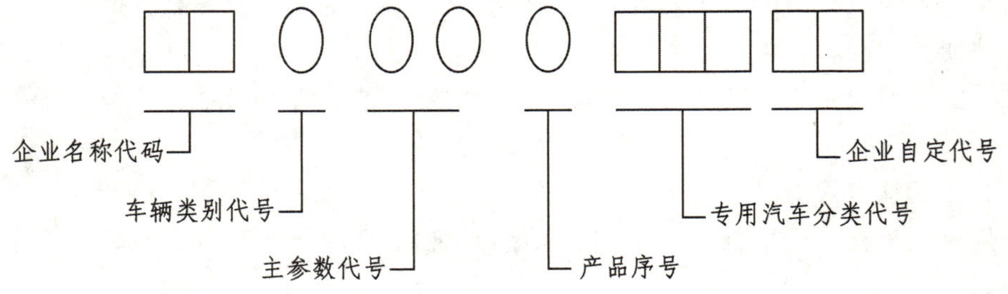


图 1-2　专用汽车编号规则

专用汽车分类代号位于产品型号的第五部分，用反映车辆结构和用途特征的 3 个汉语拼音表示，结构特征代号见表 1-2 。

**表 1-2**　**结构特征代号**

| 厢式汽车 | 罐式汽车 | 专用自卸车 | 特种结构汽车 | 起重举升汽车 | 仓栅式汽车 |
|---|---|---|---|---|---|
| X | G | Z | T | J | C |

产品型号的最后一部分一般是企业自定代号，同一种汽车结构略有变化而需要区别时（例如汽油、柴油发动机，长、短轴距，单、双排驾驶室，平、凸头驾驶室，左、右置方向盘等），可用汉语拼音字母和阿拉伯数字表示，位数也由企业自定。

## 四、机动车号牌的分类、规格、颜色及适用范围

《中华人民共和国机动车号牌》（GA 36-2014）中规定了机动车号牌（以下简称“号牌”）的分类、规格、颜色及适用范围（见表 1-3）。

**表 1-3　号牌的分类、规格、颜色及适用范围**

<table>
<tr><th>序号</th><th>分类</th><th>外廓尺寸（mm×mm）</th><th>颜色</th><th>数量</th><th>适用范围</th></tr>
<tr><td>1</td><td>大型汽车号牌</td><td>前：440×140<br>后：440×220</td><td rowspan="2">黄底黑字，黑框线</td><td>2</td><td>符合 GA 802 规定的中型（含）以上载客、载货汽车和专项作业车；电车</td></tr>
<tr><td>2</td><td>挂车号牌</td><td>440×220</td><td>1</td><td>符合 GA 802 规定的挂车</td></tr>
<tr><td>3</td><td>小型汽车号牌</td><td rowspan="6">440×140</td><td>蓝底白字，白框线</td><td rowspan="6">2</td><td>符合 GA 802 规定的中型以下的载客、载货汽车和专项作业车</td></tr>
<tr><td>4</td><td>使馆汽车号牌</td><td rowspan="2">黑底白字，红“使”“领”字，白框线</td><td>驻华使馆的汽车</td></tr>
<tr><td>5</td><td>领馆汽车号牌</td><td>驻华领事馆的汽车</td></tr>
<tr><td>6</td><td>港澳入出境车号牌</td><td>黑底白字，白“港”“澳”字，白框线</td><td>港澳地区入出内地的汽车</td></tr>
<tr><td>7</td><td>教练汽车号牌</td><td>黄底黑字，黑“学”字，黑框线</td><td>教练用汽车</td></tr>
<tr><td>8</td><td>警用汽车号牌</td><td>白底黑字，红“警”字，黑框线</td><td>汽车类警车</td></tr>
<tr><td>9</td><td>普通摩托车号牌</td><td rowspan="6">220×140</td><td>黄底黑字，黑框线</td><td rowspan="6">1</td><td>符合 GA 802 规定的两轮普通摩托车、边三轮摩托车和正三轮摩托车</td></tr>
<tr><td>10</td><td>轻便摩托车号牌</td><td>蓝底白字，白框线</td><td>符合 GA 802 规定的两轮轻便摩托车和正三轮轻便摩托车</td></tr>
<tr><td>11</td><td>使馆摩托车号牌</td><td>黑底白字，红“使”字，白框线</td><td>驻华使馆的摩托车</td></tr>
<tr><td>12</td><td>领馆摩托车号牌</td><td>黑底白字，红“领”字，白框线</td><td>驻华领事馆的摩托车</td></tr>
<tr><td>13</td><td>教练摩托车号牌</td><td>黄底黑字，黑“学”字，黑框线</td><td>教练用摩托车</td></tr>
<tr><td>14</td><td>警用摩托车号牌</td><td>白底黑字，红“警”字，黑框线</td><td>摩托车类警车</td></tr>
<tr><td>15</td><td>低速车号牌</td><td>300×165</td><td>黄底黑字，黑框线</td><td>2</td><td>符合 GA 802 规定的低速载货汽车、三轮汽车和轮式专用机械车</td></tr>
</table>

续表

<table>
<tr><th>序号</th><th>分类</th><th>外廓尺寸<br>(mm×mm)</th><th>颜色</th><th>数量</th><th>适用范围</th></tr>
<tr><td rowspan="7">16</td><td rowspan="7">临时行驶车号牌</td><td rowspan="8">220×140</td><td rowspan="2">天(酞)蓝底纹,黑字,黑框线</td><td>2</td><td>行政辖区内临时行驶的载客汽车</td></tr>
<tr><td>1</td><td>行政辖区内临时行驶的其他机动车</td></tr>
<tr><td rowspan="2">棕黄底纹,黑字,黑框线</td><td>2</td><td>跨行政辖区临时移动的载客汽车</td></tr>
<tr><td>1</td><td>跨行政辖区临时移动的其他机动车</td></tr>
<tr><td rowspan="2">棕黄底纹,黑字,黑框线,黑“试”字</td><td>2</td><td>试验用载客汽车</td></tr>
<tr><td>1</td><td>试验用其他机动车</td></tr>
<tr><td>棕黄底纹,黑字,黑框线,黑“超”字</td><td>1</td><td>特型机动车,质量参数和/或尺寸参数超出《道路车辆外廓尺寸、轴荷及质量限值》(GB 1589)规定的汽车、挂车和汽车列车</td></tr>
<tr><td>17</td><td>临时入境汽车号牌</td><td>白底棕蓝色专用底纹,黑字,黑边框</td><td>1</td><td>临时入境汽车</td></tr>
<tr><td>18</td><td>临时入境摩托车号牌</td><td>88×60</td><td>白底棕蓝色专用底纹,黑字,黑边框</td><td>1</td><td>临时入境摩托车</td></tr>
<tr><td>19</td><td>拖拉机号牌</td><td colspan="3">按 NY 345.1—2005 执行</td><td>上道路行驶的拖拉机</td></tr>
</table>

## 五、常用术语

1. 道路车辆

道路车辆指设计和制造上用于在道路上载运人员、运送物品或进行专项作业,法律允许上道路行驶的车辆,包括机动车和非机动车。

2. 拼装车

拼装车指未经国家机动车产品主管部门许可生产的机动车,或者使用了报废机动车的发动机(电动机)、方向机、变速器、前后桥、车架等五大总成之一组装的机动车。

3. 非法改装车

非法改装车指未经国家有关部门批准,改变了已认证或者已登记的结构、构造或者特征的机动车。

4. 进口机动车

进口机动车是指:①经国家限定口岸海关进口的汽车;②经各口岸海关进口的其他机动车;③海关监管的机动车;④国家授权的执法部门没收的走私、无合法进口证明和利用进口关键件非法拼(组)装的机动车。

5. 进口机动车进口凭证

进口机动车进口凭证是指:①进口汽车的进口凭证,是国家限定口岸海关签发的《货物进口证明书》;②其他进口机动车的进口凭证,是各口岸海关签发的《货物进口证明书》;③海关监管的机动车的进口凭证,是监管地海关出具的《中华人民共和国海关监管车辆进(出)境领(销)牌照通知书》;④国家授权的执法部门没收的走私、无进口证明和利用进口关键件非法拼(组)装的机动车的进口凭证,是该部门签发的《没收走私汽车、摩托车证明书》。

## 第二节　机动车分类

机动车的分类方法有很多,可以按机动车规格、机动车结构和机动车使用性质来进行细分。目前,我国涉及机动车分类、术语及定义的现行的国家标准、行业标准及部门规章主要有《机动车运行安全技术条件》(GB 7258－2012)、《机动车辆及挂车分类》(GB/T 15089－2001)、《机动车类型　术语和定义》(GA 802－2014)、《汽车和挂车类型的术语和定义》(GB/T 3730.1－2001)、《机动车安全技术检验机构检验资格许可办理程序》(国质检监〔2009〕521号)等。机动车登记时,规格术语在前,结构术语在后,如“大型普通客车”“中型罐式货车”。无对应的规格术语时,车辆类型按照结构术语确定,如“轮式装载机械”。三轮汽车无对应的结构术语,其车辆类型统一为“三轮汽车”。除三轮汽车外的其他汽车,其结构特征无对应的结构术语时,车辆类型按照机动车规格术语及最相近的结构术语相加确定。有轨电车无对应的结构术语,其车辆类型根据规格术语确定,如“大型有轨电车”。《机动车安全技术检验项目和方法》(GB 21861－2014)的相关术语定义与《机动车运行安全技术条件》《机动车辆及挂车分类》相同。下面就各标准和规章制度中对机动车的分类及定义分别作一介绍。

### 一、《机动车运行安全技术条件》(GB7258-2012)确定的机动车分类

《机动车运行安全技术条件》(GB7258-2012)是我国机动车运行安全管理的最基本的技术标准。根据《机动车运行安全技术条件》(GB7258-2012)定义,机动车是由动力装置驱动或牵引,上道路行驶的供人员乘用或用于运送物品以及进行工程专项作业的轮式车辆,包括汽车及汽车列车、摩托车、拖拉机运输机组、轮式专用机械车、挂车。

(一)《机动车运行安全技术条件》(GB7258-2012)确定的机动车分类(见表1-4)

**表1-4　《机动车运行安全技术条件》确定的机动车分类**

<table>
<tr><th colspan="3">机动车类型</th><th>备注</th></tr>
<tr><td rowspan="8">机动车</td><td rowspan="3">汽车</td><td>载客汽车</td><td rowspan="8">①按燃料种类或使用能源种类可分为:汽油车、柴油车、气体燃料汽车、两用燃料汽车、纯电动汽车、插电式混合动力汽车、燃料电池汽车<br>②按经营性质可分为:营运车辆、非营运车辆<br>③其他特殊车辆:教练车、残疾人专用汽车</td></tr>
<tr><td>载货汽车</td></tr>
<tr><td>专项作业车</td></tr>
<tr><td colspan="2">挂车</td></tr>
<tr><td colspan="2">摩托车</td></tr>
<tr><td colspan="2">轮式专用机械车</td></tr>
<tr><td colspan="2">组成拖拉机运输机组的拖拉机</td></tr>
<tr><td colspan="2">特型机动车</td></tr>
</table>

(二)《机动车运行安全技术条件》确定的机动车分类定义(见表1-5)

**表 1-5　《机动车运行安全技术条件》确定的机动车分类定义**

<table>
<tr><th>序号</th><th>机动车类型</th><th colspan="3">分类定义</th><th>备注</th></tr>
<tr><td rowspan="4">1</td><td rowspan="4">汽车：由动力驱动，具有四个或四个以上车轮的非轨道承载的车辆，主要用于：<br>(1)载运人员和/或货物(物品)<br>(2)牵引载运货物(物品)的车辆或特殊用途的车辆</td><td rowspan="4">(1)载客汽车：设计和制造上主要用于载运人员的汽车，包括装置有专用设备或器具但以载运人员为主要目的的汽车</td><td colspan="2">①乘用车：设计和制造上主要用于载运乘客及其随身行李和/或临时物品的汽车，包括驾驶人座位在内最多不超过 9 个座位。它也可以牵引一辆中置轴挂车</td><td rowspan="4">注①：按燃料种类或使用能源种类定义：<br>a. 汽油车：以汽油为燃料的机动车<br>b. 柴油车：以柴油为燃料的机动车<br>c. 气体燃料汽车：装备以石油气、天然气或煤气等气体为燃料的汽车。<br>d. 两用燃料汽车：具有两套相互独立的燃料供给系统。一套供给天然气或液化石油气，另一套供给其他燃料。两套燃料供给系统可分别但不可同时向燃烧室供给燃料的汽车，如汽油/压缩天然气两用燃料汽车、汽油/液化石油气两用燃料汽车等<br>e. 双燃料汽车：具有两套燃料供给系统。一套供给天然气或液化石油气，另一套供给其他燃料，两套燃料供给系统按预定的配比向燃烧室供给燃料，在缸内混合燃烧的汽车，如柴油—压缩天然气双燃料汽车，柴油—液化石油气双燃料汽车等。<br>f. 纯电动汽车：由电动机驱动，且驱动电能来源于车载可充电蓄电池或其他能量储存装置的汽车[GB/T 19596—2004 的 3.1.1.1.1]</td></tr>
<tr><td rowspan="3">② 客车：设计和制造上主要用于载运乘客及其随身行李的汽车，包括驾驶人座位在内座位数超过 9 个</td><td>A. 公路客车　长途客车：为城间(城乡)运输乘客设计和制造的、专门从事旅客运输的客车，包括卧铺客车，即设计和制造供全体乘客卧睡的客车</td></tr>
<tr><td>B. 旅游客车：为旅游设计和制造的、专门用于运载游客的客车</td></tr>
<tr><td>C. 公共汽车　城市客车：为城市内运输乘客设计和制造的客车，根据是否设有乘客站立区可分为：<br>a. 设有乘客站立区的公共汽车，即最大设计车速小于 70 km/h、设有座椅及乘客站立区，并有足够的空间供频繁停站时乘客上下车走动，有固定的线路和车站，主要在城市建成区运营的客车；也包括无轨电车，即以电动机驱动，与电力线相连的客车<br>b. 未设置乘客站立区的公共汽车，即未设置乘客站立区，有固定的线路和车站，主要在城市道路运营的客车</td></tr>
</table>

续表

| 序号 | 机动车类型 | 分类定义 | | | 备注 |
|---|---|---|---|---|---|
| 1 | (3)专项作业<br>本术语还包括:<br>a.与电力线相连的车辆,如无轨电车<br>b.整车整备质量超过 400 kg 的不带驾驶室的三轮车辆<br>c.整车整备质量超过 600 kg 的带驾驶室的三轮车辆 | | ③校车:用于有组织地接送 3 周岁以上学龄前幼儿或接受义务教育的学生上下学的 7 座以上的载客汽车 | A.幼儿校车:接送 3 周岁以上学龄前幼儿上下学的校车 | g.插电式混合动力汽车:具有一定的纯电驱动行驶里程,且在正常使用情况下可从非车载装置中获取电能量的混合动力汽车<br>h.燃料电池汽车:以燃料电池作为动力电源的汽车[GB/T 19596—2004 的 3.1.1.1.3]<br>注②:按经营性质定义:<br>营运车辆:从事道路客货运输的经营性车辆[GB/T 18565—2001 的 3.1]<br>注③:其他特殊车辆。<br>a.教练车:专门从事驾驶技能培训的汽车。<br>b.残疾人专用汽车:在采用自动变速器的乘用车上加装符合标准和规定的驾驶辅助装置,专门供特定类型的肢体残疾人驾驶的汽车 |
| | | | | B.小学生校车:接送小学生上下学的校车 | |
| | | | | C.中小学生校车:接送九年制义务教育阶段学生(小学生和初中生)上下学的校车 | |
| | | | | D.专用校车:设计和制造上专门用于运送 3 周岁以上学龄前幼儿或义务教育阶段学生的校车 | |
| | | (2)载货汽车:设计和制造上主要用于载运货物或牵引挂车的汽车,包括装置有专用设备或器具但以载运货物为主要目的的汽车 | ①半挂牵引车:装备有特殊装置用于牵引半挂车的汽车 | | |
| | | | ②低速汽车:三轮汽车和低速货车的总称 | A.三轮汽车:最大设计车速小于等于 50 km/h 的,具有三个车轮的货车 | |
| | | | | B.低速货车 低速载货汽车:最大设计车速小于 70 km/h 的,具有四个车轮的货车 | |
| | | | ③危险货物运输车:专门用于运输符合 GB 12268 等相关标准规定的危险货物的货车 | | |
| | | (3)专项作业车:装置有专用设备或器具,在设计和制造上用于专项作业的汽车,如汽车起重机、消防车、混凝土泵车、清障车、高空作业车、扫路车、吸污车、钻机车、仪器车、检测车、监测车、电源车、通信车、电视车、采血车、医疗车、体检医疗车等,但不包括以载运人员或货物为主要目的的汽车 | | | |

**续表**

<table>
<tr><th>序号</th><th>机动车类型</th><th colspan="2">分类定义</th><th>备注</th></tr>
<tr><td rowspan="3">2</td><td rowspan="3">挂车：设计和制造上需由汽车或拖拉机牵引，才能在道路上正常使用的无动力道路车辆，包括牵引杆挂车、中置轴挂车和半挂车，用于：<br>——载运货物；<br>——专项作业</td><td colspan="2">(1)牵引杆挂车　全挂车：至少有两根轴的挂车，具有以下特点：<br>——轴可转向<br>——通过角向移动的牵引杆与牵引车联结<br>——牵引杆可垂直移动，联结到底盘上，因此不能承受任何垂直力</td><td rowspan="3"></td></tr>
<tr><td colspan="2">(2)中置轴挂车：均匀受载时挂车质心紧靠车轴位置，牵引装置相对于挂车不能垂直移动、与牵引车连接时只有较小的垂直载荷作用于牵引车的挂车</td></tr>
<tr><td colspan="2">(3)半挂车：均匀受载时挂车质心位于车轴前面，装有可将垂直力和/或水平力传递到牵引车的联结装置的挂车</td></tr>
<tr><td rowspan="4">3</td><td rowspan="4">汽车列车：由汽车(低速汽车除外)牵引挂车组成的机动车，包括乘用车列车、货车列车和铰接列车</td><td colspan="2">(1)乘用车列车：乘用车和中置轴挂车的组合</td><td rowspan="4"></td></tr>
<tr><td rowspan="2">(2)货车列车：货车和牵引杆挂车或中置轴挂车的组合</td><td>①牵引杆挂车列车　全挂拖斗车　全挂汽车列车：货车和牵引杆挂车的组合</td></tr>
<tr><td>②中置轴挂车列车：货车和中置轴挂车的组合</td></tr>
<tr><td colspan="2">(3)铰接列车　半挂汽车列车：半挂牵引车和半挂车的组合</td></tr>
<tr><td rowspan="3">4</td><td rowspan="3">摩托车：由动力装置驱动的，具有两个或三个车轮的道路车辆，但不包括：<br>a.整车整备质量超过 400 kg 的不带驾驶室的三轮车辆；<br>b.整车整备质量超过 600 kg 的带驾驶室的三轮车辆；</td><td rowspan="3">(1)普通摩托车：无论采用何种驱动方式，其最大设计车速大于 50 km/h，或如使用内燃机，其排量大于 50 mL，或如使用电驱动，其电动机最大输出功率总和大于 4 kW 的摩托车，包括两轮普通摩托车、边三轮摩托车和正三轮摩托车</td><td>①两轮普通摩托车：装有一个从动轮和一个驱动轮的普通摩托车</td><td></td></tr>
<tr><td>②边三轮摩托车：在两轮普通摩托车的右侧装有边车的摩托车</td><td></td></tr>
<tr><td>③正三轮摩托车：装有与前轮对称分布的两个后轮的普通摩托车，且如设计和制造上允许装载货物或载运乘员，其最大设计车速小于 70 km/h</td><td></td></tr>
</table>

续表

<table>
<tr><th>序号</th><th>机动车类型</th><th colspan="2">分类定义</th><th>备注</th></tr>
<tr><td rowspan="2">4</td><td rowspan="2">c.最大设计车速、整车整备质量、外廓尺寸等指标符合相关国家标准和规定的，专供残疾人驾驶的机动轮椅车<br>d.电驱动的，最大设计车速不大于20 km/h，具有人力骑行功能，且整车整备质量、外廓尺寸、电动机额定功率等指标符合相关国家标准规定的两轮车辆</td><td rowspan="2">(2)轻便摩托车：无论采用何种驱动方式，其最大设计车速不大于 50 km/h 的摩托车，且：<br>——如使用内燃机，其排量不大于 50 mL；<br>——如使用电驱动，其电动机最大输出功率总和不大于 4 kW</td><td>①两轮轻便摩托车：装有一个从动轮和一个驱动轮的轻便摩托车</td><td></td></tr>
<tr><td>②正三轮轻便摩托车：装有与前轮对称分布的两个后轮的轻便摩托车</td><td></td></tr>
<tr><td>5</td><td colspan="3">拖拉机运输机组：由拖拉机牵引一辆挂车组成的用于载运货物的机动车，包括轮式拖拉机运输机组和手扶拖拉机运输机组</td><td>注④：本标准所指的拖拉机是指最高设计车速不大于 20 km/h、牵引挂车方可从事道路货物运输作业的手扶拖拉机和最高设计车速不大于 40 km/h 、牵引挂车方可从事道路货物运输作业的轮式拖拉机<br>注⑤：手扶拖拉机运输机组还包含手扶变型运输机，即发动机 12 小时标定功率不大于 14.7 kW，采用手扶拖拉机底盘，将扶手把改成方向盘，与挂车连在一起组成的折腰转向式运输机组</td></tr>
<tr><td>6</td><td colspan="3">轮式专用机械车：有特殊结构和专门功能，装有橡胶车轮可以自行行驶，最大设计车速大于 20 km/h 的轮式机械，如装载机、平地机、挖掘机、推土机等，但不包括叉车</td><td></td></tr>
<tr><td>7</td><td colspan="3">特型机动车：质量参数和/或尺寸参数超出 GB 1589 规定的汽车、挂车、汽车列车</td><td></td></tr>
</table>

## 二、《机动车辆及挂车分类》(GB/T 15089—2001)确定的机动车分类(见表 1-6)

**表 1-6　《机动车辆及挂车分类》确定的机动车分类定义**

| 序号 | 机动车类型 | 分类定义 | 备注 |
|---|---|---|---|
| 1 | L 类：两轮或三轮机动车辆 | $L_1$ 类：若使用热力发动机，其气缸排量不超过 50 mL，且无论何种驱动方式，其最高设计车速不超过 50 km/h 的两轮车辆 | |
| | | $L_2$ 类：若使用热力发动机，其气缸排量不超过 50 mL，且无论何种驱动方式，其最高设计车速不超过 50 km/h，具有任何车轮布置形式的三轮车辆 | |
| | | $L_3$ 类：若使用热力发动机，其气缸排量超过 50 mL，或无论何种驱动方式，其最高设计车速超过 50 km/h 的两轮车辆 | |
| | | $L_4$ 类：若使用热力发动机，其气缸排量超过 50 mL，或无论何种驱动方式，其最高设计车速超过 50 km/h，三个车轮相对于车辆的纵向中心平面为非对称布置的车辆(带边斗的摩托车) | |
| | | $L_5$ 类：若使用热力发动机，其气缸排量超过 50 mL，或无论何种驱动方式，其最高设计车速超过 50 km/h，三个车轮相对于车辆的纵向中心平面为对称布置的车辆 | |
| 2 | M 类：至少有四个车轮并且用于载客的机动车辆 | $M_1$ 类：包括驾驶员座位在内，座位数不超过 9 座的载客车辆[对于 $M_1$ 类中的多用途乘用车(定义见 GB/T 3730.1—2001 中的 2.1.1.8)，如果同时具有其定义中规定的两个条件，则不属于 $M_1$ 类，而是根据其质量看其属于 $N_1$、$N_2$ 还是 $N_3$ 类] | 注①：包括两个或多个不可分但却铰接在一起的铰接客车(定义见 GB/T 3730.1—2001 中的2.1.2.1.5)被认为是单个车辆<br>注②：为挂接半挂车而设计的牵引车(即半挂牵引车)，车辆分类所依据的质量是指处于可行驶状态的牵引车的质量，加上半挂车传递到牵引车上的最大垂直静载荷和牵引车自身最大设计装载质量(如果有的话)的和 |
| | | $M_2$ 类：包括驾驶员座位在内座位数超过 9 个，且最大设计总质量不超过 5000 kg 的载客车辆<br>A 级　可载乘员数(不包括驾驶员)不多于 22 人，并允许乘员站立<br>B 级　可载乘员数(不包括驾驶员)不多于 22 人，不允许乘员站立<br>Ⅰ级　可载乘员数(不包括驾驶员)多于 22 人，允许乘员站立，并且乘员可以自由走动<br>Ⅱ级　可载乘员数(不包括驾驶员)多于 22 人，只允许乘员站立在过道和/或提供不超过相当于两个双人座位的站立面积<br>Ⅲ级　可载乘员数(不包括驾驶员)多于 22 人，不允许乘员站立 | |
| | | $M_3$ 类：包括驾驶员座位在内座位数超过 9 个，且最大设计总质量超过 5000 kg 的载客车辆<br>A 级　可载乘员数(不包括驾驶员)不多于 22 人，并允许乘员站立<br>B 级　可载乘员数(不包括驾驶员)不多于 22 人，不允许乘员站立<br>Ⅰ级　可载乘员数(不包括驾驶员)多于 22 人，允许乘员站立，并且乘员可以自由走动<br>Ⅱ级　可载乘员数(不包括驾驶员)多于 22 人，只允许乘员站立在过道和/或提供不超过相当于两个双人座位的站立<br>面积<br>Ⅲ级　可载乘员数(不包括驾驶员)多于 22 人，不允许乘员站立 | |

续表

<table>
<tr><th>序号</th><th>机动车类型</th><th>分类定义</th><th>备注</th></tr>
<tr><td rowspan="3">3</td><td rowspan="3">N 类：至少有四个车轮且用于载货的机动车辆</td><td>$N_1$ 类：最大设计总质量不超过 3500 kg 的载货车辆</td><td rowspan="3">注③：对于为挂接半挂车而设计的牵引车辆（半挂牵引车），车辆分类所依据的质量是处于行驶状态中的牵引车的质量，加上半挂车传递到牵引车上的最大垂直静载荷，和牵引车自身最大设计装载质量（如果有的话）的和<br>注④：某些专用作业车（例如：汽车起重机、修理工程车、宣传车等）上的设备和装置被视为货物</td></tr>
<tr><td>$N_2$ 类：最大设计总质量超过 3500 kg，但不超过 12000 kg 的载货车辆</td></tr>
<tr><td>$N_3$ 类：最大设计总质量超过 12000 kg 的载货车辆</td></tr>
<tr><td rowspan="4">4</td><td rowspan="4">O 类：挂车（包括半挂车）</td><td>$O_1$ 类：最大设计总质量不超过 750 kg 的挂车</td><td rowspan="4">注⑤：$O_2$ 类、$O_3$ 类、$O_4$ 类挂车是 GB/T 3730.1—2001 中 2.2 中的一种<br>注⑥：就半挂车或中置轴挂车（见 GB/T 3730.1—2001 中的 2.2.2 和 2.2.3）而言，对挂车分类时所依据的质量是半挂车或中置轴挂车在满载并且和牵引车相连的情况下，通过其所有车轴垂直作用于地面的静载荷</td></tr>
<tr><td>$O_2$ 类：最大设计总质量超过 750 kg，但不超过 3500 kg 的挂车</td></tr>
<tr><td>$O_3$ 类：最大设计总质量超过 3500 kg，但不超过 10000 kg 的挂车</td></tr>
<tr><td>$O_4$ 类：最大设计总质量超过 10000 kg 的挂车</td></tr>
<tr><td>5</td><td colspan="3">G 类：指依据 5.4 提出的检测条件和 5.5 的定义和图示，满足本条要求的 M 类、N 类的越野车<br>5.1　$M_1$ 类和最大设计总质量不超过 2000 kg 的 $N_1$ 类车辆，如满足以下条件，就认为是 G 类车辆：<br>至少有一个前轴和至少有一个后轴能够同时驱动，其中包括一个驱动轴可以脱开的车辆；<br>至少有一个差速锁止机构或至少有一个具有类似作用的机构。<br>单车计算爬坡度至少为 30%，此外，还必须满足下列 6 项要求中的至少 5 项：<br>接近角≥25°；<br>离去角≥20°；<br>纵向通过角≥20°；<br>前轴离地间隙≥180 mm；<br>后轴离地间隙≥180 mm；<br>前后轴间的离地间隙≥200 mm。<br>5.2　最大设计总质量超过 2000 kg 的 $N_1$ 类、$N_2$ 类、$M_2$ 类或最大设计总质量不超过 12000kg 的 $M_3$ 类车辆，如果所有车轮设计为同时驱动（包括一轴的驱动可以脱开的车辆）或者如果满足下列三项要求，则认为是 G 类车辆：<br>至少有一根前轴和至少有一根后轴同时用于驱动，其中包括一轴的驱动可以脱开的车辆；<br>至少有一个差速锁止机构或至少有一个类似作用的机构；<br>单车计算爬坡度至少为 25%。<br>5.3　$N_3$ 类或最大设计总质量超过 12000 kg 的 $M_3$ 类车辆，如果所有车轮设计为同时驱动（包括一轴的驱动可以脱开的车辆）或满足下列要求，则被认为是 G 类车辆：<br>至少有半数车轮用于驱动；<br>至少有一个差速锁止机构或类似作用的机构；</td></tr>
</table>

**续表**

| 序号 | 机动车类型 |
| --- | --- |
| | 单车计算爬坡度至少为 25%；并且，必须满足下列 6 项要求中的至少 4 项：<br>接近角≥25°；<br>离去角≥25°；<br>纵向通过角≥25°；<br>前轴离地间隙≥250 mm；<br>后轴离地间隙≥250 mm；<br>前后轴间的离地间隙≥300 mm。<br>5.4　载荷和检测条件<br>5.4.1　$M_1$ 类和最大设计总质量不超过 2000 kg 的 $N_1$ 类车辆必须处于可行驶状态，即带有冷却液、润滑液、燃油、工具、备用车轮和一位驾驶员。<br>5.4.2　除 5.4.1 中的车辆，其他车辆必须加载至最大设计总质量。<br>5.4.3　通过简单的计算来验证是否具有要求的爬坡能力(25%和 30%)。必要时，可以要求提交相关型式的车辆，以进行实际试验。<br>5.4.4　当测量接近角、离去角和纵向通过角时，不考虑后下部防护装置。<br>5.5　接近角、离去角、纵向通过角和离地间隙的定义和图示<br>5.5.1　接近角<br>接近角指在静载下，地平面与前车轮轮胎相切平面之间的最大夹角。这样，在车辆前轴的前方，车辆的所有点都位于切平面之上，而且车辆上的所有刚性部件(除踏板外)也都应位于此切平面上方(见图 1)。<br>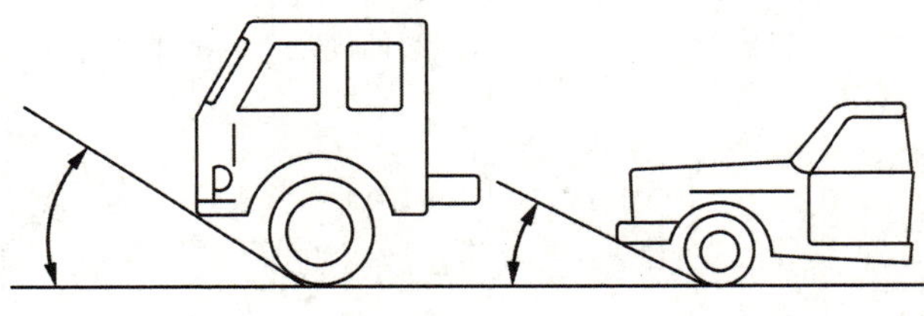<br>图 1<br>5.5.2　离去角<br>离去角指在静载下，地平面与后车轮轮胎切平面之间的最大夹角。这样，在车辆最后轴的后部，车辆上所有点和刚性部件都位于这个平面之上(见图 2)。<br>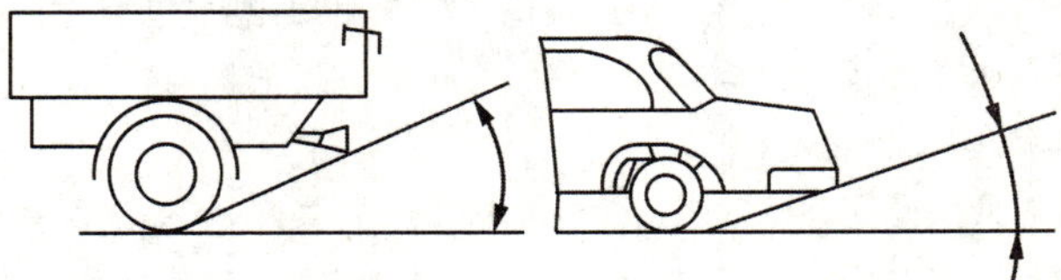<br>图 2 |

续表

| 序号 | 机动车类型 |
| --- | --- |
| | 5.5.3　纵向通过角<br>纵向通过角指在静载下，垂直于车辆纵向中心平面，分别与前、后车轮轮胎相切、相交并与车辆底盘刚性部件(除车轮外)接触的两个平面形成的最小锐角。这个角度决定了车辆所能通过的最陡坡道(见图3)。<br>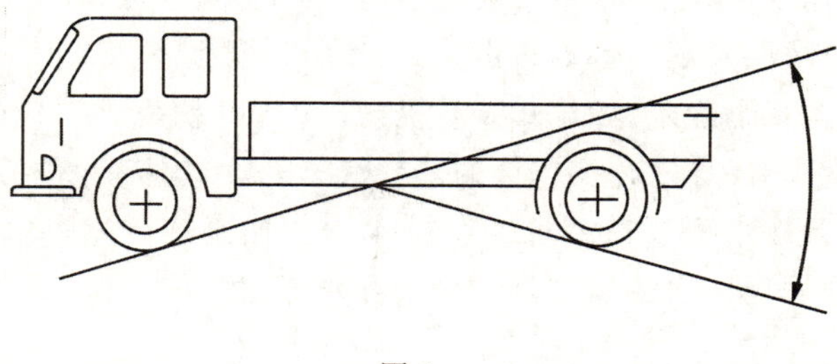<br>图3<br>5.5.4　前后轴之间的离地间隙<br>前后轴之间的离地间隙指地面与两轴之间最低点之间的距离(见图4)。<br>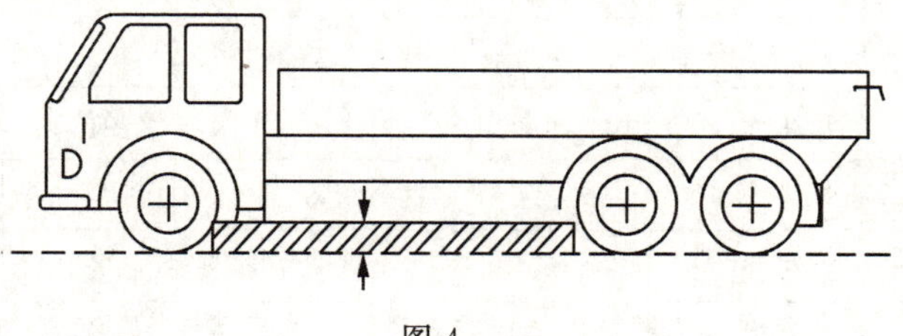<br>图4<br>多轴并装车桥视为单轴。<br>5.5.5　轴下离地间隙<br>轴下离地间隙指通过单轴上的车轮轮胎印迹中心(如若为双车轮轮胎，则为内侧车轮轮胎)与车辆最低固定点的圆弧上的最高点到地面的距离。<br>车辆任何刚性部件都不得伸入图中的阴影区内(见图5)。<br>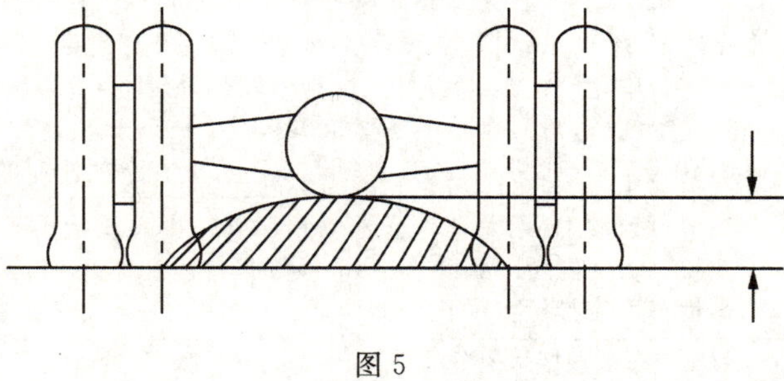<br>图5<br>如果必要，可将几个轴的轴下离地间隙按其顺序排列出来，例如，280、250、250。<br>5.5.6　组合符号<br>符号M和N可以同符号G组合使用。例如，$N_1$类越野车可以表示为$N_1G$。 |

## 三、《机动车类型　术语和定义》(GA 802-2014)确定的机动车分类

对于机动车类型《机动车类型　术语和定义》(GA 802-2014)中规定:①车辆类型根据机动车规格术语和机动车结构术语相加确定,规格术语在前,结构术语在后,如“大型普通客车”“中型罐式货车”“重型专项作业车”“重型集装箱半挂车”“普通二轮摩托车”等。但低速货车的结构术语在前,规格术语在后,如“普通低速货车”“厢式低速货车”“罐式低速货车”等。轿车按照其规格术语确定为大型轿车、微型轿车。②无对应的规格术语时,车辆类型按照结构术语确定,如轮式装载机械。③三轮汽车无对应的结构术语,其车辆类型统一为“三轮汽车”。除三轮汽车外的其他汽车,其结构特征无对应的结构术语时,车辆类型按照机动车规格术语及最相近的结构术语相加确定。④有轨电车无对应的结构术语,其车辆类型根据规格术语确定,如“大型有轨电车”。

### (一)机动车规格术语(见表1-7)

**表1-7　　机动车规格术语分类表**

| 分类 | | | 说明 |
|---|---|---|---|
| 汽车 | 载客汽车[a] | 大型 | 车长大于等于6000 mm或者乘坐人数大于等于20人的载客汽车 |
| | | 中型 | 车长小于6000 mm且乘坐人数为10～19人的载客汽车 |
| | | 小型 | 车长小于6000 mm且乘坐人数小于等于9人的载客汽车,但不包括微型载客汽车 |
| | | 微型 | 车长小于等于3500 mm且发动机气缸总排量小于等于1000 mL的载客汽车 |
| | 载货汽车 | 重型 | 最大允许总质量(以下简称“总质量”)大于等于12000 kg的载货汽车 |
| | | 中型 | 车长大于等于6000 mm或者总质量大于等于4500 kg且小于12000 kg的载货汽车,但不包括低速货车 |
| | | 轻型 | 车长小于6000 mm且总质量小于4500 kg的载货汽车,但不包括微型载货汽车和低速汽车(三轮汽车和低速货车的总称,下同) |
| | | 微型 | 车长小于等于3500 mm且总质量小于等于1800 kg的载货汽车,但不包括低速汽车 |
| | | 三轮(三轮汽车) | 以柴油机为动力,最大设计车速小于等于50 km/h,总质量小于等于2000 kg,车长小于等于4600 mm,宽小于等于1600 mm,高小于等于2000 mm,具有三个车轮的货车。其中,采用方向盘转向、由传递轴传递动力、有驾驶室且驾驶人座椅后有物品放置空间的,总质量小于等于3000 kg,车长小于等于5200 mm,宽小于等于1800 mm,高小于等于2200 mm。三轮汽车不应具有专项作业的功能 |
| | | 低速(低速货车) | 以柴油机为动力,最大设计车速小于70 km/h,总质量小于等于4500 kg,长小于等于6000 mm,宽小于等于2000 mm,高小于等于2500 mm,具有四个车轮的货车。低速货车不应具有专项作业的功能 |
| | 专项作业车 | | 专项作业车的规格术语分为重型、中型、轻型、微型,具体参照载货汽车的相关规定确定 |
| 有轨电车 | | | 有轨电车的规格术语参照载客汽车的相关规定确定 |
| 摩托车 | 普通 | | 最大设计车速大于50 km/h或者发动机气缸总排量大于50 mL的摩托车 |
| | 轻便 | | 最大设计车速小于等于50 km/h,且若使用发动机驱动,发动机气缸总排量小于等于50 mL的摩托车 |

**续表**

| 分类 | | 说明 |
|---|---|---|
| 挂车[b] | 重型 | 总质量大于等于 12000 kg 的挂车 |
| | 中型 | 总质量大于等于 4500 kg 且小于 12000 kg 的挂车 |
| | 轻型 | 总质量小于 4500 kg 的挂车 |

a. 对《道路机动车辆生产企业及产品公告》记载的乘坐人数为区间的国产载客汽车（包括以载运人员为主要目的的专用汽车），以《道路机动车辆生产企业及产品公告》上记载的乘坐人数上限确定其规格术语。乘坐人数包括驾驶人

b. 不适用于设计和制造上需由拖拉机牵引的挂车

c. 机动车实车的车长与《道路机动车辆生产企业及产品公告》或者其他技术资料记载的机动车车长的公差应符合相关管理规定

（二）机动车结构术语（见表 1-8）

**表 1-8　机动车结构术语分类表**

| 分类 | | | 说明 |
|---|---|---|---|
| 汽车 | 载客汽车 | 普通客车 | 车身为长方体或近似长方体，单层地板，一厢或两厢式结构，安装座椅的载客汽车，但不包括面包车 |
| | | 双层客车 | 车身为长方体或近似长方体，双层地板，一厢或两厢式结构，安装座椅的载客汽车 |
| | | 卧铺客车 | 车身为长方体或近似长方体，单层地板，一厢或两厢式结构，安装卧铺的载客汽车 |
| | | 铰接客车 | 车身为长方体或近似长方体，单层地板，由铰接装置连接两个车厢且连通，安装座椅的载客汽车 |
| | | 轿车 | 车身结构为两厢式且乘坐人数不超过 5 人，或者车身结构为三厢式且乘坐人数小于等于 9 人的载客汽车 |
| | | 面包车 | 平头或短头车身结构，单层地板，发动机中置（指发动机缸体整体位于汽车前后轴之间的布置形式），宽高比（指整车车宽与车高的比值）小于等于 0.90，乘坐人数小于等于 9 人，安装座椅的载客汽车 |
| | | 专用校车 | 设计和制造上专门用于运送三周岁以上学龄前幼儿或义务教育阶段学生的载客汽车 |
| | | 专用客车 | 需经特殊布置安排后才能载运人员（通常为特定人员）的载客汽车，如囚车、殡仪车、救护车、客车整车改装的运钞车等，包括旅居车、乘坐人数大于 6 人的专用汽车（如电力工程车），但不包括专用校车 |
| | | 无轨电车[a] | 以电动机驱动，与电力线相连，具有 4 个或 4 个以上车轮的非轨道承载道路车辆 |
| | | 越野客车[a] | 车身结构为一厢式或者两厢式，所有车轮能够同时驱动，接近角、离去角、纵向通过角、最小离地间隙等技术参数按照高通过性设计的载客汽车 |
| | 载货汽车[b] | 普通货车 | 载货部位的结构为栏板的载货汽车（包括具有随车起重装置的栏板载货汽车），但不包括具有自动倾卸装置的载货汽车 |
| | | 厢式货车 | 载货部位的结构为厢体且与驾驶室各自独立的载货汽车；厢体的顶部应封闭，不可开启 |
| | | 仓栅式货车 | 载货部位的结构为仓笼式或栅栏式且与驾驶室各自独立的载货汽车；载货部位的顶部应安装有与侧面栅栏固定的、不能拆卸和调整的顶棚杆 |
| | | 封闭货车 | 载货部位的结构为封闭厢体且与驾驶室连成一体，车身结构为一厢式或两厢式的载货汽车 |
| | | 罐式货车 | 载货部位的结构为封闭罐体的载货汽车 |
| | | 平板货车 | 载货部位的地板为平板结构且无栏板的载货汽车 |
| | | 集装箱车 | 载货部位为框架结构，专门运输集装箱的载货汽车 |
| | | 车辆运输车 | 载货部位经过特殊设计和制造，专门用于运输商品车的载货汽车 |

**续表**

| 分类 | | | 说明 |
|---|---|---|---|
| 汽车 | 载货汽车[c] | 特殊结构货车 | 载货部位为特殊结构、专门运输特定物品的载货汽车，但不包括车辆运输车，如混凝土搅拌运输车 |
| | | 自卸货车[c] | 载货部位的结构为栏板且具有自动倾卸装置的载货汽车 |
| | | 半挂牵引车 | 不具有载货结构，专门用于牵引半挂车的载货汽车 |
| | | 全挂牵引车 | 不具有载货结构，专门用于牵引全挂车的载货汽车 |
| | 专项作业车 | 无载货功能的专项作业车（非载货专项作业车） | 不具有载货结构，或者虽具有载货结构但核定载质量小于 1000 kg 的专项作业车 |
| | | 有载货功能的专项作业车（载货专项作业车） | 核定载质量大于等于 1000 kg 的专项作业车 |
| 摩托车 | 二轮摩托车 | | 装有两个车轮的摩托车 |
| | 正三轮载客摩托车 | | 装有与前轮对称分布的两个后轮，具有载客装置的摩托车 |
| | 正三轮载货摩托车 | | 装有与前轮对称分布的两个后轮，具有载货装置的摩托车 |
| | 侧三轮摩托车 | | 在二轮摩托车的右侧装有边车的摩托车 |
| 全挂车 | 普通全挂车 | | 载货部位为栏板结构的全挂车 |
| | 厢式全挂车 | | 载货部位为封闭厢体结构的全挂车；厢体的顶部应封闭，不可开启 |
| | 仓栅式全挂车 | | 载货部位的结构为仓笼式或栅栏式的全挂车；载货部位的顶部安装有与侧面栅栏固定的、不能拆卸和调整的顶棚杆 |
| | 罐式全挂车 | | 载货部位为封闭罐体结构的全挂车 |
| | 平板全挂车 | | 载货部位的地板为平板结构且无栏板的全挂车 |
| | 集装箱全挂车 | | 载货部位为框架结构且无地板，专门运输集装厢的全挂车 |
| | 自卸全挂车[c] | | 载货部位的结构为栏板且具有自动倾卸装置的全挂车 |
| | 旅居全挂车 | | 装备有必要的生活设施，用于旅游和野外工作人员宿营的全挂车 |
| | 专项作业全挂车 | | 装置有专用设备或器具，用于专项作业的全挂车 |
| 中置轴挂车 | 中置轴旅居挂车 | | 装备有必要的生活设施，用于旅游和野外工作人员宿营的中置轴挂车 |
| | 中置轴车辆运输车 | | 设计和制造上专门用于运输商品车的并装双轴框架式中置轴挂车 |
| | 中置轴普通挂车 | | 中置轴旅居挂车和中置轴车辆运输车以外的其他中置轴挂车 |

**续表**

| 分类 | | 说明 |
|---|---|---|
| 半挂车 | 普通半挂车 | 载货部位为栏板结构的半挂车 |
| | 厢式半挂车 | 载货部位为封闭厢体结构的半挂车;厢体的顶部应封闭,不可开启 |
| | 仓栅式半挂车 | 载货部位的结构为仓笼式或栅栏式的半挂车;载货部位的顶部应安装有与侧面栅栏固定的、不能拆卸和调整的顶棚杆 |
| | 罐式半挂车 | 载货部位为封闭罐体结构的半挂车 |
| | 平板半挂车 | 载货部位的地板为平板结构且无栏板的半挂车 |
| | 集装箱半挂车 | 载货部位为框架结构且无地板,专门运输集装箱的半挂车 |
| | 自卸半挂车[c] | 载货部位的结构为栏板且具有自动倾卸装置的半挂车 |
| | 低平板半挂车 | 采用低货台(货台承载面离地高度不大于 1150 mm)、轮胎规格最大为 8.25－20(8.25R20)、与牵引车的连接为鹅颈式,且车长大于等于 13 m 时车轴为轴线结构(一线二轴或二线四轴等)的半挂车 |
| | 车辆运输半挂车 | 载货部位经过特殊设计和制造,专门用于运输商品车的半挂车 |
| | 特殊结构半挂车 | 载货部位为特殊结构,专门运输特定物品的半挂车,但不包括车辆运输半挂车 |
| | 旅居半挂车 | 装备有必要的生活设施,用于旅游和野外工作人员宿营的半挂车 |
| | 专项作业半挂车 | 装置有专用设备或器具,用于专项作业的半挂车 |
| 轮式专用机械车 | 轮式装载机械 | 具有装卸设备的轮胎式自行机械 |
| | 轮式挖掘机械 | 具有挖掘设备的轮胎式自行机械 |
| | 轮式平地机械 | 具有平地设备的轮胎式自行机械 |

a. 符合无轨电车或越野客车结构术语定义的汽车,即使同时符合其他客车结构术语的定义,也应确定为无轨电车或越野客车;同时符合两者结构术语定义的汽车,应确定为无轨电车

b. 邮政车、冷藏车、保温车等以载运货物为主要目的的专用汽车,以及非客车整车改装的运钞车,根据其载货部位的结构特征确定为相对应的载货汽车

c. 货车、全挂车和半挂车的载货部位为非栏板结构时,若载货部位具有自动倾卸装置,结构术语确定为“载货部位的结构特征＋自卸”,如“平板自卸”

(三)机动车使用性质术语

机动车按使用性质分为营运、非营运和运送学生三类。营运机动车是指个人或者单位以获取利润为目的而使用的机动车。非营运机动车是指个人或者单位不以获取利润为目的而使用的机动车。运送学生机动车是指用于有组织地接送 3 周岁以上学龄前幼儿或义务教育阶段学生上下学的 7 座及 7 座以上的载客汽车,即校车。

机动车使用性质细类见表 1-9。

**表 1-9　　机动车使用性质细类表**

<table>
<tr><th colspan="2">分类</th><th>说明[a]</th></tr>
<tr><td rowspan="8">营运</td><td>公路客运</td><td>专门从事公路旅客运输的机动车</td></tr>
<tr><td>公交客运</td><td>城市内专门从事公共交通客运的机动车</td></tr>
<tr><td>出租客运</td><td>以行驶里程和时间计费，将乘客运载至其指定地点的机动车</td></tr>
<tr><td>旅游客运</td><td>专门运载游客的机动车</td></tr>
<tr><td>租赁</td><td>专门租赁给其他单位或者个人使用，以租用时间或者租用里程计费的机动车</td></tr>
<tr><td>教练</td><td>专门从事驾驶技能培训的机动车</td></tr>
<tr><td>货运</td><td>专门从事货物(危险货物除外)运输的机动车</td></tr>
<tr><td>危化品运输</td><td>专门用于运输剧毒化学品、爆炸品、放射性物品、腐蚀性物品等危险化学品的机动车</td></tr>
<tr><td rowspan="6">非营运</td><td>警用</td><td>公安机关、国家安全机关、监狱、劳动教养管理机关和人民法院、人民检察院用于执行紧急职务的机动车</td></tr>
<tr><td>消防</td><td>公安消防部队和其他消防部门用于灭火的专用机动车和现场指挥机动车</td></tr>
<tr><td>救护</td><td>急救、医疗机构和卫生防疫部门用于抢救危重病人或处理紧急疫情的专用机动车</td></tr>
<tr><td>工程救险</td><td>防汛、水利、电力、矿山、城建、交通、铁道等部门用于抢修公用设施、抢救人民生命财产的专用机动车和现场指挥机动车</td></tr>
<tr><td>营转非</td><td>原为营运机动车，现改为非营运机动车</td></tr>
<tr><td>出租转非</td><td>原为出租客运机动车，现改为非营运机动车</td></tr>
<tr><td rowspan="4">运送学生</td><td>运送幼儿<br>(幼儿校车)</td><td>用于有组织地接送 3 周岁以上学龄前幼儿上下学的 7 座及 7 座以上载客汽车</td></tr>
<tr><td>运送小学生<br>(小学生校车)</td><td>用于有组织地接送小学生上下学的 7 座及 7 座以上载客汽车</td></tr>
<tr><td>运送中小学生<br>(中小学生校车)</td><td>用于有组织地接送义务教育阶段学生(小学生和初中生)上下学的 7 座及 7 座以上载客汽车</td></tr>
<tr><td>运送初中生<br>(初中生校车)</td><td>用于有组织地接送初中生上下学的 7 座及 7 座以上载客汽车</td></tr>
<tr><td colspan="3">a. 非营运机动车没有对应细类的，使用性质确定为“非营运”。除使用性质确定为“非营运”“营转非”“出租转非”以外的机动车，为生产经营性车辆</td></tr>
</table>

## 四、《机动车安全技术检验机构检验资格许可办理程序》(国检监[2009]521 号)规定的车型名称及代号

《机动车安全技术检验机构检验资格许可办理程序》(国检监[2009]521 号)中规定了机动车安检机构申请资格许可的车型名称及代号(见表 1-10)。

**表 1-10　　机动车安检机构申请资格许可的车型名称及代号**

| 车型名称 | 车型代号 |
|---|---|
| 大型客车、城市公交车 | A1、A3 |
| 大型货车 | B2 |
| 牵引车 | A2 |
| 中型客车、小型汽车、小型自动挡汽车 | B1、C1、C2 |
| 低速货车 | C3 |
| 三轮汽车、普通三轮摩托车 | C4、D |
| 摩托车 | E、F |
| 轮式自行机械车 | M |

## 五、《汽车和挂车类型的术语和定义》(GB/T 3730.1—2001)规定的汽车、挂车和汽车列车的分类及定义

《汽车和挂车类型的术语和定义》(GB/T 3730.1—2001)规定的汽车、挂车和汽车列车的分类见图 1-3。

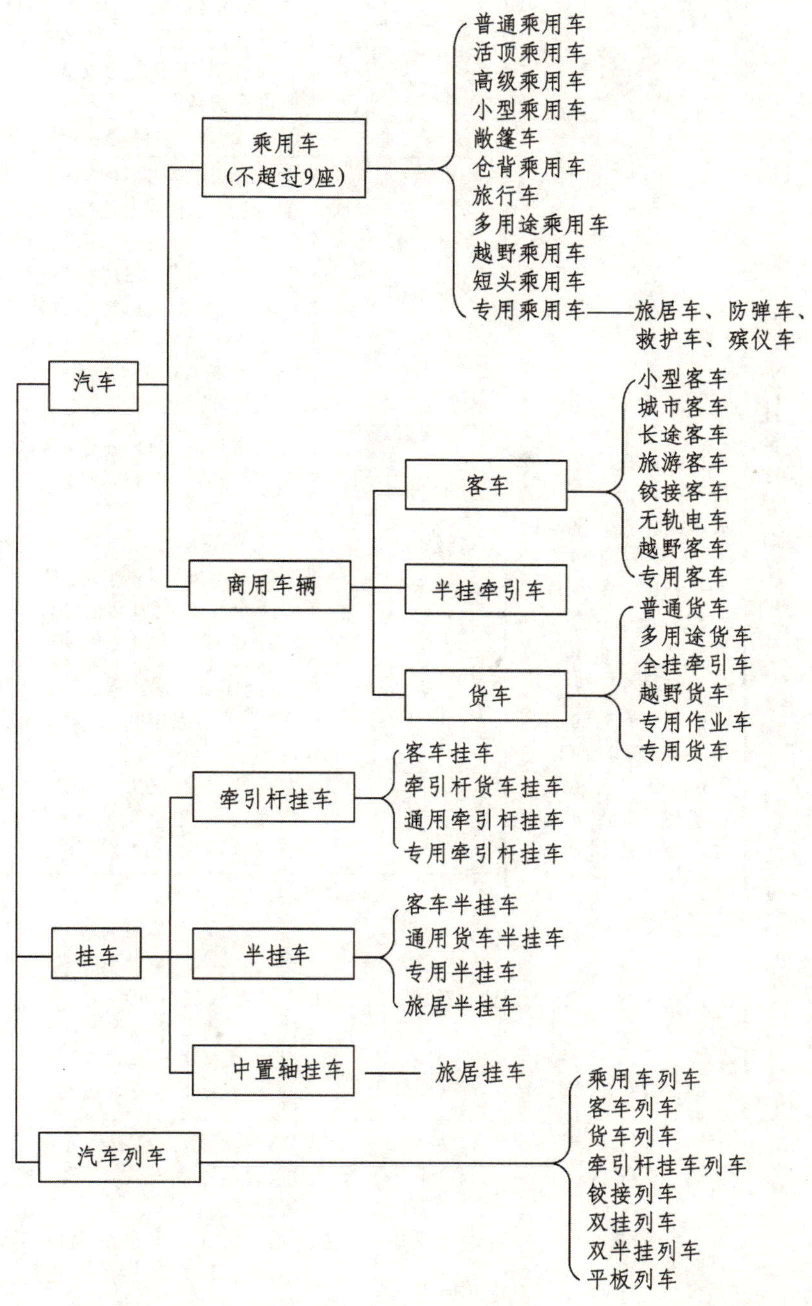


图 1-3 《汽车和挂车类型的术语和定义》规定的汽车、挂车和汽车列车的分类

《汽车和挂车类型的术语和定义》(GB/T 3730.1—2001)规定的汽车、挂车和汽车列车的分类定义见表1-11。

**表1-11　《汽车和挂车类型的术语和定义》规定的汽车、挂车和汽车列车的分类定义**

| 车辆类型 | | | 定义 |
| --- | --- | --- | --- |
| 汽车:由动力驱动,具有四个或四个以上车轮的非轨道承载的车辆,主要用于:载运人员和/或货物;牵引载运人员和/或货物的车辆;特殊用途。本术语还包括:a.与电力线相联的车辆,如无轨电车;b.整车整备质量超过400 kg的三轮车辆(注:本条规定的三轮车亦可作为汽车处理 | 乘用车:在其设计和技术特性上主要用于载运乘客及其随身行李和/或临时物品的汽车,包括驾驶员座位在内最多不超过9个座位。它也可以牵引一辆挂车<br>说明:定义中的车窗指一个玻璃窗口,它可由一块,或几块玻璃组成,例如通风窗的一个组成部分) | 普通乘用车 | 车身:封闭式,侧窗中柱可有可无。<br>车顶(顶盖):固定式,硬顶。有的顶盖一部分可开启。<br>座位:4个或4个以上座位,至少两排。后座椅可折叠或移动,以形成装载空间<br>车门:2个或4个侧门,可有一后启门 |
| | | 活顶乘用车 | 车身:具有固定侧围框架可开启式车身。<br>车顶(顶盖):车顶为硬顶或软顶,至少有两个位置:一个封闭;另一个开启或拆除。可开启式车身可以通过使用一个或数个硬顶部件和/或合拢软顶将开启的车身关闭。<br>座位:4个或4个以上座位,至少两排。<br>车门:2个或4个侧门。<br>车窗:4个或4个以上侧窗 |
| | | 高级乘用车 | 车身:封闭式。前后座之间可以设有隔板。<br>车顶(顶盖):固定式,硬顶。有的顶盖一部分可开启。<br>座位:4个或4个以上座位,至少两排。后排座椅前可安装折叠式座椅。<br>车门:4个或6个侧门,也可有一个后开启门。<br>车窗:6个或6个以上侧窗 |
| | | 小型乘用车 | 车身:封闭式,通常后部空间较小。<br>车顶(顶盖):固定式,硬顶。有的顶盖一部分可开启。<br>座位:2个或2个以上的座位,至少一排。<br>车门:2个侧门,也可有一个后开启门。<br>车窗:2个或2个以上侧窗 |
| | | 敞篷车 | 车身:可开启式。<br>车顶(顶盖):车顶可为软顶或硬顶,至少有两个位置:第一个位置遮覆车身;第二个位置车顶卷收或可拆除。<br>座位:2个或2个以上的座位,至少一排。<br>车门:2个或4个侧门。<br>车窗:2个或2个以上侧窗 |
| | | 仓背乘用车 | 车身:封闭式,侧窗中柱可有可无。<br>车顶(顶盖):固定式,硬顶。有的顶盖一部分可以开启。<br>座位:4个或4个以上的座位,至少两排。后座椅可折叠或可移动,以形成一个装载空间。<br>车门:2个或4个侧门,车身后部有一仓门 |

**续表**

<table>
<tr><th colspan="3">车辆类型</th><th>定义</th></tr>
<tr><td rowspan="6">汽车</td><td rowspan="6">乘用车</td><td>旅行车</td><td>车身：封闭式。车尾外形按可提供较大的内部空间设计。<br>车顶（顶盖）：固定式，硬顶。有的顶盖一部分可以开启。<br>座位：4 个或 4 个以上的座位，至少两排。座椅的一排或多排可拆除，或装有向前翻倒的座椅靠背，以提供装载平台。<br>车门：2 个或 4 个侧门，并有一后开启门。<br>车窗：4 个或 4 个以上侧窗</td></tr>
<tr><td>多用途乘用车</td><td>上述 7 种车辆以外的，只有单一车室载运乘客及其行李或物品的乘用车。但是如果这种车辆同时具有下列两个条件，则不属于乘用车而属于货车：<br>其一，除驾驶员以外的座位数不超过 6 个；只要车辆具有可使用的座椅安装点，就应算“座位”存在。<br>其二，$P-(M+N\times 68)>N\times 68$<br>式中：$P$——最大设计总质量；<br>$M$——整车整备质量与 1 位驾驶员质量之和；<br>$N$——除驾驶员以外的座位数</td></tr>
<tr><td>短头乘用车</td><td>一种乘用车，它一半以上的发动机长度位于车辆前风窗玻璃最前点以后，并且方向盘的中心位于车辆总长的前四分之一部分内</td></tr>
<tr><td>越野乘用车</td><td>在其设计上所有车轮同时驱动（包括一个驱动轴可以脱开的车辆），或其几何特性（接近角、离去角、纵向通过角、最小离地间隙）、技术特性（驱动轴数、差速锁止机构或其他型式机构）和它的性能（爬坡度）允许在非道路上行驶的一种乘用车</td></tr>
<tr><td>专用乘用车</td><td>运载乘员或物品并完成特定功能的乘用车，它具备完成特定功能所需的特殊车身和/或装备。例如：旅居车、防弹车、救护车、殡仪车等。<br>①旅居车：旅居车是一种至少具有下列生活设施结构的乘用车：座椅和桌子；睡具，可由座椅转换而来；炊事设施；储藏设施。<br>②防弹车：用于保护所运送的乘员和/或物品并符合装甲防弹要求的乘用车。<br>③救护车：用于运送病人或伤员并为此目的配有专用设备的乘用车。<br>④殡仪车：用于运送死者并为此目的而配有专用设备的乘用车</td></tr>
</table>

**续表**

<table>
<tr><th colspan="4">车辆类型</th><th>定义</th></tr>
<tr><td rowspan="15">汽车</td><td rowspan="15">商用车辆：在设计和技术特性上用于运送人员和货物的汽车，并且可以牵引挂车。乘用车不包括在内</td><td rowspan="8">客车：在设计和技术特性上用于载运乘客及其随身行李的商用车辆，包括驾驶员座位在内座位数超过9座。客车有单层的或双层的，也可牵引一挂车</td><td>小型客车</td><td>用于载运乘客，除驾驶员座位外，座位数不超过16座的客车</td></tr>
<tr><td>城市客车</td><td>一种为城市内运输而设计和装备的客车。这种车辆设有座椅及站立乘客的位置，并有足够的空间供频繁停站时乘客上下车走动用</td></tr>
<tr><td>长途客车</td><td>一种为城市内运输而设计和装备的客车。这种车辆没有专供乘客站立的位置，但在其通道内可载运短途站立的乘客</td></tr>
<tr><td>旅游客车</td><td>一种为旅游而设计和装备的客车。这种车辆的布置要确保乘客的舒适性，不载运站立的乘客</td></tr>
<tr><td>铰接客车</td><td>一种由两节刚性车厢铰接组成的客车。在这种车辆上，两节车厢是相通的，乘客可通过铰接部分在两节车厢之间自由走动。这种车辆可以按上述4种客车进行装备。两节刚性车厢永久连接，只有在工厂车间使用专用的设施才能将其拆开</td></tr>
<tr><td>无轨电车</td><td>一种经架线由电力驱动的客车。这种电车可指定用作多种用途，并按小型客车、长途客车、铰接客车进行装备</td></tr>
<tr><td>越野客车</td><td>在其设计上所有车轮同时进行驱动(包括一个驱动轴可以脱开的车辆)或其几何特性(接近角、离去角、纵向通过角、最小离地间隙)、技术特性(驱动轴数、差速锁止机构或其他型式机构)和它的性能(爬坡度)允许在非道路上行驶的一种车辆</td></tr>
<tr><td>专用客车</td><td>在其设计和技术特性上只适用于需经特殊布置安排后才能载运人员的车辆</td></tr>
<tr><td rowspan="6">货车：一种主要为载运货物而设计和装备的商用车辆，它能否牵引一挂车均可</td><td>普通货车</td><td>一种在敞开(平板式)或封闭(厢式)载货空间内载运货物的货车</td></tr>
<tr><td>多用途货车</td><td>在其设计和结构上主要用于载运货物，但在驾驶员座椅后带有固定或折叠式座椅，可载运3个以上的乘客的货车</td></tr>
<tr><td>全挂牵引车</td><td>一种牵引牵引杆式挂车的货车，它本身可在附属的载运平台上运载货物</td></tr>
<tr><td>越野货车</td><td>在其设计上所有车轮同时进行驱动(包括一个驱动轴可以脱开的车辆)或其几何特性(接近角、离去角、纵向通过角、最小离地间隙)、技术特性(驱动轴数、差速锁止机构或其他型式机构)和它的性能(爬坡度)允许在非道路上行驶的一种车辆</td></tr>
<tr><td>专用作业车</td><td>在其设计和技术特性上用于特殊工作的货车。例如：消防车、救险车，垃圾车、应急车、街道清洗车、扫雪车、清洁车等</td></tr>
<tr><td>专用货车</td><td>在其设计和技术特性上用于运输特殊物品的货车。例如：罐式车、乘用车运输车、集装箱运输车等</td></tr>
<tr><td colspan="2">半挂牵引车</td><td>装备有特殊装置用于牵引半挂车的商用车辆</td></tr>
</table>

**续表**

<table>
<tr><th colspan="3">车辆类型</th><th>定义</th></tr>
<tr><td rowspan="9">挂车：就其设计和技术特性需由汽车牵引，才能正常使用的一种无动力的道路车辆，用于：载运人员和/或货物；特殊用途</td><td rowspan="4">牵引杆挂车：至少有两根轴的挂车，具有：一轴可转向；通过角向移动的牵引杆与牵引车连接；牵引杆可垂直移动，连接到底盘上，因此不能承受任何垂直力。具有隐藏支地架的半挂车也作为牵引杆挂车</td><td>客车挂车</td><td>在其设计和技术特性上用于载运人员及其随身行李的牵引杆挂车。它可按半挂牵引车和货车装备</td></tr>
<tr><td>牵引杆货车挂车</td><td>在其设计和技术特性上用于载运货物的牵引杆挂车</td></tr>
<tr><td>通用牵引杆挂车</td><td>一种在敞开(平板式)或封闭(厢式)载货空间内载运货物的牵引挂车</td></tr>
<tr><td>专用牵引杆挂车</td><td>一种牵引杆挂车，按其设计和技术特性用作：<br>——需经特殊布置后才能载运人员和/或货物；<br>——只执行某种规定的运输任务(例如：乘用车运输挂车、消防挂车、低地板挂车、空气压缩机挂车等，不限于本表所列)</td></tr>
<tr><td rowspan="4">半挂车：车轴置于车辆重心(当车辆均匀受载时)后面，并且装有可将水平或垂直力传递到牵引车的连接装置的挂车</td><td>客车半挂车</td><td>在其设计和技术特性上用于载运乘客及其随身行李的半挂车。这种半挂车可按客车、半挂牵引车、货车加以装备</td></tr>
<tr><td>通用货车半挂车</td><td>一种在敞开(平板式)或封闭(厢式)载货空间内载运货物的半挂车</td></tr>
<tr><td>专用半挂车</td><td>一种半挂车，按其设计和技术特性用作：<br>——需经特殊布置后才能载运人员和/或货物；<br>——只执行某种规定的运输任务(例如：原木半挂车、消防半挂车、低地板半挂车、空气压缩机半挂车等，不限于本表所列)</td></tr>
<tr><td>旅居半挂车</td><td>能够提供活动睡具的半挂车</td></tr>
<tr><td>中置轴挂车：牵引装置不能垂直移动(相对于挂车)，车轴位于紧靠挂车的重心(当均匀受载时)的挂车，这种车辆只有较小的垂直静载荷作用于牵引车，不超过相当于挂车最大质量的10%或1000 N的载荷(两者取较小者)。其中一轴或多轴可由牵引车来驱动</td><td>旅居挂车</td><td>能够提供活动睡具的中置轴挂车</td></tr>
</table>

**续表**

| 车辆类型 | | 定义 |
|---|---|---|
| 汽车列车：一辆汽车与一辆或多辆挂车的组合 | 乘用车列车 | 乘用车和中置轴挂车的组合 |
| | 客车列车 | 一辆客车与一辆或多辆挂车的组合。各节乘客车厢不相通，有时可设服务走廊 |
| | 货车列车 | 一辆货车与一辆或多辆挂车的组合 |
| | 牵引杆挂车列车 | 一辆全挂牵引车与一辆或多辆挂车的组合 |
| | 铰接列车 | 一辆半挂牵引车与具有角向移动连接的半挂车组成的车辆 |
| | 双挂列车 | 一辆铰接式列车与一辆牵引杆挂车的组合 |
| | 双半挂列车 | 一辆铰接式列车与一辆半挂车的组合。两辆车的连接通过第二个半挂车的连接装置来实现 |
| | 平板列车 | 一辆货车和一辆牵引杆货车挂车的组合；在可角向移动的货物承载平板的整个长度上载荷都是不可分地置于牵引车和挂车上。为了支撑这个载荷可以使用辅助装置。这个载荷和/或它的支撑装置构成了这两个车辆的连接装置，因此不允许挂车再有转向连接 |

# 第二章　机动车安全技术检验环境、设施及人员要求

机动车安全检验机构的工作环境、设施和人员条件，既对检验结果的真实、准确产生直接影响，也影响安检机构对车主和车辆的检验服务能力。因此，安检机构的工作环境、设施和人员条件应满足相关法律法规、技术规范或标准的要求。

## 第一节　环境、设施

机动车安全技术检验机构应当具备固定的工作场所，其工作环境应当保证检测结果的真实、准确，应有与检测场所实际位置一致的检测厂房、土地所有权或合法使用权证明。

安检机构周边道路宽阔、交通顺畅、便捷、进出的道路视线良好。安检机构的场地建筑必须能够满足标准规定的申请承检车型检验项目的实际需要，有检验车间、试验车道、驻车坡道、业务大厅、停车场、站内道路、办公区等设施。

### 一、检验车间

机动车安全技术检验机构的检验车间各工位要满足相关面积要求，厂房宽敞，通风、照明、排水、防雨、防火等安全防护满足要求。车间内部尺寸和车间出入门应当满足相应检验车型的需要。检验车间应当充分考虑车间的空气流通，必要时应安装车辆废气排出装置，降低车间内的空气污染。

车间内部尺寸和车间出入门尺寸应当满足连续检测相应车型的需要。机构申请检验的最大车型车辆应能连续进出检测车间，且在线内检验中保障检验车辆、检验人员和检验仪器设备之间有安全的空间。

为加快车间内的空气流动，尽量降低车间内的空气污染，厂房内应安装通风设施，装置有足够的排风换气能力，排污、通风效果明显，必要时应安装车辆废气排出装置。

检验车间应当铺设易清除污物的硬地面(如水泥、水磨石等)，地面强度应当满足被检车辆的承载要求，行车路面纵向和横向坡度不大于0.1%，滚筒制动性能检验台工位前、后地面附着系数应当不小于0.7，长度和宽度应与检验车型相适应。检验车间出入口应当设有引车道和必要的交通标志。

## 二、底盘部件检查地坑和人行通道

车辆底盘部件的检验应与承检车型相适应，操作空间满足要求，有良好的照明、通风和信号装置，应能保护车辆底盘部件检验人员的健康和安全。人行通道应当设置隔离栏和标志，与检验通道隔离，宽度应不小于 1 m。

底盘部件检查地坑的高度、照明设施应保障检验人员检测车辆时能够清晰、方便地观察到受检车辆相关部件的技术状况，且有足够的空间保障检验人员的安全。照明设施宜采用固定、移动相结合方式，以利于检验人员对受检车辆的观察、判断。通风设施应安装、布局合理，有足够的能力将新鲜空气送入地坑操作空间。地坑内应设置车辆底盘检验结果录入装置，检验人员应能看到录入信息并对错误信息进行修改。

安检机构检测通道旁应设置人行通道，以便于检验人员和相关人员行走的安全和通畅。

## 三、试验车道

机动车安全技术检验机构的试验车道长度和宽度应当满足检验工作的要求（见图 2-1），铺有平坦、硬实、清洁的水泥或者沥青路面，并设有规范的交通标志标线，路面附着系数应当不小于 0.7。

大量检测实践表明，为保障检测人员、车辆安全以及检测质量，车道的长度和宽度宜满足以下条件：大型车辆检测长度不小于 100 m，小型车辆检测长度不小于 80 m，宽度不小于 6 m，纵向任意 50 m 长度范围内坡度不大于 1%，横向坡度不大于 3%。

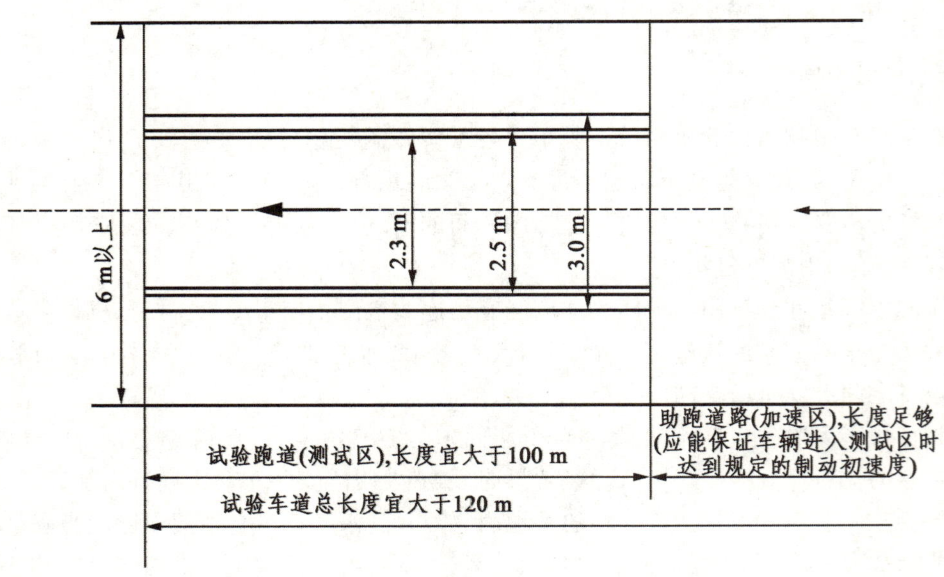


图 2-1　试验车道标志标线图

## 四、驻车坡道

安检机构应当有驻车坡道，满足承检车型检验要求。坡道路面附着系数应当不小于0.7。驻车坡道应保证安全。在用机动车检验时，在不具备试车坡道的情况下，可参照相关标准使用符合规定的仪器，测试驻车制动性能。

为保障《机动车安全技术检验项目和方法》(GB 21861－2014)能够正确实施，保障检测人员和车辆安全，机构宜建有坡度分别为15%和20%的驻车坡道各一个，坡道的长度宜比承检车型的最大轴距长1 m，宽度比承检车型的最大宽度宽1 m，并设有规范的交通标志标线。为防止人员从坡道上部跌落，应安装安全隔离设施。申请大型车辆检验资格的机构，坡道的长度宜大于20 m，宽度宜大于4 m。摩托车检验不要求驻车坡道。

示例：驻车坡道坡度计算。设定坡道高为$H$，底边长度为$L$(见图2-2)，则：

$$坡度=\frac{H}{L}\times 100\%$$

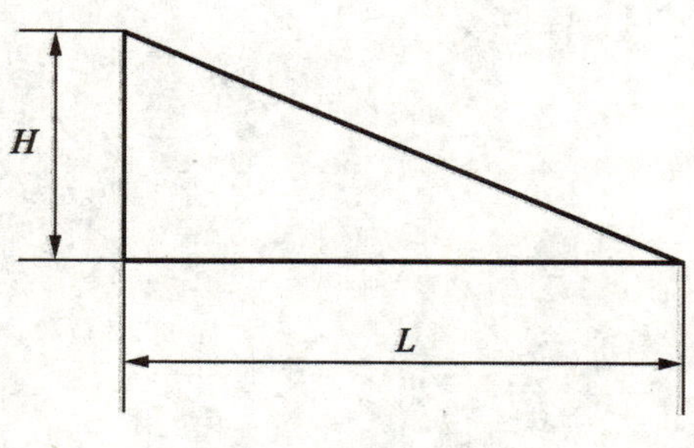


图2-2　坡道示意图

## 五、停车场地

停车场地面积应当与检验能力相适应，不得占用机动车安全技术检验机构的外道路停车。停车场地应当为水泥、沥青或者其他硬地面，能承受车辆的碾压，并在场内划分停车线和车辆行驶通道，保持进出口畅通；应设置足够的消防、安全、照明设备，各设施布局能够保证检验流程通畅，不产生车辆交叉干扰。

安检机构宜分别划分大型和小型车辆停车区，并根据车辆检验流程的进展，划分候检区、人工检验区等功能区，在场内划分停车线和车辆行驶通道，保持停车场车辆停放区域明确、停放有序和进出口畅通。如检测站内安全性能检测区和尾气排放检测区应分开设置，停车场宜分别对应分开设置，以避免检测车辆交叉干扰。

## 六、内部道路

安检机构内部的道路应当为水泥或者沥青路面，并设置交通标志、标线、引导牌。道路应当视线良好、保持通畅。转弯半径、长度应当满足承检车辆出入的需要。

## 七、业务大厅

安检机构业务大厅应当便民，大厅内宜划分业务咨询区、业务受理区和客户等候区，为车主提供车辆检验相关服务并满足以下要求：

1. 各业务窗口应当分工明确，设置标牌，其数量能满足实际办公的需要。业务窗口在设计和建设上，应尽量采用开放式窗口，各业务窗口以及窗口之间应为车主办理业务预留足够的空间。

2. 室内应当宽敞明亮。

3. 大厅内应当设公示栏，公示服务承诺、检验资质、各种手续规定、检验项目和判定标准。

车主在业务大厅内办理的各项手续、资料，安检机构宜采用业务大厅各岗位之间内部传递方式，以减少车主多次排队现象。

图 2-3 为安检机构业务大厅。

(a)

(b)

图 2-3　安检机构业务大厅

**八、服务设施**

安检机构应当设置各岗位职责、车辆检验流程图、检验工位布置图、监督橱窗等服务性设施，设施布局应当合理。

## 第二节　人员

机动车安全技术检验机构的技术负责人、质量负责人、报告授权签字人要具备机动车相关专业大专以上学历或者中级以上工程技术职称或者技师以上技术等级，有 3 年以上机动车检验工作经历。

授权签字人应熟悉相关的法律法规、标准和安检业务，熟悉机动车的理论与构造，熟悉各检验工位业务、流程及相关专业知识，熟悉检验仪器设备的结构及性能，熟练掌握检验仪器设备的操作规程。

驾驶机动车进行检验的检验人员应当持有与检验车型相对应的有效机动车驾驶证。

# 第三章　机动车安全技术检验项目及方法

《机动车安全技术检验项目和方法》(GB 21861－2014)明确规定了机动车安全技术检验的检验项目、检验方法、检验要求和检验结果处置等，是开展机动车安全技术检验的重要技术标准。依据标准规定，按检验项目可分为人工检验项目和仪器设备检验项目，其中人工检验项目包括车辆唯一性检查、车辆特征参数检查、联网查询、车辆外观检查、安全装置检查、底盘动态检验、车辆底盘部件检查等 7 个项目。按适用车辆类型可分为非营运小型、微型载客汽车，其他类型载客汽车，载货汽车(三轮汽车除外)、专项作业车，挂车，三轮汽车，摩托车 6 类。针对不同的车辆类型规定了相应的检验项目。本章主要按照检验项目的分类逐一介绍相应的检验方法和检验要求。

## 第一节　检验范围、检验基本要求、检验流程

### 一、检验范围

根据《道路交通安全法》、《道路交通安全法实施条例》的规定，机动车安全技术检验的对象是准予登记的上道路行驶的机动车，主体是安检机构，执行的标准是《机动车安全技术检验项目和方法》(GB 21861－2014)、《机动车运行安全技术条件》(GB 7258－2012)、《道路车辆外廓尺寸、轴荷及质量限值》(GB 1589－2004)等国家机动车安全技术检验标准。

机动车是由动力装置驱动或牵引，上道路行驶的供人员乘用或用于运送物品以及进行工程专项作业的轮式车辆，包括汽车及汽车列车、摩托车、拖拉机运输机组、轮式专用机械车、挂车。

上道路行驶的拖拉机是指手扶拖拉机等最大设计车速小于或等于 20 km/h 的轮式拖拉机和最大设计车速小于或等于 40 km/h、牵引挂车方可从事道路运输的轮式拖拉机。上道路行驶的拖拉机虽属于机动车，但结构和技术性能与汽车具有较大区别且由农业(农业机械)主管部门负责登记和定期检验，《机动车安全技术检验项目和方法》不适用于对拖拉机运输机组等上道路行驶的拖拉机的安全技术检验。

## 二、检验基本要求

### (一)送检机动车的基本要求

送检机动车应清洁,无明显漏油、漏水、漏气现象,轮胎完好,轮胎气压正常且胎冠花纹中无异物,发动机应运转平稳,怠速稳定,无异响。装有车载诊断系统(OBD)的车辆,不应有与防抱死制动系统(ABS)、电动助力转向系统(EPS)及其他与行车安全相关的故障信息。在用机动车检验时,应提供送检机动车的机动车行驶证和有效的机动车交通事故责任强制保险凭证。

保证机动车安全技术性能的主体是机动车所有人,对达不到以上基本要求的送检机动车,安检机构应告知送检人整改,符合要求后方能进行安全技术检验。

### (二)机动车安全技术检验各工位的最少检验时间

机动车安全技术检验时,各检验工位应保证足够的检验时间。机动车安全技术检验各工位的最少检验时间见表 3-1。

**表 3-1　机动车安全技术检验各工位的最少检验时间**　(单位:s)

<table>
<tr><th colspan="2" rowspan="2">检验工位</th><th colspan="3">最少检验时间</th></tr>
<tr><th>非营运小型、微型载客汽车</th><th>载客汽车(非营运小型、微型载客汽车除外)、载货汽车(三轮汽车除外)、专项作业车、挂车</th><th>摩托车、三轮汽车</th></tr>
<tr><td rowspan="3">人工检验</td><td>车辆唯一性检查、车辆特征参数检查、车辆外观检查、安全装置检查</td><td>120</td><td>240</td><td rowspan="3">90</td></tr>
<tr><td>底盘动态检验</td><td>60</td><td>60</td></tr>
<tr><td>车辆底盘部件检查</td><td>40</td><td>100</td></tr>
<tr><td rowspan="3">仪器设备检验</td><td>制动[a]</td><td>40</td><td>60</td><td>30</td></tr>
<tr><td>前照灯</td><td>60[b]</td><td>60[b]</td><td>30</td></tr>
<tr><td>车速表</td><td>—</td><td>20</td><td>—</td></tr>
<tr><td colspan="5">a. 使用平板式制动检验台时,最少检验时间对汽车为 15 s;<br>b. 使用左、右前照灯检测仪同时检测时,最少检验时间对汽车为 40 s</td></tr>
</table>

规定最少检验时间是规范检验行为,确保机动车检测质量的一种有效措施。随着全国统一版机动车检验监管系统的应用,严格执行检验时间是监督安检质量的一种主要手段。最少检验时间不满足要求,系统将自动预警并列为异常业务。

## 三、检验流程

图 3-1 是《机动车安全技术检验项目和方法》规定的机动车安全技术检验流程。内容是强制性的,顺序是可以调整的,安检机构可以根据自身情况对检验流程(包括仪器设备检验各工位顺序)适当加以调整。为了方便送检人检验,安检机构应在候检休息区、业务

大厅等醒目位置公示检验流程。

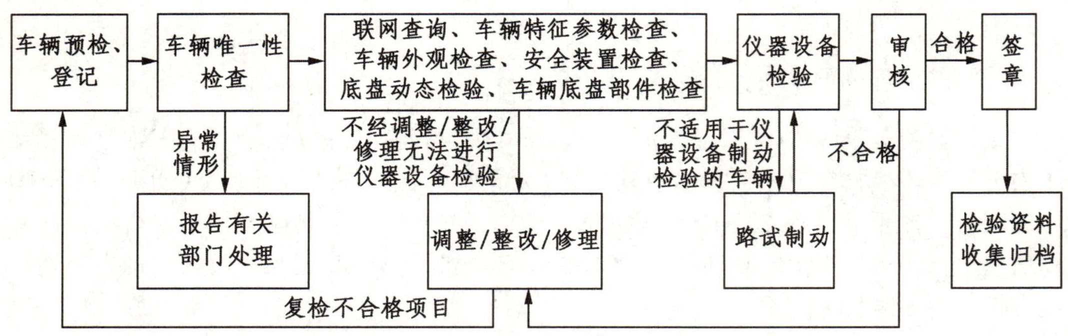


图 3-1　机动车安全技术检验流程

（一）检验流程

1. 车辆预检、登记（受理）

对送检机动车进行预检，审核机动车行驶证、机动车交通事故责任强制保险凭证等证件；对达不到送检机动车基本要求的，不予登记（受理），并告知原因。

2. 车辆唯一性检查

车辆登记（受理）完毕后，检验员进行车辆唯一性检查。发现送检机动车有拼装、非法改装、被盗抢、走私嫌疑时，安检机构及其检验员应详细登记该送检机动车的相关信息，拍照、录像固定证据，通过机动车安全技术检验监管系统上报，并告知送检人到当地公安机关交通管理部门处理。

3. 联网查询

车辆唯一性检查合格后，安检机构应联网查询送检机动车的事故或违法信息。

（1）对发生过造成人员伤亡交通事故的送检机动车，人工检验时应重点检查损伤部位和损伤情况；属于使用年限在 10 年以内的非营运小型、微型载客汽车，增加底盘动态检验、车辆底盘部件检查。

（2）对涉及尚未处理完毕的道路交通安全违法行为或道路交通事故的送检机动车，应提醒机动车所有人及时到公安机关交通管理部门处理。

4. 人工检验

联网查询完毕后，进行人工检验，具体包括车辆特征参数检查、车辆外观检查、安全装置检查、底盘动态检验和车辆底盘检查。

（1）人工检验时，发现有制动失效等暂无法进行仪器设备检验的车辆，应要求其调整、整改、修理后再复检。

（2）注册登记检验时，发现送检机动车的车辆特征参数、安全装置不符合《道路车辆外廓尺寸、轴荷及质量限值》（GB 1589－2004）、《机动车运行安全技术条件》（GB 21861－2014）等机动车国家安全技术标准、《车辆生产企业及产品公告》（以下简称“公告”）、机动车出厂合格证时，应拍照、录像固定证据，详细登记送检机动车的车辆类型、品牌或型号、车辆识别代号（或整车型号和出厂编号）、发动机号码、整车生产厂家、生产日期等信息，通过机动车安全技术检验监管系统上报。

5.仪器设备检验

人工检验完毕后，进行仪器设备检验。对不适用于仪器设备制动性能检验的车辆，进行路试检验。

6.审核

仪器设备检验完毕后，由授权签字人审核，出具检验报告，检验结论分为合格、不合格。检验结论为不合格的车辆应要求送检人调整、整改、修理后再复检。

7.签章

车辆检验合格后，按规定上传相关资料，监管平台审核合格后签章并签发检验合格标志，检验资料收集归档，安检结束。

#### （二）检验流程设置应遵循的原则

1.一次性、全流程检验

人工检验出现不合格项时应进行仪器设备检验，但出现下列情况时除外：

（1）车辆唯一性检查时，出现异常情形；

（2）检验过程出现不经调整、整改、修理无法进行仪器设备检验的情形（如制动失效等）。

2.只复检不合格的项目

不合格车辆经调整、整改、修理后，通常情况只需要复检不合格项目，除非是与不合格项目密切关联的项目（例如，制动不平衡率与制动率等）。

3.严格路试检验流程

通常情况下，制动检验应采用台试方式进行，对于不适用于仪器设备制动检验的车辆，经批准方可安排路试制动检验。

对进行路试制动检验的机动车，仍应通过增加配置前照灯检验仪等方式检验前照灯远光发光强度和远近光垂直偏移等仪器设备检验项目；确实因轴荷超限等原因难以配置相应检验设备的，经有关部门批准后可不进行车速表指示误差和转向轮横向侧滑量的检验。

## 第二节　按车辆类型对检验项目的分析

### 一、检验项目分析

#### （一）非营运小型、微型载客汽车

非营运小型、微型载客汽车检验项目见表3-2。

**表 3-2　　非营运小型、微型载客汽车项目**

| 检验项目 | | 具体检验分项 |
|---|---|---|
| 必检项目 | 车辆唯一性检查（5 项） | ①号牌号码/车辆类型；②车辆品牌/型号；③车辆识别代号（或整车出厂编号）；④发动机号码（或电动机号码）；⑤车辆颜色和外形 |
| | 联网查询 | 联网查询 |
| | 车辆特征参数检查（1 项） | ⑨核定载人数 |
| | 车辆外观检查（6 项） | ⑯车身外观；⑰外观标识、标注和标牌；⑱外部照明和信号装置；⑲轮胎；⑳号牌及号牌安装；㉑加装/改装灯具 |
| | 安全装置检查（2 项） | ㉒汽车安全带；㉓机动车用三角警告牌 |
| | 仪器设备检验（2 项） | 行车制动（空载制动率、空载制动不平衡率）；前照灯远光发光强度 |
| 增加检验项目 | 安全装置检查（1 项） | ㊶肢体残疾人操纵辅助装置 |
| | 底盘动态检验（4 项） | ㊷转向系；㊸传动系；㊹制动系；㊺仪表和指示器 |
| | 车辆底盘部件检查（5 项） | ㊻转向系部件；㊼传动系部件；㊽行驶系部件；㊾制动系部件；㊿其他部件 |
| | 仪器设备检验（1 项） | 驻车制动 |

注 1：对残疾人专用汽车，增加肢体残疾人操纵辅助装置检查；

注 2：面包车[面包车是指平头或短头车身结构，单层地板，发动机中置（指发动机缸体整体位于汽车前后轴之间的布置形式），宽高比（指整车车宽与车高的比值）小于等于 0.90，乘坐人数小于等于 9 人，安装座椅的载客汽车]、7 座及 7 座以上车辆、使用年限超过 10 年的车辆，增加底盘动态检验、车辆底盘部件检查和驻车制动检验；

注 3：对于使用年限 10 年以内的非营运小型、微型载客汽车发生过造成人员伤亡交通事故的，需要增加底盘动态检验、车辆底盘部件检查等项目；

注 4：具体检验分项中的序号与标准中的人工检验项目序号对应，以下相关表格相同

（二）其他类型载客汽车

其他类型载客汽车检验项目见表 3-3，大中型客车等部分车型增加的安全装置检验项目见表 3-4。

**表 3-3　　其他类型载客汽车检验项目**

<table>
<tr><th colspan="2">检验项目</th><th>具体检验分项</th></tr>
<tr><td rowspan="8">必检项目</td><td>车辆唯一性检查（5 项）</td><td>①号牌号码/车辆类型；②车辆品牌/型号；③车辆识别代号（或整车出厂编号）；④发动机号码（或电动机号码）；⑤车辆颜色和外形</td></tr>
<tr><td>联网查询</td><td>联网查询</td></tr>
<tr><td>车辆特征参数检查（1 项）</td><td>⑨核定载人数</td></tr>
<tr><td>车辆外观检查（6 项）</td><td>⑯车身外观；⑰外观标识、标注和标牌；⑱外部照明和信号装置；⑲轮胎；⑳号牌及号牌安装；㉑加装/改装灯具</td></tr>
<tr><td>安全装置检查（2 项）</td><td>㉒汽车安全带；㉓机动车用三角警告牌</td></tr>
<tr><td>底盘动态检验（4 项）</td><td>㊷转向系；㊸传动系；㊹制动系；㊺仪表和指示器</td></tr>
<tr><td>车辆底盘部件检查（5 项）</td><td>㊻转向系部件；㊼传动系部件；㊽行驶系部件；㊾制动系部件；㊿其他部件</td></tr>
<tr><td>仪器设备检验（4 项）</td><td>行车制动（空载制动率、空载制动不平衡率）；驻车制动；前照灯（远光发光强度、远近光束垂直偏移）；车速表指示误差[a]</td></tr>
<tr><td rowspan="3">增加检验项目</td><td>车辆特征参数检查（3 项）</td><td>⑥外廓尺寸；⑬客车应急出口；⑭客车乘客通道和引道</td></tr>
<tr><td>安全装置检查（12 项）</td><td>㉔灭火器；㉕行驶记录装置；㉙应急锤；㉚急救箱；㉛限速功能或限速装置[a]；㉜防抱死制动装置；㉝辅助制动装置[a]；㉞盘式制动器[a]；㊱发动机舱自动灭火装置；㊲手动机械断电开关；㊳副制动踏板；㊴校车标志灯和校车停车指示标志牌</td></tr>
<tr><td>仪器设备检验（1 项）</td><td>转向轮横向侧滑量</td></tr>
<tr><td colspan="3">注 1：外廓尺寸仅在注册登记检验时检验；<br>注 2：公路客车、旅游客车、校车、公共汽车等应增加的安全装置检验项目详见表 3-4；<br>注 3：a 仅在注册登记检验时进行</td></tr>
</table>

**表 3-4　　大中型客车等部分车型增加的安全装置检验项目**

<table>
<tr><th colspan="2">项目名称</th><th>适用车型要求</th></tr>
<tr><td colspan="2">㉔灭火器</td><td>客车</td></tr>
<tr><td rowspan="2">㉕行驶记录装置</td><td>汽车行驶记录仪或卫星定位装置</td><td>公路客车、旅游客车、专用校车；<br>2013 年 3 月 1 日起注册登记的未设置乘客站立区的公共汽车</td></tr>
<tr><td>车内外录像监控系统</td><td>卧铺客车；<br>2013 年 5 月 1 日起出厂的专用校车</td></tr>
<tr><td colspan="2">㉙应急锤</td><td>采用密闭钢化玻璃式应急窗的客车</td></tr>
<tr><td colspan="2">㉚急救箱</td><td>校车</td></tr>
<tr><td rowspan="2">㉛限速功能或限速装置</td><td>限速功能或限速装置</td><td>注册登记检验时，公路客车、旅游客车及车长大于 9 m 的未设置乘客站立区的公共汽车</td></tr>
<tr><td>超速报警</td><td>注册登记检验时，车长大于等于 6 m 的客车</td></tr>
</table>

续表

| 项目名称 | 适用车型要求 |
| --- | --- |
| ㉜防抱死制动装置 | 2005 年 2 月 1 日起注册登记的总质量大于 12000 kg 的公路客车和旅游客车；<br>2012 年 9 月 1 日起出厂的车长大于 9 m 的公路客车、旅游客车；<br>2013 年 5 月 1 日起出厂的专用校车；<br>2013 年 9 月 1 日起出厂的车长大于 9 m 的未设置乘客站立区的公共汽车 |
| ㉝辅助制动装置 | 注册登记检验时，2012 年 9 月 1 日起出厂的车长大于 9m 的客车(对专用校车为车长大于 8 m) |
| ㉞盘式制动器 | 注册登记检验时，以下车辆的前轮应装备盘式制动器：<br>2012 年 9 月 1 日起出厂的车长大于 9 m 的客车(未设置乘客站立区的公共汽车除外)；<br>2013 年 5 月 1 日起出厂的专用校车；<br>2013 年 9 月 1 日起出厂的车长大于 9 m 的未设置乘客站立区的公共汽车 |
| ㊱发动机舱自动灭火装置 | 2013 年 5 月 1 日起出厂的专用校车；<br>2013 年 3 月 1 日起出厂的发动机后置的其他客车 |
| ㊲手动机械断电开关 | 2013 年 3 月 1 日起出厂的车长大于或等于 6 m 的客车 |
| ㊳副制动踏板 | 教练车 |
| ㊴校车标志灯和校车停车指示标志牌 | 校车 |

注 1：客车是指设计和制造上主要用于载运乘客及其随身行李的汽车，包括驾驶人座位在内座位数超过 9 个；
注 2：公路客车是指为城间(城乡)运输乘客设计和制造、专门从事旅客运输的客车，包括卧铺客车，即设计和制造供全体乘客卧睡的客车；
注 3：公共汽车同名城市客车是指为城市内运输乘客设计和制造的客车，根据是否设有乘客站立区可分为设有乘客站立区的公共汽车和未设置乘客站立区的公共汽车；
注 4：旅游客车是指为旅游设计和制造、专门用于运载游客的客车；
注 5：校车是指用于有组织地接送 3 周岁以上学龄前幼儿或接受义务教育的学生上下学的 7 座以上的载客汽车；
注 6：专用校车是指设计和制造上专门用于运送 3 周岁以上学龄前幼儿或义务教育阶段学生的校车；
注 7：教练车是专门从事驾驶技能培训的汽车

(三)载货汽车(三轮汽车除外)、专项作业车

载货汽车(三轮汽车除外)、专项作业车检验项目见表 3-5，重中型货车等部分车型增加的安全装置检查项目见表 3-6。

**表 3-5　　载货汽车(三轮汽车除外)、专项作业车检验项目**

| 检验项目 | | 具体检验分项 |
|---|---|---|
| 必检项目 | 车辆唯一性检查(5 项) | ①号牌号码/车辆类型;②车辆品牌/型号;③车辆识别代号(或整车出厂编号);④发动机号码(或电动机号码);⑤车辆颜色和外形 |
| | 联网查询 | 联网查询 |
| | 车辆特征参数检查(4 项) | ⑦轴距;⑧整备质量[a];⑨核定载人数;⑫后轴钢板弹簧片数 |
| | 车辆外观检查(6 项) | ⑯车身外观;⑰外观标识、标注和标牌;⑱外部照明和信号装置;⑲轮胎;⑳号牌及号牌安装;㉑加装/改装灯具 |
| | 安全装置检查(3 项) | ㉒汽车安全带;㉓机动车用三角警告牌;㉖车身反光标识 |
| | 底盘动态检验(4 项) | ㊷转向系;㊸传动系;㊹制动系;㊺仪表和指示器 |
| | 车辆底盘部件检查(5 项) | ㊻转向系部件;㊼传动系部件;㊽行驶系部件;㊾制动系部件;㊿其他部件 |
| | 仪器设备检验(4 项) | 行车制动(空载制动率、空载制动不平衡率);驻车制动;前照灯(远光发光强度、远近光束垂直偏移);车速表指示误差[a] |
| 增加检验项目 | 车辆特征参数检查(3 项) | ⑥外廓尺寸;⑪栏板高度;⑮货厢 |
| | 安全装置检查(11 项) | ㉔灭火器;㉕行驶记录装置;㉗车辆尾部标志板;㉘侧后防护装置;㉛限速功能或限速装置[a];㉜防抱死制动装置;㉝辅助制动装置[a];㉞盘式制动器[a];㉟紧急切断装置;㊲副制动踏板;㊵危险货物运输车标志 |
| | 仪器设备检验(2 项) | 行车制动(加载轴制动率、加载轴制动不平衡率);转向轮横向侧滑量 |

注 1:对于专项作业车、轻型和微型载货汽车,仅在注册登记检验时检验外廓尺寸;对于重型和中型载货汽车、挂车,在用机动车检验时应增加检验外廓尺寸;
注 2:对于有栏板结构的载货汽车(包括普通货车、自卸货车、仓栅货车等),应检验栏板高度;
注 3:对于有货厢结构的载货汽车(包括栏板货车、自卸货车、厢式货车、仓栅货车等),应检验货厢;
注 4:对于三轴及三轴以上的载货汽车,应检验加载制动;
注 5:重中型货车、货车底盘改装的专项作业车、危险货物运输车、半挂牵引车、教练车等应增加的安全装置检验项目详见表 3-6;
注 6:a 仅在注册登记检验时进行

**表 3-6　　重中型货车等部分车型增加的安全装置检查项目**

| 项目名称 | 适用车型要求 |
|---|---|
| ㉔灭火器 | 危险货物运输车 |
| ㉕行驶记录装置 | 危险货物运输车;<br>半挂牵引车、总质量大于或等于 12000 kg 的货车 |
| ㉗车辆尾部标志板 | 2012 年 9 月 1 日起出厂的总质量大于或等于 12000 kg 的货车(半挂牵引车除外);<br>2014 年 1 月 1 日起出厂的总质量大于或等于 12000 kg 的货车底盘改装的专项作业车 |
| ㉘侧后防护装置 | 总质量大于 3500 kg 的货车;<br>货车底盘改装的专项作业车;<br>罐式危险货物运输车 |

**续表**

| 项目名称 | 适用车型要求 |
|---|---|
| ㉛限速功能或限速装置 | 危险货物运输车 |
| ㉜防抱死制动装置 | 道路运输爆炸品和剧毒化学品车辆；<br>2005 年 2 月 1 日起注册的总质量大于 16000 kg 允许挂接总质量大于 10000 kg 的挂车的货车；<br>2012 年 9 月 1 日起出厂的半挂牵引车、其他危险货物运输车(道路运输爆炸品和剧毒化学品车辆除外)；<br>2014 年 9 月 1 日起出厂的总质量大于或等于 12000 kg 的货车和专项作业车 |
| ㉝辅助制动装置 | 所有危险货物运输车；<br>总质量大于或等于 12000 kg 的货车；<br>2014 年 9 月 1 日起出厂的总质量大于或等于 12000 kg 的专项作业车 |
| ㉞盘式制动器 | 2012 年 9 月 1 日起注册的危险货物运输车 |
| ㉟紧急切断装置 | 2015 年 1 月 1 日起，所有用于运输液体危险货物的罐式危险货物运输车 |
| ㊳副制动踏板 | 教练车(三轮汽车除外) |
| ㊵危险货物运输车标志 | 危险货物运输车、道路运输爆炸品和剧毒化学品车辆 |

(四)挂车

挂车检验项目见表 3-7。

**表 3-7　挂车检验项目**

| 检验项目 | | 具体检验分项 |
|---|---|---|
| 必检项目 | 车辆唯一性检查(4 项) | ①号牌号码/车辆类型；②车辆品牌/型号；③车辆识别代号(或整车出厂编号)；⑤车辆颜色和外形 |
| | 联网查询 | 联网查询 |
| | 车辆特征参数检查(4 项) | ⑥外廓尺寸；⑦轴距；⑧整备质量[a]；⑨后轴钢板弹簧片数 |
| | 车辆外观检查(6 项) | ⑩车身外观；⑰外观标识、标注和标牌；⑱外部照明和信号装置；⑲轮胎；⑳号牌及号牌安装；㉑加装/改装灯具 |
| | 安全装置检查(1 项) | ㉖车身反光标识 |
| | 车辆底盘部件检查(5 项) | ㊻转向系部件；㊼传动系部件；㊽行驶系部件；㊾制动系部件；㊿其他部件 |
| | 仪器设备检验(2 项) | 行车制动(空载制动率、空载制动不平衡率)；驻车制动 |

**续表**

| 检验项目 | | 具体检验分项 |
|---|---|---|
| 增加检验项目 | 车辆特征参数检查（2 项） | ⑪栏板高度；⑮货厢 |
| | 安全装置检查（5 项） | ㉗车辆尾部标志板；㉘侧后防护装置；㉜防抱死制动装置；㉟紧急切断装置；㊵危险货物运输车标志 |
| | 仪器设备检验（1 项） | 行车制动（加载轴制动率、加载轴制动不平衡率） |

注 1：对于有栏板结构的桂车（包括普通挂车、自卸挂车、仓栅挂车等），应检验栏板高度；
注 2：对于有货厢结构的挂车（包括普通挂车、自卸挂车、厢式挂车、仓栅挂车等），应检验货厢；
注 3：对于车长大于 8.0 m 的挂车，应检验车辆尾部标志板；
注 4：对于挂车和罐式危险货物运输挂车，应检验侧后防护装置；
注 5：对于 2005 年 2 月 1 日起注册登记的总质量大于 10000 kg 的挂车，应检验防抱死制动装置；
注 6：对于 2015 年 1 月 1 日起所有用于运输液体危险货物的罐式危险货物运输车，应检验紧急切断装置；
注 7：对于运输危险货物的挂车应检验危险货物运输车标志；
注 8：对于采用并装双轴及并装三轴的挂车，应检验加载制动；
注 9：a 仅在注册登记检验时进行

（五）三轮汽车

三轮汽车检验项目见表 3-8。

**表 3-8　　三轮汽车检验项目**

| 检验项目 | | 具体检验分项 |
|---|---|---|
| 必检项目 | 车辆唯一性检查（5 项） | ①号牌号码/车辆类型；②车辆品牌/型号；③车辆识别代号（或整车出厂编号）；④发动机号码（或电动机号码）；⑤车辆颜色和外形 |
| | 联网查询 | 联网查询 |
| | 车辆特征参数检查（2 项） | ⑧整备质量[a]；⑨货厢 |
| | 车辆外观检查（5 项） | ⑯车身外观；⑰外观标识、标注和标牌；⑱外部照明和信号装置；⑲轮胎；⑳号牌及号牌安装 |
| | 安全装置检查（1 项） | ㉖车身反光标识 |
| | 底盘动态检验（4 项） | ㊷转向系；㊸传动系；㊹制动系；㊺仪表和指示器 |
| | 车辆底盘部件检查（5 项） | ㊻转向系部件；㊼传动系部件；㊽行驶系部件；㊾制动系部件；㊿其他部件 |
| | 仪器设备检验（3 项） | 行车空载制动率；驻车制动；前照灯（远光发光强度） |
| 增加检验项目 | 车辆特征参数检查（1 项） | ⑥外廓尺寸[a] |
| | 安全装置检查（1 项） | ㉓机动车用三角警告牌 |

注 1：a 仅在注册登记检验时检验；
注 2：机动车用三角警告牌仅对有驾驶室的三轮汽车要求

（六）摩托车

摩托车检验项目见表 3-9。

**表 3-9　　摩托车检验项目**

| 检验项目 | | 具体检验分项 |
| --- | --- | --- |
| 必检项目 | 车辆唯一性检查（5 项） | ①号牌号码/车辆类型；②车辆品牌/型号；③车辆识别代号（或整车出厂编号）；④发动机号码（或电动机号码）；⑤车辆颜色和外形 |
| | 联网查询 | 联网查询 |
| | 车辆外观检查（4 项） | ⑯车身外观；⑱外部照明和信号装置；⑲轮胎；⑳号牌及号牌安装 |
| | 底盘动态检验（4 项） | ㊷转向系；㊸传动系；㊹制动系；㊺仪表和指示器 |
| | 仪器设备检验（2 项） | 行车制动（空载制动率）；前照灯（远光发光强度） |
| 增加检验项目 | 车辆特征参数检查（3 项） | ⑥外廓尺寸[a]；⑧整备质量[a]；⑨核定载人数 |

注 1：a 仅在注册登记检验时检验；
注 2：带驾驶室的正三轮摩托车，还应增加检验外廓尺寸、整备质量、核定载人数

## 二、检测所需仪器设备

（一）资格许可技术条件的要求（见表 3-10）

**表 3-10　　不同车型检测仪器设备、设施的配置**

| 序号 | 设备、设施名称 | 承检车型代号 | | | | | | | | | |
| --- | --- | --- | --- | --- | --- | --- | --- | --- | --- | --- | --- |
| | | A1<br>A3 | A2<br>B2 | B1<br>C1<br>C2 | C3 | C4 | D | E<br>F | M | N | 轴荷 10000 kg 以上、三轴及三轴以上车辆 |
| 1 | 轮重仪 | √ | √ | √ | √ | √ | | | √ | | |
| | 滚筒反力式汽车制动检验台 | √ | √ | √ | √ | | | | √ | | |
| 2 | 平板式制动检验台（用于小型车检测线） | | | √ | √ | | | | √ | | |
| 3 | 滚筒式汽车车速表检验台 | √ | | √ | √ | | | | √ | | |
| 4 | 汽车侧滑检验台 | √ | | √ | √ | | | | √ | | √ |
| 5 | 机动车前照灯检测仪 | √ | √ | √ | √ | √ | | | √ | √ | √ |
| 6 | 驻车坡道 | √ | √ | √ | √ | √ | | | √ | √ | √ |
| 7 | 试验道路 | √ | √ | √ | √ | √ | | | √ | √ | √ |
| 8 | 声级计 | √ | √ | √ | √ | √ | √ | √ | √ | √ | √ |
| 9 | 便携式制动性能测试仪 | √ | √ | √ | √ | √ | | | √ | √ | √ |
| 10 | 非接触式汽车速度测试仪 | √ | √ | √ | √ | √ | | | √ | √ | √ |

**续表**

| 序号 | 设备、设施名称 | 承检车型代号 | | | | | | | | | |
|---|---|---|---|---|---|---|---|---|---|---|---|
| | | A1<br>A3 | A2<br>B2 | B1<br>C1<br>C2 | C3 | C4 | D | E<br>F | M | N | 轴荷 10000 kg 以上、三轴及三轴以上车辆 |
| 11 | 发动机转速表 | √ | √ | √ | | | | | √ | √ | √ |
| 12 | 踏板力计 | √ | √ | √ | √ | √ | | | √ | √ | √ |
| 13 | 手制动力计 | √ | √ | √ | √ | √ | | | | | √ |
| 14 | 方向盘转向力一转向角检测仪 | √ | √ | √ | √ | √ | | | √ | √ | √ |
| 15 | 透光率计 | √ | √ | √ | | | | | | | |
| 16 | 轮胎花纹深度计 | √ | √ | √ | √ | √ | √ | √ | √ | √ | √ |
| 17 | 轮胎气压表 | √ | √ | √ | √ | √ | √ | √ | √ | √ | √ |
| 18 | 秒表 | √ | √ | √ | √ | √ | √ | √ | √ | √ | √ |
| 19 | 钢卷尺 | √ | √ | √ | √ | √ | √ | √ | √ | √ | √ |
| 20 | 钢直尺 | √ | √ | √ | √ | √ | √ | √ | √ | √ | √ |
| 21 | 摩托车轮重仪 | | | | | | √ | √ | | | |
| 22 | 摩托车制动试验台 | | | | | | √ | √ | | | |
| 23 | 摩托车制动试验设备 | | | | | | √ | √ | | | |
| 24 | 摩托车灯光测试装置 | | | | | | √ | √ | | | |

注：有√的表示需要配备，设备的功能需满足规定的车型检测，其量程也需满足对应车型的要求。序号1和2有一种即可；序号9和10有一种即可

(二)《机动车安全技术检验项目和方法》规定人工检验应配备的仪器设备(见表3-11)及可选配的设备(见表3-12)

**表 3-11　　人工检验应配备的仪器设备及其工具一览表**

| 序号 | 检验设备 | 主要用途 |
|---|---|---|
| 1 | 内窥镜(放大镜) | 用于对车辆识别代号、发动机号打磨、凿改、挖补、垫片、重新打刻等异常情形，也可用于机动车行驶证等证据或资料的真伪识别 |
| 2 | 外廓尺寸自动测量仪 | 用于测量重中型货车、专项作业车、挂车等的外廓尺寸 |
| 3 | 钢卷尺 | 用于测量外廓尺寸、轴距、栏板高度、货厢、客车应急出口、侧面及后下防护装置等尺寸参数。(用于测量外廓尺寸的必须是1级) |
| 4 | 铅锤 | 用于辅助测量机动车外廓尺寸 |
| 5 | 水平尺 | 用于辅助测量机动车外廓尺寸 |
| 6 | 地磅或轴(轮)重仪 | 用于测量载货汽车、专项作业车、挂车、三轮汽车、带驾驶室的正三轮摩托车的整备质量 |
| 7 | 钢直尺 | 用于测量主要零部件尺寸 |
| 8 | 通道、引道测量装置 | 用于检查客车乘客通道和引道 |

**续表**

| 序号 | 检验设备 | 主要用途 |
| --- | --- | --- |
| 9 | 透光率计 | 用于测量车窗玻璃的透光率 |
| 10 | 手锤 | 辅助底盘部件检查 |
| 11 | 轮胎气压表 | 用于测量机动车轮胎气压 |
| 12 | 轮胎花纹深度尺 | 用于测量机动车轮胎胎冠花纹深度 |
| 13 | 行驶记录装置专用检验仪器 | 用于检查分析汽车行驶记录装置工作是否正常、接线是否规范、通信协议是否符合相关标准要求 |
| 14 | 逆反射系数测试仪 | 用于检测车身反光标识、车辆尾部标志板的逆反射系数 |
| 15 | 方向盘转向力一转向角检测仪 | 用于测量方向盘的外缘切向力、最大自由转动量 |
| 16 | 底盘间隙仪 | 用于检查大中型客车、重中型货车、专项作业车、挂车的车辆底盘部件检查 |
| 17 | 强光手电 | 用于车辆识别代号、发动机号、底盘检查、发动机舱检查的辅助照明 |
| 18 | 螺丝刀 | 用于车辆识别代号、发动机号的查看和查验，清除车辆识别代号附近的漆、油污或覆盖物。进一步检查是否存在打磨、凿改、挖补、垫片、重新打刻等异常情形 |
| 19 | 秒表 | 用于测量坡道驻车时停车时间等 |
| 20 | 制动踏板力计 | 用于测量制动踏板力 |
| 21 | 制动操纵力计 | 用于测量驻车操纵力 |
| 22 | 检验智能终端(PDA) | 用于拍摄检验照片(或视频)、记录检验信息、判断检验结果、查询公告等 |

**表 3-12　　人工检验可自愿选配仪器设备及其工具表**(参考)

| 序号 | 检验设备 | 主要用途 |
| --- | --- | --- |
| 1 | VIN 码探伤鉴定仪 | 用于探测 VIN 码打刻部位是否有焊接、打磨等情形 |
| 2 | VIN 码信息采集仪 | 用于采集 VIN 码的信息图片，并实现对 VIN 码字符进行分析、识别(如字体、倾斜角度、字符间距、字高等) |
| 3 | 激光测距仪 | 用于尺寸参数的测量 |
| 4 | 伸缩自发光反光镜 | 辅助 VIN 码、发动机号的检查等 |
| 5 | 蛇管视频探测仪 | 辅助 VIN 码、发动机号的检查等 |
| 6 | 标尺 | 用于辅助测量机动车外廓尺寸 |
| 7 | 铁钩 | 用于配合车辆外观检查 |

## 三、几点说明

1.“非营运小型、微型载客汽车”是指机动车行驶证上使用性质为“非营运”的小型、微型载客汽车。使用性质“非营运”是指个人或单位不以获取利润为目的而使用的机动车，包括“出租转非”“营转非”“警用”“消防”“救护”“工程抢险”等。

2.轮式专用机械车、有轨电车的安全技术检验项目按照相关国家标准和行业标准的要求参照确定。轮式专用机械车，又称为“轮式自行机械车”，是指有特殊结构和专门功能，装有橡胶车轮可以自行行驶，最高设计车速大于 20 km/h 的轮式工程机械，如装载机、平地机、挖掘机、铲车、推土机等，但不包括叉车。有轨电车是以电动机驱动，有轨道承载的机动车。

## 第三节 车辆唯一性检查

车辆唯一性检查是对机动车的号牌号码/车辆类型、车辆品牌/型号、车辆识别代号（或整车出厂编号）、发动机号码（或电动机号码）、车辆颜色和外形进行检查，以确认送检机动车的唯一性。车辆唯一性检查是打击走私、盗抢、拼装机动车等违法犯罪行为的第一道防线和有效手段，是机动车安全技术检验最重要的项目之一。

### 一、检验项目分析（见表3-13）

**表3-13　车辆唯一性检查项目**

| 检验项目 | | 适用条件 |
|---|---|---|
| 车辆唯一性检查 | ①号牌号码/车辆类型 | 所有车辆在注册登记检验、在用机动车检验时均进行车辆唯一性检查的5个项目，但对于挂车，无须进行发动机号码（或电动机号码）的检查 |
| | ②车辆品牌/型号 | |
| | ③车辆识别代号（或整车出厂编号） | |
| | ④发动机号码（或电动机号码） | |
| | ⑤车辆颜色和外形 | |

### 二、检验方法

送检机动车停放在指定位置，发动机停转。通过目视检查的方法对车辆的号牌号码/车辆类型、车辆品牌/型号、车辆识别代号（或整车出厂编号）、发动机号码（或电动机号码）、车辆颜色和外形进行检查。具体检验方法见表3-14。

**表3-14　车辆唯一性检查方法表**

| 序号 | 检验项目 | 检验方法及相关说明 |
|---|---|---|
| 1 | ①号牌号码/车辆类型 | 目视检查。<br>在用机动车检验时，查看送检机动车的号牌号码/车辆类型，并与机动车行驶证签注的内容进行比对 |
| 2 | ②车辆品牌/型号 | 目视检查。<br>注册登记检验时，查看送检机动车（标牌等处标注）的车辆品牌/型号，并与机动车出厂合格证（对进口车，为海关货物进口证明书）进行比对。<br>在用机动车检验时，查看送检机动车的车辆品牌/型号，并与机动车行驶证签注的内容进行比对 |

**续表**

| 序号 | 检验项目 | 检验方法及相关说明 |
| --- | --- | --- |
| 3 | ③车辆识别代号（或整车出厂编号） | 目视检查，目视难以清晰辨别时使用内窥镜、强光手电、螺丝刀等工具；有条件时，可使用伸缩自发光反光镜、蛇管视频探测仪以及能自动识别车辆识别代号的仪器设备；有疑问时，可使用VIN码探伤等仪器进一步检查确认。<br>注册登记检验时，实车查看车辆识别代号（或整车出厂编号），并与机动车出厂合格证（对进口车，为海关货物进口证明书）、车辆识别代号（或整车出厂编号）的拓印膜（对于随车配发的拓印膜不符合要求时，应实车拓印）进行比对。重点检查车辆识别代号的内容和构成；打刻部位、深度，以及组成字母与数字的字高等，确认有无被凿改、挖补等现象。对于2013年3月1日起出厂的乘用车、总质量小于等于3500 kg的货车（低速汽车除外），核查靠近风窗立柱位置的车辆识别代号标识。<br>在用机动车检验时，查看送检机动车打刻的车辆识别代号（或整车出厂编号）并拍照，确认与机动车行驶证签注的内容是否一致，确认有无被凿改、挖补等现象 |
| 4 | ④发动机号码（或电动机号码） | 目视检查，目视难以清晰辨别时使用内窥镜、强光手电、螺丝刀等工具；有条件时，可使用伸缩自发光反光镜、蛇管视频探测仪等辅助检查。<br>注册登记检验时，查看打刻的发动机号码（或电动机号码），并与机动车出厂合格证（对进口车，为海关货物进口证明书）进行比对，确认有无被凿改嫌疑；如发动机号码（或电动机号码）不可见，查看发动机标识，确认是否能永久保持，并与机动车出厂合格证（对进口车，为海关货物进口证明书）进行比对。<br>在用机动车检验时，查看送检机动车的发动机号码（或电动机号码），并与机动车行驶证签注的内容进行比对，确认有无被凿改嫌疑 |
| 5 | ⑤车辆颜色和外形 | 目视检查。<br>注册登记检验时，通过智能检验终端（PDA）等方式查询公告照片，并实车比对送检机动车外形是否相符。<br>在用机动车检验时，查看送检机动车的车辆颜色和外形，与机动车行驶证上的车辆照片进行比对，查看有无更改车身颜色、改变车厢形状、改变车辆结构等情形 |
| 注：号牌号码/车辆类型、车辆识别代号（或整车出厂编号）、车辆颜色和外形检查时，需要使用智能检验终端（PDA）拍摄图片（或视频） | | |

## 三、检验要求

### （一）号牌号码/车辆类型、车辆品牌/型号

1. 注册登记检验时，送检机动车的车辆品牌/型号应与机动车出厂合格证（对进口车，为海关货物进口证明书）一致。

2. 在用机动车检验时，送检机动车的号牌号码/车辆类型、车辆品牌/型号，应与机动车行驶证签注的内容一致。

### （二）车辆识别代号（或整车出厂编号）

1. 标准要求

（1）注册登记检验时，送检机动车的车辆识别代号（或整车出厂编号）应与机动车出厂

合格证（对进口车，为海关货物进口证明书）、车辆识别代号（或整车出厂编号）的拓印膜一致，车辆识别代号的内容和构成应符合《道路车辆　车辆识别代号》（GB 16735）的相关规定；其打刻部位、深度以及组成字母与数字的字高等应符合《机动车运行安全技术条件》（GB 7258）的相关规定，且不应出现被凿改、挖补、打磨以及擅自重新打刻等现象。对于2013年3月1日起出厂的乘用车、总质量小于等于3500 kg的货车（低速汽车除外），从车外应能清晰地识读到靠近风窗立柱位置的车辆识别代号标识。车辆上标识的所有车辆识别代号内容应一致。

（2）在用机动车检验时，送检机动车的车辆识别代号（或整车出厂编号）应与机动车行驶证签注的内容一致，且不应出现被凿改、挖补、打磨以及擅自重新打刻等现象。

2. 几点说明

（1）注册登记检验时，应收存车辆识别代号的拓印膜，拓印膜应与实际车辆识别代号一致。在用机动车检验时，只需要拍摄车辆识别代号，不需要收存车辆识别代号的拓印膜。

（2）车辆识别代号（或整车出厂编号）是车辆的重要标识，检验人员应认真掌握车辆识别代号的相关知识，熟悉车辆识别代号打刻位置、字体等特征，掌握识别车辆识别代号被凿改、挖补、打磨、垫片以及擅自重新打刻等异常现象的能力。

（3）对于车辆识别代号的部件表面严重锈蚀等无法有效确认车辆唯一性的，安检机构拍照留存相关资料，并告之送检人到车辆管理部门重新打刻车辆识别代号。

（4）对于检验时发现凿改、挖补、打磨以及擅自重新打刻等现象的，参照本章第十二节“检验结果处置”中的“异常情形处置”执行。

### （三）发动机号码（或电动机号码）

1. 标准要求

（1）注册登记检验时，送检机动车的发动机号码（或电动机号码）应与机动车出厂合格证（对进口车，为海关货物进口证明书）一致，并符合《机动车运行安全技术条件》的相关规定。

（2）在用机动车检验时，送检机动车的发动机号码（或电动机号码）应与机动车行驶证签注的内容一致。

2. 几点说明

（1）检验时无须拓印发动机号。

（2）对于发现发动机号更改的，安检机构应拍照留存相关资料，并告之送检人到车辆管理部门办理变更备案申请。

### （四）车辆颜色和外形

1. 标准要求

（1）注册登记检验时，送检机动车的外形应与公告照片相符。

（2）在用机动车检验时，送检机动车的车辆颜色和外形应与机动车行驶证上的车辆照片相符，且不应出现更改车身颜色、改变车厢形状、改变车辆结构等情形。

2.几点说明

(1)注册登记检验时,对实行公告管理的国产机动车,车辆外观形状应与公告的机动车照片一致,但装有公告允许选装的部件时除外。2012年9月1日起出厂的厢式货车和封闭式货车,驾驶室(区)两旁应设置车窗,货厢部位不得设置车窗[但驾驶室(区)内用于观察货物状态的观察窗除外]。

(2)在用机动车检验时,车辆外观形状应与机动车行驶证上机动车标准照片记载的车辆外观形状一致,但装有允许自行加装的部件时除外。机动车标准相片如悬挂有机动车号牌,其号牌号码和类型应与机动车行驶证记载的内容一致。

(3)在用机动车检验时,车身颜色应与机动车行驶证上的照片一致。对于发现颜色明显差异的,安检机构应拍照留存相关资料并告之送检人到车辆管理部门办理变更登记申请。

(4)部分金属漆车辆的车身颜色在不同方向观察时会有所区别,光照强度有时也会对车身颜色的确认造成影响,此时宜在车辆标准照片拍摄角度(车辆行驶方向左前45°)确定车身颜色。目前,许多车辆通过车身贴膜方式改变车身颜色,现行管理规定中对此并无禁止性规定。

(5)有部分厢式货车因运送鲜活物品所开设的通风通气孔,这种情况下不应简单判定为不合格,应以公告的信息为准。

(6)检验中发现机动车行驶证上机动车标准照片有被更换现象,参照本章第十二节“检验结果处置”中的“异常情形处置”执行。

## 第四节　联网查询

### 一、检验项目分析

所有送检机动车均进行联网查询,包括注册登记检验和在用车检验。

### 二、检验方法

利用联网信息系统查询车辆事故或违法信息。

### 三、检验要求

利用联网查询送检机动车事故或违法信息:

1.对发生过造成人员伤亡交通事故的送检机动车,人工检验时应重点检查损伤部位和损伤情况,属于使用年限在10年以内的非营运小型、微型载客汽车的,应增加底盘动态检验、车辆底盘部件检查。

2.对涉及尚未处理完毕的道路交通安全违法行为或道路交通事故的送检机动车,应提醒机动车所有人及时到公安机关交通管理部门处理。

目前,统一版的检验监管系统为安检机构查询送检机动车事故或违法信息提供了接口，安检机构应高度重视机动车联网查询工作，及时发现重点隐患车辆，不断提高检验服务能力。

## 第五节　车辆特征参数检查

车辆特征参数检查是对机动车的外廓尺寸、整备质量、核定载人数等车辆主要特征和技术参数进行检查，以确认与机动车国家安全技术标准、公告、机动车出厂合格证、机动车行驶证等技术资料凭证的符合性。

车辆特征参数检查是打击非法改装、拼装机动车和套用公告生产等违法违规行为的重要手段，也是确保车辆生产一致性的重要举措。机动车安全技术检验时，发现送检机动车的车辆特征参数与《机动车运行安全技术条件》(GB 7258－2012)、《道路车辆外廓尺寸、轴荷及质量限值》(GB 1589－2004)等机动车国家安全技术标准不符合的，应拍照、录像固定证据，详细登记送检机动车的车辆类型、品牌/型号、车辆识别代号（或整车型号和出厂编号）、发动机号码、整车生产厂家、生产日期等信息，通过机动车安全技术检验监管系统上报。

### 一、检验项目分析（见表 3-15）

**表 3-15　　车辆特征参数检查项目**

| 序号 | 检验项目 | 适用条件 |
| --- | --- | --- |
| 1 | ⑥外廓尺寸 | 注册登记检验时，载客汽车（非营运小型、微型载客汽车除外）、载货汽车、专项作业车、挂车、三轮汽车、带驾驶室的正三轮摩托车应检验该项目；<br>在用机动车检验时，重中型货车和挂车应检验该项目 |
| 2 | ⑦轴距 | 注册登记检验和在用机动车检验时，载货汽车（三轮汽车除外）、专项作业车、挂车应检验该项目 |
| 3 | ⑧整备质量 | 注册登记检验时，载货汽车、专项作业车、挂车、三轮汽车、带驾驶室的正三轮摩托车应检验该项目 |
| 4 | ⑨核定载人数 | 注册登记检验和在用机动车检验时，所有载客汽车、载货汽车、专项作业车、带驾驶室的正三轮摩托车应检验该项目 |
| 5 | ⑪栏板高度 | 注册登记检验和在用机动车检验时，对于有栏板结构的载货汽车、挂车（包括普通货车、普通挂车、自卸车、仓栅车等）应检验该项目 |
| 6 | ⑫后轴钢板弹簧片数 | 注册登记检验和在用机动车检验时，载货汽车（三轮汽车除外）、专项作业车、挂车应检验该项目 |
| 7 | ⑬客车应急出口 | 注册登记检验和在用机动车检验时，所有客车（包括公路客车、旅游客车、公共汽车、校车等）应检验该项目。<br>对于乘坐人数（包括驾驶人）小于等于 9 人的大中型专用客车（如登记为大型专用客车的旅居车），无须检查该项目 |

续表

| 序号 | 检验项目 | 适用条件 |
| --- | --- | --- |
| 8 | ⑭客车乘客通道和引道 | 注册登记检验和在用机动车检验时，所有客车（包括公路客车、旅游客车、公共汽车、校车等）需要检验该项目对于乘坐人数（包括驾驶人）小于等于9人的大中型专用客车（如登记为大型专用客车的旅居车），无须检查该项目 |
| 9 | ⑮货厢 | 注册登记检验和在用机动车检验时，所有三轮汽车以及有货厢结构的载货汽车、挂车（包括普通货车、普通挂车、自卸车、厢式车、仓栅车等）应检验该项目 |

## 二、车辆特征参数检查方法（见表3-16）

**表3-16　车辆特征参数检查方法**

| 序号 | 检验项目 | 检验方法及相关说明 |
| --- | --- | --- |
| 1 | ⑥外廓尺寸 | 用钢卷尺、水平尺、铅锤、激光测距仪等长度测量工具进行测量，对重中型货车、专项作业车、挂车，应使用自动测量装置。<br>注册登记检验时，与公告、机动车出厂合格证参数进行比对。<br>在用机动车检验时，与机动车行驶证签注的内容进行比对 |
| 2 | ⑦轴距 | 用钢卷尺等长度测量工具测量；有条件时，可使用自动测量装置。<br>注册登记检验时，与公告、机动车出厂合格证进行比对。<br>在用机动车检验时，与机动车登记信息进行比对 |
| 3 | ⑧整备质量 | 用地磅或轴（轮）重仪等装置称量。<br>注册登记检验时，与公告、机动车出厂合格证进行比对 |
| 4 | ⑨核定载人数 | 目视检查，目测座椅宽度、深度及驾驶室内部宽度等参数偏小时，使用量具测量相关尺寸。<br>注册登记检验时，确认座椅宽度、深度、驾驶室内部宽度等参数及座椅布置是否符合《机动车运行安全技术条件》（GB 7258－2012）规定，与公告、机动车出厂合格证进行比对。<br>在用机动车检验时，与机动车行驶证签注的内容进行比对，观察座椅布置有无变动 |
| 5 | ⑪栏板高度 | 用钢卷尺或钢直尺等长度测量工具测量，有条件时可使用自动测量装置。<br>注册登记检验时，货车、挂车的栏板高度与公告、机动车出厂合格证、驾驶室两侧喷涂的栏板高度数值进行比对。<br>在用机动车检验时，货车、挂车的栏板高度与机动车登记信息、驾驶室两侧喷涂的栏板高度数值进行比对 |
| 6 | ⑫后轴钢板弹簧片数 | 目视检查。<br>注册登记检验时，货车、挂车、专项作业车的后轴钢板弹簧片数与公告、机动车出厂合格证进行比对，重点检查有无明显“增宽、增厚”情形。<br>在用机动车检验时，货车、挂车、专项作业车的后轴钢板弹簧片数应与机动车登记信息进行比对，重点检查有无明显“增宽、增厚”情形 |

续表

| 序号 | 检验项目 | 检验方法及相关说明 |
| --- | --- | --- |
| 7 | ⑬客车应急出口 | 目视检查应急出口的数量、标志，确认是否符合 GB 7258、GB 13094、GB 18986、GB 24407 等标准规定；目测应急出口尺寸偏小的，应使用钢卷尺或钢直尺等长度测量工具测量相关尺寸。对于 2013 年 9 月 1 日起出厂的设有乘客站立区的公共汽车车身两侧的车窗，如面积能达到设置为应急窗的要求，查看是否均设置为推拉式应急窗或外推式应急窗 |
| 8 | ⑭客车乘客通道和引道 | 目视检查，目测通道、引道偏窄或高度不符合要求时，使用通道、引道测量装置检查 |
| 9 | ⑮货厢 | 目视检查，目测货厢有超长、超宽、超高嫌疑时，使用钢卷尺或钢直尺等长度测量工具测量相关尺寸。重点查看是否有“加长、加高、加宽货厢”“拆除厢式货车顶盖”“拆除仓栅式货车顶棚杆”等情形 |

注：核定载人数、后轴钢板弹簧片数、客车应急出口、客车乘客通道和引道、货厢等项目检查时，需要使用智能检验终端(PDA)拍摄图片(或视频)

## 三、检验要求

### (一)外廓尺寸

1. 标准要求

(1)机动车外廓尺寸不得超出《机动车运行安全技术条件》(GB 7258－2012)、《道路车辆外廓尺寸、轴荷及质量限值》(GB 1589－2004)规定的限值。

(2)注册登记检验时，机动车的外廓尺寸应与公告、机动车出厂合格证相符，且误差满足：汽车(三轮汽车除外)、挂车不超过±1%或±50 mm，三轮汽车、摩托车不超过±3%或±50 mm。

(3)在用机动车检验时，重中型货车、挂车的外廓尺寸应与机动车行驶证签注的内容相符，且误差不超过±2%或±100 mm。

2. 几点说明

(1)注册登记检验时，其他类型载客汽车、载货汽车(三轮汽车除外)、专项作业车、挂车、三轮汽车、带驾驶室的正三轮摩托车需要检验外廓尺寸；在用机动车检验时，仅针对重中型货车和挂车。

(2)重中型货车、专项作业车、挂车应使用自动测量装置(2017 年 3 月 1 日前可以使用人工检验的方法)，其他车型可采用人工检验方式，也可采用自动测量方式。

(3)对于符合《机动车运行安全技术条件》(GB 7258－2012)、《道路车辆外廓尺寸、轴荷及质量限值》(GB 1589－2004)规定的限值要求的，外廓尺寸的相对误差、绝对误差中，检验过程中满足其中一项即判定为合格。

(4)对于专项作业车，其后伸(指安装在车辆上的、作业时可伸展移动的专用装置的凸出车辆后部刚性部件的尺寸)不计入后悬，但应计入车辆长度；专项作业车的前伸不计入前悬，但应计入车辆长度。

(5)乘用车自行加装的前后防撞装置及货运机动车自行加装的防风罩、水箱、工具箱、备胎架，不计入车辆长度和高度，但不应超过《道路车辆外廓尺寸、轴荷及质量限值》规定的限值。

(6)后视镜、侧面标志灯、示位灯、转向指示灯、挠性挡泥板、折叠式踏板、防滑链以及轮胎与地面接触部分以及法律法规允许加装的其他部件不计入车辆长度和高度。

(7)正三轮摩托车外廓尺寸应符合《机动车运行安全技术条件》的要求，见表3-17。

**表3-17　　正三轮摩托车外廓尺寸限值**　　(单位：m)

| 机动车类型 | | 长 | 宽 | 高 |
|---|---|---|---|---|
| 摩托车 | 正三轮摩托车 | ≤3.50 | ≤1.50 | ≤2.00 |
| | 正三轮轻便摩托车 | ≤2.00 | ≤1.00 | ≤1.10 |

(8)当使用外廓尺寸自动测量装置测量时，测量仪不得具有人工修改测量数据和照片的功能，对于需要人工确认修改不计入车长、车宽的，应记录修改日志；仪器测量过程中应由仪器实时自动保存测得数据和车身正面、侧面的测量照片并上传至监管系统，照片及数据不能人工修改。

(9)测量仪应具有自动修正功能，应将标准中要求不计入车辆外廓部位的尺寸自动去掉。如：挂车与牵引车连接部分放置的水箱、帆布、绳子、气罐等导致挂车或牵引车的测量误差或者部分允许加装的附件被计入车长与车宽导致的测量误差等，可通过人工方式进行测量和确认并上传其结果。人工测量与确认时，记录的操作日志(内容包括但不限于人工测量确认后录入的数据、确认原因、确认人姓名及时间)与自动测量装置测量的数据应一并存入数据库。最终上传的数据是人工测量确认后录入的数据。

### (二)轴距

1. 标准要求

(1)注册登记检验时，机动车的轴距应与公告、机动车出厂合格证相符，且误差不超过±1%或±50 mm。

(2)在用机动车检验时，机动车的轴距应与机动车登记信息相符，且误差不超过±1%或±50 mm。

2. 几点说明

(1)检验车型及时机：注册登记检验、在用机动车检验时，只有载货汽车(三轮汽车除外)、专项作业车、挂车需要检验轴距。

(2)公告、机动车出厂合格证记录的车辆轴距为：对于多轴车辆，轴距是指相邻两轴之间的距离，之间用“+”隔开，单位为mm。对于半挂车，第一个轴距数值为半挂车牵引销与第一轴之间的距离。对于线轴结构的车辆(见图3-2)，轴距是指“线”与“线”之间的距离或“线”与牵引销之间的距离。图3-3给出了汽车的轴距测量。

图 3-2 线轴结构低平板运输车

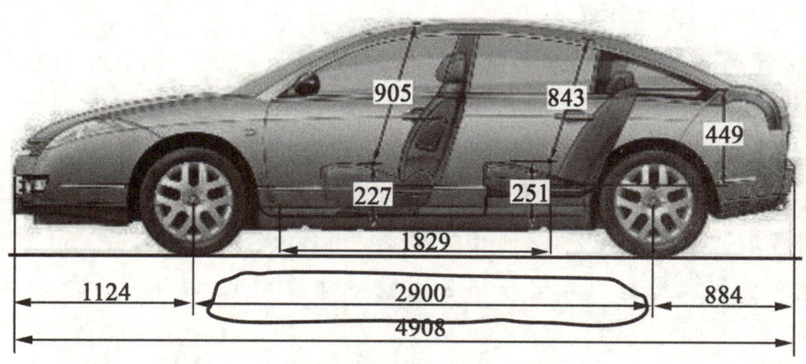


图 3-3 汽车的轴距测量图

（三）整备质量

1. 标准要求

机动车的整备质量应与公告、机动车出厂合格证相符，且误差满足：重中型货车、挂车、专项作业车不超过±3%或±500 kg，轻微型货车、专项作业车不超过±3%或±100 kg，低速汽车不超过±5%或±100 kg，摩托车不超过±10 kg。

2. 检验车型及时机

整备质量测量仅针对注册登记检验时要求，适用车型是载货汽车、专项作业车、挂车、三轮汽车、带驾驶室的正三轮摩托车。

3. 判定方法

整备质量的相对误差、绝对误差中，只要其中一项满足要求即为合格。如一辆中型厢式货车的机动车出厂合格证记载的整备质量为 5000 kg，实际检测的整备质量为 5350 kg，超过±3%的相对误差，但未超过±500 kg 的绝对误差，该车整备质量应判定为合格。

4. 汽车的整备质量

汽车的整备质量，亦即俗称的“空车重量”或“自重”。根据《道路车辆质量词汇和代码》(GB/T 3730.2)的定义，汽车整备质量应包括整车正常运行所需的所有电器装备和辅助装置的质量等。一般来说，整备质量测量时可加注制造厂设计容量的 90%以上的燃油，包括备用车轮、灭火器、标准备件、三角垫木、标准工具箱等的质量，但不包括驾驶员的质量。

（四）核定载人数

1. 标准要求

(1)机动车的核定载人数应符合《机动车运行安全技术条件》(GB 7258－2012)中 4.5.2至 4.5.6、11.6 的核载规定。

(2)注册登记检验时，机动车的核定载人数应与公告、机动车出厂合格证相符。

(3)在用机动车检验时，机动车的座位(铺位)数应与机动车行驶证签注的内容一致。

2. 检验车型及时机

注册登记检验、在用机动车检验时，只对载客汽车、载货汽车(三轮汽车除外)、专项作业车、带驾驶室的正三轮摩托车要求。

3.《机动车运行安全技术条件》(GB 7258－2012)中 4.5.2 至 4.5.6、11.6 的核载规定：

4.5.2　乘用车乘坐人数核定

4.5.2.1　前排座位按乘客舱内部宽度(系指驾驶人两侧门窗下缘，并在车门后支柱内侧量取)大于等于 1200 mm 时核定 2 人，大于等于 1650 mm 时核定 3 人，但每名前排乘员的座垫宽和座垫深均应大于等于 400 mm，且不得作为学生座位核定乘坐人数。

4.5.2.2　除前排座位外的其他排座位，在能保证与前一排座位的间距大于等于 600 mm 且座垫深度大于等于 400 mm(对第二排以后的可折叠座椅座间距大于等于 570 mm 且座垫深度大于等于 350 mm)时，按座垫宽每 400 mm 核定 1 人；但作为学生座位使用时，对幼儿校车按每 280 mm 核定 1 人，对小学生校车按每 350 mm 核定 1 人，对中小学生校车按 380 mm 核定 1 人。单人座椅座垫宽大于等于 400 mm 时核定 1 人。

注 1：学生座位(椅)是指幼儿校车上专门供幼儿乘坐的座位(椅)、小学生校车上专门供小学生乘坐的座位(椅)及中小学生校车上专门供义务教育阶段学生使用的座位(椅)。

注 2：可折叠座椅是指靠背、座垫铰接且折叠在一起后能完全收起的座椅。

注 3：座间距是指座椅座垫和靠背均未被压陷、驾驶人座椅和前排乘员座椅处于滑轨中间位置、靠背角度可调式座椅的靠背角度及座椅其他调整量处于制造厂规定的正常使用位置时，在通过(单人)座椅中心线的垂直平面内，在座垫上表面最高点所处平面与地板上方 620 mm 高度范围内水平测量所得的座椅间距数值。

4.5.2.3　旅居车的核定乘员数应小于等于 9 人。

4.5.2.4　车长大于等于 6 m 的乘用车设置的侧向座椅不核定乘坐人数。

4.5.3　客车乘员数核定

4.5.3.1　按乘员质量核定：按 GB/T 12428 确定。

4.5.3.2　按座垫宽和站立乘客有效面积核定:长条座椅(指座垫靠背均为条形的供两人或多人乘坐的座椅)按座垫宽每 400 mm 核定 1 人,但作为学生座位使用时,对幼儿校车按每 280 mm(对幼儿专用校车按每 330 mm)核定 1 人,对小学生校车按每 350 mm 核定 1 人,对中小学生校车按 380 mm 核定 1 人;单人座椅座垫宽大于等于 400 mm(对学生座椅为 380 mm)时核定 1 人。设有乘客站立区的公共汽车,按 GB/T 12428 确定的站立乘客有效面积计算,每 0.125 $m^2$ 核定站立乘客 1 人;双层客车的上层及其他客车不核定站立人数。

4.5.3.3　按卧铺铺位核定:卧铺客车的每个铺位核定 1 人,驾驶人座椅核定 1 人,乘客座椅(包括车组人员座椅)不核定乘坐人数。

4.5.3.4　可折叠的单人座椅及驾驶人座椅 R 点所处的横向垂直平面之前的座椅不得作为学生座位(椅)核定人数。

4.5.3.5　幼儿校车、小学生校车和中小学生校车按 4.5.3.2 和 4.5.3.4 核定乘员数,其他客车以 4.5.3.1、4.5.3.2 及 4.5.3.3 计算的乘员数取最小值核定乘员数。幼儿校车的核定乘员数应小于等于 45 人,其他校车的核定乘员数应小于等于 56 人。二轴卧铺客车的核定乘员数应小于等于 36 人,三轴卧铺客车的核定乘员数应小于等于 40 人。

4.5.4　有驾驶室机动车的驾驶室乘坐人数核定(摩托车除外)

4.5.4.1　驾驶室的前排座位,按驾驶室内部宽度(系指驾驶室门窗下缘,并在车门后支柱内侧量取)大于等于 1200 mm 时核定 2 人,大于等于 1650 mm 时核定 3 人,但每名前排乘员的座垫宽和座垫深均应大于等于 400 mm。

4.5.4.2　双排座位驾驶室的后排座位,按座垫中间位置测量的车身内部宽度,在能保证与前排座位的间距大于等于 650 mm 且座垫深度大于等于 400 mm 时,每 400 mm 核定 1 人。

4.5.4.3　带卧铺的货车,卧铺铺位不核定乘坐人数。

4.5.4.4　有驾驶室的拖拉机运输机组和使用方向盘转向的三轮汽车,除驾驶人外可再核定一名乘员,但其座垫宽应大于等于 350 mm,座椅深应大于等于 300 mm,且座椅不应增加拖拉机运输机组或三轮汽车的外廓尺寸;不具备上述条件时,只准许乘坐驾驶人 1 人。

4.5.4.5　货车核定乘坐人数应小于等于 6 人。

4.5.5　摩托车乘坐人数核定

4.5.5.1　两轮普通摩托车除驾驶人外,有固定座位的可再核定乘坐 1 人。

4.5.5.2　边三轮摩托车除驾驶人外,主车和边车有固定座位的各核定乘坐 1 人。

4.5.5.3　正三轮摩托车驾驶室核定乘坐驾驶人 1 人;车厢在有纵向布置(与机动车前进方向相同)的固定座椅(该固定座椅的座垫深度大于等于 400 mm 且与驾驶人座椅的间距大于等于 650 mm)时,按座垫宽度每 400 mm 核定 1 人,但最多为 2 人;不具备上述条件时,车厢不核定乘坐人数。

4.5.5.4　轻便摩托车核定乘坐驾驶人 1 人。

4.5.6　特殊规定

4.5.6.1　装备有残疾人轮椅固定装置的残疾人汽车、装备有担架的救护车等用于载运特定乘客的载客汽车的乘坐人数，以及医疗车、体检医疗车等专项作业车的乘坐人数，参照4.5.2、4.5.3和4.5.4核定。

4.5.6.2　旅居半挂车不核定乘坐人数。

4.5.6.3　货车驾驶室(区)以外部位设置的座椅和卧铺不核定乘坐人数。

11.6　座椅(卧铺)

11.6.1　驾驶人座椅应具有足够的强度和刚度，固定可靠，汽车(三轮汽车除外)驾驶人座椅的前后位置应可以调整。驾驶区各操作机件应布置合理，操作方便。

11.6.2　载客汽车的乘员座椅应符合相关规定，布置合理，无特殊要求时应尽量均匀分布，不得因座椅的集中布置而形成与车辆设计功能不相适应的、明显过大的行李区(但行李区与乘客区用隔板或隔栅有效隔离的除外)。

11.6.3　车长小于6 m的乘用车不得设置侧向座椅和后向座椅。

11.6.4　除设有乘客站立区的公共汽车及设计和制造上有特殊使用需求的专用客车外，其他客车的座椅均应纵向布置(与车辆前进的方向相同)。

11.6.5　客车的车组人员座椅如为折叠座椅，应固定可靠并用适当方式清晰标示该座椅仅供车组人员使用，且座垫深度和座垫宽均应大于等于400 mm；如位于踏步区域，车组人员离开座垫时座椅应能自动回到折叠位置，并确保此时座椅毗邻的通道(或引道)宽度符合规定。

11.6.6　幼儿专用校车和小学生专用校车学生座椅的座间距应分别大于等于500 mm和550 mm；其他客车同方向座椅的座间距应大于等于650 mm，相向座椅的座间距应大于等于1200 mm。专用校车的学生座椅在车辆横向上最多采用“2＋3”布置。

11.6.7　卧铺客车的卧铺应纵向布置(与机动车前进方向相同)，卧铺宽度应大于等于450 mm，卧铺纵向间距应大于等于1600 mm，相邻卧铺的横向间距应大于等于350 mm；卧铺不得布置为3层或3层以上，双层布置时上铺高应大于等于780 mm、铺间高应大于等于750 mm。

11.6.8　校车应至少设置1个照管人员座位。对小学生校车和中小学生校车，当学生座位数大于等于40个时，应设置两个或3个照管人员座位。对幼儿校车，当学生座位数大于等于20个且小于40个时，应设置两个或3个照管人员座位；当学生座位数大于等于40个时，应设置3个或4个照管人员座位。对专用校车及专门用于接送学生上下学的非专用校车，照管人员座位应有永久性标识。专用校车座椅及其车辆固定件的强度应符合GB 24406的要求。

11.6.9　专用校车靠近通道的学生座椅应在通道一侧设置座椅扶手；扶手和把手应有足够的强度，其扶手应使乘客易于抓紧，每个扶手的表面应防滑。

11.6.10　正三轮摩托车的乘客座椅应纵向布置(与车辆前进的方向相同)，且与前方驾驶人座椅后表面(或客厢前表面)的间距应小于等于1000 mm。

### (五)栏板高度

1. 标准要求

(1)机动车栏板高度不得超出《道路车辆外廓尺寸、轴荷及质量限值》规定的限值。

(2)注册登记检验时,货车、挂车的栏板高度应与公告、机动车出厂合格证、驾驶室两侧喷涂的栏板高度数值相符,且误差不超过±1%或±50 mm。

(3)在用机动车检验时,货车、挂车的栏板高度应与机动车登记信息、驾驶室两侧喷涂的栏板高度数值相符,且误差不超过±2%或±50 mm。

2. 检验车型及时机

注册登记检验、在用机动车检验时对有栏板结构的载货汽车和挂车(普通货车、普通挂车、自卸车、仓栅车等)要求。

3. 其他相关标准要求

(1)根据《道路车辆外廓尺寸、轴荷及质量限值》的要求,挂车及二轴货车的货箱栏板高度不得超过 600 mm,二轴自卸车、三轴及三轴以上货车的货箱栏板高度不得超过 800 mm,三轴及三轴以上自卸车的货箱栏板高度不得超过 1500 mm。

(2)依据《机动车运行安全技术条件》以及相关管理要求,所有货车和专项作业车均应在驾驶室(区)两侧喷涂总质量(半挂牵引车为最大允许牵引质量),栏板式货车和自卸车还应在驾驶室两侧喷涂栏板高度;栏板挂车应在车厢两侧喷涂栏板高度;喷涂的中文和阿拉伯数字应清晰,高度应大于或等于 80 mm。

(3)仓栅车的栏板高度取栏板部分的高度。

### (六)后轴钢板弹簧片数

1. 标准要求

(1)注册登记检验时,货车、挂车、专项作业车的后轴钢板弹簧片数应与公告、机动车出厂合格证一致,且不应有明显增宽、增厚情形。

(2)在用机动车检验时,货车、挂车、专项作业车的后轴钢板弹簧片数应与机动车登记信息一致,且不应有明显增宽、增厚情形。

2. 检验车型及时机

注册登记检验、在用机动车检验时对货车、挂车、专项作业车均要进行。

3. 实际检验过程中该项目可与车辆底盘部件检查一并进行。检验时应确认钢板弹簧有无裂纹和断片现象(必要时用专用手锤敲打),核对弹簧形式、片数、尺寸等技术要求,检查有无明显的增宽、增厚情形。

### (七)客车应急出口

1. 标准要求

(1)客车应急出口的数量、标志应符合《机动车运行安全技术条件》(GB 7258)、《机动车运行安全技术条件》(GB 13094)、《轻型客车结构安全要求》(GB 18986)、《专用校车安全技术条件》(GB 24407)的相关规定;且 2013 年 9 月 1 日起出厂的设有乘客站立区的公共汽车车身两侧的车窗如面积能达到设置为应急窗的要求，均应设置为推拉式应急窗或外推式应急窗。

(2)注册登记检验时，目测应急出口尺寸偏小的，还应测量应急出口的尺寸参数，尺寸参数应符合《机动车运行安全技术条件》《轻型客车结构安全要求》《专用校车安全技术条件》等相关标准的规定。

2. 应急出口说明：应急出口指应急门、应急窗或撤离舱口(俗称“安全门”“安全窗”或“逃生门”“逃生窗”等)，应满足紧急情况下乘客逃生、撤离的需要，每个应急出口应在其附近设有“应急出口”字样。乘客门和应急出口的应急控制器(包括用于击碎应急窗车窗玻璃的工具)应在其附近标有清晰的符号或字样，并注明其操作方法，字体高度应大于或等于 10 mm。

3. 其他相关标准要求

(1)应急门

应急门是指仅在异常、紧急情况下作为乘员出口的车门，如图 3-4 所示。

图 3-4　应急门

检验时重点检查以下项目，应满足《机动车运行安全技术条件》等有关要求：

①2014 年 9 月 1 日起出厂的车长大于或等于 6 m 的客车，如车身右侧仅有一个乘客门且在车身左侧未设置驾驶人门，应在车身左侧或后部设置应急门。

②应急门的净高应大于或等于 1250 mm，净宽应大于或等于 550 mm；但车长小于或等于 7 m 的客车，应急门的净高应大于或等于 1100 mm。如自门洞最低处向上 400 mm 以内有轮罩凸出，则在轮罩凸出处应急门净宽可减至 300 mm。

③车辆侧面的铰接式应急门应铰接于前端，向外开启角度应大于或等于 100°，并能在此角度下保持开启。如在应急门打开时能提供大于或等于 550 mm 的自由通道，则开度大于或等于 100°的要求可不满足。

④应急门应有锁止机构且锁止可靠。应急门关闭时应能锁止，且在车辆正常行驶情况下不会因车辆振动、颠簸、冲撞而自行开启。

⑤当车辆停止时，应急门不用工具应能从车内外很方便打开，并设有车门开启声响报警装置。允许从车外将门锁住，但应保证始终能用正常开启装置从车内将其打开，门外手

柄应设保护套，且离地面高度(空载时)应小于或等于 1800 mm。

(2)应急窗

应急窗是指仅在紧急情况下作为乘员出口的车窗。2013 年 9 月 1 日起出厂的设有乘客站立区的公共汽车车身两侧的车窗如面积能达到设置为应急窗的要求，均应设置为推拉式应急窗(见图 3-5)或外推式应急窗(见图 3-6)。

图 3-5　推拉式应急窗

图 3-6　外推式应急窗

检验时重点检查以下项目，应满足《机动车运行安全技术条件》等有关要求：

①车长小于 6 m 的客车，在乘坐区的两侧应具有紧急时乘客易于逃生或救援的侧窗。

②应急窗面积应大于或等于$(3\times10^5)$ $mm^2$，且能内接一个 400 mm×600 mm(对车

长小于或等于 7 m 的客车为 330 mm×500 mm)的椭圆;如应急窗位于客车后端面,则能内接一个 350 mm×1550 mm、四角曲率半径小于或等于 250 mm 的矩形时也视为满足要求。

③应急窗应采用易于迅速从车内、车外开启的装置,或在钢化玻璃上标明易击碎的位置,并在每个应急窗的邻近处提供一个应急锤以方便击碎车窗玻璃,且应急锤取下时应能通过声响信号实现报警。

(3)撤离舱口

撤离舱口是指仅在紧急情况下供乘客作为紧急出口的车顶或地板上的开口,即安全顶窗(见图 3-7)和地板出口。

图 3-7 安全顶窗

检验时应重点检查以下项目,应满足《机动车运行安全技术条件》等有关要求:

①2012 年 9 月 1 日起出厂的车长大于 7 m 的客车均应设置撤离舱口。

②安全顶窗应易于从车内、车外开启或移开或用应急锤击碎。安全顶窗开启后,应保证从车内外进出的畅通,弹射式安全顶窗应能防止误操作。

### (八)客车乘客通道和引道

1. 标准要求

(1)客车的通道应无明显通行障碍,通向应急门的引道宽度应符合《机动车运行安全技术条件》的相关规定。

(2)注册登记检验时,目测通道、引道偏窄或高度不符合要求时,还应使用通道、引道测量装置检查,应符合 GB 7258、GB 13094、GB 18986、GB 24407 等相关标准的规定。

2. 相关说明

(1)通道是指乘客从某个座椅至其他(排)座椅、乘客门引道以及乘客站立区域的行走空间,如图 3-8 所示。

(2)引道是指从乘客门向车内直到最上一级踏步的外边缘(通道的边缘)的延伸空间。当车门处无踏步时,引道为从乘客门向内 300 mm 的空间。图 3-9 为乘客门引道示意图。

图 3-8　乘客通道

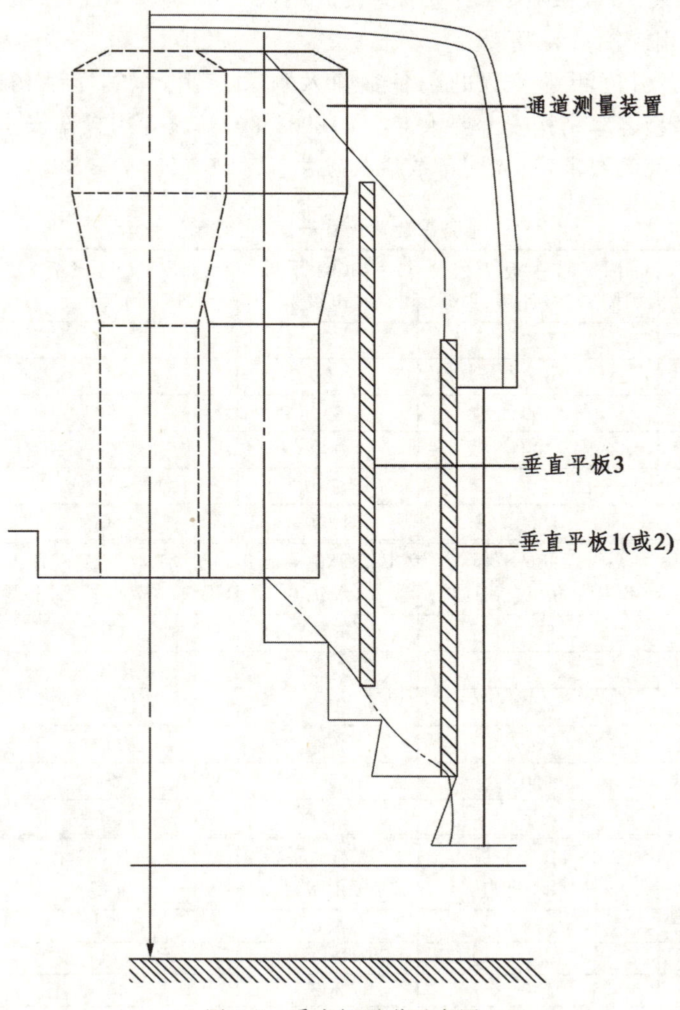


图 3-9　乘客门引道示意图

(3)车型分类：

客车Ⅰ级：可载乘员数(不包括驾驶员)多于 22 人，允许乘员站立，并且乘员可以自由走动。

客车Ⅱ级：可载乘员数(不包括驾驶员)多于 22 人，只允许乘员站立在过道和/或提供不超过相当于两个双人座位的站立面积。

客车Ⅲ级：可载乘员数(不包括驾驶员)多于 22 人，不允许乘员站立。

校车Ⅰ型：可载乘员数(不包括驾驶员)不多于 22 人，不允许乘员站立(轻型客车)。车长大于 5 m 小于等于 6 m(轻型专用校车)。

校车Ⅱ型：车长大于 6 m 小于 8 m(中型专用校车)。

校车Ⅲ型：车长大于等于 8 m 小于等于 12 m(大型专用校车)。

轻型客车 A 级：可载乘员数(不包括驾驶员)不多于 22 人，并允许乘员站立。

轻型客车 B 级：可载乘员数(不包括驾驶员)不多于 22 人，不允许乘员站立。

3. 客车通道引道测量装置

(1)客车通道引道测量装置的配备数量及尺寸应满足《客车结构安全要求》(GB 13094-2007)、《轻型客车结构安全要求》(GB 18986-2003)、《专用校车安全技术条件》(GB 24407-2012)等标准的要求，具体配备数量及尺寸参考表 3-18、表 3-19、表 3-20。

**表 3-18　　引道测量装置尺寸一览表(必配)**　　(单位：mm)

| 平板标识 | GB 13094 平板 2(代替平板 1/Ⅰ级、Ⅱ级、Ⅲ级) | GB 13094 平板 3(Ⅰ级) | GB 13094 平板 3(Ⅱ级) | GB 13094 平板 3(Ⅲ级) |
|---|---|---|---|---|
| 上部宽度(*B*) | 550 | 550 | 550 | 450 |
| 上部高度(*D*) | 600 | 500 | 500 | 500 |
| 下部宽度(*C*) | 400 | 450 | 350 | 300 |
| 下部高度 | 700 | 900 | 900 | 900 |
| 厚度 | 20 | ≤20 | ≤20 | ≤20 |
| 总高(*E*) | 1800 | 1900 | 1800 | 1800 |
| 平板标识 | GB 18986 平板 2(代替平板 1/A、B 级) | GB 18986 平板 3(A 级) | GB 18986 平板 3(B 级)<br>GB 24407 平板 2(Ⅰ型) | — |
| 上部宽度(*B*) | 550 | 550 | 450 | |
| 上部高度(*D*) | 450 | 500 | 300 | |
| 下部宽度(*C*) | 400 | 350 | 300 | |
| 下部高度 | 700 | 900 | 900 | |
| 厚度 | 100 | 20 | 20 | |
| 总高(*E*) | 1650 | 1900 | 1500 | |
| 平板标识 | GB 24407 平板 1(Ⅰ、Ⅱ、Ⅲ型) | GB 24407 平板 2(Ⅱ型) | GB 24407 平板 2(Ⅲ型) | — |
| 上部宽度(*B*) | 550 | 450 | 550 | |
| 上部高度(*D*) | 650 | 300 | 300 | |
| 下部宽度(*C*) | 400 | 300 | 350 | |
| 下部高度 | 700 | 900 | 900 | |
| 厚度 | 20 | ≤20 | ≤20 | |
| 总高(*E*) | 1350 | 1800 | 1800 | |

**表 3-19** **引道测量装置尺寸一览表(选配)** (单位:mm)

| 平板标识 | GB 13094 平板 3(Ⅰ级 a) | GB 13094 平板 3(Ⅱ级 a) | GB 13094 平板 3(Ⅲ级 a) | 说明 |
|---|---|---|---|---|
| 上部宽度(*B*) | 550 | 550 | 450 | 对应 GB 13094 垂直平板 3 的Ⅰ级、Ⅱ级、Ⅲ级上部高度(*D*)减少 100 mm,建议机构配备 |
| 上部高度(*D*) | 400 | 400 | 400 | |
| 下部宽度(*C*) | 450 | 350 | 300 | |
| 下部高度 | 900 | 900 | 900 | |
| 厚度 | ≤20 | ≤20 | ≤20 | |
| 总高(*E*) | 1800 | 1700 | 1700 | |
| 平板标识 | GB 18986 平板 3(A 级 ab) | — | — | 说明 |
| 上部宽度(*B*) | 550 | | | 对应 GB 18986 垂直平板 3(A 级)的下部宽度减少为 300 mm,上体高度可减少 100 mm,建议机构配备 |
| 上部高度(*D*) | 400 | | | |
| 下部宽度(*C*) | 300 | | | |
| 下部高度 | 900 | | | |
| 厚度 | 20 | | | |
| 总高(*E*) | 1800 | | | |
| 平板标识 | GB 13094 平板 1(Ⅰ级) | GB 13094 平板 1(Ⅱ级) | GB 13094 平板 1(Ⅲ级) | 说明 |
| 上部宽度(*B*) | 550 | 550 | 550 | 使用 GB 13094 垂直平板 2 可代替垂直平板 1 的Ⅰ、Ⅱ、Ⅲ级 |
| 上部高度(*A*) | 1100 | 950 | 850 | |
| 下部宽度(*C*) | 400 | 400 | 400 | |
| 下部高度 | 700 | 700 | 700 | |
| 厚度 | 20 | 20 | 20 | |
| 总高(*E*) | 1800 | 1650 | 1550 | |
| 平板标识 | GB 18986 平板 1(A 级) | GB 18986 平板 1(B 级) | — | 说明 |
| 上部宽度(*B*) | 550 | 550 | | 使用 GB 18986 铅垂平板 2 可代替铅垂平板 1 的 A、B 级 |
| 上部高度(*A*) | 950 | 650 | | |
| 下部宽度(*C*) | 400 | 400 | | |
| 下部高度 | 700 | 700 | | |
| 厚度 | 100 | 100 | | |
| 总高(*E*) | 1650 | 1350 | | |

**表 3-20** **通道测量装置尺寸一览表** (单位:mm)

一、客车通道测量装置(GB 13094)

| 客车 | Ⅰ级 | Ⅱ级 | Ⅲ级 |
|---|---|---|---|
| 下圆柱直径(*C*) | 450 | 350 | 300 |
| 上圆柱直径(*B*) | 550 | 550 | 450 |
| 上圆柱高度(*D*) | 500[a] | | |
| 总高度(*E*) | 1900[a] | 1800[a] | |

a. 在下述位置后面的通道,*D* 可减少(*E* 也随之减少)100 mm:

①后轴(多于 1 个后轴时,为最前面的后轴)中心线前 1500 mm 的横向垂直平面;

②乘客门(多于 1 个乘客门时,为最后 1 个乘客门)的后边缘处的横向垂直平面

**续表**

| 平板标识 | GB 13094 平板 3（Ⅰ级 a） | GB 13094 平板 3（Ⅱ级 a） | GB 13094 平板 3（Ⅲ级 a） | 说明 |
|---|---|---|---|---|
| 二、专用校车通道测量装置（GB 24407） | | | | |

| 专用校车 | GB 18986（B 级）<br>GB 24407（Ⅰ型） | GB 24407（Ⅱ型） | GB 24407（Ⅲ型） |
|---|---|---|---|
| 下圆柱直径（$C$） | 300 | 300 | 350 |
| 上圆柱直径（$B$） | 450 | 450 | 550 |
| 上圆柱高度（$D$） | 300 | 300 | 300 |
| 总高度（$E$） | 1500 | 1800 | 1800 |
| 三、轻型客车通道测量装置（GB 18986） | | | |

| 轻型客车 | GB 18986<br>A 级 | 应急门引道圆柱体<br>（GB 13094、GB 24407、GB 18986 相同） |
|---|---|---|
| 下圆柱直径（$C$） | 350[a] | 300 |
| 上圆柱直径（$B$） | 550 | 550 |
| 上圆柱高度（$D$） | 500[b] | 700 |
| 总高度（$E$） | 1900[b] | 1400 |

a. 在下列位置后面的通道，A 级客车的下圆柱体的直径可减小为 300 mm：
①位于后轴中心线前 1500 mm 处的横向垂直平面；
②位于前后轴之间的后乘客门后边缘处的横向垂直平面。
b. 在下列位后面的通道，A 级客车的上圆柱体的高度可减小 100 mm：
①位于后轴中心线前 1500 mm 处的横向垂直平面；
②位于后乘客门后边缘处的横向垂直平面

图 3-10 给出了通道和引道测量装置的外形尺寸。

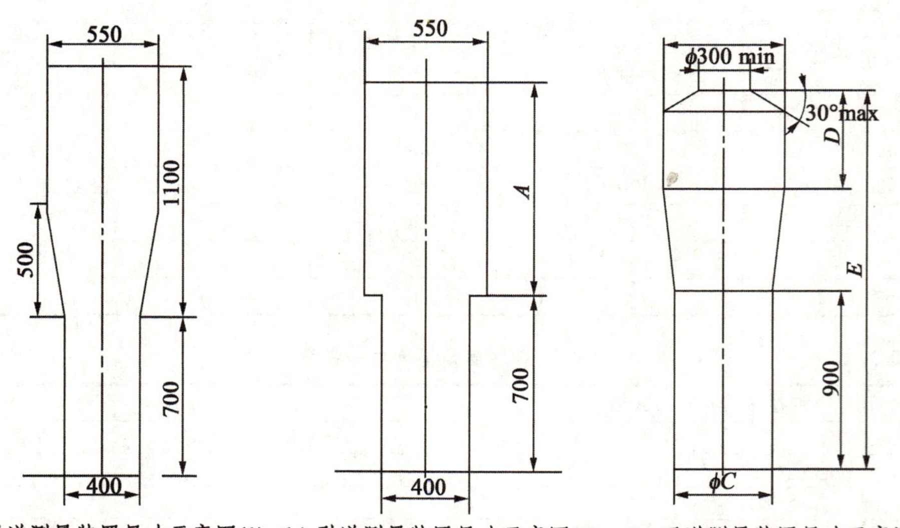


图 3-10 通道和引道测量装置外形尺寸图示

(2)客车通道和引道测量装置的使用

首先确定受检的车型是哪一类，客车(《客车结构安全要求》)、轻型客车(《轻型客车结构安全要求》)、校车(《专用校车安全技术条件》);其次确定型号是Ⅰ、Ⅱ、Ⅲ级(《客车结构安全要求》),A级、B级(《轻型客车结构安全要求》),还是Ⅰ、Ⅱ、Ⅲ型(《专用校车安全技术条件》);再找出对应的平板(乘客门引道测量装置)、通道测量装置,依据相应标准(《客车结构安全要求》第4.6节、《轻型客车结构安全要求》第4.5节、《专用校车安全技术条件》第5.10.4节)的规定操作。

对于《客车结构安全要求》Ⅰ、Ⅱ、Ⅲ级的通道测量装置上部是分开的,在测量表3-20附注a的位置时,如不能通过则去掉100 mm,如仍不能通过,通道尺寸则不符合标准要求。同理,《轻型客车结构安全要求》A级附注a、b的位置时的通道测量装置也是一样的。

(九)货厢

1.标准要求

车辆不应有加长、加高、加宽货厢,拆除厢式货车顶盖,拆除仓栅式货车顶棚杆等情形。

2.检验车型及时机

货厢检查适用于所有的三轮汽车以及有货厢的载货汽车、挂车。在实际检验过程中,要重点查看普通货车、普通挂车、厢式车、仓栅车等重点车型。

3.货厢检查的目的

货厢检查的目的,主要是查处货厢非法改装行为。对于厢式货车,还应打开车厢门检查,重点检查是否存在擅自非法改装成翼开式(见图3-11)、加装罐体等情形。

图3-11 翼开式货厢

## 第六节 车辆外观检查

车辆外观检查主要采用目视和操作的检查方法,对车辆车身外观,外观标识、标注和标牌,外部照明和信号装置,轮胎,号牌及号牌安装,加装/改装灯具进行检查。检查过程中应采用检验智能终端(PDA)等设备拍摄检验照片。对封闭式货厢的货车(如厢式货车、封闭式货车等)、挂车应打开车厢门检查。当目测有疑问时,应使用透光率计、钢尺、手锤、铁钩及照明器具等工具测量相关参数。

## 一、检验项目及适用条件

检验项目及适用条件见表3-21。

**表3-21　车辆外观检查项目**

| 检验项目 | | 适用条件 |
|---|---|---|
| 车辆外观检查 | ⑯车身外观 | 所有车辆在注册登记检验、在用车检验时均需进行所有的6个项目的检验,具体检查时应根据车辆类型和使用性质开展针对性的检验 |
| | ⑰外观标识、标注和标牌 | |
| | ⑱外部照明和信号装置 | |
| | ⑲轮胎 | |
| | ⑳号牌及号牌安装 | |
| | ㉑加装/改装灯具 | |

## 二、检验方法

车辆外观检查主要采用目视和操作的检查方法,并采用检验智能终端(PDA)等设备拍摄检验照片。目测有疑问时,使用透光率计、钢尺、手锤、铁钩及照明器具等工具测量相关参数。各项目具体检查方法参见表3-22。

**表3-22　车辆外观检查方法**

| 序号 | 检验项目 | 检验方法及相关说明 |
|---|---|---|
| 1 | ⑯车身外观 | 目视检查,目测有疑问时,使用透光率计、钢尺、手锤、铁钩及照明器具等工具测量相关参数。对封闭式货厢的货车、挂车应打开车厢门检查<br>重点检查保险杠、后视镜、下视镜、风窗玻璃、车体周正性、车身外部尖锐凸起物、车身锈蚀破损、车身标识广告等<br>对于部分车型,需要检查货厢固定、危险品罐车倾覆保护装置、车外顶行李架、重点车(校车、公路客车、旅游客车)玻璃透射比、广角后视镜、补盲后视镜、前下视镜、教练车辅助后视镜、载货部分可伸缩结构、载货部分乘客座椅、自行加装部件、三轮汽车及摩托车身外观等<br>注册登记检验时,还需重点检查商标或厂标、货厢安全架、厢式、前后保险杠、正三轮摩托车转向系等 |
| 2 | ⑰外观标识、标注和标牌 | 目视检查,目测字高偏小时,使用钢直尺等长度测量工具测量相关尺寸<br>重点检查货车和专项作业车总质量喷涂、牵引车准牵总质量喷涂、栏板货车和自卸车的栏板高度喷涂、罐车的货物种类和容积喷涂;总质量大于等于4500 kg的货车和所有挂车的放大号喷涂、客车座位数喷涂、教练车喷涂、燃料汽车喷涂;消防车、救护车、工程救险车、警车的车身颜色及标志灯具;残疾人机动车专用标志等<br>注册登记检验时,还需重点检查标牌,非插电式混合动力汽车及纯电动汽车标牌、标注,燃料电池汽车标注等 |

续表

| 序号 | 检验项目 | 检验方法及相关说明 |
| --- | --- | --- |
| 3 | ⑱外部照明和信号装置 | 目视检查,检查并操作。建议由两位检验员配合或由驾驶员配合进行,检验员一般情况下不应站在送检机动车的正前方或正后方<br>重点检查前照灯、前位灯、转向信号灯、危险警告信号灯、示廓灯、牵引杆挂车标志灯、后位灯、制动灯、后雾灯、后牌照灯、倒车灯、侧转向信号灯、侧标志灯、侧反射器、灯具异常闪烁、外部照明和信号装置遮挡、喇叭、发动机舱电器导线布置情况<br>必要时,测量并计算后位灯、后转向灯、制动灯的透光面积<br>注册登记检验时,还需查看照明和信号装置的数量、位置、光色 |
| 4 | ⑲轮胎 | 目视检查轮胎规格/型号,目测胎压不正常、轮胎胎冠花纹涤度偏小时,使用轮胎气压表、花纹深度计等测量工具测量相关参数<br>重点检查同轴两侧规格和花纹统一性、轮胎螺栓、轮胎规格、胎面胎壁、轮胎花纹深度以及备胎标识<br>对于部分重点车辆(公路客车、旅游客车、校车),检查是否使用翻新轮胎情况,其他机动车转向轮是否使用翻新轮胎情况<br>注册登记检验时,还需重点检查专用校车、危险货物运输车以及车长大于 9 m 的客车是否安装使用子午线轮胎情况 |
| 5 | ⑳号牌及号牌安装 | 目视检查,目测号牌安装位置、形式,有疑问时,使用钢卷尺或钢直尺等长度测量工具测量相关尺寸。<br>重点检查以下项目:号牌是否存在缺失,号牌字符、颜色、安装的情况;号牌表面是否存在缺陷、损伤;号牌架是否安装、违规使用可翻转、可拆卸号牌架情况,是否存在影响号牌视认的加装改装;是否使用专用固封装置,固封装置是否齐全、安装是否牢固<br>注册登记检验时,还需重点检查号牌板(架)上安装孔数量、规格等 |
| 6 | ㉑加装/改装灯具 | 目视检查。<br>重点检查加装/改装外部照明灯具、信号装置情形;加装后射灯情况 |

注:车身外观、外观标识标注和标牌、轮胎、号牌及号牌安装等项目检查时需要使用智能检验终端(PDA)拍摄图片(或视频)

## 三、检验要求

### (一)车身外观

1. 标准要求

(1)车身外观应满足以下要求:

①保险杠、后视镜、下视镜等部件应完好。

②风窗玻璃应齐全,驾驶人视野部位应无裂纹、无破损,所有风窗玻璃不应张贴镜面反光遮阳膜。

③车体应周正,车体外缘左右对称部位高度差应符合《机动车运行安全技术条件》的相关规定。

④车身外部不应有明显的镜面反光现象,不应有任何可能触及行人、骑自行车人等交通参与者的部件、构件,不应有任何可能使人致伤的尖角、锐边等凸起物。

⑤车身(车厢)及其漆面不应有明显的锈蚀、破损现象。

⑥喷涂、粘贴的标识或车身广告不应影响安全驾驶。

(2)根据车辆类型和使用性质的不同,相应车辆还应满足以下要求:

①货车和挂车的货厢安装应牢固,其栏板和底板应规整,强度应满足使用要求,装置的安全架应完好无损。

②罐式危险货物运输车的罐体顶部应按《机动车运行安全技术条件》要求设置倾覆保护装置。

③校车和车长大于 7.5 m 的其他客车不应设置有车外顶行李架;设置有车外顶行李架的客车,其车外顶行李架长度应不超过车长的 1/3 且高度不超过 300 mm。

④校车和 2012 年 9 月 1 日起出厂的公路客车、旅游客车的所有车窗玻璃不应张贴有不透明和带任何镜面反光材料的色纸或隔热纸,前风窗玻璃及风窗以外玻璃用于驾驶人视区部位的可见光透射比应大于等于 70%,其他车窗玻璃的可见光透射比应不小于 50%;专用校车乘客区侧窗结构应符合《专用校车安全技术条件》的相关规定。

注:车窗玻璃包括侧窗玻璃和前、后风窗玻璃,但不包括驾驶人旁侧窗下围的装饰玻璃。

⑤机动车(挂车除外)应在左右至少各设置一面外后视镜,总质量大于 7500 kg 的货车和货车底盘改装的专项作业车应在右侧设置至少各一面广角后视镜和补盲后视镜,车长大于 6 m 的平头货车和平头客车在车前应至少设有一面前下视镜或相应的监视装置;教练车(三轮汽车除外)应安装能使教练员有效观察到车辆周围交通状态的辅助后视镜。

⑥货车和挂车的载货部分不应设计成可伸缩的结构或设置有乘客座椅。

⑦乘用车自行加装的前后防撞装置及货运机动车自行加装的防风罩、水箱、工具箱、备胎架等,应不影响安全。

⑧三轮汽车和摩托车的前后减振器、转向上下联板和方向把不应有变形和裂损,左右后视镜应齐全有效,座垫、扶手(或拉带)、脚蹬和挡泥板应齐全,且牢固可靠;对无驾驶室的三轮汽车,货箱前部应安装有高出驾驶员座垫平面至少 800 mm 的安全架。

(3)注册登记检验时,送检机动车还应满足以下要求:

①车身前部外表面的易见部位上应至少装置一个能永久保持,且与车辆品牌/型号相适应的商标或厂标。

②货车货厢(自卸车、装载质量 1000 kg 以下的货车除外)前部应安装有比驾驶室高至少 70 mm 的安全架。

③厢式货车和封闭式货车驾驶室(区)两旁应设置有车窗,货厢部位不得设置车窗[但驾驶室(区)内用于观察货物状态的观察窗除外]。

④乘用车、专用校车和车长小于 6 m 的其他客车的前后部应设置有保险杠，货车（三轮汽车除外）应设置有前保险杠。

⑤对无驾驶室的正三轮摩托车，应采用方向把转向；对 2013 年 3 月 1 日起出厂的有驾驶室的正三轮摩托车，若采用方向盘转向，方向盘中心立柱距车辆纵向中心平面的水平距离应不大于 200 mm。

2. 其他要求及说明

①根据《机动车运行安全技术条件》12.13.3 的要求，乘用车和车长小于 6 m 的客车前后部应设置保险杠，货车（三轮汽车除外）和货车底盘改装的专项作业车应设置前保险杠。

②根据《机动车运行安全技术条件》4.9.2 的要求，车体外缘左右对称部位高度差（在离地高 1.5 m 内测量）应不大于 40 mm。

③根据《机动车运行安全技术条件》4.9.3 的要求，两轮普通摩托车和轻便摩托车的方向把和导流板等左右对称的零部件离地面高度差应小于或等于 10 mm；正三轮摩托车的驾驶室和车厢等左右对称的零部件离地面高度差应小于或等于 20 mm。

④货车货厢（自卸车、装载质量 1000 kg 以下的货车除外）前部应安装比驾驶室高至少 70 mm 的安全架，且安全架应完好无损。

⑤倾覆保护装置是用于罐顶防倾翻保护装置，俗称“罐顶围板”，为保证防倾翻的效果，该类装置一般是通过罐前至罐尾，左、右各设置一块围板的方式，如图 3-12 所示。

图 3-12　罐顶防倾翻保护装置

⑥载货汽车和半挂车的载货部分不得有可伸缩的结构。

⑦对于允许自行加装的装置部件，不应影响号牌识别，不得有任何可能使人致伤的尖角、锐边等凸起物。

⑧注册登记检验时，机动车安装的后视镜等间接视野装置应符合《机动车辆间接视野装置性能和安装要求》（GB 15084—2013）的有关要求。

⑨对于运输畜禽活物等特殊需要的厢式货车，可以在厢体局部位置开孔，开孔形状、位置见公告照片。

（二）外观标识、标注和标牌

1. 根据车辆类型和使用性质的不同，外观标识、标注和标牌应满足以下要求：

①所有货车（半挂牵引车除外）和专项作业车，其驾驶室（区）两侧应喷涂有总质量；所有半挂牵引车，其驾驶室（区）两侧应喷涂有最大允许牵引质量；载货部位为栏板结构的货车和自卸车，驾驶室两侧应喷涂有栏板高度；罐式汽车和罐式挂车的罐体上应喷涂有允许装运货物的种类及与公告和机动车出厂合格证一致的罐体容积，且罐式危险货物运输车的罐体上喷涂的允许装运货物的名称应与公告和机动车出厂合格证一致；载货部位为栏板结构的挂车，其车厢两侧应喷涂有栏板高度；喷涂的中文和阿拉伯数字应清晰，高度应大于等于 80 mm。

②总质量大于等于 4500 kg 的货车（半挂牵引车除外）、挂车，其车身（车厢）后部应喷涂或粘贴有符合规定的放大号，无法喷涂或粘贴的平板挂车应设置有符合规定的放大号。

③客车（专用校车和设有乘客站立区的公共汽车除外）其乘客门附近车身外部易见位置，应用高度大于等于 100 mm 的中文和阿拉伯数字标明该车提供给乘员（包括驾驶人）的座位数。

④教练车应在车身两侧及后部喷涂有高度大于等于 100 mm 的“教练车”字样。

⑤气体燃料汽车、两用燃料汽车和双燃料汽车应按《天然气汽车和液化石油气汽车标志》（GB/T 17676）的规定标注其使用的气体燃料类型。

⑥消防车、救护车、工程救险车和警车的车身颜色应符合相关国家标准或行业标准，警车、消防车、救护车、工程救险车安装使用的标志灯具应齐全、有效，其他机动车不得喷涂、安装、使用上述车辆专用的或者与其相类似的标志图案、警报器或者标志灯具。

⑦残疾人机动车应在车身前部和后部分别设置残疾人机动车专用标志。

2. 注册登记检验时，标牌还应满足以下要求：

①标牌应固定可靠，标注的内容应清晰规范，并符合《机动车运行安全技术条件》的规定。

②非插电式混合动力汽车的标牌还应标明电动动力系统最大输出功率；纯电动汽车、插电式混合动力汽车、燃料电池汽车还应标明主驱动电机型号和功率，动力电池工作电压和容量，储氢容器形式、容积、工作压力（燃料电池汽车）。

（三）外部照明和信号装置

1. 标准要求

（1）外部照明和信号装置应满足以下要求：

①前照灯、前位灯、前转向信号灯、前部危险警告信号灯、示廓灯和牵引杆挂车标志灯等前部照明和信号装置应齐全，工作应正常；前照灯的远、近光光束变换功能应正常。

②后位灯、后转向信号灯、后部危险警告信号灯、示廓灯、制动灯、后雾灯、后牌照灯、倒车灯、后反射器应齐全，工作应正常；制动灯的发光强度应明显大于后位灯的发光强度。

③侧转向信号灯、侧标志灯和侧反射器应齐全，工作应正常。

④对称设置、功能相同灯具的光色和亮度不应有明显差异，转向信号灯的光色应为琥

珀色。

⑤除转向信号灯、危险警告信号、紧急制动信号、校车标志灯及消防车、救护车、工程救险车和警车安装使用的标志灯具外，其他外部灯具不应有闪烁的情形。

⑥对 2014 年 9 月 1 日起出厂的总质量大于等于 4500 kg 的货车、专项作业车和挂车，每一个后位灯、后转向信号灯和制动灯的透光面面积应大于等于一个 80 mm 直径圆的面积；如属非圆形的，透光面的形状还应能将一个 40 mm 直径的圆包含在内。

⑦机动车不应安装遮挡外部照明和信号装置透光面的装置。

⑧机动车设置的喇叭应能有效发声。

⑨发动机舱内目视可见的电器导线应布置整齐、捆扎成束、固定卡紧，并无破损现象。

⑩注册登记检验时，车辆外部照明和信号装置的数量、位置、光色还应符合《汽车及挂车外部照明和光信号装置的安装规定》(GB 4785－2007)等相关标准的规定。

(2)几点说明

①对于进口机动车，重点检查转向灯的光色是否为琥珀色。

②警车和消防车标志灯具光色应为红色或红、蓝色同时使用，救护车标志灯具光色应为蓝色，工程救险车标志灯具光色应为黄色。

③对于机动车喇叭声级不作要求，但要求机动车喇叭应具有连续发声功能。

④对于部分小型载客客车、重中型货车非法加装、改装闪烁的制动灯等情形，一律判定为不合格。

### (四)轮胎

1.标准要求

(1)轮胎应满足以下要求：

①同轴两侧应装用同一型号、规格和花纹的轮胎，轮胎螺栓、半轴螺栓应齐全、紧固；轮胎规格应与公告和机动车出厂合格证(对于在用机动车检验时为机动车登记信息)相符。

②轮胎的胎面、胎壁不应有长度超过 25 mm 或深度足以暴露出轮胎帘布层的破裂、割伤及其他影响使用的缺损、异常磨损和变形。

(2)根据车辆类型和使用性质的不同，相应车辆还应满足以下要求：

①乘用车、摩托车和挂车轮胎胎冠上花纹深度应大于等于 1.6 mm，其他机动车转向轮的胎冠花纹深度应大于等于 3.2 mm；其余轮胎胎冠花纹深度应大于等于 1.6 mm，轮胎胎面磨损标志应可见。

②公路客车、旅游客车和校车的所有车轮及其他机动车的转向轮不应装用翻新的轮胎。

(3)注册登记检验时，送检机动车还应满足以下要求：

①专用校车应装用无内胎子午线轮胎。

②危险货物运输车及车长大于 9 m 的其他客车应装用子午线轮胎。

③使用小规格备胎的小型、微型载客汽车，其备胎附近明显位置(或其他适当位置)应装置能永久保持的、提醒驾驶人正确使用备胎的标识，标识的相关提示内容应有中文

说明。

2.几点说明

(1)注册登记检验时，重点检查轮胎类型、规格、型号等内容；在用机动车检验时，重点检查轮胎花纹深度、割伤、磨损等内容。

(2)轮胎是否完好、轮胎气压是否正常严重影响车辆的运行安全，对仪器设备检验项目车速、制动等的检验结果也有较大影响，必要时应核实轮胎的气压状况以保证安全技术检验结果的准确性、科学性。图 3-13 为轮胎损坏示例。

图 3-13　轮胎损坏示例

(3)轮胎磨耗标志是表明轮胎胎面磨损是否已到极限的标志，它位于胎面花纹沟的底部，是稍稍高于沟底 1.6 mm 的凸台。每条轮胎应沿周向等距离地设置不少于 4 个能观察到花纹沟的剩余深度为 1.6 mm 的标志。轮胎两侧肩部处必须模刻出指明胎面磨耗标志位置的标记，如图 3-14 所示。

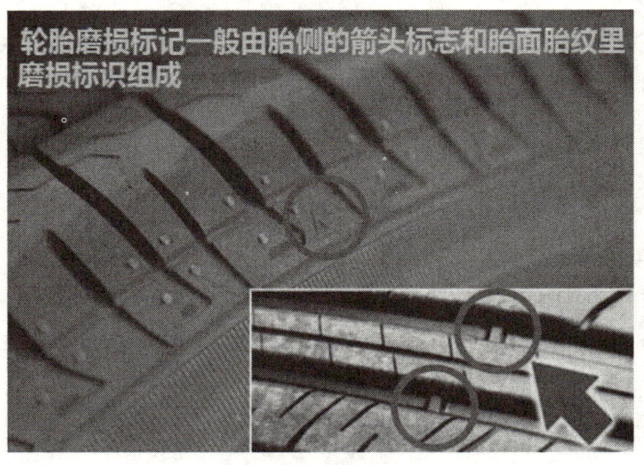


图 3-14　胎面磨耗标志

(4)翻新胎的鉴别和检查中，要特别注意轮胎顶部翻新的情形，如图 3-15 所示。

图 3-15　顶部翻新胎

(5)子午线轮胎是轮胎的一种结构形式,与斜交胎相比具有耐磨及耐刺穿性能好、缓冲性能好、行驶温度低、稳定及安全性能好、行驶里程及经济效益高等优点。标准要求危险货物运输车和车长大于 9 m 的客车装用子午线轮胎,目的是为了提高车辆行驶安全性。轮胎标志如图 3-16 所示。

**195/60R14　86H**

①　　②　③　④　　⑤　⑥

①断面宽度(mm)　②扁平率=断面高度/断面宽度(H/W)　③胎体结构标记
④轮辋直径　⑤负荷指数　⑥速度记号

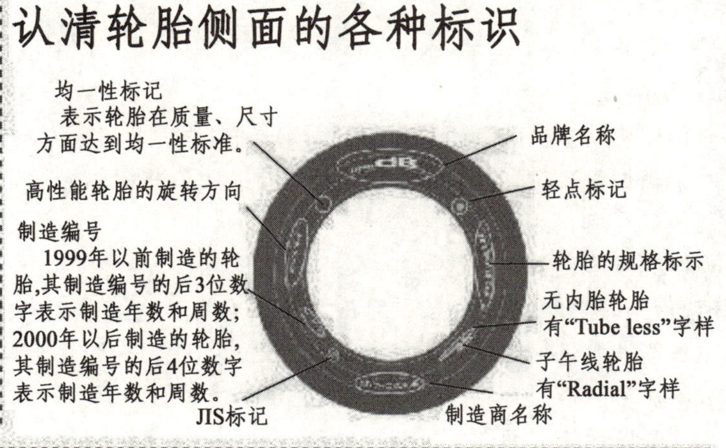


图 3-16　轮胎标志

其中“195”代表轮胎的宽度是195 mm；“60”代表轮胎的高宽比；“R”代表该轮胎是子午线轮胎；“14”表明该轮胎内径为14英寸，适用于14英寸的轮辋；“H”则代表了该轮胎的最高速度可以达到每小时210 km。有些轮胎还标有“M＋S”，表示泥地、雪地适用，Tube less表示无内胎，Tread Wear表示胎面磨损指数等。

(6)专用校车应装用无内胎子午线轮胎，如图3-17所示。无内胎子午线轮胎结构简单、质量较小，且热量从轮辋中直接散出，不会产生内、外胎之间的摩擦，工作温度低，更有利于高速行驶。

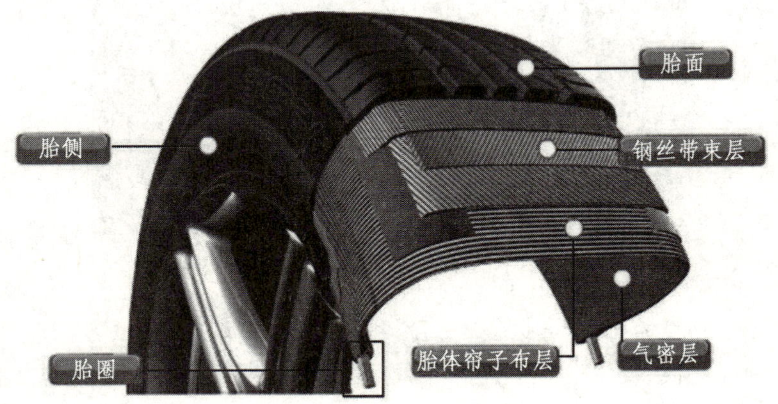


图3-17　无内胎子午线轮胎

(五)号牌及号牌安装

1.标准要求

(1)机动车号牌字符、颜色、安装等应符合《中华人民共和国机动车号牌》(GA 36—2014)的规定，机动车号牌专用固封装置应符合《机动车号牌专用固封装置》(GA 804—2008)的规定。

(2)号牌及号牌安装应满足以下要求：

①机动车号牌应齐全，表面应清晰、整齐、平滑、光洁、着色均匀，不应有明显的皱纹、气泡、颗粒杂质等缺陷或损伤。

②机动车应使用机动车号牌专用固封装置固定号牌，固封装置应齐全、安装牢固。

③使用号牌架辅助安装时，号牌架内侧边缘距离机动车登记编号字符边缘应大于5 mm，不应使用可拆卸号牌架和可翻转号牌架。

④不应出现影响号牌正常视认的加装、改装等情形。

(3)注册登记检验时，号牌及号牌安装还应满足以下要求：

①车辆应设置能够满足号牌安装要求的前、后号牌板(架)，但摩托车只需设置有能满足号牌安装要求的后号牌板(架)；前号牌板(架)应设于前面的中部或右侧(按机动车前进方向)，后号牌板(架)应设于后面的中部或左侧。

②2013年3月1日起出厂的车辆，每面号牌板(架)上应至少设有两个号牌安装孔，且能保证用M6规格的螺栓将号牌直接牢固可靠地安装在车辆上。

③2016年3月1日起出厂的车辆，每面号牌板(架)[三轮汽车前号牌板(架)、摩托车后号牌板(架)除外]上应设有4个号牌安装孔，且能保证用M6规格的螺栓将号牌直接牢固可靠地安装在车辆上。

2.其他标准相关规定

(1)根据《中华人民共和国机动车号牌》第10章的要求，号牌安装应符合以下条件：

1)金属材料号牌

金属号牌的安装要求如下：

①应正面朝外、字符正向安装在号牌板(架)上，禁止反装或倒装。

②前号牌安装在机动车前端的中间或者偏右(按机动车前进方向)位置，后号牌安装在机动车后端的中间或者偏左位置，应不影响机动车安全行驶和号牌的识别。

③安装要保证号牌无任何变形和遮盖，横向水平，纵向基本垂直于地面，纵向夹角不大于15°(摩托车号牌向上倾斜纵向夹角可不大于30°)。

④安装孔均应安装符合《机动车号牌专用固封装置》要求的固封装置，但受车辆条件限制无法安装的除外。

⑤使用号牌架辅助安装时，号牌架内侧边缘距离机动车登记编号字符边缘大于5 mm以上，不得遮盖生产序列标识。

⑥号牌周边不得有其他影响号牌识别的光源。

2)纸质材料号牌

纸质材料号牌的安装要求如下：

①临时入境汽车号牌应放置在前风窗右侧，临时入境摩托车号牌应随车携带。

②临时行驶车号牌应粘贴在车内前风窗玻璃的左下角或右下角不影响驾驶人视线的位置，载客汽车的另一张号牌应粘贴在后风窗玻璃左下角，没有前风窗玻璃的应随车携带。

(2)根据《机动车号牌专用固封装置》规定，号牌固封装置外观应符合如下要求：

①号牌固封装置主要由螺栓、螺母、固封底座和固封扣盖组成。

②号牌固封装置各组成部件表面应均匀光滑、无镀层脱落现象。

③固封扣盖上应有代表省、自治区、直辖市简称的汉字和代表发牌机关代号的字母，与号牌上机动车登记编号的省、自治区、直辖市简称和发牌机关代号一致。汉字和字母为凹印。

3.几点说明

①对于号牌破损、不完整、字符被涂改且不能复原、安装孔损坏、底色或字符颜色有明显褪色等情形时，应判定为不合格，并告知送检人到公安机关交通管理部门办理相关手续。

②对于使用号牌架辅助安装的，号牌架内侧外缘距离机动车登记编号字符边缘应大于5 mm。实际检查时，以号牌架不遮盖号牌的边缘框线(白色或黑色)为宜。

### (六)加装/改装灯具

1.标准要求

车辆不应有加装或改装强制性标准以外的外部照明和信号装置，不应有后射灯。

2.几点说明

①重点检查重中型货车、自卸车、水泥搅拌车等工程作业车在两侧和后部是否非法加装了后射灯。

②对于车辆换装氙气灯的，由于机动车外形发生了明显变化，检验员可直接判定送检机动车存在私自改装的情形，安全技术检验不合格，告知送检人应更换合格的前照灯后复检。

## 第七节　安全装置检查

### 一、检验项目及适用条件

安全装置检验项目及适用条件见表 3-23。

**表 3-23　安全装置检查项目及适用条件**

| 检验项目 | 适用条件 |
|---|---|
| 安全装置检查 | 安全装置检查项目共包括 20 项，对于限速功能或限速装置、辅助制动装置、盘式制动器等 3 个项目仅针对注册登记检验，其他 17 个项目针对注册登记检验和在用机动车检验 |

### 二、检验方法

安全装置检查主要采用目视和操作的检查方法，必要时使用行驶记录装置专用测试仪器、逆反射系数专用测量装置等专用仪器进行相关项目的测量。各检验项目的具体检查方法见表 3-24。

**表 3-24　安全装置检查方法**

| 序号 | 检验项目 | 检验方法及相关说明 |
|---|---|---|
| 1 | ㉒汽车安全带 | 目视检查并操作。<br>重点检查安全带的锁扣锁止有效性和安全带的自动伸缩性，以确保其功能有效；查看汽车安全带的损坏情形、校车学生座位安装情况、座垫套覆盖遮挡安全带情形、安全带绑定在座位下面情形 |
| 2 | ㉓机动车用三角警告牌 | 目视检查。<br>检查汽车(无驾驶室的三轮汽车除外)的配备情况，外观形状应符合 GB 19151 的要求 |
| 3 | ㉔灭火器 | 目视检查。<br>重点检查客车、危险货物运输车按规定配备灭火器情况；查看灭火器欠压、失效情况 |

**续表**

| 序号 | 检验项目 | 检验方法及相关说明 |
|---|---|---|
| 4 | ㉕行驶记录装置 | 目视检查。目测显示功能不正常时，使用专用检验仪器。<br>重点检查公路客车、旅游客车、危险货物运输车、专用校车、公共汽车、半挂牵引车、重型货车按规定配备行驶记录装置情况；卧铺客车、专用校车按规定装备车内外录像监控情况；查看行驶记录装置显示、3C标志、记录功能 |
| 5 | ㉖车身反光标识 | 目视检查。目视逆反射系数偏小时，使用逆反射性能测试仪测试逆反射系数。<br>查看车身反光标识的3C标志、破损情况等 |
| 6 | ㉗车辆尾部标志板 | 目视检查。目视逆反射系数偏小时，使用逆反射性能测试仪测试逆反射系数。<br>重点检查是否按规定安装车辆尾部标志板等 |
| 7 | ㉘侧后防护装置 | 目视检查。目测防护装置单薄、安装不规范时，使用钢卷尺或钢直尺等长度测量工具。<br>重点检查有无安装、安装牢固情况、变形情况（罐体管路、封头超出防护装置情形）。<br>注册登记检验时，通过智能检验终端（PDA）等查看公告信息，实车比对防护装置外观、结构、尺寸、安装要求与公告的符合性 |
| 8 | ㉙应急锤 | 目视检查采用密闭钢化玻璃式应急窗的客车是否按规定配备应急锤情况 |
| 9 | ㉚急救箱 | 目视检查校车是否按规定配备急救箱情况 |
| 10 | ㉛限速功能或限速装置 | 审查公告、机动车出厂合格证、产品使用说明书等技术凭征资料。<br>重点检查公路客车、危险货物运输车、旅游客车、公共汽车的限速功能，查看客车超速报警功能 |
| 11 | ㉜防抱死制动装置 | 打开电源，观察ABS指示灯。对于半挂车，需要实车连接牵引车，打开点火开关，踩踏制动踏板，检查制动器是否有电磁阀通断的声音。<br>重点检查危险货物运输车、公路客车、旅游客车、半挂牵引车、货车、专用校车、公共汽车、半挂车安装防抱死装置情况，查看防抱死制动装置自检功能 |
| 12 | ㉝辅助制动装置 | 审查公告等技术资料凭证并操作驾驶室（区）内操纵开关，有疑问时检查相关装置。<br>重点检查客车、危险货物运输车、货车、专项作业车安装辅助制动装置情况 |
| 13 | ㉞盘式制动器 | 目视检查。<br>重点检查危险货物运输车、客车、专用校车、公共汽车安装盘式制动器情况 |

**续表**

| 序号 | 检验项目 | 检验方法及相关说明 |
| --- | --- | --- |
| 14 | ㉟紧急切断装置 | 目视检查。<br>重点检查运送汽油、甲苯等特定危险液体的罐式危险货物运输车安装紧急切断装置情况 |
| 15 | ㊱发动机舱自动灭火装置 | 目视检查。<br>重点检查专用校车、发动机后置客车安装发动机舱灭火装置情况 |
| 16 | ㊲手动机械断电开关 | 目视检查，有疑问时操作开关，观察是否断电<br>重点检查客车安装手动机械断电开关情况 |
| 17 | ㊳副制动踏板 | 目视检查，有疑问时踩下踏板，判断踏板工作是否正常<br>重点检查教练车安装副制动踏板情况 |
| 18 | ㊴校车标志灯和校车停车指示标志牌 | 目视检查。<br>重点检查校车外观标识及标志灯、停车指示标志牌配备情况 |
| 19 | ㊵危险货物运输车标志 | 目视检查。<br>重点检查危险货物运输车是否按规定设置标志情形，道路运输爆炸品车和剧毒化学品车辆的橙色反光带粘贴、标示牌设置情况 |
| 20 | ㊶肢体残疾人操纵辅助装置 | 目视检查操纵辅助装置型号、编号，并与合格证明或机动车行驶证进行比对 |
| 注：除限速功能或限速装置项目外，其他安全装置检查时均需要使用智能检验终瑞(PDA)拍摄图片(或视频) | | |

## 三、检验要求

### (一)汽车安全带

1. 标准要求

(1)注册登记检验时，检查汽车安全带应满足：

①汽车应按《机动车运行安全技术条件》(GB 7258—2012)12.1 的规定配备安全带。

②对于专用校车，学生座位均应配备两点式汽车安全带，驾驶人座椅、照管人员座椅均应配备汽车安全带。

(2)在用机动车检验时，配备的汽车安全带应完好且能正常使用，不得出现"座垫套覆盖遮挡安全带，安全带绑定在座位下面"等情形。

2. 其他标准的相关规定

根据《机动车运行安全技术条件》(GB 7258—2012)12.1 的要求：

(1)乘用车、公路客车、旅游客车、未设置乘客站立区的公共汽车、专用校车和旅居车的所有座椅，其他汽车(低速汽车除外)的驾驶人座椅和前排乘员座椅均应装置汽车安全带。

(2)所有驾驶人座椅、前排乘员座椅(货车前排乘员座椅的中间位置及设有乘客站立区的公共汽车除外)、客车位于踏步区的车组人员座椅以及乘用车除第二排及第二排以后的中间位置座椅外的所有座椅，装置的汽车安全带均应为三点式(或四点式)汽车安全带。

(3)专用校车和专门用于接送学生上下学的非专用校车的每个学生座位(椅)及卧铺客车的每个铺位均应安装两点式汽车安全带。

(4)汽车安全带应可靠有效,安装位置应合理,固定点应有足够的强度。

(5)乘用车应装备驾驶人汽车安全带佩戴提醒装置。当驾驶人未按规定佩戴汽车安全带时,应能通过视觉或声觉信号报警。

(6)乘用车(单排座的乘用车除外)应至少有一个座椅配置符合规定的 ISOFIX 儿童座椅固定装置,或至少有一个后排座椅能使用汽车安全带有效固定儿童座椅。

## (二)机动车用三角警告牌

1. 标准要求

汽车(无驾驶室的三轮汽车除外)应配备三角警告牌,三角警告牌的外观、形状应符合《机动车用三角警告牌》(GB 19151－2003)的要求。

2. 其他标准的相关规定

根据《机动车用三角警告牌》的要求,三角警告牌外观和尺寸如图 3-18 所示。

图 3-18　三角警告牌外观和尺寸

## (三)灭火器

1. 标准要求

客车和危险货物运输车配备的灭火器应在使用有效期内,不出现欠压、失效等情形,配备数量应符合《机动车运行安全技术条件》等相关标准的要求。

2. 几点说明

(1)灭火器在有效期内可查看有效性的标识或灭火器压力表(仪表指针处于绿色区域为合格)等。

(2)灭火器在车上应安装牢靠并便于取用。仅有一个灭火器时,应设置在驾驶人附近;当有多个灭火器时,应在客厢内按前、后,或前、中、后分布,其中一个应靠近驾驶人座椅。

## (四)行驶记录装置

1. 标准要求

(1)公路客车、旅游客车、危险货物运输车、校车以及 2013 年 3 月 1 日起注册登记的未设置乘客站立区的公共汽车、半挂牵引车、总质量大于等于 12000 kg 的货车,应安装有符合要求的行驶记录装置(包括汽车行驶记录仪或行驶记录功能符合《汽车行驶记录仪》的卫星定位装置等)。

(2)行驶记录装置的连接、固定应可靠,显示功能应正常,主机外壳的易见部位应加施有符合规定的 3C 标志。

(3)卧铺客车以及 2013 年 5 月 1 日起出厂的专用校车应安装车内外录像监控系统,功能应正常。

2. 几点说明

(1)安装了具有行驶记录功能的卫星定位装置的车辆无须安装行驶记录仪。

(2)行驶记录装置及其连接导线在车上应固定可靠,应能正常显示,无显示器的应判定为不合格。

(3)如使用行驶记录仪作为行驶记录装置,其显示部分应易于观察、数据接口应便于移动存储介质的插拔。2006 年 12 月 1 日起出厂的汽车安装的汽车行驶记录仪,其主机外表面的易见部位应模压或印有符合规定的 3C 标识。

(4)如使用具有行驶记录功能的卫星定位装置作为行驶记录装置,其行驶记录功能应符合《汽车行驶记录仪》(GB/T 19056—2012)的要求,装置应具有符合规定的 3C 标识或插入 USB 可移动磁盘(U 盘)后能完成行驶记录的采集。

(5)对于卧铺客车以及 2013 年 5 月 1 日起出厂的专用校车,还应检查车内外的录像监控系统,确认其功能是否正常。对于部分车辆安装的录像监控系统缺少车载硬盘,不能存储监控录像的,应判定为不合格。

### (五)车身反光标识

1. 标准要求

(1)货车、货车底盘改装的专项作业车和挂车后部车身反光标识的粘贴要求和材料类型(反光膜型或反射器型)应符合《机动车运行安全技术条件》的规定,反射器型车身反光标识固定应可靠。

(2)所有货车(半挂牵引车除外)、货车底盘改装的专项作业车和挂车,侧面粘贴的车身反光标识应符合《机动车运行安全技术条件》的规定。

(3)粘贴或安装的车身反光标识应印有符合规定的 3C 标志。

2. 几点说明

(1)反光膜型车身反光标识为红白单元相间的条状反光膜材料,表面应完好,无破损。红白单元每一单元的长度应不小于 150 mm 且不大于 450 mm,宽度可为 50 mm、75 mm 或 100 mm;白色单元上应加施有符合规定的 3C 标识。根据《货车及挂车 车身反光标识》(GB 23254—2009)的要求,白色反光膜表面逆反射系数在观察角 0.2°、照射角 −4°的情况下,一级车身反光标识应不低于 500 cd/(lx·m$^2$),二级车身反光标识应不低于 250 cd/(lx·m$^2$)。

(2)侧面反光膜型车身反光标识允许分隔粘贴,但应保持红白单元相间;总长度(不含间隔部分)应不小于车长的 50%,但侧面车身结构无连续表面的混凝土搅拌运输车和专项作业车的侧面车身反光标识长度应不小于车长的 30%。三轮汽车的侧面车身反光标识长度应不小于 1200 mm,货厢长度不足车长 50%的载货汽车的侧面车身反光标识长度应为货厢长度。

(3)后部车身反光标识应能体现机动车后部宽度和高度,其离地高度应不小于 380 mm。后部反光膜型车身反光标识与后反射器的面积之和,使用一级车身反光标识材料时应不小于 0.1 $m^2$,使用二级车身反光标识材料时应不小于 0.2 $m^2$。

(4)厢式货车和厢式挂车后部、侧面的车身反光标识应能体现货厢轮廓。2012 年 9 月 1 日起出厂的厢式货车和厢式挂车,装备的车身反光标识应为由红白相间的反射器单元组成的反射器型车身反光标识。反射器型车身反光标识的反射器单元应横向水平布置、固定可靠,红白单元相间且数量相当;相邻反射器的边缘距离对后部反射器型车身反光标识应不大于 100 mm,对侧面反射器型车身反光标识应不大于 150 mm。

(5)对于道路运输爆炸品和剧毒化学品车辆,还应在车辆的后部和两侧粘贴能标示车辆轮廓的、宽度为 150 mm±20 mm 的橙色反光带。

### (六)车辆尾部标志板

1.标准要求

(1)2012 年 9 月 1 日起出厂的总质量大于等于 12000 kg 的货车(半挂牵引车除外)和车长大于 8.0 m 的挂车,以及 2014 年 1 月 1 日起出厂的总质量大于等于 12000 kg 的货车、底盘改装的专项作业车,应安装车辆尾部标志板。

(2)车辆尾部标志板的形状、尺寸、布置和固定应符合《车辆尾部标志板》的规定。

2.几点说明

车辆尾部标志板固定在车辆后部的方式应稳定、持久,一般使用螺钉或者铆合。重型货车(半挂牵引车除外)和专项作业车、8.0 m 以上的挂车等车辆安装尾部标志板的要求见表 3-25。

**表 3-25　　尾部标志板要求**

| 适用车辆类型 | 产品图片示例 | 尺寸要求 |
| --- | --- | --- |
| 重型货车(半挂牵引车除外)和专项作业车 | | 一组标志板由一块、两块或四块标志板组成,其总长度应不小于 1130 mm,不大于 2300 mm,高度应为 140 mm±10 mm。成组的标志板的形状应该是成对的。斜条纹带的斜度应为 45°±5°,带宽应为 100 mm ±2.5 mm |

**续表**

| 适用车辆类型 | 产品图片示例 | 尺寸要求 |
| --- | --- | --- |
| 8.0 m以上的挂车 | | 一组标志板由一块、两块或四块标志板组成，其总长度应不小于1130 mm，不大于2300 mm，高度为200 mm。成组的标志板的形状应该是成对的。红色边框的宽度为40 mm±1 mm |
| 低速车辆 | | 形状为一个截去顶角的等边三角形，其中一个顶角端朝上。三角形底边长度为350 mm～365 mm。边缘的回复反射材料发光面的宽度为45 mm～48 mm |

（七）侧后防护装置

1.标准要求

（1）侧后防护装置安装应牢固、无变形，且满足以下要求：

①总质量大于3500 kg的货车、货车底盘改装的专项作业车和挂车，其装备的侧面及后下部防护装置应正常有效，货车列车的牵引车和挂车之间装备的侧面防护装置应正常有效。

②罐式危险货物运输车的罐体及罐体上的管路和管路附件不应超出车辆的侧面及后下部防护装置，罐体后封头及罐体后封头上的管路和管路附件与后下部防护装置的纵向距离应大于等于150 mm。

③货车和挂车的侧面防护装置的下缘离地高度、防护范围和前缘形式及后下部防护装置的离地高度、宽度、横截面宽度应符合《汽车和挂车侧面防护要求》(GB 11567.1)和《汽车和挂车后下部防护要求》(GB 11567.2)的规定。

（2）注册登记检验时，侧后防护装置的外观、结构、尺寸、安装要求还应与公告相符。

2.几点说明

（1）在用机动车检验时，重点检查侧面及后下部防护装置是否安装牢固，位置、尺寸是否符合标准要求。对于检验员用脚蹬时后下部防护装置晃动的，应确定为安装不牢固，判定为不合格。

（2）注册登记检验时，应通过查询公告照片及参数信息，重点核对侧面及后下部防护装置所用材料材质、连接方式以及后部防护装置的主要尺寸参数(断面尺寸和离地高度)是否相符。

### (八)应急锤

1. 标准要求

采用密闭钢化玻璃式应急窗的客车,在相应的应急窗邻近应配备一个应急锤以方便击碎车窗玻璃。

2. 几点说明

(1)检验时重点针对车长大于或等于 6 m,采用密闭钢化玻璃式应急窗的客车,要求应急锤应安放在应急窗附近且便于取用,不得出现应急锤集中存放或者不便于取用的情况。

(2)对于 2013 年 9 月 1 日起新生产的车(采用密闭钢化玻璃式应急窗的客车),应急锤取下时应能通过声响信号实现报警。

### (九)急救箱

1. 标准要求

校车应配备急救箱,急救箱应放置在便于取用的位置并有效适用。

2. 相关说明

标准仅对校车配备急救箱进行了检验规定,急救箱内是否放置有急救用品不属于机动车安全技术检验时需关注的内容。

### (十)限速功能或限速装置

1. 标准要求

注册登记检验时,公路客车、危险货物运输车、旅游客车及车长大于 9 m 的未设置乘客站立区的公共汽车,应具有限速功能或配备限速装置;车长大于等于 6 m 的客车,应具有超速报警功能。

2. 其他相关规定

(1)根据《机动车运行安全技术条件》的要求,限速功能或限速装置调定的最大车速对公路客车、旅游客车和未设置乘客站立区的公共汽车不得大于 100 km/h,对危险货物运输车不得大于 80 km/h。

(2)根据《车辆车速限制系统技术要求》(GB/T 24545－2009)规定,专用校车的限速装置调定的最大车速不得大于 80 km/h。

### (十一)防抱死制动装置

1. 标准要求

(1)以下车辆应装备防抱死制动装置:

①道路运输爆炸品和剧毒化学品车辆,以及 2012 年 9 月 1 日起出厂的其他危险货物运输车。

②2005 年 2 月 1 日起注册登记的总质量大于 12000 kg 的公路客车和旅游客车、总质量大于 10000 kg 的挂车、总质量大于 16000 kg 允许挂接总质量大于 10000 kg 的挂车的货车。

③2012 年 9 月 1 日起出厂的半挂牵引车及车长大于 9 m 的公路客车、旅游客车。

④2013 年 5 月 1 日起出厂的专用校车。

⑤2013 年 9 月 1 日起出厂的车长大于 9 m 的未设置乘客站立区的公共汽车。

⑥2014 年 9 月 1 日起出厂的总质量大于等于 12000 kg 的货车和专项作业车。

(2)机动车配备的防抱死制动装置自检功能应正常。

2.几点说明

(1)检查相关车型是否装备防抱死制动装置。

(2)检查装备防抱死制动装置自检功能是否正常。一般情况下，打开点火开关，仪表板上的防抱死制动装置(ABS)警告灯点亮，自检正常后，警告灯应自行熄灭。

### (十二)辅助制动装置

1.标准要求

注册登记检验时，以下车辆应安装缓速器或其他辅助制动装置：

(1)2012 年 9 月 1 日起出厂的车长大于 9 m 的客车(对专用校车为车长大于 8 m)、所有危险货物运输车、总质量大于等于 12000 kg 的货车。

(2)2014 年 9 月 1 日起出厂的总质量大于等于 12000 kg 的专项作业车。

2.几点说明

(1)注册登记检验时，通过公告、机动车出厂合格证、说明书等资料进行核查；查看驾驶室(区)内的辅助制动装置操纵开关，有疑问时实车操作检查，确认机动车是否安装了辅助制动装置。若送检机动车使用排气制动作为辅助制动装置，应核实其是否与公告标注一致，必要时可请车辆制造厂家提供公告强制性检验项目报告。

(2)辅助制动装置，是辅助汽车减速的装置。有些重型汽车和经常在山区行驶的汽车，如果只靠行车制动器连续工作，容易造成制动器过热，制动能力衰退，磨损严重，甚至烧坏。加装辅助制动装置后，可以减轻行车制动器的负担，进一步保证行车安全。

辅助制动装置主要有排气制动装置、电力减速装置和液力减速装置三种。

①排气制动装置：有的柴油车装有排气制动装置，在下长坡时用该装置使排气管堵塞住，同时使高压油泵处于停止供油的工况，就可提高发动机制动的效果并节省燃料。

②电力减速装置：有的重型汽车装有电涡流减速装置，利用传动轴转动的动力产生电涡流，形成阻止转动的制动力矩。这种装置制动强度较大。

③液力减速装置：一些装有液力变速装置的重型汽车，利用已有的油泵，在变速器内装有液力减速装置，靠转子和定子之间的液力摩擦吸收能量，使汽车减速。

### (十三)盘式制动器

1.标准要求

注册登记检验时，以下车辆的前轮应装备盘式制动器：

(1)2012 年 9 月 1 日起出厂的危险货物运输车、车长大于 9 m 的客车(未设置乘客站立区的公共汽车除外)。

(2)2013 年 5 月 1 日起出厂的专用校车。

(3)2013 年 9 月 1 日起出厂的车长大于 9 m 的未设置乘客站立区的公共汽车。

2. 几点说明

(1)注册登记检验项目。

(2)盘式制动器(又称为“碟式制动器”),主要零部件有制动盘、分泵、制动钳、油管等,其制动盘用合金钢制造并固定在车轮上,随车轮转动。盘式制动器沿制动盘两侧面施力,制动轴不受弯矩,径向尺寸小,制动性能稳定。同时,盘式制动器散热快、质量轻、构造简单、调整方便,特别是高负载时耐高温性能好,制动效果稳定,而且不怕泥水侵袭,水稳定性也好。汽车前轮采用盘式制动器并与后轮的鼓式制动器配合,可较好地保证制动时的方向稳定性。

### (十四)紧急切断装置

1. 标准要求

2015 年 1 月 1 日起,用于运输液体危险货物的罐式危险货物运输车应按《道路运输液体危险货物罐式车辆》(GB 18564.1)等的规定安装紧急切断装置。

2. 几点说明

(1)根据《道路运输液体危险货物罐式车辆》以及有关管理规定,运输液体危险货物的、常压金属罐式危险货物运输车应安装符合要求的紧急切断装置。注册登记检验参考《道路运输液体危险货物罐式车辆》及公告确认。在用机动车检验时,属于出厂后加装的,根据国家安全监管总局、工业和信息化部、公安部、交通运输部、国家质检总局五部委联合发文《关于明确在用液体危险货物罐车加装紧急切断装置液体介质范围的通知》(安监总管三〔2014〕135 号)确认。

(2)根据 2014 年 7 月 7 日国家安全监管总局、工业和信息化部、公安部、交通运输部、国家质检总局五部委联合发文《关于在用液体危险货物罐车加装紧急切断装置有关事项的通知》(安监总管三〔2014〕174 号),以及 2014 年 12 月 20 日国家安全监管总局等五部委联合发文《关于明确在用液体危险货物罐车加装紧急切断装置液体介质范围的通知》等要求,加装紧急切断装置的 17 种液体介质范围名单见表 3-26。

**表 3-26　加装紧急切断装置的 17 种液体介质范围名单**

| GB 12268 编号 | 介质名称说明 | 危险程度分类 | 罐体设计代码 |
|---|---|---|---|
| 1090 | 丙酮 | 易燃 | LGBF |
| 1114 | 苯 | 易燃、中度危害 | LGBF |
| 1120 | 丁醇 | 易燃 | LGBF |
| 1123 | 乙酸丁酯 | 易燃 | LGBF |
| 1160 | 二甲胺水溶液 | 易燃、中度危害 | L4BH |
| 1170 | 乙醇或乙醇溶液 | 易燃 | LGBF |
| 1173 | 乙酸乙酯 | 易燃 | LGBF |
| 1198 | 甲醛溶液 | 腐蚀、易燃、高度危害 | L4BN |
| 1202 | 柴油 | 易燃 | LGBF |
| 1203 | 车用汽油或汽油 | 易燃 | LGBF |

**续表**

| GB 12268 编号 | 介质名称说明 | 危险程度分类 | 罐体设计代码 |
|---|---|---|---|
| 1212 | 异丁醇 | 易燃 | LGBF |
| 1219 | 异丙醇 | 易燃 | LGBF |
| 1223 | 煤油 | 易燃 | LGBF |
| 1230 | 甲醇 | 易燃、中度危害 | LGBF |
| 1294 | 甲苯 | 易燃 | L4BN |
| 1307 | 二甲苯 | 易燃 | LGBF |
| 2055 | 单体苯乙烯，稳定的 | 易燃、中度危害 | LGBF |

（3）根据《道路运输液体危险货物罐式车辆》的要求，紧急切断装置一般由紧急切断阀、控制系统以及易熔塞自动切断装置组成。紧急切断阀又叫“底阀”，一般安装在罐体底部，连通或隔离罐体与外部管路，非装卸时应处于关闭状态。液体危险货物罐体可能包含多个独立仓，每个独立仓一般对应一个紧急切断阀（见图 3-19）。

图 3-19　紧急切断阀

（4）控制系统通过气动、液压或机械方式控制紧急切断阀的开闭，操作按钮至少两组：一组靠近装卸操作箱，包括每个紧急切断阀控制按钮和总控制开关；另一组装设在车身尾部或驾驶室内，为远程控制开关（见图 3-20）。

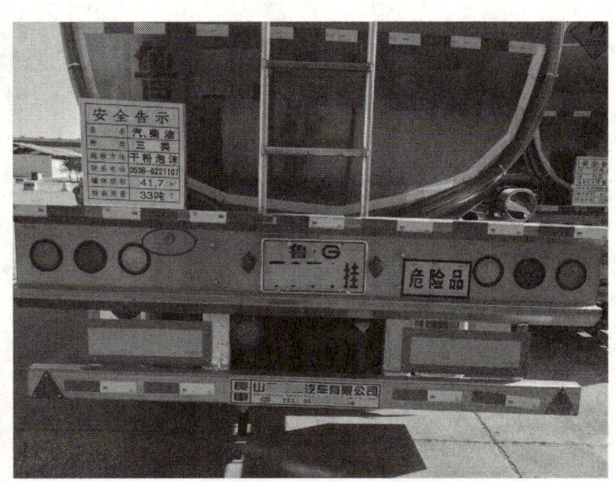


图 3-20　远程控制开关

(5)液体危险货物罐车紧急切断装置的作用是:非装卸作业时,紧急切断阀处于关闭状态,即使输油管道碰撞断裂,罐内液体也不会泄漏;装卸作业时,紧急切断阀处于开启状态,遇紧急情况时,可以人工关闭,防止罐内液体泄漏;当环境温度由于火灾等原因升高至设定温度时(一般为 75 ℃±5 ℃),阀内易熔塞融化,紧急切断阀自动关闭,防止罐内液体泄漏;紧急切断阀外部应带有切断槽,当受到撞击时.紧急切断阀从切断槽处断开,防止罐内液体泄漏。在运输过程中紧急切断阀应处于闭合状态,仅在装卸时开启。

### (十五)发动机舱自动灭火装置

1.标准要求

以下车辆应装备发动机舱自动灭火装置:

(1)2013 年 5 月 1 日起出厂的专用校车。

(2)2013 年 3 月 1 日起出厂的发动机后置的其他客车。

2.几点说明

(1)注册登记检验和在用机动车检验时,都需要检查相关车型是否安装了发动机舱自动灭火装置。

(2)发动机舱自动灭火装置(见图 3-21)的主要作用是:预防和减少因发动机舱着火而引发的燃烧事故。检验时应打开发动机舱,检查是否设置有自动灭火装置。必要时通过核对车辆产品说明书或送检企业提供的该类装置的检测或试验报告予以确认。发动机舱自动灭火装置通常有胀裂式、爆炸式、储压式,设置的数量根据不同厂家或者灭火装置本身的灭火能力,一般设置 1~4 枚不等。

图 3-21 发动机舱自动灭火装置

### (十六)手动机械断电开关

1.标准要求

2013 年 3 月 1 日起出厂的车长大于等于 6 m 的客车,应设置能切断蓄电池和所有电路连接的手动机械断电开关。

2.几点说明

(1)注册登记检验和在用机动车检验时,都需要检查相关车型是否安装了手动机械断电开关。

(2)安装手动机械断电开关,其主要目的是在紧急情况下,驾驶人能通过切断手动机械断电开关,保证车辆门、窗等出口的畅通。检查该类车辆是否具有手动机械断电开关。必要时应实车操作,检查是否能切断所有电路。

(十七)副制动踏板

标准要求:教练车(三轮汽车除外)装备的副制动踏板应牢固、动作可靠有效。

(十八)校车标志灯和校车停车指示标志牌

1. 标准要求

(1)校车配备的校车标志灯和停车指示标志牌应齐全、有效。

(2)专用校车以及喷涂或粘贴专用校车车身外观标识的非专用校车应由校车标志、中文字符“校车”、中文字符“核载人数： 人”、校车编号和校车轮廓标识组成,且应符合《校车标识》(GB 24315—2009)的相关规定,如图 3-22 所示。

图 3-22　校车

2. 几点说明

(1)无论是专用校车还是非专用校车,所有校车都要配备校车标志灯和停车指示标志牌。

(2)根据《校车标识》的规定,专用校车应在车外顶部前后部安装两个黄色专用校车标志灯。左、右两个标志灯应尽量靠近车身左、右侧外缘,并与车辆纵向中心线对称。

(3)出厂时未安装校车标志灯和停车指示标志牌的校车[包括非专用校车和按照《专用小学生校车安全技术条件》(GB 24407—2009)标准生产的专用小学生校车],应按照公共安全行业标准《校车标志灯》(GA/T 1004—2012)和《校车停车指示标志牌》(GA/T 1005—2012)的规定增加配置校车标志灯和停车指示标志牌。

(4)校车标志和停车指示牌:对于 7 m 及以上长度的校车,采用标准尺寸 460 mm×460 mm,其他校车可以等比例缩放。停车指示牌是一个可以从校车向外延伸的装置,以警示其他驾乘者不要驶过校车,因为校车已停驻待卸下或者搭载乘客。

(十九)危险货物运输车标志

1.标准要求

(1)危险货物运输车应设置符合《道路运输危险货物车辆标志》(GB 13392—2005)规定的标志。

(2)道路运输爆炸品和剧毒化学品车辆应粘贴符合《道路运输爆炸品和剧毒化学品车辆安全技术条件》(GB 20300—2006)规定的橙色反光带并设置安全标示牌。

2.几点说明

(1)根据《道路运输危险货物车辆标志》的要求,道路运输危险货物车辆应按照规定放置符合标准要求的标志灯、标志牌。

标志灯(见图3-23)应安装于驾驶室顶部外表面中前部(从车辆侧面看)中间(从车辆正面看)位置,以磁吸或顶檐支撑、金属托架方式安装固定。对于带导流罩车辆,可视导流罩表面流线形和选择的金属托架角度确定安装位置,允许自制金属托架,允许在金属托架与导流罩间加衬垫,应保证标志灯安装正直。

图3-23　危险货物运输车标志灯

标志牌一般悬挂在车辆后厢板或罐体后面的几何中心部位附近,避开车辆放大号;对于低栏板车辆,可视情选择适当悬挂位置。悬挂的标志牌应按《危险货物分类和品名编号》(GB 6944—2012)与所运载危险货物的类、项相对应,与标志灯同时使用。对于罐式车辆,可选择按规定位置悬挂标志牌或以反光材料按相应规定在罐体上喷绘标志。运输爆炸、剧毒危险货物的车辆,应在车辆两侧面厢板几何中心部位附近的适当位置各增加一块悬挂标志牌。运输放射性危险货物的车辆,标志牌的悬挂位置和数量应符合《放射性物质安全运输规程》(GB 11806—2004)的规定。根据车辆结构或用途,可选择螺栓固定、铆钉固定、黏合剂粘贴固定或插槽固定(可按使用需要随时更换)等方式安装固定标志牌。图3-24为爆炸品和剧毒化学品的标志牌。

图3-24　危险货物运输车标志牌

(2)根据《道路运输爆炸品和剧毒化学品车辆安全技术条件》(GB 20300－2006)的要求，道路运输爆炸品和剧毒化学品车辆除应安装符合《道路运输危险货物车辆标志》(GB 13392－2005)要求的标志牌和标志灯外，还应在车辆后部安装安全标示牌，在车辆的后部和两侧应粘贴橙色反光带以标示车辆的轮廓(见图 3-25)。并且厢式道路运输爆炸品和剧毒化学品车辆的货厢外部颜色应为浅色。

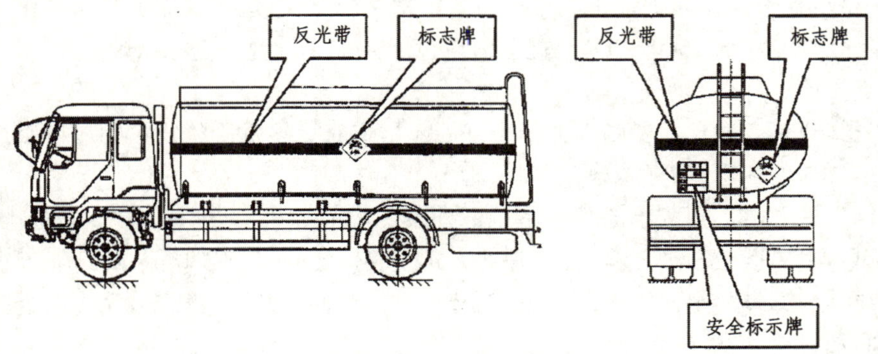


(a) 罐式车辆反光带、标志牌及安全标示牌位置示例

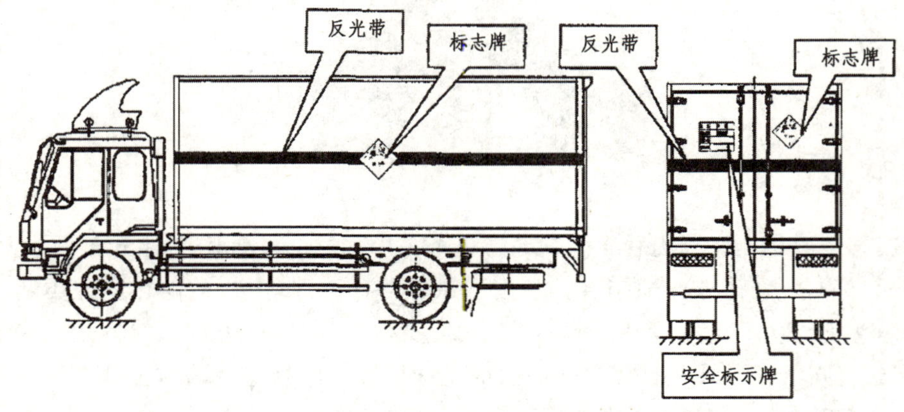


(b) 厢式车辆反光带、标志牌及安全标示牌位置示例

图 3-25　危险货物运输车反光带、标志牌及安全标示牌位置示例

(二十)肢体残疾人操纵辅助装置

1. 标准要求

加装肢体残疾人操纵辅助装置的汽车，操纵辅助装置铭牌标明的产品型号和产品编号应与操纵辅助装置加装合格证明或机动车行驶证记载的产品型号和产品编号一致。

2. 几点说明

(1)肢体残疾人操纵辅助装置是指加装在汽车上，辅助肢体残疾人驾驶汽车使用的操作装置或汽车电器控制件的迁延开关。肢体残疾人驾驶汽车的操纵辅助装置分类见表 3-27。

表 3-27　　辅助装置分类

<table>
<tr><th>辅助装置类别</th><th>辅助装置名称</th><th>控制方式</th><th>代号</th><th>功能</th></tr>
<tr><td>转向辅助装置</td><td>方向盘控制辅助手柄</td><td>单手</td><td>Ⅰ</td><td>控制车辆的转向机构</td></tr>
<tr><td rowspan="2">制动和加速辅助装置</td><td>制动和加速迁延控制手柄</td><td>单手</td><td>Ⅱ</td><td rowspan="2">控制车辆的制动踏板及加速踏板</td></tr>
<tr><td>制动和加速迁延踏板</td><td>左脚</td><td>Ⅲ</td></tr>
<tr><td>转向信号辅助装置</td><td>转向信号迁延开关</td><td>单手</td><td>Ⅲ</td><td>控制车辆的转向灯</td></tr>
<tr><td>驻车制动辅助装置</td><td>驻车制动辅助手柄</td><td>单手</td><td>Ⅳ</td><td>操纵驻车制动装置</td></tr>
</table>

(2)正确区分加装肢体残疾人操纵辅助装置的汽车与私自改装，将(原车安装在驾驶人座椅右下前方的)制动踏板和加速踏板改装至驾驶人座椅左下前方，不属于加装驾驶辅助装置，属于擅自改变车辆的结构、构造特征。

(3)仪器设备检验时，应采用肢体残疾人操纵辅助装置开展制动等项目的检验，重点检查加装的操纵辅助装置与其他部件是否存在干涉现象。

# 第八节　底盘动态检查

底盘动态检验是指在行驶状态下，定性地判断送检机动车的转向系、传动系、制动系、仪表和指示器是否符合运行安全要求。

## 一、检验项目分析

底盘动态检验项目见表 3-28。

表 3-28　　底盘动态检验项目

<table>
<tr><th colspan="2">检验项目</th><th>适用条件</th></tr>
<tr><td rowspan="4">底盘动态检验</td><td>㊷转向系</td><td rowspan="4">注册登记检验、在用机动车检验时，所有载货汽车(包括三轮汽车)，专项作业车，载客汽车(非营运小型、微型载客汽车除外)，摩托车，面包车，7座及7座以上非营运小型、微型载客汽车以及使用年限超过10年的非营运小型、微型载客汽车应进行底盘动态检验<br>使用年限在10年以内的6座及6座以下非营运小型、微型载客汽车，发生造成人员伤亡的道路交通事故的，机动车安全技术检验时也应进行底盘动态检验</td></tr>
<tr><td>㊸传动系</td></tr>
<tr><td>㊹制动系</td></tr>
<tr><td>㊺仪表和指示器</td></tr>
</table>

## 二、具体检查方法

底盘动态检查的具体检查方法见表 3-29。

**表 3-29　　底盘动态检查方法表**

<table>
<tr><th>序号</th><th>检验项目</th><th>检验方法及相关说明</th></tr>
<tr><td>1</td><td>㊷转向系</td><td rowspan="3">检验员操作车辆，起步并行驶 20 m 以上，利用目视、耳听、操作感知等方式进行检查。<br>转向系：操作过程中感觉方向盘最大自由转动量偏大和/或转向沉重时，使用方向盘转向力一转向角检测仪测量相关参数。重点检查方向盘转向是否沉重，方向盘间隙是否过大；对于方向把式的三轮汽车、摩托车，检查转向是否沉重。<br>传动系重点检查：换挡是否正常、变速器倒挡能否锁止、离合器接合是否平稳、离合器有无打滑现象、离合器分离是否彻底等。<br>制动系：以不低于 20 km/h 的速度正直行驶，双手轻扶方向盘，急踩制动踏板后迅速放松。检查轿车车轮有无阻滞、抱死现象，制动响应是否迟滞，制动时方向盘有无抖动，制动时有无跑偏现象</td></tr>
<tr><td>2</td><td>㊸传动系</td></tr>
<tr><td>3</td><td>㊹制动系</td></tr>
<tr><td>4</td><td>㊺仪表和指示器</td><td>检验过程中，观察仪表和指示器。<br>重点检查车速表工作是否正常、指示器有无异常或报警</td></tr>
</table>

## 三、检验要求

### （一）标准要求

1. 转向系

车辆的方向盘应转动灵活，操纵方便，无卡滞现象，最大自由转动量应符合《机动车运行安全技术条件》的相关规定；对于使用方向把的三轮汽车、摩托车，转向轮转动应灵活。

2. 传动系

传动系应满足以下要求：

（1）车辆换挡应正常，变速器倒挡应能锁止。

（2）离合器接合应平稳，无打滑、分离不彻底等现象。

3. 制动系

车辆正常行驶时无车轮阻滞、抱死现象；制动时制动踏板动作应正常，响应迅速，方向盘无抖动、无跑偏现象。

4. 仪表和指示器

车辆配备的车速表等各种仪表和指示器不应有异常情形。

### （二）几点说明

1. 方向盘最大自由转动量是指车辆在静止状态下向左（或向右）转动方向盘至转向轮即将动作的瞬间作为起点，与向右（或向左）转动方向盘至转向轮即将动作的瞬间作为止点形成的夹角（点火开关应处于通电状态）。

2. 根据《机动车运行安全技术条件》6.4 的规定，机动车方向盘的最大自由转动量应小于或等于：

（1）最大设计车速大于或等于 100 km/h 的机动车 15°；

（2）三轮汽车 35°；

(3)其他机动车 25°。

3. 对于因仪器设备检验导致的 ABS、ESC、TCS 等指示灯亮起时，不应认定为仪表和指示器异常，应关闭汽车电源后重新启动车辆，再检查车辆相应指示灯。

## 第九节 车辆底盘部件检查

车辆停放在地沟上方的指定位置，使用专用手锤等工具检查，并由驾驶室操作人员配合；大中型客车、重中型货车、专项作业车、挂车检查时应使用底盘间隙仪（该项要求自 2017 年 3 月 1 日实施）。

### 一、检验项目分析

车辆底盘部件检查项目见表 3-30。

**表 3-30　车辆底盘部件检查项目**

| 检验项目 | | 适用条件 |
|---|---|---|
| 车辆底盘部件检查 | ㊻转向系部件 | 注册登记检验、在用机动车检验时，所有载货汽车（包括三轮汽车），挂车，专项作业车，载客汽车（非营运小型、微型载客汽车除外），面包车，7 座及 7 座以上非营运小型、微型载客汽车以及使用年限超过 10 年的非营运小型、微型载客汽车应进行车辆底盘部件检查<br>使用年限在 10 年以内的 6 座及 6 座以下非营运小型、微型载客汽车，发生造成人员伤亡的道路交通事故的，机动车安全技术检验时也应进行车辆底盘部件检查 |
| | ㊼传动系部件 | |
| | ㊽行驶系部件 | |
| | ㊾制动系部件 | |
| | ㊿其他部件 | |

### 二、具体检查方法

车辆底盘部件检查的具体方法见表 3-31。

**表 3-31　车辆底盘部件检查方法**

| 序号 | 检验项目 | 检验方法及相关说明 |
|---|---|---|
| 1 | ㊻转向系部件 | 重点检查转向系部分部件是否出现松动情况，转向过程中有无干涉或摩擦现象 |
| 2 | ㊼传动系部件 | 重点检查变速器等部件的连接情况；传动轴、万向节、中间轴承、支架等是否出现裂纹、松旷和漏油现象 |
| 3 | ㊽行驶系部件 | 重点检查车架纵梁、横梁变形、损伤情况；铆钉、螺栓的完整或松动情况；钢板吊耳、销、中心螺栓、U 形螺栓的松旷情况；车桥与悬架之间的拉杆松旷情况；减振器漏油情况 |
| 4 | ㊾制动系部件 | 重点检查制动系擅自改动情况，从制动系统获取气源作为加装装置动力源情况；制动主缸、轮缸、管路等出现漏气、漏油情况；制动软管的老化情况；制动系管路固定情况、与其他部件的摩擦情况 |

**续表**

| 序号 | 检验项目 | 检验方法及相关说明 |
|---|---|---|
| 5 | ㊿其他部件 | 重点检查发动机的固定、排气管与消声器的安装、排气管漏气情况；排气管口指向；电器导线的布置、捆扎、固定及破损情况；燃料箱固定、漏油情况，燃料管路的老化以及与其他部件碰擦情况；承载式车身底部完整性；轮胎内侧的磨损、割伤、腐蚀情况；其他影响车身强度的变形和破损情况 |
| 注：车辆底盘部件检查时需要使用智能检验终端(PDA)或固定摄像机等拍摄图片(或视频) | | |

## 三、检验要求

### (一)标准要求

1.转向系部件

转向系部件应满足以下要求：

(1)各部件不应松动。

(2)横、直拉杆不应有拼焊、损伤、松旷、严重磨损等情况。

(3)转向过程中不应有干涉或摩擦现象。

2.传动系部件

传动系部件应满足以下要求：

(1)变速器等部件应连接可靠。

(2)传动轴、万向节及中间轴承和支架不应有裂纹和松旷现象，不应有漏油现象。

3.行驶系部件

行驶系部件应满足以下要求：

(1)车架纵梁、横梁不应有明显变形、损伤，铆钉、螺栓不应缺少或松动。

(2)钢板吊耳及销不应松旷，中心螺栓、U形螺栓不应松旷。

(3)车桥与悬架之间的拉杆和导杆不应松旷和移位，减振器不应漏油。

4.制动系部件

制动系部件应满足以下要求：

(1)制动系应无擅自改动，不应从制动系统获取气源作为加装装置的动力源。

(2)制动主缸、轮缸、管路等不应漏气、漏油，制动软管不应有明显老化。

(3)制动系管路与其他部件无摩擦和固定松动现象。

5.其他部件

其他部件应满足以下要求：

(1)发动机的固定应可靠。

(2)排气管、消声器应安装牢固，不应有漏气现象，排气管口不得指向车身右侧(如受结构限制排气管口必须偏向右侧时，排气管口中心线与机动车纵向中心线的夹角应小于等于15°)和正下方。专门用于运送易燃和易爆物品的危险货物运输车，排气管应装在罐体/箱体前端面之前、不高于车辆纵梁上平面的区域，并安装机动车排气火花熄灭器，机动车尾部应安装接地装置。

(3)电器导线应布置整齐、捆扎成束、固定卡紧,并无破损现象。

(4)燃料箱应固定可靠,不应漏油;燃料管路与其他部件不应有碰擦,不应有明显老化。

(5)承载式车身底部应完整,不应有影响车身强度的变形和破损。

(6)轮胎内侧不应有严重磨损、割伤、腐蚀。

(二)几点说明

1.车辆停放在地沟上方的指定位置,底盘检验员在引车员配合下,借助照明设备,使用专用手锤敲击和勾动杆件目视检查(必要时)。自 2017 年 3 月 1 日起,大中型客车、重中型货车、专项作业车、挂车检查时必须使用底盘间隙仪。

2.对于部分加装制动淋水装置的车辆,若淋水装置的动力源是从制动系统获取的气源,则破坏了制动系统的结构,检验时应判定为不合格。

# 第十节　仪器设备检验

## 一、检验项目分析

仪器设备项目见表 3-32。

**表 3-32　　仪器设备检验项目**

<table>
<tr><th colspan="3">检验项目</th><th>适用条件</th></tr>
<tr><td rowspan="9">仪器设备检验</td><td rowspan="4">行车制动</td><td>空载制动率</td><td rowspan="4">所有车辆在注册登记检验、在用机动车检验时,均需要检验行车制动;对于三轴及三轴以上的载货汽车、采用并装双轴及并装三轴的挂车,还应进行加载轴的加载轴制动检验</td></tr>
<tr><td>空载制动不平衡率</td></tr>
<tr><td>加载轴制动率</td></tr>
<tr><td>加载轴制动不平衡率</td></tr>
<tr><td colspan="2">驻车制动</td><td>注册登记检验、在用机动车检验时,所有载货汽车(包括三轮汽车),挂车,专项作业车,载客汽车(非营运小型、微型载客汽车除外),面包车,7 座及 7 座以上非营运小型、微型载客汽车,以及使用年限超过 10 年的非营运小型、微型载客汽车应进行驻车制动检验</td></tr>
<tr><td rowspan="2">前照灯</td><td>远光发光强度</td><td rowspan="2">所有车辆(挂车除外)应检验前照灯,对于非营运小型、微型载客汽车,三轮汽车,摩托车,只检验前照灯远光发光强度,不检验远、近光束垂直偏移<br>前照灯远光光束不能单独调整的汽车,只检验近光光束垂直偏移,不检验远光光束垂直偏移</td></tr>
<tr><td>远、近光光束垂直偏移</td></tr>
<tr><td colspan="2">车速表指示误差</td><td>注册登记检验时,载客汽车(非营运小型、微型载客汽车除外)、载货汽车(三轮汽车除外)、专项作业车应检验车速表指示误差</td></tr>
<tr><td colspan="2">转向轮横向侧滑量</td><td>注册登记检验、在用机动车检验时,对前轴采用非独立悬架的载客汽车(非营运小型、微型载客汽车除外)、载货汽车、专项作业车需要检验转向轮横向侧滑量,但前轴采用双转向轴时除外</td></tr>
</table>

## 二、检验方法

仪器设备检验方法具体见表3-33。

**表3-33　　仪器设备检验方法**

<table>
<tr><th colspan="3">检验项目</th><th>适用条件</th></tr>
<tr><td rowspan="9">仪器设备检验</td><td rowspan="4">行车制动</td><td>空载制动率</td><td rowspan="5">采用滚筒反力式制动检验台、平板制动检验台检验，不适宜用制动检验台检验的车辆用便携式制动性能测试仪等路试设备检验</td></tr>
<tr><td>空载制动不平衡率</td></tr>
<tr><td>加载轴制动率</td></tr>
<tr><td>加载轴制动不平衡率</td></tr>
<tr><td colspan="2">驻车制动</td></tr>
<tr><td rowspan="2">前照灯</td><td>远光发光强度</td><td rowspan="2">采用前照灯检测仪检验</td></tr>
<tr><td>远、近光光束垂直偏移</td></tr>
<tr><td colspan="2">车速表指示误差</td><td>采用车速表检验台检验</td></tr>
<tr><td colspan="2">转向轮横向侧滑量</td><td>采用侧滑检验台检验</td></tr>
</table>

## 三、检验要求

### （一）行车制动及驻车制动

1. 台试检验要求

（1）台试空载检验制动力要求（见表3-34）

**表3-34　　台试空载检验制动力要求**

<table>
<tr><th colspan="2" rowspan="2">机动车类型</th><th rowspan="2">制动力总和与整车质量百分比</th><th colspan="2">轴制动力与轴荷百分比</th></tr>
<tr><th>前轴</th><th>后轴</th></tr>
<tr><td colspan="2">三轮汽车</td><td>—</td><td>—</td><td>≥60%</td></tr>
<tr><td colspan="2">乘用车、总质量不大于3500 kg的汽车</td><td>≥60%</td><td>≥60%</td><td>≥20%</td></tr>
<tr><td colspan="2">铰接客车、铰接式无轨电车、汽车列车</td><td>≥55%</td><td>—</td><td>—</td></tr>
<tr><td colspan="2">半挂车、全挂车</td><td>≥55%</td><td>—</td><td>—</td></tr>
<tr><td rowspan="2">滚筒线</td><td>其他汽车</td><td rowspan="4">≥60%</td><td rowspan="4">≥60%</td><td>≥50%</td></tr>
<tr><td>总质量大于3500 kg的客车</td><td>≥40%</td></tr>
<tr><td rowspan="2">平板线</td><td>其他汽车</td><td>≥35%</td></tr>
<tr><td>总质量大于3500 kg的客车</td><td>≥30%</td></tr>
<tr><td colspan="2">普通摩托车</td><td>—</td><td>≥60%</td><td>≥55%</td></tr>
<tr><td colspan="2">轻便摩托车</td><td>—</td><td>≥60%</td><td>≥50%</td></tr>
</table>

（2）台试空载检验制动力平衡要求（见表3-35）

**表3-35　　台试空载检验制动力平衡要求**

<table>
<tr><th rowspan="2">项目</th><th rowspan="2">前轴</th><th colspan="2">后轴及其他轴</th></tr>
<tr><th>轴制动力≥该轴轴荷60%时</th><th>制动力<该轴轴荷60%时</th></tr>
<tr><td>新注册车</td><td>≤20%</td><td>≤24%</td><td>≤8%</td></tr>
<tr><td>在用车</td><td>≤24%</td><td>≤30%</td><td>≤10%</td></tr>
</table>

(3)台试检验加载轴的轴制动率要求(见表 3-36)

**表 3-36　台试检验加载轴的轴制动率要求**

| 项目 | 加载轴的轴制动率 |
| --- | --- |
| 三轴及三轴以上的多轴货车 | ≥50% |
| 并装双轴、并装三轴的挂车以及由它们组成的汽车列车 | ≥45% |

(4)驻车制动性能检验

台试检验汽车和正三轮摩托车的驻车制动力的总和应大于等于该车在测试状态下整车质量的 20%,但总质量为整备质量 1.2 倍以下的机动车应大于等于 15%。

2.路试检验要求

(1)路试检验行车制动性能(制动距离法)要求

机动车在规定的初速度下,制动距离和制动稳定性要求应符合表 3-37 的规定。

**表 3-37　制动距离和制动稳定性要求**

| 机动车类型 | 制动初速度(km/h) | 空载检验制动距离要求(m) | 满载检验制动距离要求(m) | 试验通道宽度(m) |
| --- | --- | --- | --- | --- |
| 三轮汽车 | 20 | ≤5.0 | | 2.5 |
| 乘用车 | 50 | ≤19.0 | ≤20.0 | 2.5 |
| 总质量不大于 3500 kg 的低速货车 | 30 | ≤8.0 | ≤9.0 | 2.5 |
| 其他总质量不大于 3500 kg 的汽车 | 50 | ≤21.0 | ≤22.0 | 2.5 |
| 铰接客车、铰接式无轨电车、汽车列车 | 30 | ≤9.5 | ≤10.5 | 3.0 |
| 其他汽车 | 30 | ≤9.0 | ≤10.0 | 3.0 |
| 两轮普通摩托车 | 30 | ≤7.0 | | — |
| 边三轮摩托车 | 30 | ≤8.0 | | 2.5 |
| 正三轮摩托车 | 30 | ≤7.5 | | 2.3 |
| 轻便摩托车 | 20 | ≤4.0 | | — |

(2)路试检验行车制动性能(MFDDF 法)要求

①汽车、汽车列车在规定的初速度下急踩制动时充分发出的平均减速度及制动稳定性要求见表 3-38。

**表 3-38　制动减速度和制动稳定性要求**

| 机动车类型 | 制动初速度(km/h) | 空载检验充分发出的平均减速度($m/s^2$) | 满载检验充分发出的平均减速度($m/s^2$) | 试验通道宽度(m) |
| --- | --- | --- | --- | --- |
| 三轮汽车 | 20 | ≥3.8 | | 2.5 |
| 乘用车 | 50 | ≥6.2 | ≥5.9 | 2.5 |
| 总质量不大于 3500 kg 的低速货车 | 30 | ≥5.6 | ≥5.2 | 2.5 |

续表

| 机动车类型 | 制动初速度(km/h) | 空载检验充分发出的平均减速度($m/s^2$) | 满载检验充分发出的平均减速度($m/s^2$) | 试验通道宽度(m) |
|---|---|---|---|---|
| 其他总质量不大于3500 kg的汽车 | 50 | ≥5.8 | ≥5.4 | 2.5 |
| 铰接客车、铰接式无轨电车、汽车列车 | 30 | ≥5.0 | ≥4.5 | 3.0 |
| 其他汽车 | 30 | ≥5.4 | ≥5.0 | 3.0 |

②汽车、汽车列车的制动协调时间：对液压制动的汽车应小于等于0.35 s，对气压制动的汽车应小于等于0.60 s，对汽车列车、铰接客车和铰接式无轨电车应小于等于0.80 s。

(3)路试检验驻车制动性能要求

在空载状态下，驻车制动装置应能保证机动车在坡度为20%(对总质量为整备质量的1.2倍以下的机动车为15%)、轮胎与路面间的附着系数大于等于0.7的坡道上正、反两个方向保持固定不动，时间应大于等于5 min。检验汽车列车时，应使牵引车和挂车的驻车制动装置均起作用。

3.制动性能参数计算

(1)标准要求

①用滚筒反力式制动检验台检验时，制动性能参数的计算方法如下：

a.轴制动率为测得的该轴左、右车轮最大制动力之和与该轴(静态)轴荷之百分比。

b.以同轴左、右轮两个车轮均达到最大制动力(或两个车轮一个达到最大制动力，另一个产生抱死滑移；或两个车轮均产生抱死滑移)时为取值终点，取制动力增长过程中测得的同时刻左、右轮制动力差最大值为左、右车轮制动力差的最大值，用该值除以左、右车轮最大制动力中的大值(当后轴及其他轴制动力小于该轴轴荷的60%时，为该轴轴荷)，得到不平衡率。

c.整车制动率为测得的各轮最大制动力之和与该车各轴(静态)轴荷之和之百分比。

d.驻车制动率为测得的各驻车轴制动力之和与该车所有车轴(静态)轴荷之和之百分比。

注意：对多轴车辆及并装轴车辆，采用具有举升功能的滚筒反力式制动检验台，计算轴制动率、不平衡率和整车制动率时，(静态)轴荷按照空载轴荷计算。

加载制动检验时，计算加载轴制动率、加载轴制动不平衡率时，(静态)轴荷应按照加载状态下的轴荷计算。

②用平板制动检验台检验时，制动性能参数的计算方法如下：

a.轴制动率为测得的该轴左、右车轮最大制动力之和与该轴轴荷之百分比，对小(微)型载客汽车轴荷取左、右轮制动力最大时刻所分别对应的左、右轮荷之和，对其他机动车轴荷取该轴静态轴荷。

b.不平衡率、整车制动率、驻车制动率等指标的计算同滚筒反力式制动检验台时的要求。

(2)部分制动性能指标的取值计算方法

①以图 3-26 为例具体说明用滚筒反力式制动检验台检验时的制动过程。

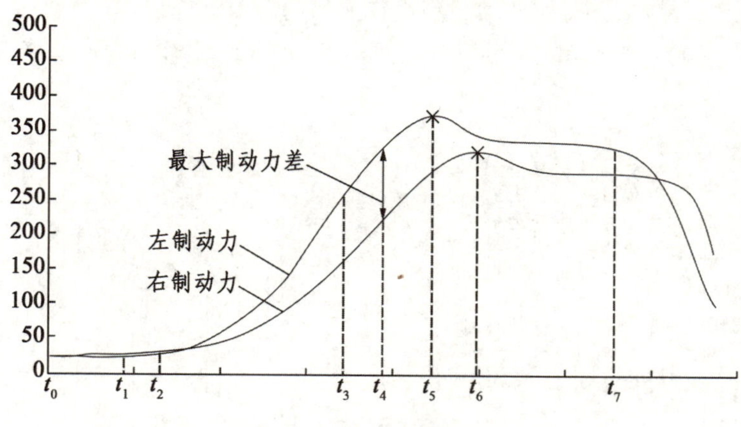


图 3-26 制动过程示意图

a. 最大轮制动力:检验员在 $t_1$ 时刻按显示屏指示开始踩下制动踏板,到 $t_2$ 时刻克服踏板自由行程后制动力上升直至最高点后趋于稳定,到 $t_7$ 时刻松开制动器,至制动完全释放,完成整个制动过程。在制动过程中,$t_4$ 为制动过程中左、右制动力差达到最大的时刻,$t_5$ 为左制动力达到最大的时刻,$t_6$ 为右制动力达到最大的时刻。注意:在实际检测过程中,为防止制动力达到最大后制动台滚筒继续旋转致使剥伤轮胎,左、右滚筒应分别在到达 $t_5$、$t_6$ 时刻后自动停机。

b. 轴制动率:轴最大制动力为 $t_5$、$t_6$ 时刻左、右制动力之和,轴制动率为轴最大制动力与该轴(静态)轴荷之百分比。

c. 轴制动不平衡率:从踩制动 $t_1$ 时刻开始到同轴左、右轮任一车轮产生抱死滑移达到最大制动力的时刻或两轮均出现抱死滑移时为取值区间,测取的制动力增长过程中同时刻左、右轮制动力差的最大值($t_4$ 时刻)为左、右车轮制动力差的最大值,用该值除以左、右车轮最大制动力中的最大值或静态轴荷(除前轴外的其他轴制动力小于该轴轴荷的60%时),得到左、右轮制动力差最大值百分比即该轴制动不平衡率。注意:若左、右车轮滑移率均不能达到停机控制要求的滑移率设置值,则在左、右轮两个车轮均达到最大制动力时为轴制动不平衡率计算取值终点。

d. 整车制动率:测试车辆所有轴最大制动力之和与该车各轴(静态)轴荷之和之百分比。

e. 驻车制动率:应分别测取带有驻车作用的各轴制动力,各驻车轴的驻车制动力之和与该车所有车轴(静态)轴荷之和之百分比即驻车制动率。

f. 多轴车辆及并装轴车辆的空载检验:

轴制动率与不平衡率计算:对于使用具有举升加载功能的滚筒反力式制动检验台,采用空载测试状态下制动检验台测得的轴荷进行计算;对于未使用具有举升加载功能的滚筒反力式制动检验台,采用轴(轮)重仪测得的轴荷作为空载轴荷进行计算。

整车制动率计算均采用轴(轮)重仪测得的轴荷作为空载轴荷进行计算。

g. 多轴车辆及并装轴车辆的加载检验：对于轴制动率与不平衡率，采用加载测试状态下制动检验台测得的轴荷计算。

h. 其他情况下，静态轴荷按照轴（轮）重仪测得的轴荷计算。

示例 1：左、右轮均抱死滑移，图 3-27 中先抱死滑移的 $t_5$ 时刻为取值终点。

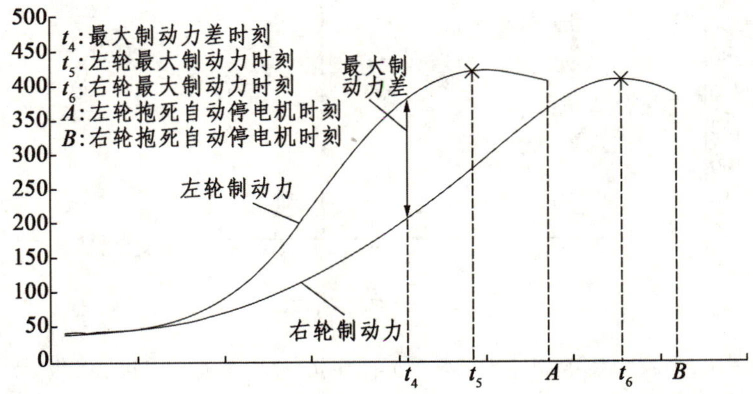


图 3-27　左、右轮均抱死滑移制动示意图

示例 2：左轮未抱死滑移、右轮抱死滑移，图 3-28 中右轮抱死滑移的 $t_6$ 时刻为取值终点。

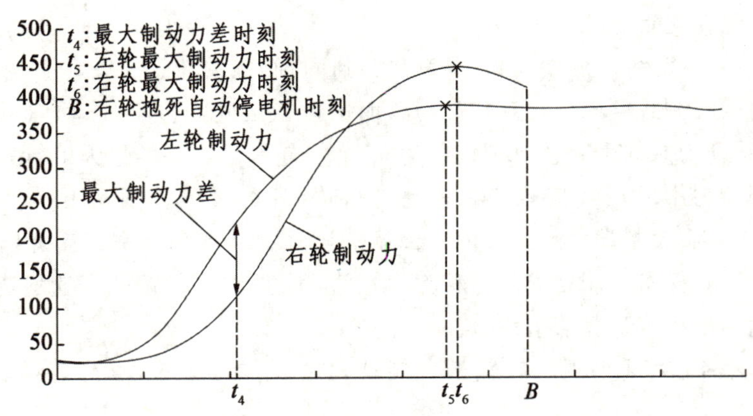


图 3-28　左轮未抱死滑移、右轮抱死滑移制动示意图

示例 3：左、右轮均未抱死滑移，图 3-29 中左、右轮制动力均不再增长的 $t_6$ 时刻为取值终点。

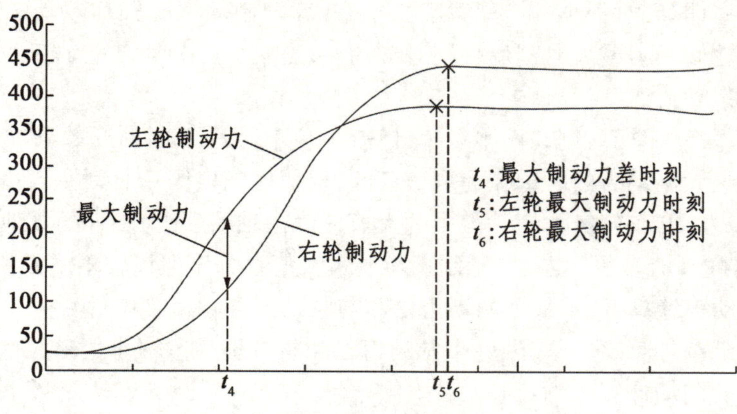


图 3-29 左、右轮均未抱死滑移制动示意图

②用平板制动检验台检验时：平板制动检验是一个动态过程，制动过程数据变化很快，如图 3-30、图 3-31 所示。

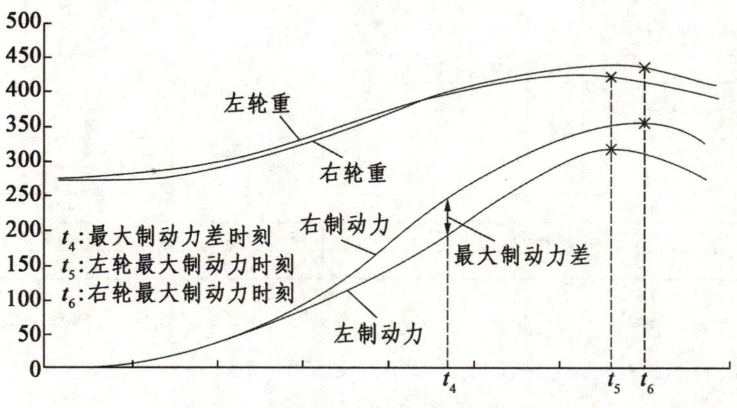


图 3-30 前轴制动力一轮重示意图

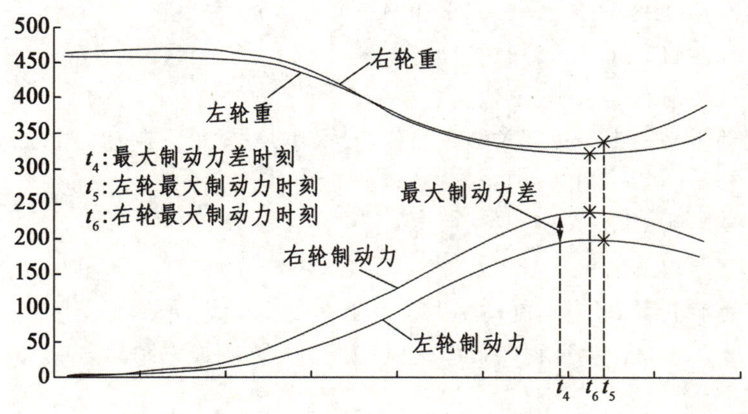


图 3-31 后轴制动力一轮重示意图

a. 轴制动率计算:对于小(微)型载客汽车,计算轴制动率时轴荷取动态轴荷,具体而言,应取左、右轮制动力最大时刻所分别对应的左、右轮荷之和为动态轴荷,对其他机动车轴荷取该轴静态轴荷。

b. 制动不平衡率计算:制动不平衡率计算时,应取从踩下制动开始到同轴左、右轮制动力之和达到最大制动力的时刻作为取值区间,取值区间内同一时刻左、右轮制动力最大差,用该值除以左、右车轮最大制动力中的大值或静态轴荷(除前轴外的其他轴,制动力小于该轴轴荷的 60%时),得到左、右轮制动力差最大值百分比即该轴不平衡率。

c. 整车制动率计算:各轴最大制动力之和与各轴静态轴荷之和的百分比。

d. 驻车制动率计算:各驻车轴驻车制动力之和与各轴静态轴荷之和的百分比。

③台试检验制动计算示例:

台试检验制动部分数据见表 3-39。

**表 3-39　　机动车安全技术检验(台试检验制动部分)**

<table>
<tr><th colspan="2" rowspan="3">台试检测项目</th><th colspan="2" rowspan="2">轮荷(kg)</th><th colspan="2" rowspan="2">最大行车制动力(10 N)</th><th colspan="2" rowspan="2">过程差最大差值点(10 N)</th><th colspan="4">空载制动</th><th colspan="3">加载制动</th><th rowspan="3">项目判定</th><th rowspan="3">单项次数</th></tr>
<tr><th rowspan="2">行车制动率(%)</th><th rowspan="2">不平衡率(%)</th><th rowspan="2">驻车制动力(10 N)</th><th rowspan="2">驻车制动率(%)</th><th rowspan="2">加载轴荷(kg)</th><th rowspan="2">轴制动率(%)</th><th rowspan="2">不平衡率(%)</th></tr>
<tr><th>左</th><th>右</th><th>左</th><th>右</th><th>左</th><th>右</th></tr>
<tr><td rowspan="7">制动 B</td><td>一轴</td><td>400</td><td>400</td><td>338</td><td>287</td><td>330</td><td>280</td><td>79.7</td><td>14.8</td><td>—</td><td rowspan="6"></td><td>—</td><td>—</td><td>—</td><td>○</td><td>1</td></tr>
<tr><td>二轴</td><td>300</td><td>300</td><td>223</td><td>217</td><td>223</td><td>211</td><td>74.8</td><td>5.4</td><td>348</td><td>—</td><td>—</td><td>—</td><td>○</td><td>1</td></tr>
<tr><td>三轴</td><td>—</td><td>—</td><td>—</td><td>—</td><td>—</td><td>—</td><td>—</td><td>—</td><td>—</td><td>—</td><td>—</td><td>—</td><td>—</td><td>—</td></tr>
<tr><td>四轴</td><td>—</td><td>—</td><td>—</td><td>—</td><td>—</td><td>—</td><td>—</td><td>—</td><td>—</td><td>—</td><td>—</td><td>—</td><td>—</td><td>—</td></tr>
<tr><td>五轴</td><td>—</td><td>—</td><td>—</td><td>—</td><td>—</td><td>—</td><td>—</td><td>—</td><td>—</td><td>—</td><td>—</td><td>—</td><td>—</td><td>—</td></tr>
<tr><td>整车</td><td colspan="2">1400</td><td colspan="2">1065</td><td colspan="2"></td><td>77.6</td><td colspan="2"></td><td colspan="3"></td><td>○</td><td>1</td></tr>
<tr><td>驻车</td><td colspan="2">1400</td><td colspan="6"></td><td>348</td><td>25.4</td><td colspan="3"></td><td>○</td><td>1</td></tr>
<tr><td colspan="4">动态轮荷(左/右)(kg)</td><td colspan="5">一轴—/—</td><td colspan="7">二轴—/—</td></tr>
</table>

a. 轴制动率=(左轮最大制动力+右轮最大制动力)÷(左轮重+右轮重)÷0.98×100%

前轴制动率=(338+287)÷(400+400)÷0.98×100%

=625÷800÷0.98×100%

=79.7%

后轴制动率=(223+217)÷(300+300)÷0.98×100%

=440÷600÷0.98×100%

=74.8%

b. 前轴制动不平衡率=过程差最大差值(大-小)÷轴最大制动力中大者×100%

=(330-280)÷338×100%

=50÷338×100%

=14.8%

c. 后轴制动不平衡率(当轴制动率大于等于 60%时计算同前轴)

=过程差最大差值(大-小)÷轴最大制动力中大者×100%

=(223-211)÷223×100%

=5.4%

后轴制动不平衡率(当轴制动率小于 60%时)

=过程差最大差值(大-小)÷(左轮重+右轮重)÷0.98×100%

d. 整车制动率＝整车最大制动力之和÷整车重÷0.98×100％

＝(338＋287＋223＋217)÷(400＋400＋300＋300)÷0.98×100％

＝1065÷1400÷0.98×100％

＝77.6％

e. 驻车制动率＝驻车最大制动力÷整车重÷0.98×100％

＝348÷(400＋400＋300＋300)÷0.98×100％

＝348÷1400÷0.98×100％

＝25.4％

4. 几点说明

(1)机动车(单车)纵向中心线中心位置以前的轴为前轴，其他轴为后轴；挂车的所有车轴均按后轴计算；用平板制动试验台测试并装轴制动力时，并装轴可视为一轴。

(2)进行挂车空载行车制动性能检验时，应将牵引车与挂车(全挂车、半挂车)组成汽车列车后进行检验。

(3)半挂牵引车可与半挂车组合成铰接列车后同时实施检验，也可单独检验。当半挂牵引车组合成铰接列车实施台试制动性能检验时，判定半挂牵引车制动性能是否合格，只需对牵引车进行评价，列车制动性能不作为牵引车制动性能评价依据。

(4)挂车空载制动率只对整车制动率作合格性评判，不对单轴的制动率作合格性评判。

(5)2017 年 3 月 1 日起三轴及三轴以上货车以及由并装双轴、并装三轴的挂车组成的汽车列车的部分车轴(多轴货车、由并装轴挂车组成的汽车列车的第一轴和最后一轴除外)应进行加载轴制动率、加载轴制动不平衡率的检验。

(6)台试检验驻车制动性能时，对于具有举升加载功能的滚筒反力式制动台，应在非举升状态下测试。

(7)路试检验汽车列车的驻车制动性能时，应使牵引车和挂车的驻车制动装置均起作用。在规定的测试状态下，机动车使用驻车制动装置能停在坡度值更大且附着系数符合要求的试验坡道上时，应视为达到检验要求。

(8)车轮抱死后，与滚筒间打滑，但轴制动力或整车制动力仍不合格时，可采取在车辆上增加足够的附加质量，或相当于附加质量的作用力之后进行测试。附加质量或作用力应在检验台的额定载荷以内，且对称作用于被测轴的左、右车轮之间。附加质量或作用力不计入轴荷。

(9)台试检验制动力的过程差不合格，但底盘动态检验过程中点制动时车辆无明显跑偏现象的，应换用平板制动检验台或采用路试方法检验。

(10)整车制动检验不合格时，整改调试后制动各项目指标应全部复检；单轴行车制动检验不合格时，整改调试后复检该轴并重新评价整车制动(驻车不重新计算与评价)；驻车制动检验不合格时，整改调试后复检驻车制动(未复检轴的质量可用上次测量结果)。

(三)前照灯

1. 标准要求

(1)远光光束发光强度最小值要求见表 3-40。

**表 3-40　远光光束发光强度最小值要求**　(单位:cd)

| 机动车类型 | 检查项目 | | | | | |
|---|---|---|---|---|---|---|
| | 新注册车 | | | 在用车 | | |
| | 一灯制 | 二灯制 | 四灯制① | 一灯制 | 二灯制 | 四灯制① |
| 三轮汽车 | 8000 | 6000 | — | 6000 | 5000 | — |
| 最大设计车速小于 70 km/h 的汽车 | — | 10000 | 8000 | — | 8000 | 6000 |
| 其他汽车 | — | 18000 | 15000 | — | 15000 | 12000 |
| 普通摩托车 | 10000 | 8000 | — | 8000 | 6000 | — |
| 轻便摩托车 | 4000 | 3000 | — | 3000 | 2500 | — |

注:①四灯制是指前照灯具有四个远光光束;采用四灯制的机动车其中两只对称的灯达到两灯制的要求时视为合格

(2)远光光束照射位置要求见 3-41。

**表 3-41　远光光束照射位置要求**

| 机动车类型 | 前照灯远光束垂直偏移 |
|---|---|
| 乘用车 | 0.85～0.95$H$(但不得低于前照灯近光光束明暗截止线转角或中点的高度) |
| 其他类型机动车 | 0.8～0.95$H$ |

说明:对装用一只前照灯的机动车,只检验远光光束发光强度,远光光束照射位置仅做功能性检查;对其他机动车,前照灯远光光束照射位置检验仅适用于远光光束能单独调整的前照灯

(3)近光光束照射位置要求见 3-42。

**表 3-42　近光光束照射位置要求**

| 机动车类型 | 前照灯近光束垂直偏移 |
|---|---|
| 乘用车 | 0.7～0.9$H$ |
| 其他类型机动车(拖拉机运输机组除外) | 0.6～0.8$H$ |

说明:对装用一只前照灯的机动车,只检验远光光束发光强度,近光光束照射位置仅做功能性检查

2.几点说明

前照灯远、近光光束垂直偏移 $H$ 值的转换计算公式如下:

灯光上偏时:($H$+偏移量)÷$H$

灯光下偏时:($H$-偏移量)÷$H$

例如,对于前照灯,检测仪测得下列数据:

左灯:远光光强 259×100 cd　　灯高 1000 mm

远光偏移(垂直)上偏 150 mm/10 m　　近光偏移(垂直)下偏 150 mm/10 m

右灯:远光光强 153×100 cd　　灯高 1000 mm

远光偏移(垂直)下偏 150 mm/10 m　　近光偏移(垂直)下偏 100 mm/10 m

左前照灯远光光束垂直偏移量=(1000+150)÷1000=1.15$H$

左前照灯近光光束垂直偏移量=(1000-150)÷1000=0.85$H$

右前照灯远光光束垂直偏移量=(1000-150)÷1000=0.85$H$

右前照灯近光光束垂直偏移量＝(1000－100)÷1000＝0.90$H$

具体见表 3-43 。

**表 3-43　　机动车安全技术检验表(灯光检验部分)**

①远光不能独立调整时:乘用车(在用车)

| | 项目 | 远光发光强度(×100 cd) | 远光垂直偏移量(mm/10 m) | 近光垂直偏移量(mm/10 m) | 远光灯中心高(mm) | 近光灯中心高(mm) | 远光垂直偏移 | 近光垂直偏移 | 项目判定 | 单项次数 |
|---|---|---|---|---|---|---|---|---|---|---|
| 前照灯 $H$ | 左外灯 | 259 | 上 150 | 下 150 | 1000 | 1000 | 1.15$H$ | 0.85$H$ | ○一○ | 1 |
| | 左内灯 | — | — | — | — | — | — | — | ——— | — |
| | 右内灯 | — | — | — | — | — | — | — | ——— | — |
| | 右外灯 | 153 | 下 150 | 下 100 | 1000 | 1000 | 0.85$H$ | 0.90$H$ | ○一○ | 1 |

②远光不能独立调整时:非乘用车(在用车)

| | 项目 | 远光发光强度(×100 cd) | 远光垂直偏移量(mm/10 m) | 近光垂直偏移量(mm/10 m) | 远光灯中心高(mm) | 近光灯中心高(mm) | 远光垂直偏移 | 近光垂直偏移 | 项目判定 | 单项次数 |
|---|---|---|---|---|---|---|---|---|---|---|
| 前照灯 $H$ | 左外灯 | 259 | 上 150 | 下 150 | 1000 | 1000 | 1.15$H$ | 0.85$H$ | ○一× | 1 |
| | 左内灯 | — | — | — | — | — | — | — | ——— | — |
| | 右内灯 | — | — | — | — | — | — | — | ——— | — |
| | 右外灯 | 153 | 下 150 | 下 100 | 1000 | 1000 | 0.85$H$ | 0.90$H$ | ○一× | 1 |

③远光能独立调整时:乘用车(在用车)

| | 项目 | 远光发光强度(×100cd) | 远光垂直偏移量(mm/10 m) | 近光垂直偏移量(mm/10 m) | 远光灯中心高(mm) | 近光灯中心高(mm) | 远光垂直偏移 | 近光垂直偏移 | 项目判定 | 单项次数 |
|---|---|---|---|---|---|---|---|---|---|---|
| 前照灯 $H$ | 左外灯 | 259 | 上 150 | 下 150 | 1000 | 1000 | 1.15$H$ | 0.85$H$ | ○×○ | 1 |
| | 左内灯 | — | — | — | — | — | — | — | ——— | — |
| | 右内灯 | — | — | — | — | — | — | — | ——— | — |
| | 右外灯 | 153 | 下 150 | 下 100 | 1000 | 1000 | 0.85$H$ | 0.90$H$ | ○×○ | 1 |

④远光能独立调整时:非乘用车(在用车)

| | 项目 | 远光发光强度(×100 cd) | 远光垂直偏移量(mm/10 m) | 近光垂直偏移量(mm/10 m) | 远光灯中心高(mm) | 近光灯中心高(mm) | 远光垂直偏移 | 近光垂直偏移 | 项目判定 | 单项次数 |
|---|---|---|---|---|---|---|---|---|---|---|
| 前照灯 $H$ | 左外灯 | 259 | 上 150 | 下 150 | 1000 | 1000 | 1.15$H$ | 0.85$H$ | ○×× | 1 |
| | 左内灯 | — | — | — | — | — | — | — | ——— | — |
| | 右内灯 | — | — | — | — | — | — | — | ——— | — |
| | 右外灯 | 153 | 下 150 | 下 100 | 1000 | 1000 | 0.85$H$ | 0.90$H$ | ○○× | 1 |

### (四)台试检验车速表指示误差

#### 1.标准要求

车速表指示误差(最大设计车速不高于 40 km/h 的机动车除外):车速表指示车速 $v_1$(单位:km/h)与实际车速 $v_2$(单位:km/h)之间应符合下列关系式:

$$0 \leqslant v_1 - v_2 \leqslant (v_2/10) + 4$$

#### 2.计算方法

实际车速 $v_2$ 的计算方法如下:

$$v_2 \text{ 的合格上限值} = v_1$$

$$v_2 \text{ 的合格下限值} = (v_1 - 4) \div 1.1$$

例如,当车速表指示车速 $v_1$ 是 40 km/h 或 50 km/h 时,分别求实际车速 $v_2$ 的合格范围。

(1)当 $v_1$＝40 km/h 时:

$v_2$ 的合格上限值＝$v_1$＝40 km/h;

$v_2$ 的合格下限值＝($v_1$－4)÷1.1＝(40－4)÷1.1＝36÷1.1≈32.8(km/h)。

(注意:此处不能四舍五入,只能进位)

(2)当 $v_1$＝50 km/h;

$v_2$ 的合格上限值＝$v_1$＝50 km/h;

$v_2$ 的合格下限值＝($v_1$－4)÷1.1＝(50－4)÷1.1＝46÷1.1≈41.9(km/h)。

(注意:此处不能四舍五入,只能进位)

当车速表指示 40 km/h 时,实际车速合格值为 32.8～40 km/h;当车速表指示 50 km/h 时,实际车速合格值为 41.9～50 km/h。

### (五)转向轮横向侧滑量的要求

对前轴采用非独立悬架的汽车(前轴采用双转向轴时除外),其转向轮的横向侧滑量,用侧滑台检验时侧滑量值应在±5 m/km 之间。

## 四、机动车安全技术检验表(仪器设备检验部分)的式样和填表说明

### (一)机动车安全技术检验表(仪器设备检验部分)的式样(见表 3-44、表 3-45)

**表 3-44　机动车(三轮汽车、摩托车除外)安全技术检验表(仪器设备检验部分)**

一、基本信息

| 检验流水号 | | 引车员 | | 检验日期 | |
|---|---|---|---|---|---|
| 检验类别 | | 检验项目 | | 登录员 | |
| 号牌(自编)号 | | 所有人 | | | |
| 号牌种类 | | 车辆类型 | | 品牌/型号 | |
| 车辆识别代号 | | | | 发动机号 | |
| 初次登记日期 | | 出厂年月 | | 燃料类别 | |
| 驱动方式 | | 驻车轴 | | 转向轴悬架形式 | |
| 整备质量(kg) | | 前照灯制 | | 前照灯远光束能否单独调整 | |

二、检验结果

| 台试检测项目 | | 轮荷(kg) | | 最大行车制动力(10 N) | | 过程差最大差值点(10 N) | | 空载制动 | | | | 加载制动 | | | 项目判定 | 单项次数 |
|---|---|---|---|---|---|---|---|---|---|---|---|---|---|---|---|---|
| | | 左 | 右 | 左 | 右 | 左 | 右 | 行车制动率(%) | 不平衡率(%) | 驻车制动力(10 N) | 驻车制动率(%) | 加载轴荷(kg) | 轴制动率(%) | 不平衡率(%) | | |
| 制动B | 一轴 | | | | | | | | | | | | | | | |
| | 二轴 | | | | | | | | | | | | | | | |
| | 三轴 | | | | | | | | | | | | | | | |
| | 四轴 | | | | | | | | | | | | | | | |
| | 五轴 | | | | | | | | | | | | | | | |
| | 整车 | | | | | | | | | | | | | | | |
| | | | | | | | | | | | | | | | | |
| | 动态轮荷(左/右)(kg) | | | 一轴　　/ | | | | | | 二轴　　/ | | | | | | |

| 前照灯 H | 项目 | 远光发光强度 | 远光垂直偏移量(mm/10 m) | 近光垂直偏移量(mm/10 m) | 远光灯中心高(mm) | 近光灯中心高(mm) | 远光垂直偏移 | 近光垂直偏移 | 项目判定 | 单项次数 |
|---|---|---|---|---|---|---|---|---|---|---|
| | 左外灯 | | | | | | | | | |
| | 左内灯 | | | | | | | | | |
| | 右内灯 | | | | | | | | | |
| | 右外灯 | | | | | | | | | |

| 车速表 S | km/h | | | |
|---|---|---|---|---|
| 侧滑 A | m/km | | | |
| 路试制动性能 | | 路试检验员 | | |
| 车辆外廓尺寸(mm×mm×mm): | 整备质量(kg): | | | |
| 主车制动检验结果(对于主车和挂车一起检验,在打印挂车报告时) | | 总检次数 | | |
| 备注 | | | | |

**表 3-45　三轮汽车、摩托车安全技术检验表(仪器设备检验部分)**

一、基本信息

| 检验流水号 | | 引车员 | | 检验日期 | |
|---|---|---|---|---|---|
| 检验类别 | | 检验项目 | | 登录员 | |
| 号牌(自编)号 | | 所有人 | | | |
| 号牌种类 | | 车辆类型 | | 品牌/型号 | |
| 车辆识别代号 | | | | 发动机号 | |
| 初次登记日期 | | 出厂年月 | | 燃料类别 | |
| 驱动方式 | | 驻车轴 | | 转向轴悬架形式 | |
| 整备质量(kg) | | 前照灯制 | | 前照灯远光束能否单独调整 | |

二、检验结果

| 台试检测项目 | | 轮荷(kg) | | 制动力(10 N) | | 制动率(%) | 项目判定 | 单项次数 |
|---|---|---|---|---|---|---|---|---|
| | | 左 | 右 | 左 | 右 | | | |
| 制动 B | 前轮 | | | | | | | |
| | 后轮(轴) | | | | | | | |
| | 驻车 | | | | | | | |
| 前照灯 $H$ | 项目 | 远光发光强度(cd) | | | | | 项目判定 | 单项次数 |
| | 左(单)灯 | | | | | | | |
| | 右灯 | | | | | | | |
| 路试制动性能 | | | | 路试检验员 | | | | |
| 车辆外廓尺寸(mm×mm×mm)： | | | 整备质量(kg)： | | | | | |
| 备注 | | | | | | 总检次数 | | |

(二)填写说明

1. 对于基本信息栏目填写说明

(1)检验流水号:检验流水号应易于理解和检索。一般情况下,编排规则由各地相关管理部门统一确定。目前,统一版的监管系统已经对安检机构检验流水号采用了统一的编排规则。

(2)检验类别:打印“注册登记检验”或“在用机动车检验”等。

(3)检验项目:初检时打印检验项目代号,无分隔符,应完整反映全部实际检验项目。

(4)驻车轴:打印驻车作用在车辆第几轴,用数字表示,作用在多轴时,各驻车轴数用“,”分开。

(5)转向轴悬架形式:打印“独立”或“非独立”字样。

(6)前照灯制:按灯制数选择打印“一”“二”“四”字样。

(7)前照灯远光束能否单独调整:选择打印“能”或“否”。

2. 对于检验结果栏目填写说明

(1)检验表判定栏中填“○”为合格,“×”为不合格,“—”表示不适用于送检车。

(2)远、近光灯中心高:前照灯检验时,远、近光灯中心高度打印该车本次检验到的灯高值;若前照灯检测仪没有灯高的测量功能,该被检车辆的灯高数据按车型库或人工测量输入数据。

(3)在远、近光垂直偏移栏以两种单位打印:表格左侧两列打印前照灯检测仪测量值,单位为 mm/10 m;右侧两列打印转换的($H$)值,转换的($H$)值应保留小数点后两位。

(4)车速表:对于无法上线检验车速表的车辆,打印“—”表示不适用于送检车。

(5)侧滑:侧滑检测时,对前轴采用独立悬架的汽车,侧滑量只打印测试结果数据,项目判定栏不打印。侧滑板向外移动时数据前加“＋”,侧滑板向内移动时数据前加“－”。

(6)路试制动性能:按所用设备检验项目的不同,选择下列两种方式打印:

①选择第五轮仪、非接触式速度计等测量制动初速度、制动距离(m)、制动稳定性时,建议打印方式:“〈制动初速度数据〉km/h,〈制动距离数据〉m,〈跑偏(或不跑偏)〉”。注意,“〈〉”内的内容仅为格式提示并不打印,下同。

②选择便携式制动性能检测仪等测量制动初速度、MFDD($m/s^2$)、协调时间(s)、制动稳定性时,建议打印方式:“〈制动初速度数据〉km/h,〈MFDD 数据〉$m/s^2$,〈协调时间数据〉s,〈跑偏(或不跑偏)〉”。

(7)车辆外廓尺寸使用自动测量仪测量时,对应栏打印仪器测量并最终确认的结果。车辆外廓尺寸标准参数应保存在检测结果数据库中备查。

(8)整备质量联网检测时,对应栏打印仪器自动测量结果。表头部分的整备质量打印公告或登记数据。

(9)主车制动检验结果:挂车检测时与主车(牵引车)一起上线检测,主车制动结果在此栏填写“○”或“×”,备注中需注明牵引车号牌号码或 VIN 码。

(10)各轴轮荷栏打印空载制动检验计算用对应的轮荷。一般情况下,打印轴(轮)重仪测得的轮荷;对于使用具有举升加载功能的滚筒反力式制动检验台,打印空载测试状态下制动检验台测得的轴荷(或轮荷)。

(11)整车和驻车的轮荷栏打印轴(轮)重仪测得的各轴轴荷之和。轴(轮)重仪测得的各轴轴荷应在检测数据库中存储备查。

# 第十一节　检验结果报告

## 一、机动车安全技术检验报告

机动车安全技术检验报告式样见表 3-46。

**表 3-46　　机动车安全技术检验报告**

<table>
<tr><td colspan="6">一、基本信息</td></tr>
<tr><td>检验报告编号</td><td></td><td>检验机构名称</td><td colspan="3"></td></tr>
<tr><td>号牌号码</td><td></td><td>所有人</td><td colspan="3"></td></tr>
<tr><td>车辆类型</td><td></td><td>品牌/型号</td><td></td><td>使用性质</td><td></td></tr>
<tr><td>注册登记日期</td><td></td><td>出厂年月</td><td></td><td>检验日期</td><td></td></tr>
<tr><td>车辆识别代号<br>(或出厂编号)</td><td colspan="2"></td><td>发动机号码<br>(或电动机号码)</td><td colspan="2"></td></tr>
<tr><td colspan="6">二、检验结论</td></tr>
<tr><td>检验结论</td><td colspan="2"></td><td>授权签字人</td><td colspan="2"></td></tr>
</table>

单位名称(盖章):××××机动车安全技术检验机构

续表

三、人工检验结果

| 序号 | 检验项目 | 结果判定 | 具体不符合项目情况说明 | 备注 |
|---|---|---|---|---|
| | | | | |
| | | | | |
| | | | | |
| | | | | |
| | | | | |
| | | | | |
| | | | | |

四、仪器设备检验结果

| 序号 | 检验项目 | 检验结果 | 标准限值 | 结果判定 | 备注 |
|---|---|---|---|---|---|
| | | | | | |
| | | | | | |
| | | | | | |
| | | | | | |
| | | | | | |
| | | | | | |
| | | | | | |
| | | | | | |

五、建议

| 备注 | |
|---|---|

## 二、填表说明

1.“基本信息”栏为必填项。

2.“检验结论”栏由授权签字人签注“合格”“不合格”并签字，加盖机动车安全技术检验机构印章。

3.“人工检验结果”栏填写实际开展检验合格项目大类，出现不合格项目的，填写“具体不符合项目情况说明”。例如：

车辆唯一性检查，合格；

联网查询，合格；

车辆特征参数检查，合格……

车身外观，不合格，罐式危险货物运输车未按要求设置倾覆保护装置；

轮胎，不合格，右后轮胎胎面磨损严重，花纹深度不符合要求……

4.“仪器设备检验结果”栏填写实际开展检测的仪器设备检验项目。例如：

一轴制动率/不平衡率、二轴制动率/不平衡率……

整车制动率；

驻车制动率；

路试制动性能；

前照灯左外灯远光发光强度、前照灯左内灯远光发光强度、前照灯右外灯远光发光强度、前照灯右内灯远光发光强度；

前照灯左外灯远近光垂直偏移、前照灯左内灯远近光垂直偏移、前照灯右外灯远近光垂直偏移、前照灯右内灯远近光垂直偏移；

车速表指示误差；

转向轮横向侧滑量。

5.“建议”栏可根据检验结论的不同，分别签注内容：

(1)当检验结论为“合格”时，可视检验结果，提醒机动车送检人。例如：

“您爱车的制动结果显示：制动力已接近标准限值，建议进一步检查，消除安全隐患”；

“您爱车的制动结果显示：某轴的制动不平衡率接近标准限值，建议进一步检查，消除安全隐患”；

“您爱车的前照灯结果显示：某灯的发光强度接近标准限值，建议进一步检查，消除安全隐患”；

“您爱车的轮胎胎冠上花纹深度已接近标准限值，建议及时消除安全隐患”；

“您爱车的轮胎不规则磨损，建议进一步检查，消除安全隐患”；

“您爱车某某内饰件不宜放置在安全气囊上，建议您消除安全隐患”；

“您爱车某某内饰挂件存在影响驾驶人视线的隐患，建议您消除安全隐患”，等等。

(2)当检验结论为“不合格”时，可视不合格项情形，提醒机动车送检人。例如：

“您的爱车某某项目不合格，请及时到修理厂调修，消除安全隐患”或“您的爱车灯光远光/近光垂直偏移量不合格，本单位能提供免费调修服务，请及时调修，消除安全隐患”。

6.“备注”栏可填写提示类信息。例如：

“下次检验时间”；

“机动车安全技术检验合格后请及时向公安机关交通管理部门申领检验合格标志”；

“机动车安全技术检验机构地址：××××××，联系电话：××××××”。

### 三、对于人工检验部分的填写说明

人工检验结果的“检验项目”栏按实际开展的检验项目大类填写，人工检验结果的“结果判定”栏填写“合格”或“不合格”。对于检验项目大类所有分项均合格的，填写“合格”；对于某检验项目大类出现分项不合格的，该检验项目大项对应的“结果判定”栏填写“不合格”。人工检验结果“具体不符合项目情况说明”栏填写具体检验分项不合格的原因。为了便于安检机构执行，不合格原因填写内容可参见表 3-47[源自《机动车安全技术检验项目和方法》(GB 21861—2014)实施指南]。其中，不合格原因编号可作为智能检验终端(PDA)与检验系统的数据传递的参考。人工检验结果“备注”栏填写特别需要注明的事项。

表 3-47 **人工检验项目不合格原因明细表**

| 序号 | 检验项目 | | 不合格原因 | 编号 |
|---|---|---|---|---|
| 1 | 车辆唯一性检查 | ①号牌号码/车辆类型 | 号牌号码与行驶证不一致 | 1-1 |
| | | | 车辆类型与机动车出厂合格证不一致 | 1-2 |
| | | | 车辆类型与行驶证不一致 | 1-3 |
| | | ②车辆品牌/型号 | 品牌与机动车出厂合格证不一致 | 2-1 |
| | | | 型号与机动车出厂合格证不一致 | 2-2 |
| | | | 品牌与行驶证不一致 | 2-3 |
| | | | 型号与行驶证不一致 | 2-4 |
| | | ③车辆识别代号（或整车出厂编号） | VIN 码与机动车出厂合格证不一致 | 3-1 |
| | | | VIN 码与拓印膜不一致 | 3-2 |
| | | | VIN 码内容和构成不合规定 | 3-3 |
| | | | VIN 码打刻部位不符合规定 | 3-4 |
| | | | VIN 码打刻深度不符合规定 | 3-5 |
| | | | VIN 码组成字母不符合规定 | 3-6 |
| | | | VIN 码字高不符合规定 | 3-7 |
| | | | VIN 码有被凿改现象 | 3-8 |
| | | | VIN 码有挖补现象 | 3-9 |
| | | | VIN 码有打磨现象 | 3-10 |
| | | | VIN 码有重新打刻现象 | 3-11 |
| | | | VIN 码风窗位置标识不合格 | 3-12 |
| | | ④发动机号码（或电动机号码） | 发动机号码与机动车出厂合格证不一致 | 4-1 |
| | | | 发动机号码与行驶证不一致 | 4-2 |
| | | | 发动机号码打刻不符合规定 | 4-3 |
| | | ⑤车辆颜色和外形 | 外形与公告照片不符 | 5-1 |
| | | | 外形与行驶证照片不符 | 5-2 |
| | | | 颜色与行驶证照片不符 | 5-3 |
| | | | 外形有改变车厢形状情形 | 5-4 |
| | | | 外形有改变结构情形 | 5-5 |
| 2 | 车辆特征参数检查 | ⑥外廓尺寸 | 外廓尺寸超出标准限值 | 6-1 |
| | | | 外廓尺寸与产品公告不符 | 6-2 |
| | | | 外廓尺寸与机动车出厂合格证不符 | 6-3 |
| | | | 外廓尺寸与行驶证不符 | 6-4 |
| | | | 车辆长度不符合要求 | 6-5 |
| | | | 车辆宽度不符合要求 | 6-6 |
| | | | 车辆高度不符合要求 | 6-7 |
| | | ⑦轴距 | 轴距与机动车出厂合格证不符 | 7-1 |
| | | | 轴距与公告不符 | 7-2 |
| | | | 轴距与登记信息不符 | 7-3 |
| | | ⑧整备质量 | 整备质量与机动车出厂合格证不符 | 8-1 |
| | | | 整备质量与公告不符 | 8-2 |

续表

| 序号 | 检验项目 | | 不合格原因 | 编号 |
|---|---|---|---|---|
| 2 | 车辆特征参数检查 | ⑨核定载人数 | 核定载人数不符合规定 | 9-1 |
| | | | 核定载人数与公告不符 | 9-2 |
| | | | 核定载人数与机动车出厂合格证不符 | 9-3 |
| | | | 座位数与行驶证不一致 | 9-4 |
| | | | 铺位数与行驶证不一致 | 9-5 |
| | | ⑩核定载质量 | 记录数值(kg) | 10-1 |
| | | ⑪栏板高度 | 栏板高超出标准限值 | 11-1 |
| | | | 栏板高与公告不符 | 11-2 |
| | | | 栏板高与机动车出厂合格证不符 | 11-3 |
| | | | 栏板高与登记信息不符 | 11-4 |
| | | | 栏板高与喷涂数值不符 | 11-5 |
| | | ⑫后轴钢板弹簧片数 | 弹簧片数与公告不符 | 12-1 |
| | | | 弹簧片数与机动车出厂合格证不符 | 12-2 |
| | | | 弹簧片数与登记信息不符 | 12-3 |
| | | | 钢板弹簧明显增宽、增厚 | 12-4 |
| | | | 钢板弹簧有裂纹等损坏 | 12-5 |
| | | ⑬客车应急出口 | 应急出口数量不符合规定 | 13-1 |
| | | | 应急出口标志不符合规定 | 13-2 |
| | | | 应急出口尺寸不符合规定 | 13-3 |
| | | | 公共汽车应急窗不符合规定 | 13-4 |
| | | ⑭客车乘客通道和引道 | 通道尺寸不符合规定 | 14-1 |
| | | | 引道尺寸不符合规定 | 14-2 |
| | | | 通道有明显障碍 | 14-3 |
| | | ⑮货厢 | 货厢有加宽现象 | 15-1 |
| | | | 货厢有加长现象 | 15-2 |
| | | | 货厢有加高现象 | 15-3 |
| | | | 厢式货车有顶盖拆除情形 | 15-4 |
| | | | 仓栅货车有顶棚杆拆除情形 | 15-5 |
| 3 | 车辆外观检查 | ⑯车身外观 | 保险杠不符合要求 | 16-1 |
| | | | 后视镜不符合要求 | 16-2 |
| | | | 下视镜不符合要求 | 16-3 |
| | | | 风窗玻璃缺失 | 16-4 |
| | | | 风窗玻璃有裂纹破损 | 16-5 |
| | | | 风窗玻璃张贴镜面反光膜 | 16-6 |
| | | | 车体不周正 | 16-7 |
| | | | 车身外部有尖锐凸起物 | 16-8 |
| | | | 车身明显锈蚀破损 | 16-9 |
| | | | 标识广告影响安全驾驶 | 16-10 |
| | | | 货厢固定不牢固 | 16-11 |
| | | | 危险品罐车倾覆保护装置不符合规定 | 16-12 |
| | | | 车外顶行李架不符合要求 | 16-13 |
| | | | 校车玻璃透射比不符合要求 | 16-14 |
| | | | 公路客车玻璃透射比不符合要求 | 16-15 |

续表

| 序号 | 检验项目 | | 不合格原因 | 编号 |
|---|---|---|---|---|
| 3 | 车辆外观检查 | ⑯车身外观 | 旅游客车玻璃透射比不符合要求 | 16-16 |
| | | | 广角后视镜不符合要求 | 16-17 |
| | | | 补盲后视镜不符合要求 | 16-18 |
| | | | 前下视镜不符合要求 | 16-19 |
| | | | 教练车辅助后视镜不符合要求 | 16-20 |
| | | | 载货部分带有可伸缩结构 | 16-21 |
| | | | 载货部分设有乘客座椅 | 16-22 |
| | | | 自行加装部件影响安全 | 16-23 |
| | | | 三轮汽车车身外观不符合要求 | 16-24 |
| | | | 摩托车车身外观不符合要求 | 16-25 |
| | | | 商标或厂标不符合要求 | 16-26 |
| | | | 货厢安全架不符合要求 | 16-27 |
| | | | 厢式货车货厢违规设有车窗 | 16-28 |
| | | | 封闭式货车货厢违规设有车窗 | 16-29 |
| | | | 前、后保险杠设置不符合要求 | 16-30 |
| | | | 正三轮摩托车转向系统不符合要求 | 16-31 |
| | | ⑰外观标识、标注和标牌 | 货车总质量喷涂不符合要求 | 17-1 |
| | | | 专项作业车总质量喷涂不符合要求 | 17-2 |
| | | | 牵引车准牵总质量喷涂不符合要求 | 17-3 |
| | | | 栏板高度喷涂不符合要求 | 17-4 |
| | | | 罐车喷涂的货物种类与公告不相符 | 17-5 |
| | | | 罐车喷涂的货物种类与机动车出厂合格证不相符 | 17-6 |
| | | | 罐车喷涂的容积与公告不相符 | 17-7 |
| | | | 罐车喷涂的容积与机动车出厂合格证不相符 | 17-8 |
| | | | 放大号喷涂不符合要求 | 17-9 |
| | | | 客车座位数喷涂不符合要求 | 17-10 |
| | | | 教练车喷涂字样不符合要求 | 17-11 |
| | | | 燃料汽车喷涂不符合要求 | 17-12 |
| | | | 消防车颜色不符合要求 | 17-13 |
| | | | 救护车颜色不符合要求 | 17-14 |
| | | | 工程救险车颜色不符合要求 | 17-15 |
| | | | 警车颜色不符合要求 | 17-16 |
| | | | 消防车灯具不符合要求 | 17-17 |
| | | | 救护车灯具不符合要求 | 17-18 |
| | | | 工程救险车灯具不符合要求 | 17-19 |
| | | | 警车灯具不符合要求 | 17-20 |
| | | | 普通车辆喷涂安装特种车辆标识灯具 | 17-21 |
| | | | 残疾人机动车专用标志不符合要求 | 17-22 |
| | | | 标牌不符合要求 | 17-23 |
| | | | 非插电式混合动力汽车标牌不合格 | 17-24 |
| | | | 纯电动汽车标注不符合要求 | 17-25 |
| | | | 插电式混合动力汽车标注不符合要求 | 17-26 |
| | | | 燃料电池汽车标注不符合要求 | 17-27 |

续表

| 序号 | 检验项目 | | 不合格原因 | 编号 |
|---|---|---|---|---|
| 3 | 车辆外观检查 | ⑱外部照明和信号装置 | 前照灯工作不正常 | 18-1 |
| | | | 前位灯工作不正常 | 18-2 |
| | | | 转向信号灯工作不正常 | 18-3 |
| | | | 危险警告信号灯工作不正常 | 18-4 |
| | | | 示廓灯工作不正常 | 18-5 |
| | | | 牵引杆挂车标志灯工作不正常 | 18-6 |
| | | | 后位灯工作不正常 | 18-7 |
| | | | 示廓灯工作不正常 | 18-8 |
| | | | 制动灯工作不正常 | 18-9 |
| | | | 后雾灯工作不正常 | 18-10 |
| | | | 后牌照灯工作不正常 | 18-11 |
| | | | 倒车灯工作不正常 | 18-12 |
| | | | 侧转向信号灯工作不正常 | 18-13 |
| | | | 侧标志灯工作不正常 | 18-14 |
| | | | 侧反射器工作不正常 | 18-15 |
| | | | 灯具有异常闪烁情形 | 18-16 |
| | | | 后位灯透光面面积不符合要求 | 18-17 |
| | | | 后转向灯透光面面积不符合要求 | 18-18 |
| | | | 制动灯透光面面积不符合要求 | 18-19 |
| | | | 外部照明和信号装置被遮挡 | 18-20 |
| | | | 喇叭工作不正常 | 18-21 |
| | | | 发动机舱电器导线不符合要求 | 18-22 |
| | | ⑲轮胎 | 同轴两侧规格和花纹不同 | 19-1 |
| | | | 轮胎螺栓缺失 | 19-2 |
| | | | 轮胎规格与公告不符 | 19-3 |
| | | | 轮胎规格与机动车出厂合格证不符 | 19-4 |
| | | | 轮胎规格与登记信息不符 | 19-5 |
| | | | 胎面胎壁有严重破裂 | 19-6 |
| | | | 胎面胎壁有严重割伤 | 19-7 |
| | | | 胎面胎壁严重磨损 | 19-8 |
| | | | 胎面胎壁严重变形 | 19-9 |
| | | | 轮胎花纹深度不符合要求 | 19-10 |
| | | | 公路客车使用翻新轮胎 | 19-11 |
| | | | 旅游客车使用翻新轮胎 | 19-12 |
| | | | 校车使用翻新轮胎 | 19-13 |
| | | | 机动车转向轮使用翻新轮胎 | 19-14 |
| | | | 专用校车未装用无内胎子午线轮胎 | 19-15 |
| | | | 危险货物运输车未装用子午线轮胎 | 19-16 |
| | | | 其他客车未装用子午线轮胎 | 19-17 |
| | | | 备胎标识不符合要求 | 19-18 |
| | | ⑳号牌及号牌安装 | 号牌缺失 | 20-1 |
| | | | 号牌字符不符合要求 | 20-2 |
| | | | 号牌颜色符合要求 | 20-3 |

**续表**

| 序号 | 检验项目 | | 不合格原因 | 编号 |
| --- | --- | --- | --- | --- |
| 3 | 车辆外观检查 | ⑳号牌及号牌安装 | 号牌安装不符合要求 | 20-4 |
| | | | 号牌表面有缺陷、损伤 | 20-5 |
| | | | 号牌架安装不规范 | 20-6 |
| | | | 违规使用可拆卸号牌架 | 20-7 |
| | | | 违规使用可翻转号牌架 | 20-8 |
| | | | 存在影响号牌视认的加装/改装情形 | 20-9 |
| | | | 固封装置缺失 | 20-10 |
| | | | 固封装置不符合要求 | 20-11 |
| | | | 号牌板(架)不符合要求 | 20-12 |
| | | | 号牌板(架)安装孔数量不符合要求 | 20-13 |
| | | | 号牌板(架)安装孔规格不符合要求 | 20-14 |
| | | ㉑加装/改装灯具 | 存在加装外部照明灯具情形 | 21-1 |
| | | | 存在加装信号装置情形 | 21-2 |
| | | | 存在改装外部照明灯具情形 | 21-3 |
| | | | 存在改装信号装置情形 | 21-4 |
| | | | 车辆违规装有后射灯 | 21-5 |
| 4 | 安全装置检查 | ㉒汽车安全带 | 汽车安全带 | 22-1 |
| | | | 校车学生座位未安装安全带 | 22-2 |
| | | | 汽车安全带损坏 | 22-3 |
| | | | 存在座垫套覆盖遮挡安全带情形 | 22-4 |
| | | | 存在安全带绑定在座位下面情形 | 22-5 |
| | | ㉓机动车用三角警告牌 | 汽车未按规定配备三角警告牌 | 23-1 |
| | | | 三角警告牌的外观形状不符合要求 | 23-2 |
| | | ㉔灭火器 | 客车未按规定配备灭火器 | 24-1 |
| | | | 危险货物运输车灭火器配备不符合要求 | 24-2 |
| | | | 灭火器超出使用有效期 | 24-3 |
| | | | 灭火器欠压失效 | 24-4 |
| | | ㉕行驶记录装置 | 公路客车未装行驶记录装置 | 25-1 |
| | | | 旅游客车未装行驶记录装置 | 25-2 |
| | | | 危险货物运输车未装行驶记录装置 | 25-3 |
| | | | 专用校车未装行驶记录装置 | 25-4 |
| | | | 公共汽车未装行驶记录装置 | 25-5 |
| | | | 半挂牵引车未装行驶记录装置 | 25-6 |
| | | | 重型货车未装行驶记录装置 | 25-7 |
| | | | 行驶记录装置显示不正常 | 25-8 |
| | | | 行驶记录装置未施加 3C 标志 | 25-9 |
| | | | 行驶记录装置记录功能不正常 | 25-10 |
| | | | 卧铺客车未装备车内外录像监控 | 25-11 |
| | | | 专用校车未装备车内外录像监控 | 25-12 |
| | | ㉖车身反光标识 | 货车反光标识不符合要求 | 26-1 |
| | | | 专项作业车反光标识不符合要求 | 26-2 |
| | | | 挂车反光标识不符合要求 | 26-3 |
| | | | 反射器型反光标识不符合要求 | 26-4 |

**续表**

| 序号 | 检验项目 | | 不合格原因 | 编号 |
|---|---|---|---|---|
| 4 | 安全装置检查 | ㉖车身及光标识 | 车身反光标识无3C标志 | 26-5 |
| | | | 车身反光标识破损 | 26-6 |
| | | | 车身反光标识逆反射性能不合格 | 26-7 |
| | | ㉗车辆尾部标志板 | 重型货车尾部标志板不符合要求 | 27-1 |
| | | | 挂车尾部标志板不符合要求 | 27-2 |
| | | | 专项作业车尾部标志板不符合要求 | 27-3 |
| | | | 尾部标志板不符合要求 | 27-4 |
| | | | 尾部标志板逆反射性能不符合要求 | 27-5 |
| | | ㉘侧后防护装置 | 货车未按规定安装后防护装置 | 28-1 |
| | | | 挂车未按规定安装后防护装置 | 28-2 |
| | | | 专项作业车未安装后防护装置 | 28-3 |
| | | | 后防护装置安装不符合要求 | 28-4 |
| | | | 侧防护装置安装不符合要求 | 28-5 |
| | | | 罐体管路超出防护装置 | 28-6 |
| | | | 罐体封头超出防护装置 | 28-7 |
| | | | 防护装置严重变形 | 28-8 |
| | | | 防护装置安装不牢固 | 28-9 |
| | | | 防护装置外观与公告不符 | 28-10 |
| | | | 防护装置结构与公告不符 | 28-11 |
| | | | 防护装置尺寸与公告不符 | 28-12 |
| | | ㉙应急锤 | 未按规定配备应急锤 | 29-1 |
| | | ㉚急救箱 | 校车未按规定配备急救箱 | 30-1 |
| | | ㉛限速功能或限速装置 | 公路客车限速功能不符合要求 | 31-1 |
| | | | 危险货物运输车限速功能不符合要求 | 31-2 |
| | | | 旅游客车限速功能不符合要求 | 31-3 |
| | | | 公共汽车限速功能不符合要求 | 31-4 |
| | | | 客车超速报警功能不符合要求 | 31-5 |
| | | ㉜防抱死制动装置 | 爆炸品车辆未安装防抱死装置 | 32-1 |
| | | | 剧毒化学品车辆未安装防抱死装置 | 32-2 |
| | | | 危险货物运输车未安装防抱死装置 | 32-3 |
| | | | 公路客车未安装防抱死装置 | 32-4 |
| | | | 旅游客车未安装防抱死装置 | 32-5 |
| | | | 半挂牵引车未安装防抱死装置 | 32-6 |
| | | | 货车未安装防抱死装置 | 32-7 |
| | | | 专用校车未安装防抱死装置 | 32-8 |
| | | | 公共汽车未安装防抱死装置 | 32-9 |
| | | | 防抱死制动装置自检功能不正常 | 32-10 |
| | | ㉝辅助制动装置 | 客车未安装辅助制动装置 | 33-1 |
| | | | 危险货物运输车未安装辅助制动装置 | 33-2 |
| | | | 货车未安装辅助制动装置 | 33-3 |
| | | | 专项作业车未安装辅助制动装置 | 33-4 |
| | | ㉞盘式制动器 | 危险货物运输车未安装盘式制动器 | 34-1 |
| | | | 客车未安装盘式制动器 | 34-2 |

续表

| 序号 | 检验项目 | | 不合格原因 | 编号 |
|---|---|---|---|---|
| 4 | 安全装置检查 | ㉞盘式制动器 | 专用校车未安装盘式制动器 | 34-3 |
| | | | 公共汽车未安装盘式制动器 | 34-4 |
| | | ㉟紧急切断装置 | 危险货物罐车未安装紧急切断装置 | 35-1 |
| | | ㊱发动机舱自动灭火装置 | 专用校车未安装发动机舱灭火装置 | 36-1 |
| | | | 客车未安装发动机舱灭火装置 | 36-2 |
| | | ㊲手动机械断电开关 | 客车未安装手动机械断电开关 | 37-1 |
| | | | 手动机械断电开关功能异常 | 37-2 |
| | | ㊳副制动踏板 | 教练车未安装副制动踏板 | 38-1 |
| | | | 教练车副制动踏板功能异常 | 38-2 |
| | | ㊴校车标志灯和校车停车指示标志牌 | 校车未配备标志灯 | 39-1 |
| | | | 校车未配备停车指示标志牌 | 39-2 |
| | | | 校车外观标识不符合要求 | 39-3 |
| | | ㊵危险货物运输车标志 | 危险货物运输车未按规定安装标志 | 40-1 |
| | | | 爆炸品车橙色反光带不符合要求 | 40-2 |
| | | | 剧毒化学品车橙色反光带不符合要求 | 40-3 |
| | | | 爆炸品车标示牌不符合要求 | 40-4 |
| | | | 剧毒化学品车标示牌不符合要求 | 40-5 |
| | | ㊶肢体残疾人操纵辅助装置 | 操纵辅助装置与机动车出厂合格证不符 | 41-1 |
| | | | 操纵辅助装置与行驶证不符 | 41-2 |
| 5 | 联网查询 | | 有事故未处理记录 | 0-1 |
| | | | 有违法未处理记录 | 0-2 |
| 6 | 底盘动态检验 | ㊷转向系 | 方向盘转向沉重 | 42-1 |
| | | | 方向盘间隙过大 | 42-2 |
| | | | 三轮汽车方向把转向沉重 | 42-3 |
| | | | 摩托车方向把转向沉重 | 42-4 |
| | | ㊸传动系 | 换挡不正常 | 43-1 |
| | | | 变速器倒挡不能锁止 | 43-2 |
| | | | 离合器接合不平稳 | 43-3 |
| | | | 离合器有打滑现象 | 43-4 |
| | | | 离合器分离不彻底 | 43-5 |
| | | ㊹制动系 | 正常行驶时车轮有阻滞现象 | 44-1 |
| | | | 正常行驶时车轮有抱死现象 | 44-2 |
| | | | 制动响应迟滞 | 44-3 |
| | | | 制动时方向盘有抖动 | 44-4 |
| | | | 制动时有跑偏现象 | 44-5 |
| | | ㊺仪表和指示器 | 车速表工作不正常 | 45-1 |
| | | | 指示器有异常报警 | 45-2 |
| 7 | 车辆底盘部件检查 | ㊻转向系部件 | 转向系部件松动 | 46-1 |
| | | | 横、直拉杆有拼焊现象 | 46-2 |
| | | | 横、直拉杆有损伤现象 | 46-3 |
| | | | 横、直拉杆松旷 | 46-4 |
| | | | 横、直拉杆严重磨损 | 46-5 |
| | | | 转向过程中有干涉或摩擦现象 | 46-6 |

**续表**

| 序号 | 检验项目 | | 不合格原因 | 编号 |
|---|---|---|---|---|
| 7 | 车辆底盘部件检查 | ㊼传动系部件 | 变速器固定不可靠 | 47-1 |
| | | | 传动轴有裂纹和松旷现象 | 47-2 |
| | | | 万向节有裂纹和松旷现象 | 47-3 |
| | | | 中间轴承有裂纹和松旷现象 | 47-4 |
| | | | 传动系有漏油现象 | 47-5 |
| | | ㊽行驶系部件 | 车架明显变形 | 48-1 |
| | | | 车架明显损伤 | 48-2 |
| | | | 钉钢、螺栓缺失 | 48-3 |
| | | | 钢钉、螺栓松动 | 48-4 |
| | | | 钢板吊耳松旷 | 48-5 |
| | | | 钢板销松旷 | 48-6 |
| | | | 中心螺栓松旷 | 48-7 |
| | | | U形螺栓松旷 | 48-8 |
| | | | 拉杆、导杆松旷 | 48-9 |
| | | | 拉杆、导杆移位 | 48-10 |
| | | | 减振器漏油 | 48-11 |
| | | ㊾制动系部件 | 制动系擅自改动 | 49-1 |
| | | | 违规从制动系统获取气源用于改装 | 49-2 |
| | | | 制动系统有漏气现象 | 49-3 |
| | | | 制动系统有漏油现象 | 49-4 |
| | | | 制动软管明显老化 | 49-5 |
| | | | 制动系管路与其他部件有摩擦 | 49-6 |
| | | | 制动系管路有松动现象 | 49-7 |
| | | ㊿其他部件 | 发动机的固定不牢固 | 50-1 |
| | | | 排气管安装不牢固 | 50-2 |
| | | | 消声器安装不牢固 | 50-3 |
| | | | 排气管有漏气现象 | 50-4 |
| | | | 排气管口未指向车身右侧和正下方 | 50-5 |
| | | | 危险货物运输车排气管安装不符合要求 | 50-6 |
| | | | 危险货物运输车尾部未装接地装置 | 50-7 |
| | | | 电器导线布置不规范 | 50-8 |
| | | | 电器导线有破损现象 | 50-9 |
| | | | 燃料箱固定不牢固 | 50-10 |
| | | | 燃料箱漏油 | 50-11 |
| | | | 燃料管路与其他部件有碰擦 | 50-12 |
| | | | 燃料管路明显老化 | 50-13 |
| | | | 承载式车身底部不规范 | 50-14 |
| | | | 承载式车身变形严重 | 50-15 |
| | | | 轮胎内侧严重磨损 | 50-16 |
| | | | 轮胎内侧有割伤现象 | 50-17 |
| | | | 轮胎内侧有腐蚀现象 | 50-18 |

例如，某号牌面包车在人工检验时，“后牌照灯工作不正常”“未按规定配备三角警告牌”，其余检验项目均合格（见表 3-48）。

表 3-48　　机动车安全技术检验报告（人工检验部分填写示例）

| 三、人工检验结果 | | | | |
|---|---|---|---|---|
| 序号 | 检验项目 | 结果判定 | 具体不符合项目情况说明 | 备注 |
| 1 | 车辆唯一性检查 | 合　格 | | |
| 2 | 车辆特征参数检查 | 合　格 | | |
| 3 | 车辆外观检查 | 不合格 | 后牌照灯工作不正常 | |
| 4 | 安全装置检查 | 不合格 | 未按规定配备三角警告牌 | |
| 5 | 联网查询 | 合　格 | | |
| 6 | 底盘动态检验 | 合　格 | | |
| 7 | 车辆底盘部件检查 | 合　格 | | |

## 四、对于仪器设备检验结果的填写说明

仪器设备检验项目按实际开展的检验项目填写。以某号牌在用大客车（两灯制、远光能够单独调整、前轴非独立悬架）为例，检验情况填写内容见表 3-49。

表 3-49　　机动车安全技术检验报告（仪器设备检验部分填写示例）

| 四、仪器设备检验结果 | | | | | |
|---|---|---|---|---|---|
| 序号 | 检验项目 | 检验结果 | 标准限值 | 结果判定 | 备注 |
| 1 | 一轴制动率（%） | 63.1 | ≥60 | 合　格 | |
| 2 | 一轴制动不平衡率（%） | 8.2 | ≤24 | 合　格 | |
| 3 | 二轴制动率（%） | 53.5 | ≥40 | 合　格 | |
| 4 | 二轴制动不平衡率（%） | 12.8 | ≤10 | 不合格 | |
| 5 | 整车制动率（%） | 54.6 | ≥60 | 不合格 | |
| 6 | 驻车制动率（%） | 26.3 | ≥20 | 合　格 | |
| 7 | 左外灯远光发光强度（cd） | 42300 | ≥15000 | 合　格 | |
| 8 | 左外灯远光垂直偏移（*H*） | 1.12 | 0.8～0.95 | 不合格 | |
| 9 | 左外灯近光垂直偏移（*H*） | 0.76 | 0.6～0.8 | 合　格 | |
| 10 | 右外灯远光发光强度（cd） | 54700 | ≥15000 | 合　格 | |
| 11 | 右外灯远光垂直偏移（*H*） | 0.89 | 0.8～0.95 | 合　格 | |
| 12 | 右外灯近光垂直偏移（*H*） | 0.87 | 0.6～0.8 | 不合格 | |
| 13 | 转向轮横向侧滑量（m/km） | 3.6 | －5～＋5 | 合　格 | |

# 第十二节　检验结果处置

## 一、检验结果的评判

授权签字人负责逐项确认检验结果并签注整车检验结论。整车检验结论分为合格和不合格两种，送检机动车所有检验项目均合格的，判定为合格；出现一项或一项以上不合

格的，判定为不合格。

授权签字人是经过实验室授权，并通过质监部门考核合格，具备代表实验室签批检验报告能力的人员。授权签字人在确认检验结果过程中发现有异议的，应及时与检验员确认，对于需要补充或重新检测的，应报告技术负责人或其他规定的管理人员审定后实施，避免出现检验结果误判现象；送检人对检验结果有异议的，应及时予以解答。

## 二、检验合格处置

1. 对于机动车检验合格的，安检机构应按照标准要求的式样出具一式三份的《机动车安全技术检验报告》。一份交机动车所有人（或者由送检人转交机动车所有人），一份提交车辆管理所作为机动车安全技术检验合格证明，一份留存检验机构。提交给车辆管理所的检验报告，应采用高拍仪等方式采集《机动车安全技术检验报告》并通过机动车安全技术检验监管系统上传至车辆管理所，可不提交纸质《机动车安全技术检验报告》。

2. 安检机构应该按照相关标准要求向公安机关交通管理部门、质量技术监督部门等行政管理部门传递数据及图像。

3. 安检机构应妥善保管《机动车安全技术检验报告》《机动车安全技术检验表（人工检验部分）》《机动车安全技术检验表（仪器设备检验部分）》、车辆识别代号（或整车出厂编号）的拓印膜或照片（注册登记检验时保存拓印膜，在用机动车检验时保存车辆识别代号照片）等资料，保存至本次检验周期届满前，但最短不得少于两年。

## 三、检验不合格处置

1. 对于检验不合格的机动车，安检机构也应出具《机动车安全技术检验报告》并注明具体的检验不合格项目；对于人工检验不合格的项目，还要描述具体的不合格情形。

2. 对于检验不合格的项目，检验员应采用拍照、摄像或保存数据的方式取证留存备查。

3. 对于检验不合格的机动车，安检机构应按照《机动车安全技术检验业务信息系统及联网规范》（GB/T 26765－2011）、《机动车安全技术检验监管系统通用技术条件》（GA 1186－2014）等标准的要求向公安机关交通管理部门、质量技术监督部门等行政管理部门传递数据及图像。

## 四、异常情形处置

发现送检机动车有拼装、非法改装、被盗抢、走私嫌疑时，机动车安全技术检验机构及其检验员应详细登记该送检机动车的相关信息，拍照、录像固定证据，通过机动车安全技术检验监管系统上报，并告知送检人到当地公安机关交通管理部门处理。

注册登记检验时，发现送检机动车的车辆特征参数、安全装置不符合《道路车辆外廓尺寸、轴荷及质量限值》《机动车运行安全技术条件》等机动车国家安全技术标准、公告、机动车出厂合格证时，应拍照、录像固定证据，详细登记送检机动车的车辆类型、品牌/型号、车辆识别代号（或整车型号和出厂编号）、发动机号码、整车生产厂家、生产日期等信息，通过机动车安全技术检验监管系统上报。

# 第四章　机动车安全技术检验主要检测设备及联网控制系统

机动车安全性能检测线的主要检测设备包括车速表检验台、侧滑检验台、轴(轮)荷检验台、制动性能检验台、前照灯检测仪、外廓尺寸自动测量仪等。本章主要讲述各主要检测设备的基本结构、工作原理、基本功能、维护保养、技术要求及试验方法等。通过本章内容的学习,能够基本了解主要检测设备的基本知识,加深对机动车检测技术的理解,有利于进一步提高检测工作的岗位技能,以更好地适应机动车检测工作的需要。

## 第一节　车速表检验台

机动车的行驶速度与行车安全及运输生产率密切相关,为了提高运输生产率,应尽可能发挥车辆性能所能提供的高速度。但车速过高往往会导致车辆失去操纵稳定性及制动距离过长,严重影响行车安全。此外,车辆的行驶速度还受交通情况、道路条件以及基于经济成本的经济车速的限制。所以驾驶车辆时,合理的车辆行驶速度有着重要意义。

驾驶员对车速的掌握虽然可以依据主观估计进行,但是人对速度的估计往往会因错觉、驾驶经历和驾驶环境等因素而造成误差,不够准确可靠。车速表是驾驶员用来判断车辆行驶速度的重要仪表,为更好地保证行车安全,有必要利用仪器对车速表的指示误差进行检验,这种仪器就是车速表检验台。现行的产品制造执行标准为《滚筒式汽车车速表检验台》(GB/T 13563－2007)。

### 一、检验台结构

车速表检验台按有无驱动装置可分为标准型与电机驱动型两种。标准型检验台无驱动装置,它靠被测汽车驱动轮带动滚筒旋转;电机驱动型检验台由电动机驱动滚筒旋转,再由滚筒带动车轮旋转。此外,还有把车速表检验台与制动检验台或底盘测功机组合在一起的综合式检验台。目前,检测机构多使用标准型滚筒式车速表检验台。

#### (一)标准型车速表检验台

该检验台主要由滚筒、举升器、测量装置、显示仪表及辅助装置等组成,主要结构如图4-1所示。

1.滚筒

检验台左右各有两根滚筒,用于支撑汽车的驱动轮。在测试过程中,为防止汽车的差速器起作用而造成左右驱动轮转速不等,前面的两根滚筒是用联轴器连在一起的。滚筒多为钢制,表面有防滑处理,按《滚筒式汽车车速表检验台》(GB/T 13563－2007)标准要求直径不小于 175 mm,滚筒表面附着系数不小于 0.6。当直径为 176.8 mm 时,滚筒转速为 1200 r/min,正好对应滚筒表面的线速度为 40 km/h。

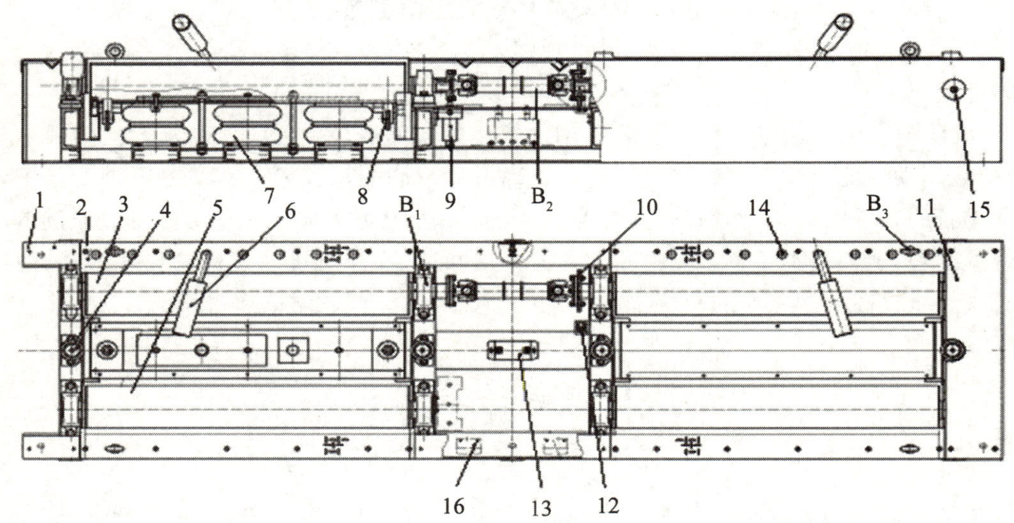


图 4-1　车速表检验台结构简图

1.框架　2.左轮出车端盖板　3.左轮主滚筒　4.轮胎挡轮　5.左轮副滚筒　6.手动挡轮　7.举升气囊　8.滚筒刹车蹄片　9.气路滤水调压器　10.码盘　11.右侧边盖板　12.传感器安装架　13.气路电磁阀　14.手动挡轮插孔　15.框架侧顶螺栓　16.快速排气阀　$B_1$.滚筒轴承　$B_2$.主滚筒联轴器　$B_3$.吊环

2.举升器

举升器置于前后两根滚筒之间,多为气动装置,也有液压驱动和电机驱动的。测试时,举升器处于下方,以便滚筒支撑车轮。测试前,举升器处于上方,以便汽车驶上检验台;测试后,靠气压(或液压、电机)升起举升器,顶起车轮,以便汽车驶离检验台。

3.测量元件

测量元件即测量转速的传感器,其作用是测量滚筒的转动速度。通过转速传感器将滚筒的转速转变成电信号(模拟信号或脉冲信号),再送到显示仪表。常用的转速传感器有测速发电机式、光电编码器式、旋转编码器和霍尔元件式等,现在测速发电机式很少使用。按照《滚筒式汽车车速表检验台》标准,转速传感器要求装在主滚上。

(1)测速发电机式

测速发电机是一种永磁发电机,由于制作精密,它能够产生几乎与转速完全成正比的电压信号(见图 4-2),将它安装在滚筒一端,当滚筒转动时,测速发电机就可以输出与转速成正比的电压。此信号经放大和 A/D 转换后送入上位机处理。

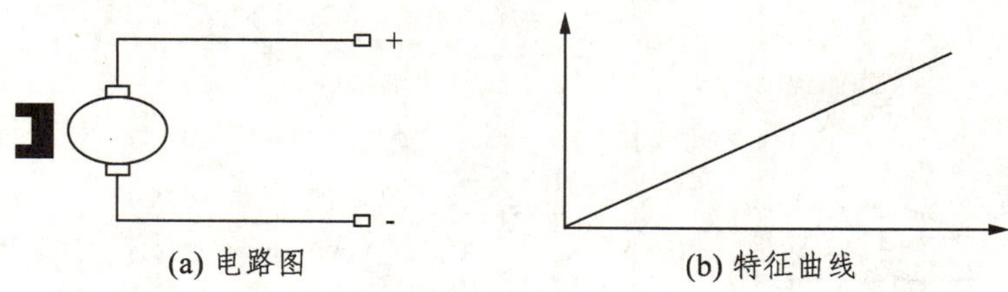


(a) 电路图　　　　(b) 特征曲线

图 4-2　直流永磁测速发电机电路图及特征曲线

(2)光电编码式(见图 4-3)

它有一个带孔或带齿的编码盘,安装在滚筒的一端并随滚筒转动。还有一对由光源和光接收器组成的光电开关,其中光源一般是发出红外光,光接收器多由光敏三极管和放大电路组成,可将收到的光信号变为电信号。光源和光接收器分别置于编码盘的两侧,并彼此对准。当编码盘转动时,光源发出的光线周期性地被遮住,于是光接收器将收到断续的光信号,并转换成一系列的电脉冲,脉冲频率与滚筒转速成正比。将此脉冲信号经过光电隔离等环节之后,也送入上位机处理。

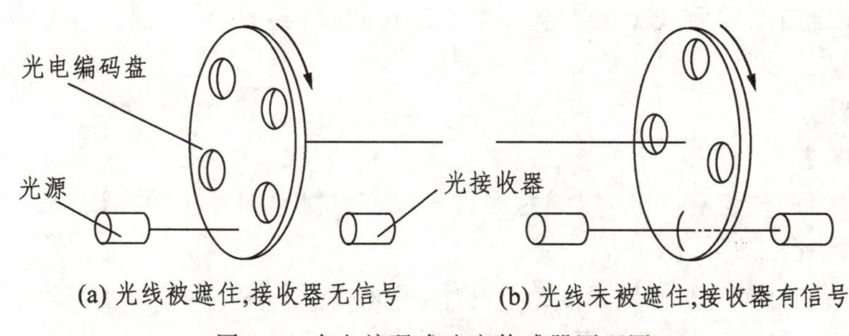


(a) 光线被遮住,接收器无信号　　　　(b) 光线未被遮住,接收器有信号

图 4-3　光电编码式速度传感器原理图

(3)旋转编码器(见图 4-4)

旋转编码器的工作原理与光电编码式基本相同,但是旋转编码器是一种集成的传感器,它输出的电压同样是脉冲信号。旋转编码器转动一周的脉冲数量较高,有 100 个脉冲的,也有 600 个脉冲的,一般速度台上使用每周 100 脉冲的编码器。高脉冲可以使速度测量更加准确,速度变化的响应更灵敏。

图 4-4　旋转编码器

(4)霍尔元件式(见图 4-5)

霍尔元件是利用霍尔效应原理,将带齿的圆盘固定在滚筒一端,并随滚筒一起转动,当圆盘的齿未经过导磁板时,有磁场经过霍尔元件,因而感应霍尔电动势。当圆盘的齿经过导磁板时,磁场被短路,霍尔电动势消失,所以霍尔元件可以产生与速度成正比的脉冲信号。此脉冲信号同样经过一定的隔离处理后,送入上位机。

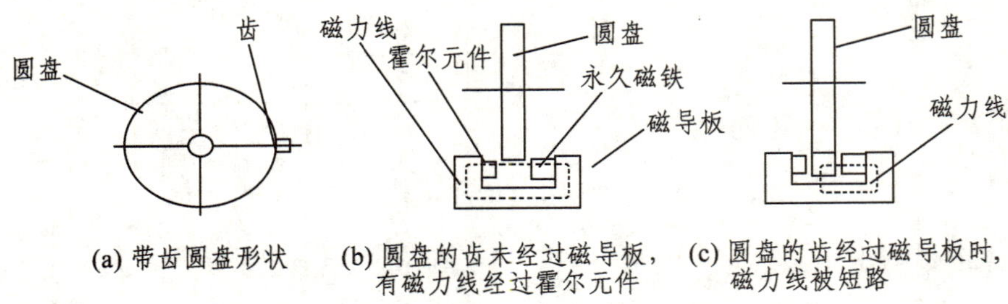

(a) 带齿圆盘形状　(b) 圆盘的齿未经过磁导板，有磁力线经过霍尔元件　(c) 圆盘的齿经过磁导板时，磁力线被短路

图 4-5　霍尔元件式速度传感器原理图

4. 显示仪表

目前多用智能型数字显示仪表，也就是一个单片机系统。来自传感器的模拟信号经放大、A/D 转换或经滤波整形后进入单片机处理，再输出显示测量结果；若为数字编码信号，直接由计数器计数计算单位时间内的脉冲数或测量脉冲之间的时间来计算滚筒表面线速度。在全自动检测线上也有直接把速度传感器信号接到工位机(或主控机)上直接进行处理的。

5. 辅助装置

(1)安全装置

车速台滚筒两侧设有挡轮，以免检测时车轮左右滑移损坏轮胎或设备。

(2)滚筒抱死装置

汽车测试完毕出车时，如果只依靠举升器，可能造成车轮在前滚筒上打滑。为了防止打滑，增加滚筒抱死装置，与举升器同步。举升器升起的同时，抱死滚筒，举升器下降时放开。

(3)举升保护装置

车辆在速度检验台上运转时，举升器突然上升会导致严重的安全事故，因而车速台设有举升器保护装置(软件或硬件保护)，以确保滚筒速度低于设定值后(如 5 km/h)才允许举升器上升。

### (二)电机驱动型车速表检验台

车速表的转速信号多数取自汽车变速器或分动器的输出轴，但对于后置发动机的汽车，由于车速表软轴过长，会出现传动精度和寿命等方面的问题，所以部分车辆转速信号取自前从动轮。对这种车辆必须采用电动机驱动型车速表检验台，如图 4-6 所示。测试时由电动机驱动滚筒与前从动轮旋转。这种检验台往往在滚筒与电动机之间装有离合器。若检验时将离合器分离，这种检验台又可作为标准型检验台使用。

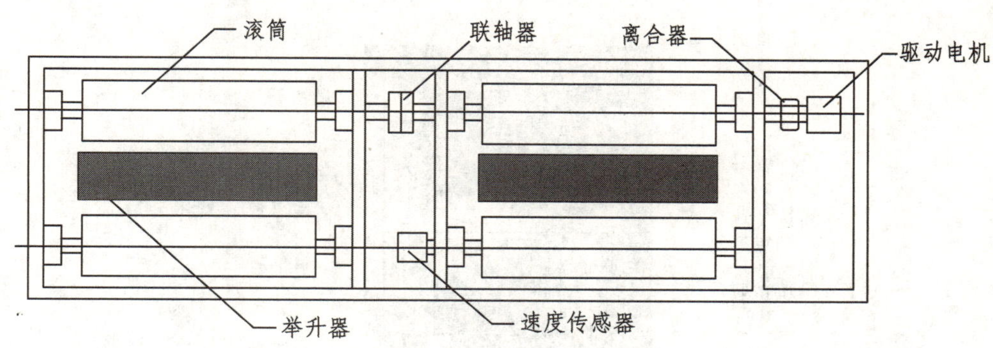


图 4-6 电机驱动型车速表检验台结构示意图

(三)摩托车速度表检验台结构

摩托车速度检验台的结构如图 4-7、图 4-8 所示。检测时将车辆前轮停于主、副滚筒之间,由励磁调速电动机经滚筒带动车轮转动。

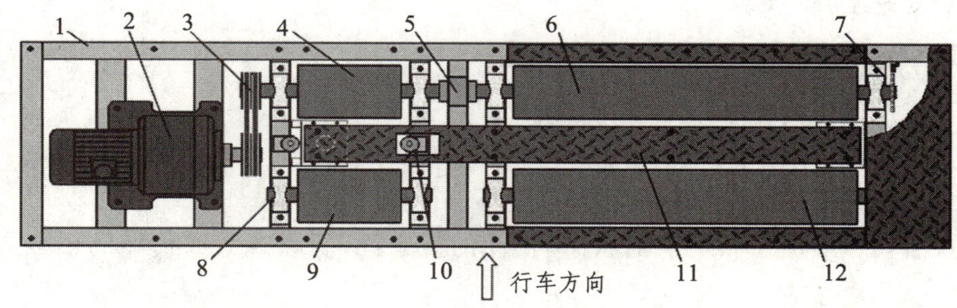


图 4-7 摩托车速度检验台结构图

1. 框架 2. 励磁调速电机 3. 皮带及皮带轮 4. 左测速主滚筒 5. 主滚筒联轴器 6. 右测速主滚筒 7. 测速(霍尔式)传感器及码盘 8. 滚筒轴承 9. 左测速副滚筒 10. 摩托轮胎挡轮 11. 举升器 12. 右测速副滚筒

## 二、基本功能与工作原理

检测时,将汽车被测轮停于前、后滚筒之间,由车轮(或电机)驱动滚筒旋转。旋转的滚筒相当于移动的路面,以此来模拟汽车在路面上行驶的实际状态。通过滚筒端部的码盘与测速传感器发生信号传递,传感器发出的脉冲信号频率随滚筒转速增高而增加,滚筒的转速与车速成正比,因此测速传感器脉冲频率与车速成正比。将采集到的脉冲信号经过计算[滚筒的线速度(km/h)=滚筒周长(mm)×滚筒转速(r/min)×60×$10^{-6}$],车轮的线速度与滚筒的线速度相等,经计算后的值即为汽车真实的车速。利用滚筒的线速度值与此时车辆在检测时速度表的显示值比较可得出该车车速表的误差。车速表检验台信号经计算机或仪表计算处理后,显示结果打印输出。

车速表检验台能够对汽车的车速表和里程表进行校验。

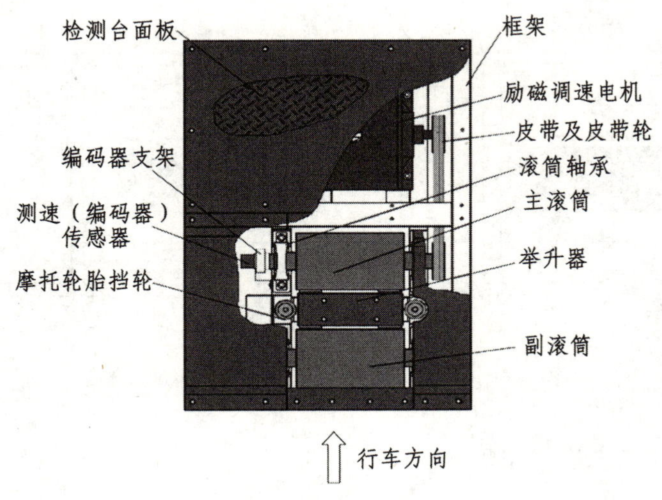


图 4-8　摩托车速度检验台结构图

## 三、设备维护与保养

1. 每天检查工作是否正常。

2. 日常应保持试验台清洁，保持地坑干燥。

3. 定期对设备保养，加注润滑脂。

4. 定期检查气路系统，及时更换损坏的零部件并排除故障。

5. 检查设备上螺栓和轴承的状态，松动的要紧固，间隙过大或损坏的轴承应及时更换。

6. 定期检查传感器电缆，防止接头松动、氧化。

7. 应防止鼠害。

注：不同型号的设备会有特殊的维护保养要求，须同时参照设备使用说明书进行。

## 四、常见故障与排除

常见故障与故障原因及排除方法见表 4-1。

**表 4-1　　常见故障与故障原因及排除方法**

| 常见故障 | 故障原因及排除方法 |
| --- | --- |
| 计算机不能启动 | 1. 电源插座松动或接触不良<br>2. 保险丝熔断<br>3. 电源开关接触不良<br>4. 系统软件不正常 |
| 仪表显示数字不随滚筒速度而变化 | 1. 传感器与信号发生机构相互位置不正确<br>2. 传感器插头松动或接触不良 |

续表

| | |
|---|---|
| 举升器不动作 | 1. 检查气压是否正常<br>2. 电磁阀不动作<br>3. 橡胶软管破损，需更换<br>4. 空气弹簧(气囊)破损，需更换<br>5. 举升器导框两侧间隙不正确 |
| 滚筒不转动或不灵活 | 1. 轴承损坏，需更换<br>2. 联轴器内链轮或链条损坏 |
| 滚筒制动不灵 | 1. 调整刹车块与滚筒的位置<br>2. 更换磨损过大的刹车块 |
| 侧向防护滚柱不转动 | 更换内部轴承 |

## 五、技术要求与试验方法

设备的检定技术要求，规定了设备的计量特性。设备的日常管理，可以通过期间核查评价设备的计量特性，确保设备在两次检定或校准期间良好的置信度。车速表检验台检定技术要求，依据《滚筒式汽车车速表检验台检定规程》(JJG 909-2009)。

### (一)零位误差

将车速表检验台显示仪表调零后转动滚筒，然后使滚筒自由停转，记录每一次偏离零位的值，连续 3 次，3 次中最大偏离零位的值即为零位误差。零位误差不超过±0.5 km/h。

### (二)零点漂移

车速表检验台调整零位后，每隔 5 min 观察 1 次显示仪表，连续 3 次。15 min 内零点漂移不超过±0.5 km/h。

### (三)示值误差

1. 在车速表检验台主滚筒上做好明显标记，并安装好转速表(或测速仪)。

2. 从动式车速表检验台：将汽车缓慢地驶入车速表检验台，当驱动轮置于前、后滚筒之间时下降举升器，由汽车驱动轮带动车速表检验台滚筒稳步旋转；主动式车速表检验台：用电动机驱动滚筒稳步旋转，当车速表检验台示值为 30 km/h、40 km/h、60 km/h 时，同时分别记录车速表检验台显示仪表示值和转速表(或测速仪)的示值。每个点重复 3 次，按公式(4-1)或(4-2)计算各点 3 次测量的示值误差，将各点 3 次测量计算出的示值误差取平均值作为该点检定值。各点检定值均应符合要求。

用非接触式转速表测量时：

$$\delta_{vi}=\left(\frac{v_i\times10^5}{6\pi\overline{D}\,n_i}-1\right)\times100\% \tag{4-1}$$

式中：$\delta_{vi}$——第 $i$ 测量点时车速台示值误差(%)；

$v_i$——第 $i$ 测量点时车速台示值(km/h)；

$n_i$——第 $i$ 测量点时非接触式转速表测量的转速(r/min)；

$D$——车速台左、右主滚筒外径测量值的平均值(mm)。

用测速仪测量时：

$$\delta_{vi}=\left(\frac{v_i}{v_{oi}}-1\right)\times 100\% \tag{4-2}$$

式中：$v_{oi}$——第 $i$ 测量点时测速仪测量的速度值(km/h)。

3. 车速台示值误差不超过±3.0%。

## 第二节　汽车侧滑检验台

汽车侧滑检验台是使汽车从滑动板上驶过，用测量滑动板左右移动量的方法来测量车轮滑移量的大小和方向并判断是否合格的一种检测设备。现行的产品制造执行标准为《汽车侧滑检验台》(JT/T 507－2004)。侧滑检验台分双板式侧滑检验台和单板式侧滑检验台，其中双板式侧滑台又以双板联动式多见。实际使用中，双板联动式侧滑检验台和单板侧滑检验台均占据着一定的比例，因此下面主要将针对这两种侧滑台予以介绍。

首先我们介绍一下汽车侧滑产生的原因。

前轮是汽车的转向轮。为了保证汽车具有良好的操控稳定性，转向轮(通常为前轮)所在平面以及主销轴线是设计成与汽车纵向或横向前垂面成一定角度。这些角度参数包括主销内倾角、主销后倾角、车轮外倾角、前轮前束，合称转向轮(前轮)定位参数。汽车转向轮(前轮)的前束值与外倾角值如果配合不当，那么转向轮在向正前方滚动的同时还会产生相对于地面的横向滑移，即侧滑。侧滑量过大会直接影响到汽车的操纵稳定性和安全性，加大轮胎的异常磨损。

我们来看一下前轮外倾和前轮前束的含义。前轮外倾如图 4-9(a)所示。其作用一方面是为了避免汽车承重后，前梁变形引起前轮出现内倾，从而加速轮胎的磨损和加大轮毂外侧轴承负荷。同时有了外倾角也可以适应拱形路面。

车轮有了外倾角以后，在滚动时，就会类似于圆锥的滚动，出现两个车轮企图向各自的外侧滚开的趋势。由于受到横直拉杆和车桥的约束不可能向外滚开，于是车轮将在地面上出现边滚边滑(向内)的现象，从而增加了轮胎磨损。

为了消除前轮外倾带来的不良后果，在安装前轮时，人为地使两轮中心平面不平行。在沿前进方向上，两轮前端距离小于后端距离。如图 4-9(b)所示，$B$ 与 $A$ 之差就称为“前束值”。

由于前束的作用，车轮在前进时，两轮会力图向内侧滚动。同样由于机械上的约束，车轮不可能向内侧滚动，这就又出现了车轮边滚动边向外侧滑移的现象(或存在这种倾向)。

为保证汽车转向车轮无横向滑移的直线滚动，要求车轮外倾角和车轮前束有适当配合，当车轮前束值与车轮外倾角匹配不当时，车轮就可能在直线行驶过程中不做纯滚动，产生侧向滑移现象。当这种滑移现象过于严重时，将破坏车轮的附着条件，使车轮丧失定向行驶能力，方向沉重，引发交通事故并导致轮胎的异常磨损。

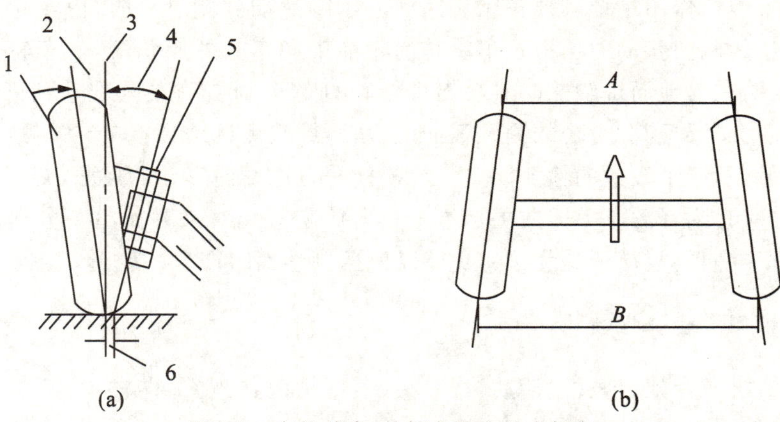


图 4-9　车轮前束、外倾角及主销内倾角

1.转向车轮　2.车轮外倾角　3.铅垂线　4.主销内倾角　5.转向节主销　6.主销偏心距

## 一、侧滑检验台结构

### (一)双板联动式侧滑检验台结构

双板联动式侧滑检验台分为普通型、单放松板型、双放松板型(见图 4-10)三种，每一种都是由左右两块滑板分别支撑在各自的 4 个滚轮上，滑板与其连接的导向轴承在轨道内滚动，使滑板只能沿左右方向滑动。两块滑板通过中间的联动机构连接，保证了两块滑板做同时向内或同时向外的运动。相应的位移量通过位移传感器转变成电信号送入仪表。回零机构保证汽车前轮通过后，滑板能够自动回零。锁零机构能在设备空闲或设备运输时保护传感器及联动机构。润滑机构能够保证滑板轻便自如地移动。

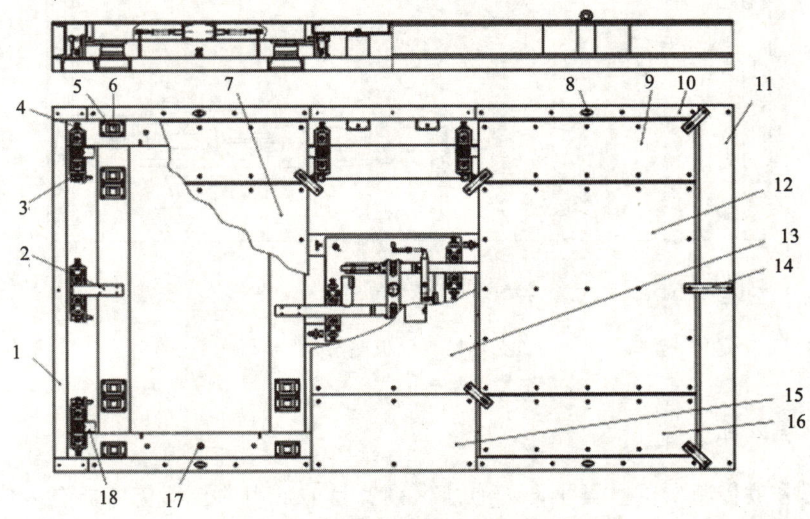


图 4-10　双放松板型侧滑台结构图

1.框架　2.左滑板外侧导向杆　3.左滑板限位螺栓　4.滑板导向组件调整螺栓　5.滑板滚珠槽　6.滚床　7.左滑板台面　8.吊环　9.右滑板出车端放松板　10.出车端小盖板　11.右侧边盖板　12.右滑板台面　13.中间盖板　14.运输固定条　15.前部中间盖板　16.右滑板进车端放松板　17.框架调平螺栓　19.放松板导向杆

放松板的作用是释放掉轮胎从路面上刚刚滚动到侧滑台时，由于轮胎形变的应力释放而产生的侧向移动力。由于车轮有前轮前束和车轮外倾角度，使车轮不是正直地滚动，这样轮胎在与地面接触的时候会出现轮胎的变形，而这种变形在遇到可以横向自由移动的板面时会释放到侧滑台的测试板面上，从而导致测试结果不单纯是侧滑量，还加入了轮胎变形量，引起了较大的检测误差。放松板是自由横向移动的板面，布置在测试板面进车、出车方向起到释放应力的效果。进车方向放松板相对来讲比出车方向的作用更明显一些。出车方向的放松板是为了避免轮胎刚压到地面时产生的变形。

（二）单板侧滑台机械结构

单板侧滑机械台架由底板、滑动板、引板（根据情况选配）导向轴承、回位弹簧及调整螺丝等组成，如图 4-11 所示。

在机架底板中间位置固定一支位移传感器。通过上滑板上的顶块进行位移量传递，并将位移量转变成电信号，接入计算机信号采集系统进行处理。

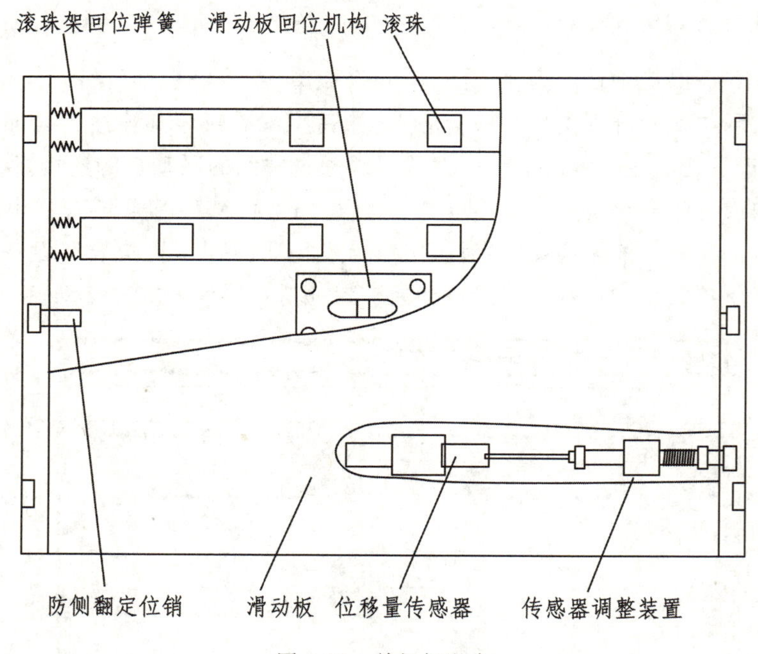


图 4-11　单板侧滑台

（三）电气装置

电气部分按传感器的种类不同而有所区别。目前常用的位移传感器有电位计式和差动变压器式两种。早期的侧滑台也有用自整角电机的，现已很少选用。

1. 电位计式测量装置

该装置的原理非常简单，将一个可调电阻安装在侧滑试验台底座上，其活动触点通过传动机构与滑板相连，电位计两端输入一个固定电压（比如 5 V），中间触点随着滑板的内外移动也发生变化，输出电压也随之在 0～5 V 变化。把 2.5 V 左右的位置作为侧滑台的零点，如果滑板向外移动，输出电压大于 2.5 V，达到外侧极限位置输出电压为 5 V；如果滑板向内移动，输出电压小于 2.5 V，达到内侧极限输出电压为 0 V。这样仪表就可以通过 A/D 转换将侧滑传感器电压转换成数字量，并送入单片机处理，得出侧滑量的大小。

2. 差动变压器式测量装置

该装置的原理与电位计式类似，只是电位计式输出一个正电压信号，而差动变压器式输出的是正负两种信号。把电压为 0 时的位置作为零点。滑板向外移动输出一个大于 0 V的正电压，向内移动输出一个小于 0 V 的负电压。同样，仪表就可以通过 A/D 转换将侧滑传感器电压转换成数字量，并送入单片机处理，得出侧滑量的大小。

指示仪表可分为数字式和指针式两种，目前检测站普遍使用的是数字式仪表，早期自整角电机式测量装置一般采用指针式仪表。数字式仪表多为智能仪表，实际就是一个单片机系统。

## 二、基本功能与工作原理

在侧滑台上检验时，侧滑量是指汽车在没有外加转向力的条件下，以车速 3～5 km/h 直线行驶通过检验台，双滑板的横向位移量与滑板的纵向有效测量长度之比值，单滑板的横向位移量与滑板的纵向有效测量长度之比值的 1/2。侧滑量以 m/km 表示。滑板向内为负值(－)、向外为正值(＋)。《汽车侧滑检验台》(JT/T 507－2004) 推荐滑板的纵向有效测量长度为 1000 mm 。

侧滑检验台主要检测汽车转向轮侧滑量。

### (一)双板联动侧滑检验台的工作原理

1. 侧滑板仅受到车轮外倾角的作用

这里以右前轮为例，先讨论只存在车轮外倾角(前束角为 0°)的情况。具有外倾角的车轮，其中心线的延长线必定与地面在一定距离处有一个交点 $O$，此时的车轮相当于一圆锥体的一部分(见图 4-12)，在车轮向前或向后运动时，其运动形式均类似于滚锥。

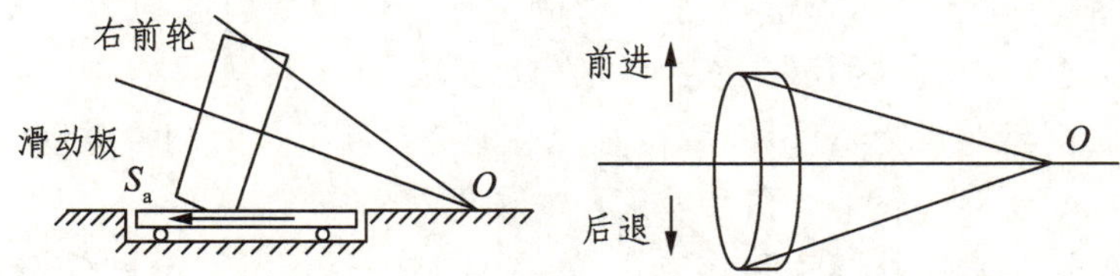


图 4-12　具有外倾角的车轮在滑板上滚动的情况(右轮)

从图 4-12 可以看出，具有外倾角的车轮在滑动板上滚动时，车轮有向外侧滚动的趋势，由于受到车桥的约束，车轮不可能向外移动，从而通过车轮与滑动板间的附着作用带动滑动板向内运动。运动方向如图 4-12 所示。此时滑动板向内移动的位移量记为 $S_a$(即由外倾角所引起的侧滑分量)。按照约定，具有外倾角的车轮，由于其类似于滚锥的运动情况，因而无论其前进还是后退时所引起的侧滑分量均为负；反之，内倾车轮引起的侧滑分量均为正。

2.滑动板仅受到车轮前束的作用

这里仅讨论车轮只存在前束角，而外倾角为 0°时的情况。前束是为了消除具有外倾角的车轮类似于滚锥运动所带来的不良后果而设计的。

具有前束的车轮在前进时，由于车轮有向内滚动的趋势，但因受到车桥的约束作用，在实际前进驶过侧滑台时，车轮不可能向内侧滚动，从而会通过车轮与滑动板间的附着作用带动滑动板向外侧运动。此时，车轮在滑动板上做纯滚动，滑动板相对于地面有侧向移动，其运动方向如图 4-13 所示，此时测得的滑动板的横向位移量记为 $S_t$（即由前束所引起的侧滑分量）。遵照约定，前进时，由车轮前束引起的侧滑分量 $S_t$ 大于或等于 0；反之，仅具有前张角的车轮在前进时，由车轮前张（负前束）引起的侧滑分量 $S_t$ 小于或等于零。

当具有前束的车轮后退时，若在无任何约束的情况下，车轮必定向外侧滚动，但因受到车桥的约束作用，虽然其存在着向外滚动的趋势，但不可能向外侧滚动，从而会通过其与滑动板间的附着作用带动滑动板向内侧移动，其运动方向如图 4-13 所示。此时测得滑动板向内的位移记为 $S_t$。遵照约定，仅具有前束角的车轮在后退时，通过侧滑台所引起的侧滑分量 $S_t$ 小于或等于 0；反之，仅具有前张角的车轮在后退时，通过侧滑台所引起的侧滑分量 $S_t$大于或等于 0。

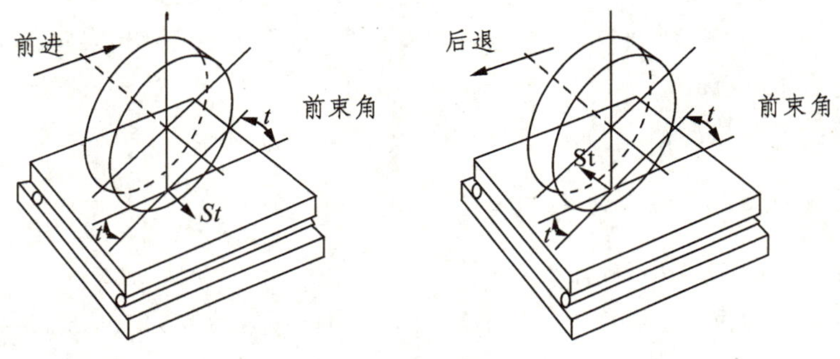


图 4-13　具有前束的车轮在滑板上滚动的情况（右轮）

综上可知，仅具有前束的车轮，在前进时驶过侧滑台时所引起的侧滑分量为正值，在后退时驶过侧滑台所引起的侧滑分量为负值；反之，仅具有前张的车轮，在前进时驶过侧滑台时所引起的侧滑分量为负值，在后退时驶过侧滑台所引起的侧滑分量为正值。

3.滑动板同时受到车轮外倾角和前束角的作用

汽车转向轮同时具有外倾角和前束角，在前进时由外倾所引起的侧滑分量 $S_a$，与有前束所引起的侧滑分量 $S_t$ 方向相反，因而两者相互抵消。在后退时两者方向相同，两分量相互叠加。在外倾角及前束值不大的情况下，可以认为 $S_a$ 和 $S_t$ 在前进和后退过程中，侧滑分量数值不变。设车轮在前进时通过侧滑台所产生的侧滑量为 $A$，在后退时的侧滑量为 $B$，则可得到下述结论（在遵循上述对侧滑量的符号约定的条件下）：

当车轮存在外倾角和前束角时，$B \geqslant 0$，且 $B \geqslant |A|$。

另外，若假设前进时的侧滑量就是 $S_a$ 和 $S_t$ 间的简单叠加（或抵消）关系，则还可以得出下列结论：

(1)若前进时的侧滑量 $A$ 大于一定的正数，后退时的侧滑量 $B$ 大于某一正数，则侧滑量主要是由外倾所引起的。

(2)若前进时的侧滑量 $A$ 小于一定的负数,后退时的侧滑量 $B$ 大于某一正数,则侧滑量主要是由前束所引起的。

(3)外倾角引起的侧滑量:$S_a=(A+B)/2$。

(4)前束所引起的侧滑量:$S_t=(A-B)/2$。

遵循上述分析和讨论,我们可以得到其余 3 种组合情况下侧滑台板的运动规律,从车轮外倾、车轮内倾、车轮前束和前张 4 个因素中判断出是那个因素主要引起车轮侧滑的故障。因此可有效地指导维修人员调整车轮前束及车轮外倾角。

### (二)单板侧滑检验台的测量原理

单滑板侧滑检验台仅用一块滑板,如图 4-14 所示。汽车左前轮从单滑动板上通过,右前轮从地面上行驶。若右前轮正直行驶无侧滑即侧滑角 $\beta$ 为 0°,而左前轮具有侧滑角 $\alpha$ 向内侧滑时,如图 4-14(a)所示,通过车轮与滑动板间的附着作用带动滑动板向左移动距离 $b$。若右前轮也具有侧滑角 $\beta$,同样右前轮相对左前轮也会向内侧滑,此时,滑动板向左移动距离 $c$,并由于左前轮同时向内侧滑的量为 $b$,则滑动板的移动距离为两前轮向内侧滑量之和,即 $b+c$,如图 4-14(b)所示。上述距离($b+c$)可反映出汽车左、右车轮总的侧滑量及侧滑方向。也就是说,采用单板式侧滑台测量汽车的侧滑量时,虽然是一侧车轮从滑动板上通过,但测量的结果并非单轮的侧滑量,而是左、右轮侧滑量的综合反映。根据这一侧滑量可以计算出每一边车轮的侧滑量,即单轮的侧滑量为$(b+c)/2$。

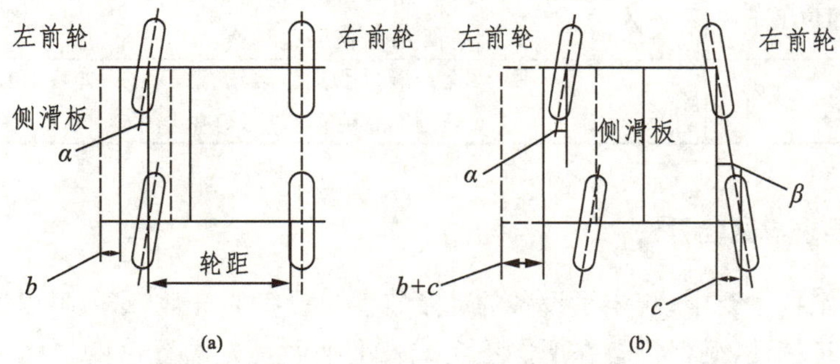


图 4-14 单滑板侧滑检验台的测量原理分析

需要引起注意的是,车轮在驶入侧滑台前由于车轮侧滑量的作用,车轮与地面间接触产生的横向应力会迫使车轮产生变形,而在驶上侧滑板的瞬间变形产生的应力将迅速释放并引起滑板移动量大于实际侧滑量引起的位移;与之类似,在驶出滑板的瞬间已接触地面部分的轮胎将积聚应力阻碍滑板移动,从而使滑板位移量小于实际值。因此,近来陆续出现了前后带应力释放板的侧滑台,以保证车轮通过中间滑板(带侧滑量检测传感器)时能准确测量。《机动车安全技术检验项目和方法》(GB 21861—2014) 也规定侧滑台应带车轮应力释放功能。由于进车时的应力释放对侧滑测量造成的影响比出车时大得多,目前在进车方向带释放板的侧滑台较多。

## 三、设备维护与保养

1.仪表不应受潮、振动和强烈的日光直射,每次用完后应保持各部分清洁。

2.使用前应清除检验台盖板及滑板上的油、水、泥、砂等杂物,检查滑板运动是否自如。

3.定期检查连杆机构的工作状态,各铰接部位不得有松动、串动等不良现象。

4.在非检测时期,不得在上面停车。

5.定期检查传感器电缆,防止接头松动、氧化。

6.应防止鼠害。

注:不同型号的设备会有特殊的维护保养要求,须同时参照设备使用说明书进行。

## 四、常见故障与排除

常见故障与排除方法见表 4-2。

**表 4-2　常见故障与排除方法**

| 常见故障 | 排除方法 |
| --- | --- |
| 滑板滑动阻力大 | 拆下清洁,加油润滑 |
| 仪表零位不正常 | 进行滑板、仪表的零位调整 |
| 测量装置数据显示不正常 | 检查调整传感器固定是否松动;<br>检查传感器是否正常,损坏需更新 |
| 测量机构杠杆回位不正常、不灵活 | 打开滑板,进行清洁与润滑;<br>必要时更换回位弹簧 |
| 滑板变形不平整,支撑有间隙 | 检查滑板下支撑滚轮有无磨损,如有磨损及时更换;<br>滑板如有变形,进行修整调平 |

## 五、技术要求与试验方法

设备的检定技术要求,规定了设备的计量特性。设备的日常管理,可以通过期间核查评价设备的计量特性,确保设备在两次检定或校准期间良好的置信度。汽车侧滑检验台检定技术要求,依据《滑板式汽车侧滑检验台检定规程》(JJG 908-96)。

### (一)零值误差

安装百分表和挡位工具,百分表测量杆轴线应与滑板移动方向一致,调整好仪表及百分表零位。向内、向外移动滑板,当侧滑量分别为 3.0 m/km 和 0.4 m/km 时,释放使滑板自由回位。上述过程各重复 3 次,每次释放后侧滑量指示应回零,分别记录每次回位后的示值。移动滑板 3 m/km 时回复,不应超过±0.2 m/km;移动滑板 0.4 m/km 时回复,不应超过±0.2 m/km。

### (二)零点漂移

预热 30 min,调整好数显式侧滑台的零位。每隔 10 min 观察 1 次,连续 3 次,每次漂离零位值均应不超过 0.2 m/km。

（三）示值误差

用微动工具缓慢推动滑板，当侧滑台示值分别为 3 m/km、5 m/km、7 m/km 时分别读取百分表示值，向内、向外各重复 3 次，按下式计算示值误差。

$$\Delta_i = X_i - S_i/L \tag{4-3}$$

式中：$\Delta_i$——第 $i$ 测量点时示值误差(m/km)；

$X_i$——第 $i$ 测量点的侧滑台示值(m/km)；

$S_i$——第 $i$ 测量点百分表 3 次示值的平均值(mm)；

$L$——滑板沿机动车辆行进方向的有效测量长度(m)。

各点示值误差应不超过±0.2 m/km。

（四）重复性误差

重复性误差检验在检验示值误差的同时进行。各测量点 3 次示值之间的最大偏差作为重复性误差，应不超过 0.1 m/km。

（五）滑板位移同步性

如图 4-15 所示，在左、右滑板上均安装百分表及挡位工具，并同时调整好左、右百分表零位。向内、向外分别推动滑板，当侧滑量为±5 m/km 时，读取左、右百分表的示值。左、右百分表的示值之差应不超过 0.1 mm。

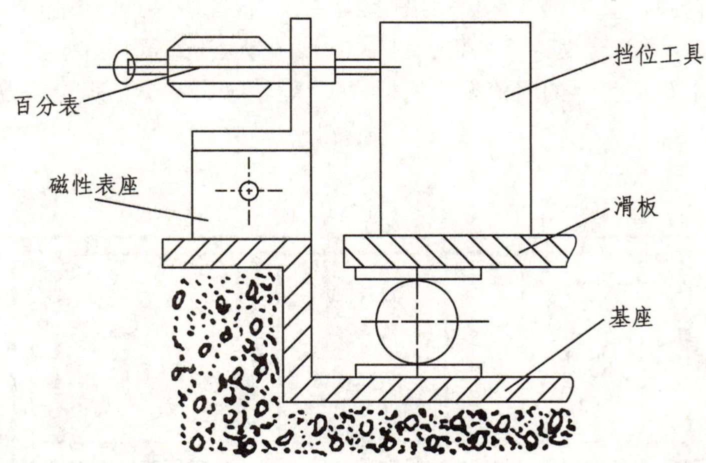


图 4-15　滑板位移同步性

（六）侧滑板移动所需要作用力

固定百分表和挡位工具，百分表测量杆轴线与滑板移动方向一致并调整好左、右百分表零位。用测力计移动滑板方向（向内、向外）拉动滑板，当百分表变化 0.1 mm 时测力计示值：单滑板侧滑台不大于 60 N，双滑板侧滑台不大于 40 N。当侧滑量为 5 m/km 时，测力计示值：单滑板侧滑台不大于 120 N，双滑板侧滑台不大于 80 N。

## 第三节　汽车轴(轮)荷检验台

轴(轮)荷检验台用于分别测定汽车各轴(轮)的垂直载荷，提供在汽车制动检测时计算各轴及整车的制动效能时所需的轴荷数据。按照《机动车安全技术检验项目和方法》(GB 21861－2014)的要求，整备质量既可使用轴重台，也可以使用地磅。

从原理上看，轴(轮)荷检验台可以分为机械式和电子式两类。机械式是一种传统的形式，它是依据杠杆原理制成的，因功能简单、精度较低、不便于联网，目前已很少使用。电子式轴(轮)荷检验台多配有智能化仪表，因其功能强、精度高，目前已广泛应用。地磅是一种常见的称重设备，不作具体讲述。

### 一、检验台结构

电子式轴(轮)荷检验台可分为轴荷台和轮荷台两种。轴荷台是整个承重台面为一钢性连接整体，左、右车轮停在同一台面上直接测取轴荷；轮荷台分左、右两块相互独立的承重板，通过测取左、右轮重计算轴荷，测试精度较高。为更好地评价机动车的制动性能，尽可能采用能分别测量和显示左、右车轮轮荷的轮荷台。

轴(轮)荷检验台主要由框架、承重台面及电子仪表组成。其中，机械部分又称为称体，是轴(轮)荷计的主体部分，而电子仪表则主要起显示作用。显然，能独立测量和显示左、右车轮的轮荷台需具有两个称体，分别安装在左、右框架内。称体包括框架、承载台面及传感器装置等。承重台面四角分别固定 4 个压力应变传感器，如图 4-16 所示。当传感器受到压力时，电阻应变片的阻值发生变化，从而能够输出一个与所受压力成正比的电压信号。

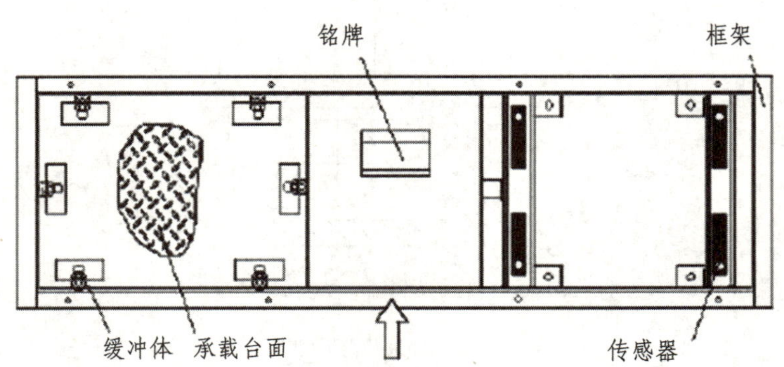


图 4-16　轮荷检验台整体结构

### 二、基本测量原理

不论检验台结构如何，都必须满足以下两个基本条件：其一，所有传感器承受的总质量应与被测轴重相适应；其二，在允许使用的范围内，测量结果应与车轮在承载板上停放的位置无关。我们分析一下上述轴(轮)荷仪的测量原理。设轴荷为 $W$，其重心位于台面上任意一点 $M$，4 个传感器将会受到大小不等的压力。根据力学常识不难理解，这 4 个力的大小比例与 $M$ 点的位置有关。但是 4 个传感器的支撑力之和必定等于轴荷 $W$。因为台面在轴荷 $W$ 和 4 个传感器支撑力的作用下是保持平衡的，而且与 $M$ 点的位置无关。因此，我们只要采集这 4 个传感器输出的电信号经放大滤波后，送往仪表或 A/D 转换器转换成数字信号，经计算机或仪表计算处理后，显示结果打印输出。

在实际使用中，若被测质量过于偏离承载台面中心，则可能会增大测量误差。所以实际测量轴荷时，还是应该尽量摆正车轮在检验台上的位置。

## 三、设备维护与保养

1. 要经常清扫，保持试验台清洁，不得沾有油污。
2. 定期对传感器进行彻底清扫，清除其灰尘及油垢。
3. 定期检查各部分连接电缆，如有接头氧化、线缆破损现象，应及时更换。
4. 定期清除设备仪表柜里、控制板卡上的尘土，保证仪表的正常工作。
5. 设备台面的变形会影响检测结果，发现台面变形或松动时，应及时修整调平。

注：不同型号的设备会有特殊的维护保养要求，须同时参照设备使用说明书进行。

## 四、常见故障与排除

1. 台面四角偏载超标

在台面不同位置加载相同的载荷，显示仪表示值不一致，其主要原因及检查方法为：

(1)敲击四角判断是否不平，若不平，则做调平处理。

(2)四角已调平，仍偏载超标，应检查传感器阻值是否不匹配，将 4 个传感器阻值用电阻做匹配处理。

(3)如某一角加载后无信号变化，则检查该传感器是否已坏或出现线路故障。

2. 标定非线性导致示值误差超标

在台面上同一位置加载不同的荷重，显示仪表示值与加载荷重关系非线性，其主要原因及检查方法为：

(1)检查台面向下传力是否受阻，传感器安装接触部位是否变形。

(2)检查是否有已损坏的传感器。

3. 零点漂移超标

在空台面时显示仪表示值漂移超标，其主要原因及检查方法为：

(1)更换放大器，检查是否是放大器工作不稳定所致。

(2)若更换放大器后零点漂移仍超标，则将某个传感器输出与放大器断开，查看其余 3 个传感器是否漂移，依次检查 4 个传感器的工作状况。

(3)若放大器、传感器工作正常，应检查屏蔽、接地是否良好，显示仪表端 A/D 通道的信号调理及转换有无问题。

## 五、技术要求与试验方法

设备的检定技术要求规定了设备的计量特性。设备的日常管理可以通过期间核查评价设备的计量特性，确保设备在两次检定或校准期间良好的置信度。轴(轮)重仪检定技术要求，依据《机动车检测专用轴(轮)重仪检定规程》(JJG 1014－2006)。

### (一)空载变动性

按照要求开机预热待稳定后，调整轴(轮)重仪的零点。用加载方式破坏其平衡状态后卸载，记录空载的示值。重复 3 次，其最大偏离零点的示值应不大于 0.1%Max 或 1$d$($d$ 为分度值)，两者取大值。

### (二)零点漂移

对于数字指示的轴(轮)重仪，重新调整零点后，在 30min 内每隔 10min 观察示值 1 次，记录其示值，其最大偏离零点的示值应不大于 0.1%Max 或 1d，两者取大值。

### (三)示值误差

完成开机预热后，加载 1 次，然后按下述方法确定轴(轮)重仪的示值误差。

1.砝码检定法

在被测轴(轮)重仪的承载器上加砝码。从零点到最大称量点，然后从最大称量卸载至零点。至少应选择 3 个称量点，其中应包括 10%最大称量、50%最大称量(或常用称量点)和最大称量(或接近最大称量)。如果是承载器尺寸的原因，无法对最大称量(或接近最大称量)进行检定时，可以检定至实际使用的最大称量点。

加砝码和卸砝码时，应分别以逐渐递增或递减的方式进行。

示值误差应不超出《机动车检测专用轴(轮)重仪检定规程》中规定的最大允许误差，按公式(4-4)计算示值的相对误差：

$$\delta_i=\frac{x_1-m_i}{m_i}\times 100\% \tag{4-4}$$

式中：$\delta_i$——第 $i$ 称量点的示值误差；

$x_i$——第 $i$ 称量点轴(轮)重仪的示值(kg)；

$m_i$——第 $i$ 称量点加载砝码质量值(kg)。

2.标准测力仪检定法

检定时，应保证压力通过力传感器轴线垂直作用在被测轴(轮)重仪的承载器上。称量点一般不少于 3 个，包括 10%最大称量、50%最大称量(或常用称量点)和最大称量(或接近最大称量)。当对最大称量(或接近最大称量)无法检定时，可以检定至实际使用最大的称量点。

示值误差应不超出《机动车检测专用轴(轮)重仪检定规程》中规定的最大允许误差，按公式(4-5)计算示值的相对误差：

$$\delta_i=\frac{x_i\times g-A_i}{A_i}\times 100\% \tag{4-5}$$

式中：$\delta_i$——第 $i$ 称量点的示值误差；

$x_i$——第 $i$ 称量点轴（轮）重仪的示值(kg)；

$g$——重力加速度($m/s^2$)；

$A_i$——第 $i$ 称量点力传感器的示值(N)。

注：当砝码检定法与标准测力仪检定法有矛盾时，以砝码检定法为准。

3. 标定反力架安装（见图 4-17）

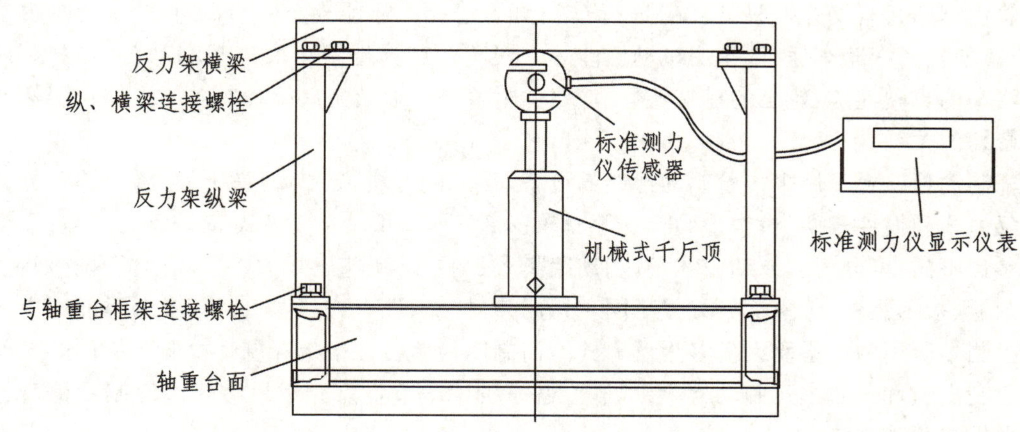


图 4-17　标定反力架安装示意图

(1)在每侧的框架上均可看到 6 个 M16 的螺孔，用于将反力架与框架连接为一体，这些螺孔可将反力架分别固定在轴重台承载台面的中部、偏左、偏右 3 个位置上，以满足示值误差和偏载误差的标定。

(2)标定时，应先安装龙门架的纵梁再装横梁，最后放置千斤顶和标准测力传感器。在放置千斤顶前，为保护台面油漆，可放置一块硬木板在千斤顶下面。

(3)为保证标定精度，在开始标定前应先将千斤顶预加载一定的预紧力（100 kg 以内），然后标准测力仪和轴重台仪表同时调零，之后再进行标定过程。

（四）重复性

用大约 20%Max 的载荷进行重复性试验，至少进行 3 次，称量结果间的差值应符合《机动车检测专用轴（轮）重仪检定规程》中的要求。重复性 $R$ 按公式(4-6)计算：

$$R=\frac{x_{\max}-x_{\min}}{m}\times 100\% \tag{4-6}$$

式中：$R$——重复性；

$x_{\max}$——3 次测量中的最大值(kg)；

$x_{\min}$——3 次测量中的最小值(kg)；

$m$——所加的砝码(kg)。

# 第四节　汽车制动性能检验台

汽车行驶时，能在短距离内迅速停车且维持行驶方向稳定性、在下坡时能维持一定车速以及在坡道上长时间保持停驻的能力，称为“汽车的制动性”。汽车的制动性能直接关系着汽车的行车安全。只有在保证行车安全的前提下才能充分发挥汽车的其他使用性能，诸如提高汽车车速、汽车的机动性能等。汽车的制动性不仅取决于制动系的性能，还与汽车的行驶性能、轮胎的机械特性、道路的附着条件以及制动操作有关的人体工程特性有密切的关系。

制动检验台是用来检验制动性能的设备，常见的分类方法有：按测试原理不同，可分为反力式和惯性式两类；按检验台支撑车轮形式不同，可分为滚筒式和平板式两类；按检测参数不同，可分为测制动力式、测制动距离式、测制动减速度式和综合式四类；按检验台的测量、指示装置、传递信号方式不同，可分为机械式、液力式和电气式三类。目前国内汽车检测站所用制动检验设备多为反力式滚筒制动检验台和平板式制动检验台。国外目前已研制出惯性式防抱死制动检验台，但价格昂贵。本节重点介绍反力式滚筒制动检验台和平板式制动试验台。

## 一、制动检验台结构

### （一）反力式滚筒制动检验台的结构

反力式滚筒制动检验台的原理图及结构如图 4-18、图 4-19 所示。现行的产品制造执行标准为《滚筒反力式汽车制动检验台》(GB/T 13564－2005)。它由结构完全相同的左、右两套对称的车轮制动力测试单元和一套指示、控制装置组成。每一套车轮制动力测试单元由框架（多数试验台将左、右测试单元的框架制成一体）、驱动装置、滚筒组、举升装置、测量装置等构成。

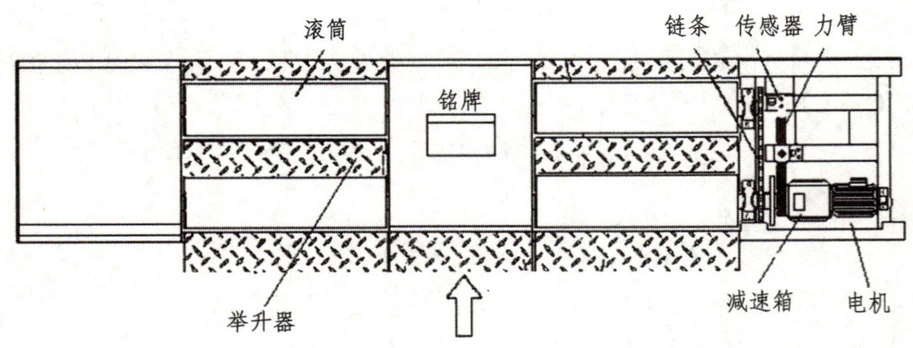


图 4-18　反力式制动检验台原理图

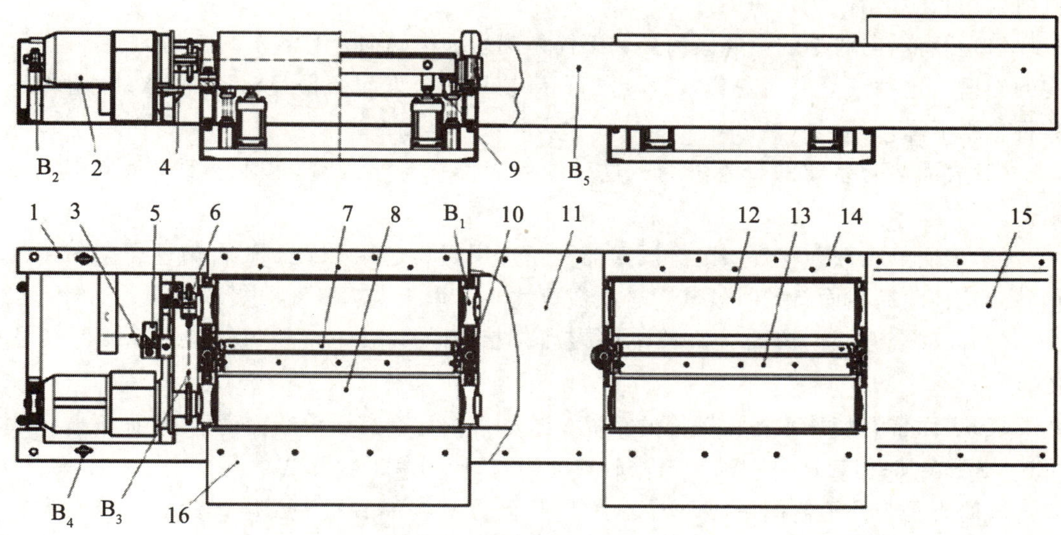


图 4-19　制动台结构图

1.框架　2.减速机组件　3.力臂支架　4.主滚筒链轮　5.光电开关支架　6.副滚筒链轮　7.左制动第三滚筒　8.左制动主滚筒　9.举升器导向　10.轮胎挡轮　11.中间盖板　12.右制动副滚筒　13.右制动举升器　14.右制动出车端边盖板　15.右制动边盖板　16.左制动引板　$B_1$.滚筒轴承　$B_2$.电动机轴承　$B_3$.链条　$B_4$.吊环　$B_5$ 框架侧顶螺栓

1.驱动装置

驱动装置由电动机、减速器和链传动组成。电动机经过减速器减速后驱动主动滚筒，主动滚筒通过链传动带动从动滚筒旋转。减速器输出轴与主动滚筒同轴连接或通过链条、皮带连接，减速器壳体为浮动连接(即可绕主动滚筒轴自由摆动)。日制式制动台测试车速较低，一般为 0.1～0.18 km/h，驱动电动机的功率较小，一般为 2×0.7～2×2.2 kW；而欧制式测试车速为 2.0～5 km/h，驱动电动机的功率较大，一般为 2×3～2×11 kW。减速器的作用是减速增扭，其减速比根据电动机的转速和滚筒测试转速确定。由于测试车速低，滚筒转速也较低，一般为 40～100 r/min(日制式检验台转速则更低，甚至低于 10 r/min)。因此，要求减速器减速比较大，一般采用两级齿轮减速或一级蜗轮蜗杆减速与一级齿轮减速。

理论分析与试验表明，滚筒表面线速度过低时测取协调时间偏长、制动重复性较差，过高时对车轮损伤较大。《滚筒反力式汽车制动检验台》推荐使用滚筒表面线速度为 2.5 km/h 左右的制动台。

2.滚筒组

每一车轮制动力测试单元设置一对主、从动滚筒。每个滚筒的两端分别用滚筒轴承与轴承座支撑在框架上，且保持两滚筒轴线平行。滚筒相当于一个活动的路面，用来支撑被检车辆的车轮，并承受和传递制动力。汽车轮胎与滚筒间的附着系数将直接影响制动检验台所能测得的制动力大小。为了增大滚筒与轮胎间的附着系数，滚筒表面都进行了相应加工与处理(《滚筒反力式汽车制动检验台》要求滚筒表面附着系数应不小于 0.7)。

目前采用较多的有下列 5 种：

(1)开有纵向浅槽的金属滚筒。在滚筒外圆表面沿轴向开有若干间隔均匀、有一定深度的沟槽。这种滚筒表面附着系数最高可达 0.65。当表面磨损且沾有油、水时，附着系数将急剧下降。

(2)表面沾有砂粒的金属滚筒。这种滚筒表面无论干或湿，其附着系数均可达 0.8 以上。

(3)表面具有嵌砂喷焊层的金属滚筒。喷焊层材料选用 NiCrBSi 自熔性合金粉末及钢砂。这种滚筒表面新的时候其附着系数可达 0.9 以上，其耐磨性也较好。

(4)高硅合金铸铁滚筒。这种滚筒表面带槽、耐磨，附着系数可达 0.7～0.8，价格便宜。

(5)表面带有特殊水泥覆盖层的滚筒。这种滚筒比金属滚筒表面耐磨，表面附着系数可达 0.7～0.8；但表面易被油污与橡胶粉粒附着，使附着系数降低。

滚筒直径与两滚筒间中心距的大小，对检验台的性能有较大影响。滚筒直径增大有利于改善与车轮之间的附着情况，增加测试车速，使检测过程更接近实际制动状况。但必须相应增加驱动电机的功率。而且随着滚筒直径增大，两滚筒间中心距也需相应增大，才能保证合适的安置角。这样使检验台结构尺寸相应增大，制造要求提高。《滚筒反力式汽车制动检验台》推荐使用直径为 245 mm 左右的制动台。

有的滚筒制动检验台在主、从动滚筒之间设置一直径较小，既可自转又可上下摆动的第三滚筒，平时由弹簧使其保持在最高位置。而在设置有第三滚筒的制动检验台上，许多取消了举升装置。在第三滚筒上装有转速传感器。在检验时，被检车辆的车轮置于主、从动滚筒上，同时压下第三滚筒，并与其保持可靠接触。控制装置通过转速传感器即可获知被测车轮的转动情况。当被检车轮制动，转速下降至接近抱死时，控制装置根据转速传感器送出的相应电信号计算滑移率达到一定值(如 25%)时使驱动电动机停止转动，以防止滚筒剥伤轮胎和保护驱动电机。第三滚筒除了上述作用外，有的检验台上还作为安全保护装置用，只有当两个车轮制动测试单元的第三滚筒同时被压下时，检验台驱动电机电路才能接通。

3. 制动力测量装置

制动力测量装置主要由测力杠杆和传感器组成。测力杠杆一端与传感器接触，另一端与减速器壳体连接，被测车轮制动时测力杠杆与减速器壳体将一起绕主动滚筒(或绕减速器输出轴、电动机枢轴)轴线摆动。传感器将测力杠杆传来的、与制动力成比例的力(或位移)转变成电信号输送到指示、控制装置。传感器有应变测力式、自整角电机式、电位计式、差动变压器式等多种类型。日制式制动试验台多采用自整角电机式测量装置，而欧制式以及近期国产制动检验台多采用应变测力式传感器。

4. 举升装置

为了便于汽车出入制动检验台，在主、从动两滚筒之间设置有举升装置。该装置通常由举升器、举升平板和控制开关等组成。举升器常用的有气压式、电动螺旋式、液压式 3 种。气压式是用压缩空气驱动气缸中的活塞或使气囊膨胀完成举升作用。电动螺旋式是由电动机通过减速器带动丝母转动，迫使丝杠轴向运动起举升作用。液压式是由液压举升缸完成举升动作。有些带有第三滚筒的制动检验台未装举升装置。

5．控制装置

目前制动试验台控制装置大多数采用电子式。为提高自动化与智能化程度，有的控制装置中配置计算机。指示装置有指针式和数字显示式两种。带计算机的控制装置多配置数字显示器，但也有配置指针式指示仪表的。

6.加载举升装置

按《机动车安全技术检验项目和方法》规定，用于检验多轴及并装轴的滚筒反力式制动台，应具有台体举升功能和轴（轮）重测量功能，举升及轴（轮）重测量装置结构主要由举升平台、液压缸、液压站、称重传感器等组成，如图4-20、图4-21所示。

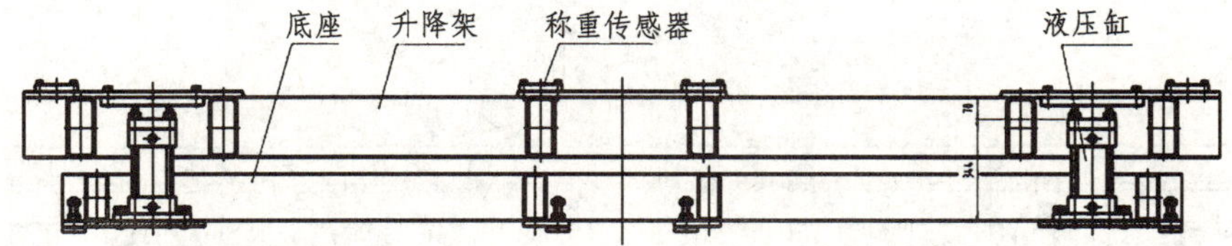


图4-20 加载举升装置结构图

图4-21 加载举升制动检验台

（二）平板式制动试验台结构

为满足汽车行驶的制动要求、提高制动稳定性、减少制动时后轴车轮侧滑和汽车甩尾，考虑到汽车制动时质量将发生前移，乘用车在设计上前轴制动力可达到静态轴荷的140%左右，而后轴制动力则设计得相对较小。上述制动特性只有在道路试验时才能体现，在滚筒反力式制动试验台上，由于受设备结构和试验方法的限制，无法测量出前轴最大制动力。

平板式制动试验台模拟实际道路制动过程进行检测，能够反映制动时轴荷转移及车辆其他系统（如悬架结构、刚度等）对制动性能的影响，因此可以较为真实地检测前轴驱动的乘用车的制动效能。但平板式制动检验台对检验员的操作要求较高，同时对不同轴距汽车的适应性也较差，因此，《机动车运行安全技术条件》规定对前轴驱动的乘用车更适宜用平板式制动检验台进行制动效能检测。一般采用四板组合（见图4-22），其结构如图4-23所示。

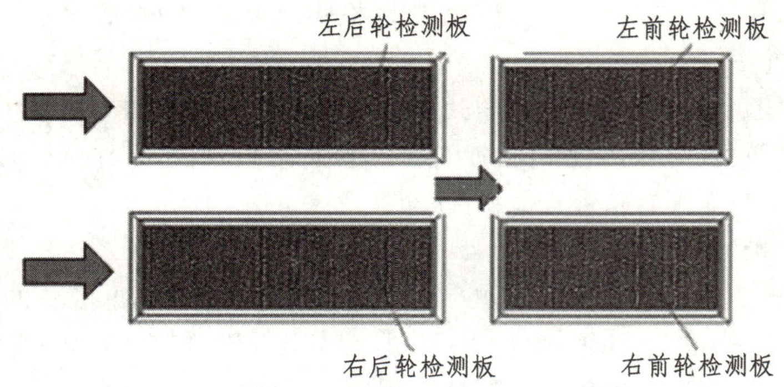


图 4-22 四板式平板制动布置图

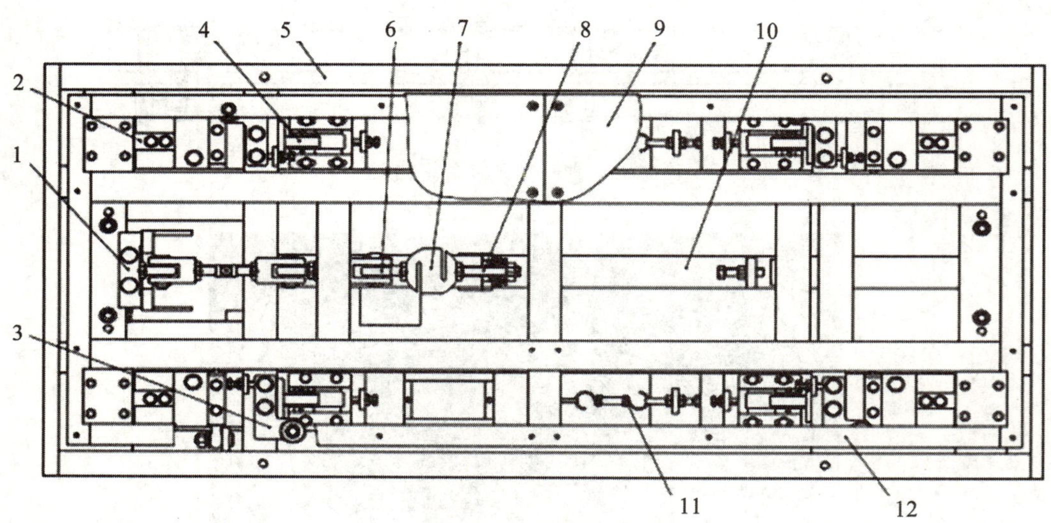


图 4-23 平板检测台结构图

1.制动力传感器 2.称重传感器 3.检测板侧向限位装置 4.检测板纵向限位装置 5.检测板外框架 6.制动力标定传感器连接装置 7.制动力标定传感器 8.标定传感器加载装置 9.检测板粘砂面板 10.底架 11.检测板回位弹簧 12.检测板框架

## 二、基本工作原理

### (一)反力式滚筒制动检验台的工作原理

检测时,将汽车轮胎停于主、副滚筒之间,车轮把制动台的到位开关(或光电开关)触发,控制仪表或系统,采集车轮到位信号后启动电机,经变速箱、链传动和主、副滚筒带动车轮匀速旋转,控制仪器提示驾驶员踩下制动踏板。踩下制动踏板后,车轮在车轮制动器的摩擦力矩下开始减速旋转。此时电动机驱动的滚筒对车轮轮胎周缘的切线方向作用与车轮制动器力矩相反的制动力,以克服制动器摩擦力矩,维持车轮继续旋转。与此同时,车轮轮胎对滚筒表面切线方向附加一个与电机产生的力矩方向相反、等值的反作用力,在形成的反作用力矩作用下,减速箱外壳与测力杠杆一起朝滚筒转动相反方向摆动,测力杠杆一端的测力传感器受力，输出与制动力大小成比例的电信号，如图 4-24 所示。从测力传感器输出的信号经放大滤波后，送往仪表或 A/D 转换器转换成数字信号，经计算机或仪表计算处理后，显示结果打印输出。另外，在实际使用时可将第三滚筒的转速信号输入仪表或计算机系统，测试中当车轮与滚筒之间的滑移率下降到预设值时(滑移率指踩制动踏板后车轮转速下降的值与未踩制动踏板时车轮的转速值之比)，仪表或计算机就会发出停电机指令，测试完毕，以起到停机保护作用。也有采用软件判断等其他方式控制停机的制动检验台。

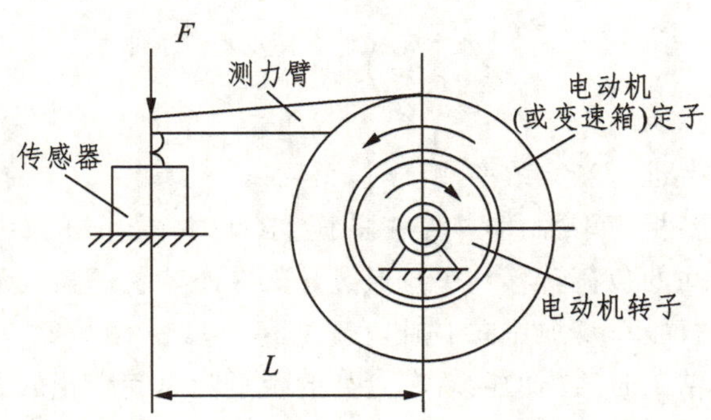


图 4-24　反力式滚筒制动试验台制动力测试原理图

对于多轴及并装轴的车辆加载制动检验时，采用具有台体举升功能的滚筒反力式制动检验台，但第一轴和最后一轴不进行加载制动检验。举升车辆中间轴时，制动台受力增大，相当于对测试轴加载，从而实现了加载测量制动性能。

按照《机动车安全技术检验项目和方法》的要求，加载测制动时，要同时测轴重。通过安装在加载举升装置上的称重传感器，实现轴重测量。

### (二)平板制动试验台测试原理

#### 1.制动力和轮重测试

平板制动试验台由几块平整的检测板组合安装而成，形成一段模拟路面，检测板工作面采用特殊的粘砂处理工艺(工作面还可用钢丝网格和喷镍，可根据客户需要配置)，使得表面与车辆轮胎之间具有很高的附着系数。检测时，机动车辆以一定的速度(5～10 km/h)行驶到该平板上并实施制动，此时轮胎对台面产生一个沿行车方向的切向力(见图 4-25)，车辆驶上检测台面后的全过程中装在平板制动检测板下面的轮重传感器和制动力传感器将车辆轮胎传递的力转换成电信号，经放大滤波后，送往 A/D 转换器转换成数字信号，由计算机处理后显示结果并打印输出。通过轮重传感器，还可实现对并装轴轴重的测量。

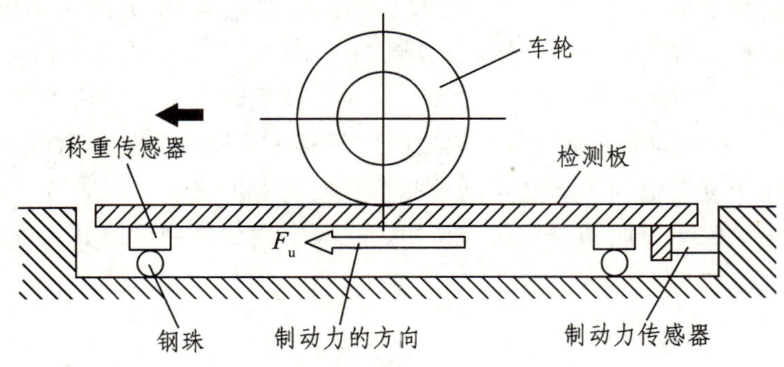


图 4-25　平板制动试验台制动力测试原理

2.悬架效率测试

用平板制动试验台进行悬架效率测试时，车辆以 5～10 km/h 的速度驶上平板台后，驾驶员迅速踩下制动踏板，车轮制动并停在平板上，此时车轮处的负重发生变化，主要是由于制动时前后车轴间的负荷转移及车身通过悬架在车轮上的振动而引起的。车身加速向下时，车轮处负重增加，车身加速向上时，车轮负重减少。图 4-26 所示的曲线是平板台在显示悬架效率测试结果时给出的前后车轮处的负重随时间变化的曲线。由于车辆的悬架系统能衰减、吸收车身的振动，所以，车身的振动经过一段时间后就会消失，故图中曲线的后段逐渐平直并接近 $O$ 点高度(车轮处于静态负重值)。图中的曲线完整地反映了制动引起的车身振动被悬架系统逐渐衰减的过程，从而可以计算出车辆的悬架效率。

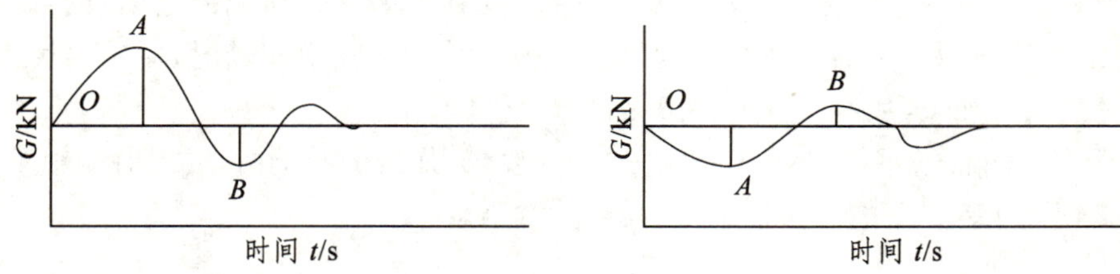


图 4-26　动态轮荷曲线

## 三、设备维护与保养

下面主要介绍滚筒式制动检验台的维护与保养[平板制动台近似轮荷台，维护与保养可参照轴(轮)荷台的维护与保养方法]。

1.要经常清扫，保持试验台清洁，滚筒上不得沾有油污。

2.发现链条松紧不当时，应进行调整，一般链条张紧程度以松边中间处下垂量为8～10 mm。

3.定期检查减速箱机油量，如油量不足，及时加以补充。

4.定期清洗前、后滚筒间的连接链条及链轮，清洗后加机油润滑。

5.检查紧固第三滚筒接近开关，保证其端部与第三滚筒挡板间的间隙为 3 mm 左右。

6.定期对传感器接近开关进行清扫，清除其灰尘及油垢，以保证信号正常。

7. 定期检查各部分连接电缆，如有接头氧化、线缆破损现象，应及时更换。

注：不同型号的设备会有特殊的维护与保养要求，须同时参照设备使用说明书进行。

## 四、常见故障与排除

下面主要介绍滚筒式制动检验台的常见故障与排除[平板制动台近似轴(轮)荷台，可参照轴轮荷台的故障检查排除方法]，详见表 4-3。

**表 4-3　　常见故障与排除**

| 常见故障 | 检查排除方法 |
|---|---|
| 驱动电机不转或伴有嗡嗡声 | 1. 检查电机电源是否接通，是否缺项<br>2. 检查电机是否被卡死堵转 |
| 在滚筒处施加一定的力矩，传感器开始无反应或数值非线性变化 | 1. 检查测量传感器是否正常，损坏需更换<br>2. 滚筒、减速机、力臂间的连接是否有松动 |
| 第三滚筒不能压紧轮胎，信号不正常 | 1. 检查第三滚筒拉紧弹簧是否松动或损坏<br>2. 检查第三滚筒光电传感器是否正常 |
| 电机控制箱的空气开关跳闸 | 检查与电机相连的电缆是否有短路 |
| 仪表显示数值不正确 | 1. 调整放大板上的增益电位器<br>2. 检查传感器有无损坏<br>3. 检查滚筒表面状态有无损坏 |
| 仪表只显示零而不显示其他数值 | 1. 检查传感器是否损坏<br>2. 检查传感器至仪表插头是否接触不良<br>3. 检查传感器供电是否正常 |

## 五、技术要求与试验方法

设备的检定技术要求规定了设备的计量特性。设备的日常管理可以通过期间核查评价设备的计量特性，确保设备在两次检定或校准期间良好的置信度。

### （一）反力式制动台

依据《滚筒反力式汽车制动检验台检定规程》(JJG 906－2009)要求：

1. 零值误差和零点漂移

(1)在制动台空载时启动电机，待滚筒转速稳定后，制动台示值应为零，若不为零即为零值误差。重复检定 3 次，3 次零值误差均不应超过满量程的±0.1%(满量程也可缩写为 FS)。

(2)数显式制动台调零后，每隔 10 min 观察 1 次。连续 3 次，每次的零点漂移均不应超过满量程的 0.1%。

2. 示值误差

(1)将专用杠杆固紧在制动台适当部位上，调整好杠杆的静平衡(即不加负荷时，制动台示值为零)和水平。对专用杠杆固紧在主滚筒上的制动台，检定前必须断开滚筒电机的电源以保证安全。

(2)按制动台满量程的4%、20%、100%(根据实际使用情况,另选择几个测量点,以保证总测量点数不少于6点),逐级加载至满量程,然后逐级减载至零。重复3次,分别读取各点相应的制动台示值。

(3)摩托车制动台按满量程的10%、100%(根据实际使用情况,另选择几个测量点以保证总测量点不少于5点),逐级加载至满量程,然后逐级减载至零。重复3次,分别读取各点相应的制动台示值。

(4)各测量点示值误差的计算

①采用测力仪检定时:

$$\Delta_i=\bar{f}_i-\frac{F_i \cdot L}{r} \tag{4-7}$$

式中:$\Delta_i$——第$i$点绝对示值误差;

$\bar{f}_i$——第$i$测量点时,制动台3次示值(增载、减载分别计算)的平均值(N);

$F_i$——第$i$测量点时,测力仪示值(N);

$L$——测力杠杆等效力臂长(mm);

$r$——制动台主滚筒半径(mm)。

a. 对于不大于4%FS的测量点,计算示值引用误差。

$$\delta=\frac{\Delta}{(\mathrm{FS})}\times 100\% \tag{4-8}$$

式中:$\delta$——示值误差。

b. 对于大于4%FS的测量点,计算示值相对误差。

$$\delta_{\mathrm{i}}=\frac{\Delta_i}{F_i \cdot \frac{L}{r}}\times 100\% \tag{4-9}$$

②采用砝码检定时:

$$\Delta_i=f_i-M_i \cdot g \cdot \frac{L}{r} \tag{4-10}$$

式中:$M_i$——第$i$测量点时,加载砝码质量(kg);

$g$——检定地区重力加速度($\mathrm{m/s^2}$)。

对于不大于4%FS的测量点,按公式(4-8)计算示值引用误差。对于大于4%FS的测量点,按公式(4-11)计算示值相对误差:

$$\delta_i=\frac{\Delta_i}{M_i \cdot g \cdot \frac{L}{r}}\times 100\% \tag{4-11}$$

以上各检定点示值误差均应分别符合标准的要求。

(5)对配有打印机装置或在配置计算机控制系统的机动车辆检测站中的制动台,还应按上述方法检定打印值或计算机显示值。

(6)按上述方法分别测量并计算出各测量点的左、右制动台示值,并按公式(4-12)计算出各测量点的左、右制动示值间差:

$$\delta_{\mathrm{Pi}}=|\delta_{\mathrm{Li}}-\delta_{\mathrm{Ri}}| \tag{4-12}$$

式中:$\delta_{\mathrm{Pi}}$——第$i$测量点左、右制动力示值间差;

$\delta_{Li}$——第 $i$ 测量点左制动力示值误差；

$\delta_{Ri}$——第 $i$ 测量点右制动力示值误差。

在所有测量点中，左、右制动力示值间差均应符合标准要求。

(1)制动力不大于 4%FS 的：不超过±0.4%FS。

(2)制动力大于 4%FS 的：不超过±5%。

(3)左、右制动力示值间差：制动力不大于4%FS的，不超过 5%；制动力大于 4%FS 的，不超过 3%。

### (二)平板式制动台

依据《平板式制动检验台检定规程》(JJG 1020－2007)要求：

1.零点漂移

使制动台处于不受力的空载状态，调整至零位后，观测其零位示值情况，每隔 2 min 记录 1 次偏离零位的值，连续 3 次，4 次(含初始值)中最大的值即为零点漂移。6 min 内不大于 1 个分度值。

2.回零误差

(1)检定装置的安装与调整

安装专用加载工具、标准测力仪等检定用设备，将加力方向调至与制动台的制动力方向即行车线方向一致，调整制动台和标准测力仪，使制动台处于不受力状态，制动台和标准测力仪的示值都为零。

(2)检定方法

通过加载方式先破坏制动台的平衡状态，即沿制动台的制动力方向施加不小于 1%FS的力，再除去该外加作用力，观测其实际回零状况，读取偏离零位的示值；重复实验 3 次，3 次中最大的偏离零位的示值即为回零误差。

(3)回零误差≤±0.2%FS

3.示值误差

检定装置的安装与调整与“2.回零误差”中(1)的方法相同。

选择制动台制动力满量程的 10%、100%以及其间的任意 3 个点作为测试点。

用专用加载工具沿制动平板的制动力方向即行车线方向按所选测试点由小到大逐级增加载荷，记录各测试点标准测力仪示值 $P_{ikL(R)}$ 和制动平板制动力示值 $F_{ikL(R)}$，重复以上实验 3 次，按式(4-13)计算各点的单次制动力示值误差 $\delta_{ikL(R)}$ 和 3 次实验的算术平均值 $\delta_{iL(R)}$，则 $\delta_{iL(R)}$ 为左(右)制动平板各测试点的示值误差；最后取 $\delta_{iL(R)}$ 中的最大值作为制动台的示值误差。

$$\bar{\delta}_{iL(R)} = \frac{1}{3}\sum_{k=1}^{3}\delta_{ikL(R)} = \frac{1}{3}\sum_{k=1}^{3}\left(\frac{F_{ikL(R)} - P_{ikL(R)}}{P_{ikL(R)}} \times 100\ \%\right) \tag{4-13}$$

式中：$\bar{\delta}_{iL(R)}$——左(右)制动平板第 $i$ 个测试点的制动力示值误差；

$\delta_{ikL(R)}$——左(右)制动台第 $i$ 个测试点第 $k$ 次的制动力示值误差，$i=1,2\cdots5$，$k=1,2,3$；

$F_{ikL(R)}$——左(右)制动平板第 $i$ 个测试点第 $k$ 次的制动平板制动力示值(N)；

$P_{ikL(R)}$——左(右)制动平板第 $i$ 个测试点第 $k$ 次的标准测力仪示值(N)。

轮制动力大的示值误差为±3%。

4.示值间差

由确定的左(右)制动平板示值误差的结果,按式(4-14)分别计算前、后轮各测试点左与右制动平板的制动力示值间差,最后取 $\delta_{Pi}$ 中的最大值为制动台的示值间差。

$$\delta_{Pi}=|\bar{\delta}_{iL}-\bar{\delta}_{iR}| \tag{4-14}$$

式中:$\delta_{Pi}$——第 $i$ 个测试点左制动平板与右制动平板的示值间差;

$\bar{\delta}_{iL}$——左制动平板第 $i$ 个测试点的示值误差;

$\bar{\delta}_{iR}$——右制动平板第 $i$ 个测试点的示值误差。

轮制动力的示值间差为3%。

5.静态复现性

通过示值误差的检定,得知左、右制动平板各测试点重复3次测试的制动力示值 $F_{ikL(R)}$,计算各测试点3次示值的平均值 $F_{iL(R)}$,按式(4-15)计算各点的制动力示值的静态复现性 $\rho_{iL(R)}$,取制动平板各测试点中最大值作为制动台的静态复现性。

$$\rho_{iL(R)}=\frac{1}{3}\sum_{k=1}^{3}\left(\frac{F_{ikL(R)\max}-F_{ikL(R)\min}}{\bar{F}_{iL(R)}}\times100\%\right) \tag{4-15}$$

式中:$\rho_{iL(R)}$——为制动台的静态复现性,$i=1,2,\cdots,5$;

$F_{ikL(R)\max}$——左(右)制动平板第 $i$ 个测试点 $k$ 次制动力示值中的最大值,$k=1,2,3$,单位为N;

$F_{ikL(R)\min}$——左(右)制动平板第 $i$ 个测试点 $k$ 次制动力示值中的最小值,$k=1,2,3$,单位为N;

$F_{iL(R)}$——左(右)制动平板第 $i$ 个测试点制动力3次示值的平均值,单位为N。

制动台的静态复现性为制动力示值误差绝对值的一半。

## 第五节 汽车前照灯检测仪

前照灯是汽车在夜间或在能见度较低的条件下,为驾驶员提供行车道路照明的重要设备,而且也是驾驶员发出警告,进行联络的灯光信号装置。所以前照灯必须有足够的发光强度和正确的照射方向。由于在行车过程中汽车受到震动,可能引起前照灯部件的安装位置发生变动,从而改变光束的正确照射方向;同时,灯泡在使用过程中会逐步老化,反射镜也会受到污染而使其聚光灯性能变差,导致前照灯的亮度不足。这些变化都会使驾驶员对前方道路情况辨认不清,或在对面来车交会时造成对方驾驶员眩目等,从而导致事故的发生。因此,前照灯的发光强度和光束的照射方向被列为机动车运行安全的检验项目。

## 一、检测仪的结构与工作原理

### (一)投影式前照灯检测仪结构与工作原理

仪器主体由车架和受光箱两部分构成。受光箱用以接受被检前照灯的光束并进行检测。受光箱安装在车架上,可沿立柱由电动机驱动(或摇动手轮)上下移动,并可在地面上沿轨道左右移动,外形结构如图 4-27 所示。由被检前照灯发出的光束经聚光镜汇聚后,由反射镜反射到屏幕上。屏幕呈半透明状态,在屏幕上可看到光束的光分布图形。该图形近似于在 10 $m^2$ 屏幕上观察的光分布特性。屏幕上对称分布 5 个光检测器,如图 4-28 所示,NO. 1、NO. 2 用以检测垂直方向的光分布,其输出电流经转换成电压后,连接到垂直方向的指示表上。通过旋转上下刻度盘,使反光镜移动,从而使 NO. 1 及 NO. 2 的输出信号相等,上下指示表指示为 0。此时上下刻度盘指示出光轴偏移量的数值。NO. 3 及 NO. 4 用以检测左、右方向的光分布情况,其原理同上。由左右刻度盘指示出光轴偏移量。NO. 5 用以检测发光强度,其输出放大后由发光强度指示表指示发光强度数值。

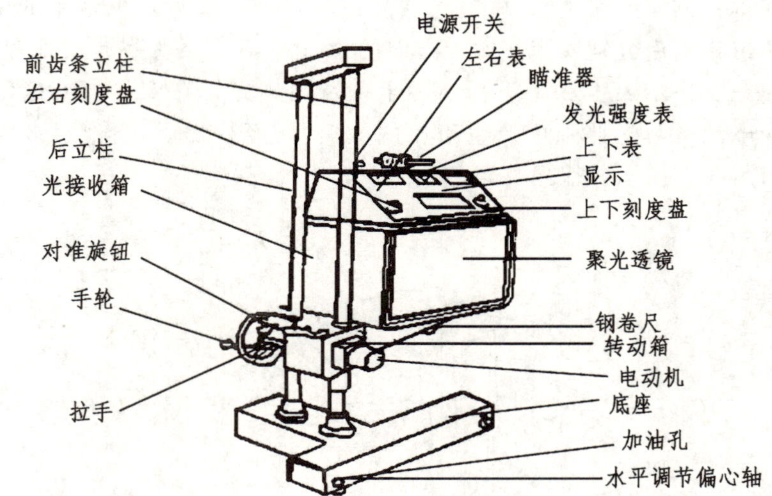


图 4-27　投影式前照灯检测仪整体结构

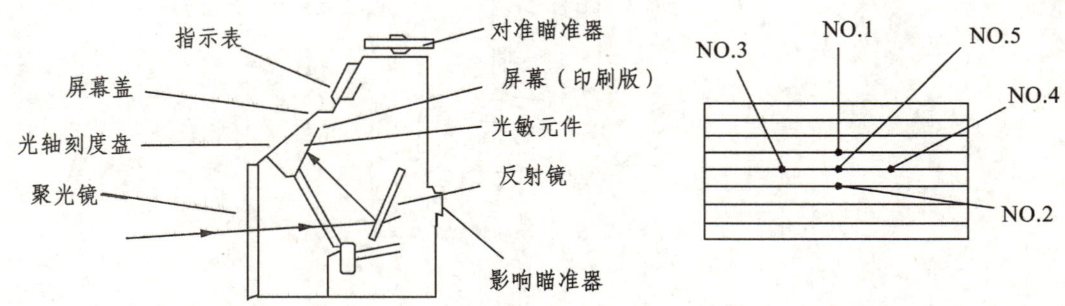


图 4-28　光接受箱内部结构图和硅光电池板

### （二）自动跟踪光轴式前照灯结构与工作原理（单测远光）

仪器外形如图 4-29 所示。仪器主要由驱动机构及光接收箱构成。底箱内装左右方向驱动系统及垂直方向牵引系统，以驱动仪器整机做左右方向运动及牵引光接收箱做垂直方向运动。仪器可沿导轨左右移动整个设备。在光接收箱内部有一透镜组件（见图 4-30）。在光接收箱的正面装有上、下、左、右 4 个光电池，用作光轴追踪。其原理：当上下光电池受到的光照度不同时，产生的偏差信号驱动上下传动部件中的电机，牵引光接收箱向光照平衡的位置移动。同样，左、右光电池的偏差信号驱动左、右传动部件中的电机，使仪器向左、向右移动，直到光轴位置偏差信号为 0 时，灯光仪停止移动，灯光的光轴处于光接收箱的中心上。同时，在透镜后面的四象限光电池受到前照灯光束经透镜聚光后，照射在这一光电池组的中央时，4 个光电池产生的偏差信号为 0（上下表和左右表指示为 0）。如果在仪器定位于主光轴位置时，通过聚光透镜的光束偏离中心位置，必然产生偏差信号。左右偏移的偏差信号驱动电机，使透镜移动，以减少这一偏差，亦即使得汇聚的光束向光电池组中心逼近。同样，上下偏移的偏差信号则驱动透镜在垂直方向上作调整，以使光点能在垂直方向逼近光电池组的中心。透镜在两个方向的位移量由分别安装在两个方向的位移传感器经电路放大处理后，分别将偏移量显示在左右指示表上和上下指示表上并输出。光强在四象限光电池中心聚焦后由四象限光电池组与光照强度产生正比的电信号，经叠加后，再经过放大电路放大后送到光强指示表上指示并输出。

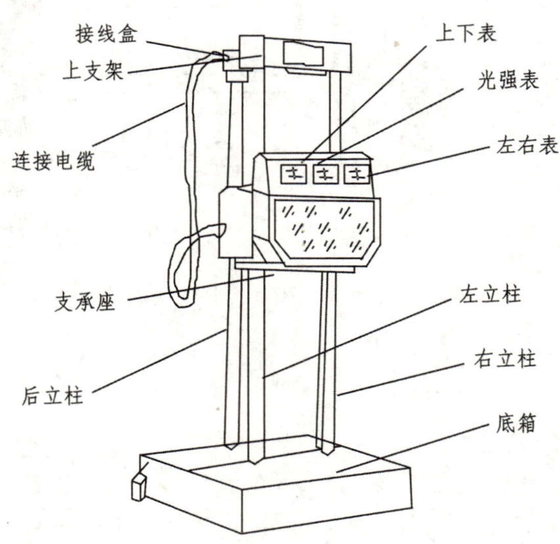


图 4-29　自动跟踪光轴式前照灯检测仪外形结构

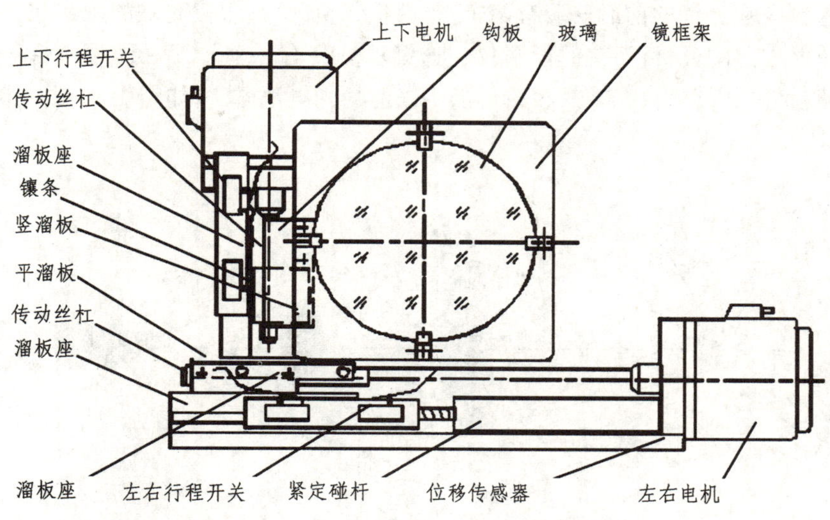


图 4-30　自动跟踪光轴式前照灯检测仪的透镜组件

（三）CCD 图像传感器式全自动前照灯远近光检测仪

仪器外形如图 4-31 所示。采用 CCD 图像传感器的全自动前照灯远近光检测仪，是在全自动远光检测仪基础上结合 CCD 图像传感器和先进的图像处理技术发展而来的。

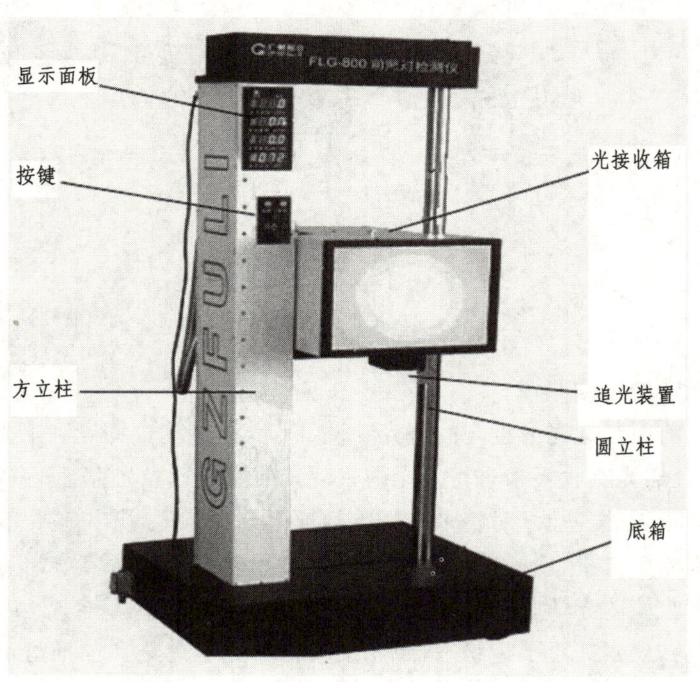


图 4-31　全自动前照灯远近光检测仪结构

有的检测仪在透镜的前后安装有两个CCD摄像机，分别负责光轴的跟踪和前照灯配光性能以及照射方向的分析，而有的检测仪在透镜后安装有一个CCD摄像机，用于前照灯配光性能和照射方向的分析，光轴的跟踪仍沿用以前的光电池方法，如图4-32、图4-33所示。

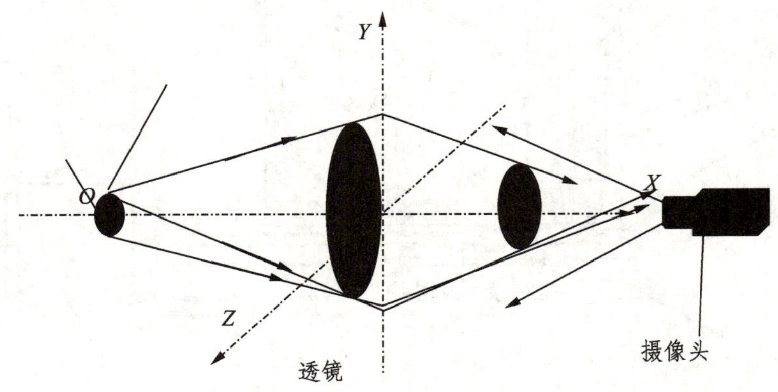


图4-32　单CCD的仪器原理结构

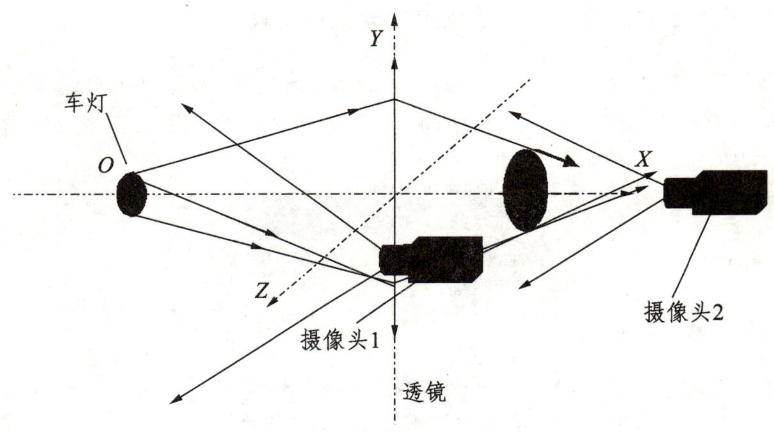


图4-33　双CCD的仪器原理结构

1. 前照灯光轴的定位原理

根据机动车前照灯远光或近光的配光特性、CCD测量技术特点和聚光透镜的聚光特性，可以对进入仪器光接收箱未进行聚光的机动车前照灯远光光束进行拍摄，利用高性能计算机和先进的图像处理技术对整个光斑进行量化分析处理，找出前照灯的光轴中心，通过控制系统控制驱动电机，使光接收箱的光学中心和前照灯的远光（或近光）光束中心准确重合。当光接收箱的光学中心和前照灯的远光光束中心准确重合时[见图4-34(a)]，上下、左右电机不动，仪器处于平衡状态；当光接收箱的光学中心和前照灯的远光光束中心不重合时[见图4-34(b)]，计算计会发出指令，使上下、左右电机走动，直到光接收箱的光学中心和前照灯的远光光束中心准确重合。

2. 偏角和光强的测量

对准光轴后，利用CCD对进入仪器光接收箱经过聚光镜聚光后聚集在平面屏幕上的

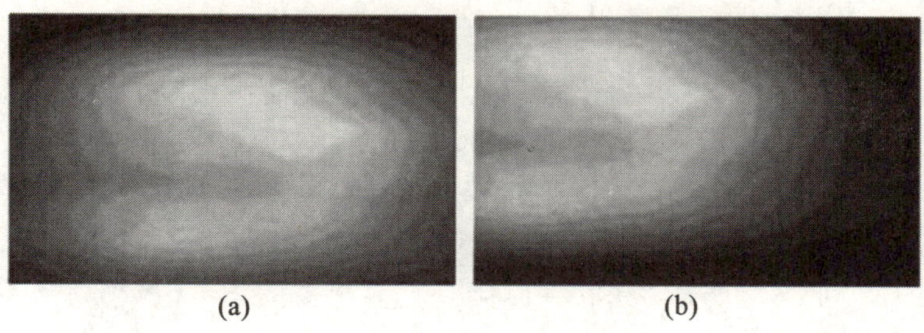

(a) (b)

图 4-34 光成像分布图

机动车前照灯远光光斑进行拍摄，再利用高性能计算机和先进的图像处理技术对整个平面光斑进行量化分析处理，找出其光束中心。不同的偏角的光束其光学中心成像在平面上的位置不同，不同光强的点在图像上的灰度也不同，光强越强的点，光斑越白，光强越小的点，光斑越暗。当机动车前照灯远光的偏角为 0°时，远光（或近光）灯光束经过聚光透镜聚光后，其成像在平面光学中心，也在平面的中心，其成像在平面的光分布如图 4-35(a)所示。当机动车前照灯远光的偏角不为 0°时，远光光束经过聚光透镜聚光后，其成像不在平面光学中心，也不在平面的中心，其成像在平面的光分布如图 4-35(b)所示。

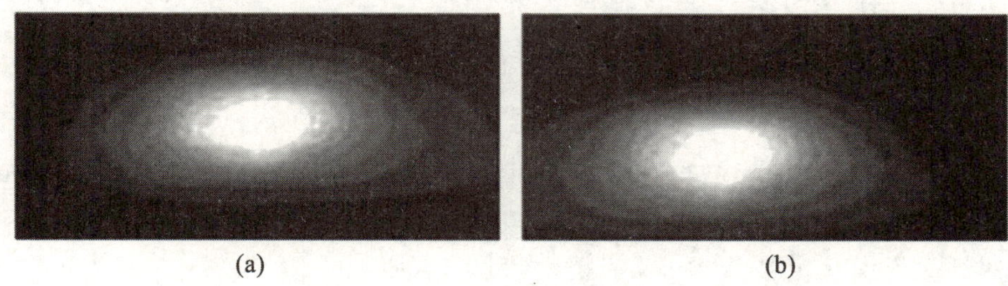

(a) (b)

图 4-35 光成像分布图

汽车前照灯的近光为非对称式，即光形分布有一条明显的明暗截止线。非对称式配光有两种：一种是在配光屏幕上，明暗截止线的水平部分在 $V$-$V$ 线的左半边，右半边为水平线向上呈 15°的斜线，如图 4-36(a)所示；另一种是明暗截止线右半边为水平线向上呈 45°斜线至垂直距离 25 cm 转向水平的折线，由于明暗截止线呈 Z 形，亦称“Z 形配光”，如图 4-36(b)所示。

## 二、前照灯检测仪的保养

1. 导轨应每日清洗，其运行表面不得有砂粒、油泥及其他阻碍仪器运行的异物。

2. 前圆立柱应每日清洁，防止灰尘积聚。每日工作前应为其加上适量 20# 机油，以保证润滑良好。

3. 立柱每周至少清洁 1 次，并加上适量 20# 机油。

4. 传动链每月清洁 1 次（可用棉布浸润汽油抹洗），并加上适量 20# 机油或钙基润滑脂。

5. 卸下顶盖，对顶部传动轴承每月加钙基润滑脂 1 次。

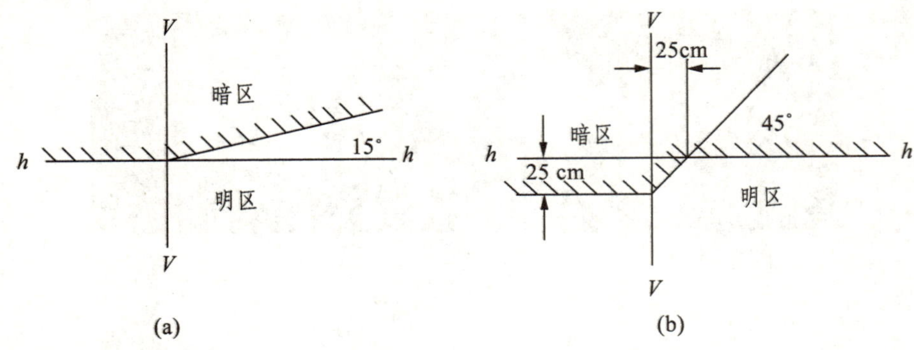


图 4-36　非对称式配光示意图

6.受光面下面的玻璃应经常用软布擦拭，不应有油雾、灰尘等阻碍光线透射的异物存在。

注：不同型号的设备会有特殊的维护与保养要求，须同时参照设备使用说明书进行。

## 三、常见故障及排除

汽车前照灯检测仪是比较复杂的检测仪器，全自动型的一般带有自诊断功能，参照说明书的具体说明进行。

## 四、技术要求与试验方法

设备的检定技术要求，规定了设备的计量特性。设备的日常管理，可以通过期间核查评价设备的计量特性，确保设备在两次检定或校准期间良好的置信度。

前照灯检测仪检定技术要求，依据《机动车前照灯检测仪检定规程》(JJG 745－2002)。

1.外观

(1)前照灯检测仪各运动部件应运转灵活平稳、锁定可靠。光学器件应清洁，无斑点、气泡和划痕等影响测量精确度的缺陷。

(2)前照灯检测仪应有发光强度、光轴偏移值(角)的显示仪表。显示仪表为指针式的，表盘应清晰，指针不应弯曲，指针转动时不应出现跳动、卡滞等现象；显示仪表为数显式的，显示应完整清晰，不应有影响读数的缺陷。

(3)配有打印机装置或配置在计算机控制的机动车检测线上的自动式前照灯检测仪，其仪表显示值、打印值或线上计算机显示值均应符合示值误差的要求。

检查仪器仪表零点是否正常。

2.发光强度要求

远光发光强度示值误差不大于±10%。

3.光束照射方向示值误差

(1)远光光束照射方向偏移值或偏转角的示值误差不大于±35 mm/10 m 或±12′。

(2)近光光束照射方向偏移值或偏转角的示值误差不大于±44 mm/10 m 或±15′。

4.前照灯基准中心离地高度示值误差

前照灯基准中心离地高度示值误差不大于±10 mm。

由于试验用到的试验设备比较昂贵，方法复杂，这里不再详述，参考检定规程。

## 第六节　车辆外廓尺寸动态测量仪

当前，部分车主为达到超载运输目的对车辆进行各种改装，如对车辆加厚钢板，加大车厢尺寸等。车辆超载超限已成为严重影响国家和人民生命财产安全，危及社会经济秩序稳定的一个突出问题。依据国家标准《道路车辆外廓尺寸、轴荷及质量限值》(GB 1589－2004)、《机动车运行安全技术条件》(GB 7258－2012)、《机动车安全技术检验项目和方法》(GB 21861－2014)，为了从源头上把好关，机动车检测站必须对超限的新注册车辆和在用机动车辆的外廓尺寸进行强制检测。目前，对车辆外廓尺寸的检测基本上仍延用过去的人工测量方式，但是人工测量的不确定性以及费时费力不安全，需要测量仪器对机动车外廓尺寸进行自动测量，以减少测量工作强度及人为因素的干扰。机动车外廓尺寸动态自动测量装置可以方便地检测(时速 35 km)汽车的外廓尺寸，并与该车辆的外廓尺寸原始数据进行比对(或与车管所数据库中 3～5 km 该车辆的外廓尺寸原始数据自动进行比对和判定)，加强对车辆的监督管理。

### 一、基本功能与工作原理

车辆外廓尺寸动态测量系统有基于激光高速动态扫描测量、图像叠加分析测量和红外光幕测量等测量原理的几种方法。这里以基于激光高速动态扫描测量原理的为例。程序主要包括系统标定、数据预处理、边缘点处定位和车辆外廓尺寸数据计算等内容。该系统为全自动、非接触式测量，车辆驶出测试区域后瞬间计算出车辆长度、宽度和高度等数据，如图 4-37 所示。

图 4-37　外廓尺寸自动测量仪测量示意图

检测系统采用 3 个进口激光测距扫描单元，安装位置如图 4-37 中标示。车辆从安装有第一激光扫描单元的那端驶入，开始测量后，测距激光扫描仪组一直处于开机状态获取数据，第一激光扫描单元(1)和第二激光扫描单元(2)对车身扫描，获取车身离地面的高度和左右两边缘的坐标,测长激光扫描单元(3)获取到车头的水平距离。通过车辆表面点与激光扫描单元之间的距离和角度可换算出车身表面在激光测距扫描单元坐标系里的三维坐标数据,其数据可真实地反映车辆的外廓形状。当车辆进入激光扫描面瞬间,计算机便会不停地记录下扫描的数据,车辆车尾离开第一激光扫描仪(1)和第二激光扫描仪(2)的激光扫描面时,计算机便会记录下此刻测长激光扫描仪(3)到车头的水平距离,并快速地计算出车辆的长、宽、高。

## 二、设备维护与保养

激光设备主要由一对测高宽激光和一个测长激光组成。由于采用了光学器件,要注意以下问题:

1. 对发射台体盖板上的固定螺丝时常检查,看是否松动。

2. 红外发射台体的防尘盖板是否能完全打开或关闭,在断电、断气的情况下检查防尘盖板是否松动。

3. 检查台体中红外发射的有机玻璃管表面是否过脏,过脏须用毛刷及时清扫。清扫时打开防尘盖板后,关闭电源,以防设备误动作造成设备或人员的损伤。

4. 检测宽时严禁有雨水及雨水混合物从车体上流落下来。

## 三、技术要求与试验方法

### (一)技术要求(见表 4-4)

表 4-4　检测仪的测量示值误差和重复性要求

| 测量参数 | 示值误差 | 重复性 |
|---|---|---|
| 车长 | ±0.8%或±50 mm | ≤0.8% |
| 车宽 | ±0.8%或±20 mm | ≤0.8% |
| 车高 | ±0.8%或±20 mm | ≤0.8% |

### (二)试验方法

1. 仪器设备和场地设施

(1)仪器设备

试验用仪器设备见表 4-5。

表 4-5　试验用仪器设备

| 名称 | 规格 | 准确度等级或允许误差 |
|---|---|---|
| 钢卷尺 | 5 m、30 m | Ⅱ级 |
| 激光测距仪 | ≥ 30 m | 0 级 |
| 水平尺 | ≥500 mm | 0.5 mm/m |
| 铅锤 | — | — |
| 绝缘电阻表 | 500 MΩ,500 V | 10 级 |
| 高低温试验箱 | 低温:−40 ℃;高温:70℃ | — |
| 恒温恒湿试验箱 | (40±2)℃,(93±3)% RH | — |
| 杆状突出物 | 外形:长方体;截面:50 mm×50 mm;长度:符合试验要求 | |
| 注:钢卷尺和激光测距仪任选其一 | | |

(2)场地设施

检测通道的长度和宽度应与受检车型相适应，其地面水平高度差：纵向不大于检测通道长度的0.1%，横向不大于检测通道宽度的0.05%。

2. 试验车辆

车长不小于8 m的空载箱式载货汽车1辆，各轮胎气压符合规定，且左、右轮胎气压保持一致。

3. 性能试验

(1)分度值

目视检查仪表显示结果的分度值。

(2)示值误差

采用试验车，按以下方法进行示值误差试验：

①将试验车停放在符合规定的场地，采用铅锤将车长、车宽投影在地面，用钢卷尺或激光测距仪测量投影点的间距，并采用水平尺、铅锤和钢卷尺或激光测距仪测量车高，记录测量结果。

注：按《汽车和挂车的术语及其定义》(GB/T 3730.3)的定义确定车长、车宽和车高。

②检测仪按使用要求预热后，进入测量状态。

③试验车以规定的速度正直驶过检测通道，检测仪显示并记录测量结果，连续测量3次。

④将杆状突出物分别固定在试验车的长、宽、高方向的车体上，其长度应超出试验车后部最外端点、货厢侧面固定突出部位以及车辆最高点50～100 mm，重复①②③步骤。

⑤按公式(4-16)和公式(4-17)分别计算车长、车宽和车高的测量示值误差，各次测量结果均应符合表4-4的要求。

注：除试验车驾驶员外，试验车不得乘坐或搭载他人。进行③规定试验时，试验车驾驶员不得离车。

$$\delta_i=\frac{S_i-S}{S}\times 100\% \tag{4-16}$$

式中：$\delta_i$——第$i$次检测仪测量的示值相对误差(%)；

$S_i$——第$i$次检测仪的测量值(mm)；

$S$——人工测量值(mm)。

$$\Delta_{S_i}=S_i-S \tag{4-17}$$

式中：$\Delta_{S_i}$——第$i$次测量的示值绝对误差(mm)。

(3)重复性

按公式(4-18)计算测量结果的重复性。

$$R=\frac{S_{max}-S_{min}}{\overline{S}}\times 100\% \tag{4-18}$$

式中：$R$——重复性(%)；

$S_{max}$——3次测量结果的最大值(mm)；

$S_{min}$——3次测量结果的最小值(mm)；

$\overline{S}$——3次测量结果的平均值(mm)。

# 第七节　汽车底盘间隙检查仪

## 一、基本功能

底盘间隙检查仪，一般是安装在地沟两侧用来辅助人工检测汽车底盘各零件、总成部分的间隙是否合适。间隙仪只提供一个平台让轮胎可以左、右前后移动，在移动过程中检测员靠目测或其他手动工具检测底盘转向系、悬架系零部件的安装间隙是否合理。车辆在长期使用过程中，某些零部件由于长期磨损变形，可能导致间隙增加，会加剧磨损，为此通过对底盘间隙检查可对某些零件进行重新装配或调整。

## 二、结构与原理

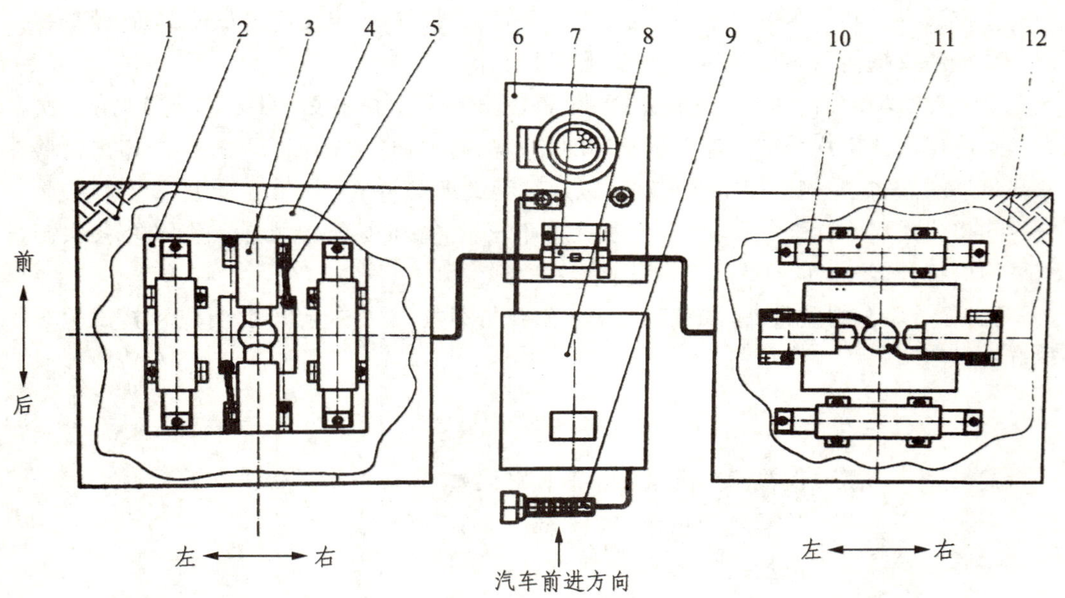


图 4-38　汽车底盘间隙检查仪结构示意图

1.台面板　2.滑动板　3.油缸　4.底板　5.油管　6.液压管　7.电磁换向阀　8.电器箱　9.手动控制盒　10.导向柱　11.导向座　12.油管接头

汽车底盘间隙仪由滑动平台、液压系统及其电气控制组成，如图 4-38 所示。底框安装在地基上，用地脚螺栓紧固，导向座安装在底框上，导向柱在导向座中滑动，面板安装在导向柱上，油缸安装在底框上，油缸在压力油的作用下，推动台面沿左右(前后)运动。如在底层上增设滑动板，安装在底层的导向柱上，该滑动板在油缸的推动下，使台面沿左右方向运动。在滑动板上安装有导向座导向柱和油缸，安装方向与底层方向垂直，台面安装在滑动的导向柱上，因此，台面在油缸的推动下，还能做前后(左右)方向的运动。台面的运动速度相同，以便检验人员观察和判定。

### 三、设备技术要求

产品制造执行《汽车悬架转向系间隙检查仪》(JT/T 633)中的主要技术要求：

1. 每边台面板最大单向位移量为 20～50 mm。
2. 每边台面板最大总位移量为 40～100 mm。
3. 单侧台面板推力不小于 20 kN。

## 第八节 检测线联网控制系统

关于汽车检测与诊断的科学，从发明到今天已经一个多世纪了。在现代社会，汽车已成为人们工作、生活中不可缺少的一种交通工具。汽车在为人类社会造福的同时，也带来大气污染、噪声和交通安全等一系列的严重问题。汽车本身是一个复杂的系统，随着行驶里程和使用时间的增加，其技术状况将不断恶化。因此，一方面要不断研制性能优良的汽车，另一方面要借助维护和修理，恢复其技术状况。汽车的性能检测就是在汽车使用、维护和修理过程中对汽车的技术状况进行测试、检验和故障诊断的一门技术。

我国从 20 世纪 60 年代开始研究汽车检测技术，为满足汽车维修需要，当时交通部主持进行了发动机气缸漏气量检测仪、点火正时灯等检测仪器的研究、开发。70 年代，我国大力发展了汽车检测技术，汽车不解体检测技术及设备被列为国家科委的开发应用项目。由交通部主持研制开发了反力式汽车制动试验台、惯性式汽车制动试验台、发动机综合检测仪、汽车性能综合检验台(具有制动性检测、底盘测功、速度测试等功能)。进入 80 年代，随着国民经济的发展，科学技术的各个领域都有了较快的发展，汽车检测及诊断技术也随之得到快速发展，加之我国的汽车制造业和公路交通运输业发展迅猛，对汽车检测、诊断技术和设备的需求也与日俱增。我国机动车保有量迅速增加，随之而来的是交通安全和环境保护等社会问题。如何保证车辆快速、经济、灵活，并尽可能不造成社会公害等问题，已逐渐被提到政府有关部门的议事日程，因而促进了汽车诊断和检测技术的发展。交通部主持研制开发了汽车制动试验台、侧滑试验台、轴(轮)重仪、速度试验台、灯光检测仪、发动机综合分析仪、底盘测功机等等。国家在“六五”期间重点推广了汽车检测和诊断技术。

在单台检测设备研制成功的基础上，为了保证汽车技术状况良好，加强在用汽车的技术管理，充分发挥汽车检测设备的使用，提高检测线检测的自动化程度，减少人为因素的影响，在 20 世纪 80 年代初，我国建立了国内第一条汽车检测站，从工艺上提出将各种单台设备安装联网，构成了功能齐全的汽车检测站。

在 2000 年后伴随着计算机技术、网络技术、自动化控制技术、光电与通信技术的迅猛发展，检测线联网控制技术也得到了飞速发展。当前的检测线普遍安装了联网控制系统，实现了检测车间内部设备的连接，并统一控制、统一指挥、统一调度，从检测车辆进线检测到检测完毕整个过程，除个别项目需要人工操作(如尾气需要人工插入探头、外检和地沟检验需人工输入不合格项目、一些小设备无电信号无法联网)外，其余全部实现了计算机自动控制、自动检测、自动引导引车员检测，在检测完毕后，将检测数据(包括曲线、检测数据、检测视频、操作人等)全部存盘、自动打印检测报告，对检测车辆可进行查询、统计汇总。在提高检测设备联网、检测自动化程度的同时，联网控制系统也附加了很多辅助功能，如检测站内部管理、触摸查询、信息对外发布系统、视频监控系统、收费系统、设备管理、维修管理等，许多检测线已实现了与外部网络系统的连接，将检测数据和结果自动传送到上级主管部门，实现了数据共享，为主管部门科学地决策提供了强有力的依据。

## 一、检测线联网控制系统的基本概念

机动车检测站是综合运用现代检测技术及设备对汽车进行不解体检测的场所。20世纪80年代至90年代初期，检测站所安装的检测线经历了手动线、半自动线和全自动控制系统三个阶段。今天我们说到的检测线联网控制系统的概念，就是指全自动控制系统。所谓的“全自动控制系统”，是指通过硬件电路将检测线上的设备与计算机连接起来，由计算机自动进行数据采集、传输、处理、判断、实时控制、管理与存储，生成完整的检测报告单，并能提供数据查询、分析及统计汇总功能，实现统一管理、统一指挥、统一调度。联网控制系统由计算机、交换机、网络适配器、通信接口及测控设备组成。

20世纪90年代中期以后，计算机网络技术、通信技术被逐步运用到机动车检测站中，各检测站陆续安装检测线联网控制系统。该系统主要由检测登录系统、检测控制系统、监控系统、检测业务管理子系统、财务管理子系统及其他辅助子系统等组成。运用现代通信网络技术将这些子系统(或称“工作站”)连接成一个局域网，用于实现机动车检测站的全自动检测、全自动管理和全自动财务结算等。这无疑将大大提高机动车检测站的生产效率，降低劳动成本。此外，还可利用信息高速公路把某地区机动车检测站连成一个广域网，使上级管理部门可以实时地了解并监督该地区各机动车检测站的车检工作和车辆的检测情况。

检测线联网控制系统具有以下特征：

1.对检测设备的可调度性

检测线的可调度性体现在两个方面：一是对检测设备，控制系统能通过通信或控制量对检测线上的联网设备进行控制调度。二是对检测车辆，对已注册登录车辆可调度上线检测，在线车辆可调度到任意工位、任意项目、任意次数的检测。

2.对检测结果的可查询性

检测控制系统能将检测车辆的数据、结论保存，提供查询、统计功能。

3.车辆检测过程的可干预性

在检测过程中，可能出现各种问题，如注册项目错误、由于误操作某项目没有正常检测等，都需要人工干预。具体体现在以下几个方面：

(1)注册登录错误，允许使用者对登录信息进行修改。

(2)某项目没有正常检测，允许重新检测。

(3)项目注册错误，多注册某项，允许跳过该项目，直接进入下一项目的检测。

(4)车辆下线功能，能将错误的上线车辆强制删除。

4.检测过程的可指示性

引车员在引车过程中，通过控制系统的提示信息能准确操作。

5.系统具有可维护性

整个检测线控制系统无论电气系统还是软件系统，都具有损坏后的方便修复能力。

6.联网能力

联网控制系统具备与上级主管部门或相关业务部门的联网功能，以方便相关职能部门进行业务监督。

7.联网控制系统应能全面真实地反映所有检测项目，具有机动车登录、规定项目检测、检测结果数据的自动传输、自动生成符合标准要求的检测报告、检测数据自动存档、生成统计报表等功能。

8.不得改变联网设备的测试原理、分辨力、测量结果数据的有效位数和检测结果数据。

## 二、检测线联网控制模式

检测线的联网模式可分为两种，即分布式控制模式和集中式控制模式。

分布式控制模式中对检测线的各个工位有单独的计算机对该工位的各个项目进行控制，这台计算机我们称之为“工位机”；各工位机又受另外一台计算机控制，我们称之为“主控计算机”。

集中式控制模式中，整条检测线的设备直接受一台计算机控制，我们称这台计算机为“主控计算机”。

下面我们分别对不同的控制模式进行讲解。

### (一)分布控制模式

分布式控制系统由主控机、注册机、工位机及外围设备构成。分布式控制系统可以分为两级：第一级为工位控制级，由分布在各个工位的工位计算机设备完成，可完成对该工位设备数据的采集、控制、检验结果的显示、与主控计算机和该工位独立仪表的通信，并能独立完成对各个项目的检测工作，与主控机通信一般采用网络通信，与该工位的数显设备通信采用RS232C。第二级为主控调度管理级，完成较复杂的工作，负责管理、生产指挥、调度，两级之间采用网络连接。

这种控制系统由于采用了分布控制、多级管理、数据通信的措施而具有以下特点：

(1)在主控机故障时可用工位机手动分工位或项目检测，并显示打印。

(2)每台工位机靠近检测设备，抗干扰能力较强。

(3)对于工位机到中央控制机之间的信号传输，采用网络或串行数据通信。

(4)由于各个控制机任务单一，软硬件的开发容易。

但它与集中控制模式相比的不足是系统硬件过于复杂，中间环节过多，一旦系统中间某一部位发生故障，用户自行维护较集中式模式困难，且全线电气成本较高。

注册登录机登录信息传送到主控机后，由主控机统一调度全线各工位机的检测任务，各工位检测项目的模拟量信号、开关量的输入输出信号、与外部设备的数字通信以及对检测过程的指挥调度都由工位机完成。

分布式控制系统的设计思想核心是:用工位机通过硬件上的设置进行工位物理划分,达到多工位同步检测调度的目的,从而使各工位具备独立操作检测的功能。

1.硬件控制系统

分布控制模式中电气控制系统主要包括的设备有注册登录系统计算机、检测控制系统计算机(主控机)、各工位机、LED显示屏以及其他相关的辅助设备。

(1)主控调度机

主控调度机的任务是收集数据,然后显示、打印,并将数据储存。同时,主控调度机还要根据注册登录机申报的检测信息指挥各工位作业、监控检测车辆的检测状况、接收发送来自各工位机设备的信号以及人工干预的各种指令,是整个检测线的控制指挥中心。

(2)注册登录机

注册登录机主要用来输入被检车辆的车辆信息和申报将要检测的类别及要检测的项目,还可作为当地车辆的技术档案数据库使用,只要输入车辆牌照号码,就能调出该车辆的有关信息。注册信息通过串行通信口或网络传输到主控机,主控机将根据注册参数来设置主控程序和判断标准。

(3)工位机

工位机通过A/D采集板采集模拟量信号,通过I/O板实现对外部设备的控制和开关量信号的采集,通过数字通信串口实现与外部通信设备的信号传递,通过网络适配器或串行通信口与其他计算机连接。

(4)附属设备

为了完成检测系统的数据传输和自动控制功能,检测线还有一些附属设备,主要有:

①LED显示屏:由主机将信号传送至LED显示屏显示,显示屏常由管径为5 mm的高亮度点阵块,组成16×16点阵或24×24点阵的汉字,每屏有若干字(如8字,单排或双排)构成。

②红外光电开关:由红外发光体和接受体及继电开关或电子开关组成。当汽车通过时,红外光电开关发生变化。把开关量信号传至主控机,通知主控机车辆到位情况。

③摄像机和监视器、视频服务器:通过电视监视器或计算机可以观察全场或车辆各部位的情况,便于操作人员工作。

④对讲机:便于操作人员互相联系。

⑤其他附属设备:交流净化稳压电源、UPS不间断电源、地沟底盘检测发送键盘、采样遥控器等。

⑥交换机、各种信号采集板卡、数据通信板卡等。

2.控制系统结构

(1)分布式控制系统的结构如图4-39所示。

如图4-40所示,采用PC总线模拟隔离A/D采集卡(−5～5 V、0～10 V)、光电隔离I/O开关量输入(0～5 V)输出(0～24 V)接口卡、台湾MOXA串口卡或串口服务器。信号处理流程如图4-40所示。

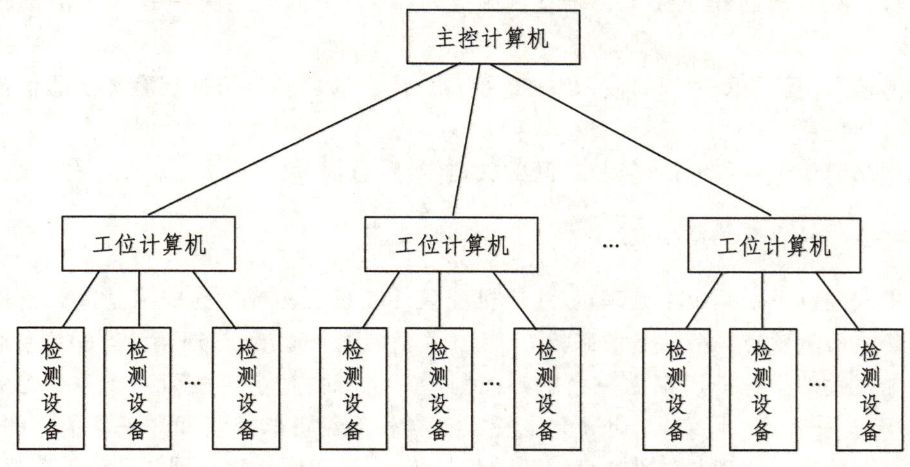


图 4-39　分布式控制系统结构

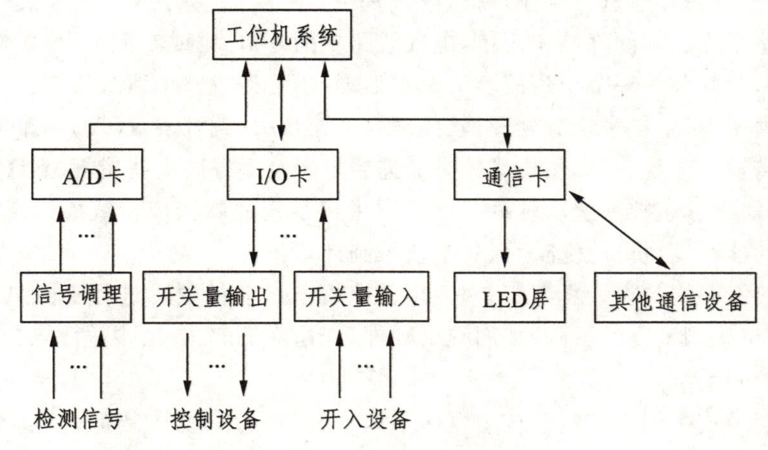


图 4-40　信号处理流程

其中：

①A/D 采集卡：由调理板引入的多路模拟信号经过此卡转换成计算机能识别及处理的相应数字量。

②I/O 卡：即输入/输出卡，该卡是与微机配套使用的标准卡，有 16 路开关量输入通道、16 路开关量输出通道和两路脉冲计数通道。该卡的功能为读入各路开关量信号以及驱动输出的各路开关量信号。

③检测信号：来自传感器或检测仪表提供的模拟量信号。

④开关量输入信号：来自红外光电开关，检测线遥控器、烟度尾气状态以及前照灯检测仪的运行状态。这些信号的输入用以控制检测线的车辆及定点读取数据等。

⑤控制设备：主要指一些机构操作信号，如车速试验台和制动试验台举升器的上升和下降，制动试验台制动电机的启动和停转，以及前照灯检测仪的控制。

⑥调理板：由设备或传感器输出的信号是电压变化范围大小不一样的直流电压信号，

这些信号带有一定的共模和串模干扰。因此，这块板子的作用是抑制影响信号的干扰电压。

⑦通信卡：提供 RS-232C 或 RS-422 接口。该卡的功能为与外部有数字通信接口的设备进行通信。

⑧网络通信卡：可进行计算机之间的数据传递、通信。

（二）集中式联网控制模式

集中式控制系统是由主处理机、注册机配备外围设备构成。集中控制模式是指检测线上对每个检测项目的模拟量的采集处理、开关量的输入输出、与外部设备的数字通信以及对检测过程的指挥调度都由一台中心控制计算机（简称“主控机”）完成。主控机通过 A/D 采集板采集模拟量信号，通过 I/O 板实现对外部设备的控制和开关量信号的采集，通过数字通信串口实现与外部通信设备的信号传递，通过网络适配器与其他计算机连接。

集中控制模式是由主控机接收到注册机的登录信息后负责全线车辆作业的并发控制，负责对全线车辆作业进行操作指挥、设备控制、工作状态判定、信号采集处理、数据统计管理等大量工作。其硬件结构简单，电气线路中间环节少，成本低廉，可靠性高，系统易于安装、维护，中间某一环节出现故障可单独处理，不会造成整个系统停检。但其缺点是：主控机任务繁多，必须作多任务处理，软件开发工作量大，编程实现较为困难；为避免模拟量的长距离传输受干扰，必须用质量较高的连接电缆及做好防干扰措施；对于检测任务繁忙的检测站，需做好主控系统软硬盘备份以防主控系统故障造成全线停检。一般主控计算机可选用性能稳定、抗干扰能力强的工业控制计算机。

集中式控制系统的设计思想核心是：用主控机通过软件逻辑进行工位划分和分时处理，达到多工位检测调度的目的，从而减少硬件环节，降低成本，减少故障点。

1. 硬件控制系统

集中控制模式中电气控制系统主要包括以下设备：检测线控制柜、信号处理箱、注册登录系统计算机、检测控制系统计算机（主控机）、LED 指挥灯屏以及其他相关的辅助设备。

（1）主控机

主控机的任务是收集数据，并根据有关标准判断是否合格，然后显示、打印，并将数据储存。同时，主控机还要根据注册登录机申报的数据和光电开关的信号决定检测过程，指挥各工位的操作和单机试验台动作。主控机直接控制整个现场、监控检测车辆的检测状况、控制检测的节奏、接收发送来自各设备的信号以及人工干预的各种指令，是整个检测线的控制指挥中心。

（2）注册登录机

注册登录机主要用来输入被检车辆的车辆信息和申报将要检测的类别及要检测的项目，还可作为当地车辆的技术档案数据库使用，只要输入车辆牌照号码，就能调出该车辆的有关信息。注册信息通过串行通信口或网络传输到主控机，主控机将根据注册参数来设置主控程序和判断标准。

（3）检测控制柜

检测控制柜是控制系统的重要部件，一般安置在检测线的中部。检测线上所有的模拟量和开关量输入信号都首先传送到检测控制柜，经检测控制柜处理后才能传送到信号处理箱，最后被主控机接收。而主控机对外部设备的控制也要经过控制柜，因此控制柜是检测设备与主控机连接的枢纽。它具有信号放大处理、开关量信号的转换以及各种信号指示等功能。

(4)信号处理箱

信号处理箱包括模拟量调理接线板、开关量接线板以及数字信号连接装置。主控机中的 A/D 采集卡、I/O 开关量卡和多串口卡通过主控台信号处理箱分别与控制柜、数字通信设备(如 LED 显示屏和外检键盘)连接，从而实现对外部设备的控制。

(5)附属设备

为了完成检测系统的数据传输和自动控制功能，检测线还有一些附属设备，它们主要包括：

①LED 显示屏：由主机将信号传送至 LED 显示屏显示，显示屏由管径为 5 mm 的高亮度点阵块，组成 16×16 点阵或 24×24 点阵的汉字，每屏有若干字(如 8 字，单排或双排)构成。

②红外光电开关：由红外发光体和接受体及继电开关或电子开关组成，当汽车通过时，红光开关发生变化。把开关量信号传至主控机，通知主控机车辆到位情况。

③摄像机和监视器：通过电视监视系统可以观察全场或车辆各部位的情况，便于操作人员工作。

④对讲机：便于操作人员互相联系。

⑤其他附属设备：交流净化稳压电源、UPS 不间断电源、地沟底盘检测发送键盘、采样遥控器等。

2.控制系统结构

(1)集中式控制系统的结构(见图 4-41)。

(2)集中控制式主控机信号处理流程(与工位机类同)。

### (三)集散式联网模式(集中带仪表)

集散式联网模式是集中式联网模式的一种特殊模式，其主要特点为：主控计算机与设备之间的连接全部使用数字通信方式，而检测线设备全部都具有数字接口(可以是串口，也可是网络接口)。考虑到对外界反应的响应速度问题，一般将各种开关量直接接到主控计算机上，如到位信号、采样信号等。在主控机中安装开关信号采集卡，用扁带缆与开关量调理板连接。

这种控制模式中，所有检测设备与主控机之间全部使用数字通信方式，对距离要求低，布线灵活，但要求所有联网设备必须有数字信号接口。

当前集中式控制模式基本上已采用集散式控制模式。

集散式控制系统的结构如图 4-42 所示。

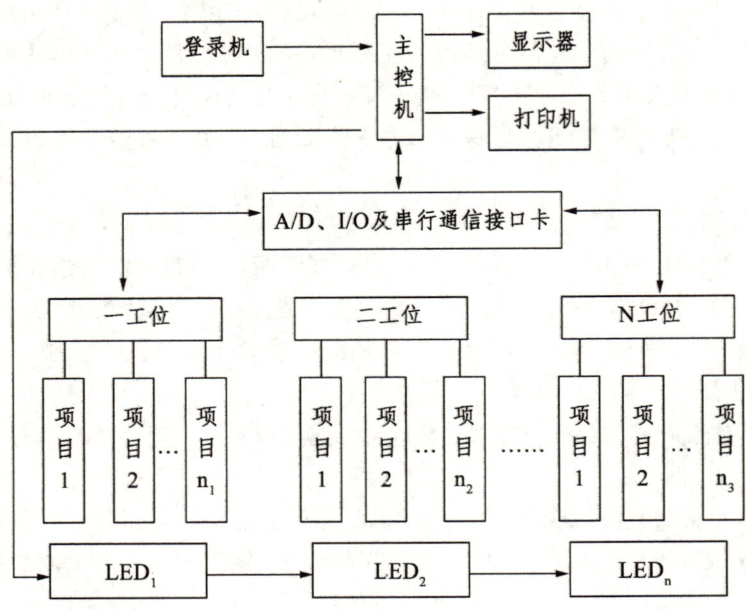


图 4-41　集中式控制系统的结构

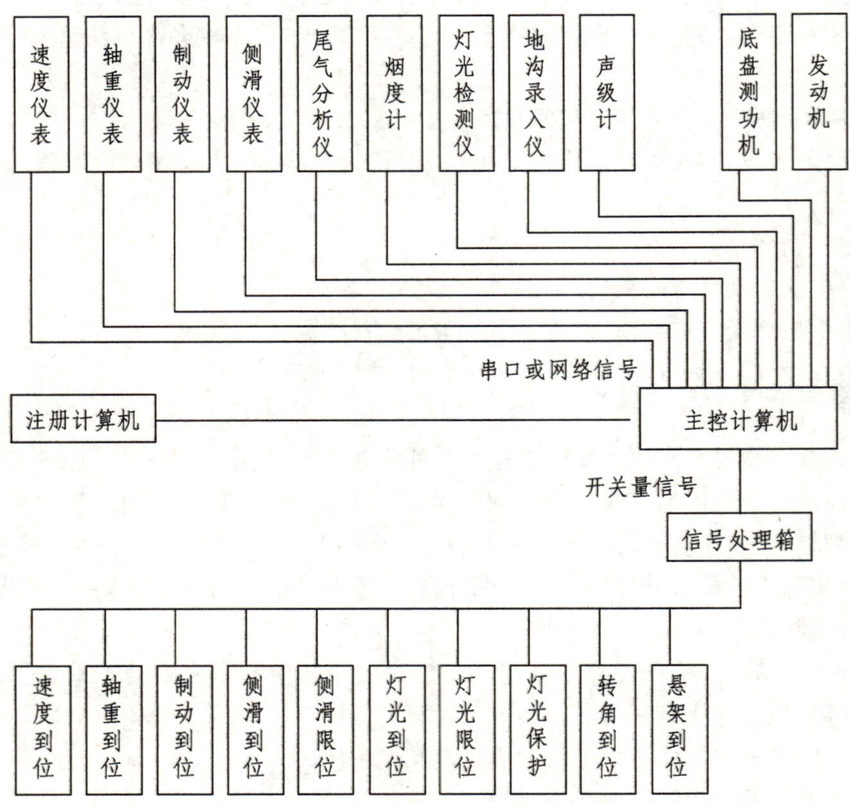


图 4-42　集散式控制系统的结构

## 三、检测线控制软件

机动车检测站控制软件系统主要包括车辆登录系统、进线选择系统、检测控制系统、工位控制系统(分布式)、监控系统、检测业务管理系统、财务收费系统、外观及路试等子系统。根据实际情况,各子系统可以单独用一个工作站完成,也可以用几个工作站共同完成。如我们可以根据工位布置,设置一工位控制机、二工位控制机、三工位控制机,当某个工位有底盘测功机时,可省略该工位的工位机,使用底盘测功机的设备控制计算机作为该工位的工位机。另外,还可以将几个子系统合并用一个工作站来实现,如车辆登录子系统和进线选择子系统合并,管理子系统和监控子系统合并,这样可降低网络的建设成本。

下面将简单介绍各子系统的功能。

### (一)车辆登录功能

车辆登录系统用于输入待检车辆的信息和检测项目。车辆信息主要由两部分组成:一部分是车辆基本参数,如底盘号、发动机号码、车主单位等;另外一部分为车辆技术参数,如车辆发动机功率、排量、转速、轮胎规格等。当注册信息完毕后,系统自动将该车存入待检车辆队列中,准备检测。

登录系统应具有信息存储功能。当车辆再次登录时,应能从数据库中自动调出相应的参数,从而节省登录时间,减少登录工作量,避免人工重复录入产生错误。附件车辆在登录时系统应能自动根据上次检测结果判定需检测项目,也可人工指定复检项目。

目前,登录子系统有手工输入和 IC 卡输入两种方法。对于首次登录的车辆,必须用手工的方法进行输入。二者不同的是:首次登录完成输入后,存储介质不同。前者把车辆信息自动存到检测系统的注册信息数据库内,后者是把车辆信息存到 IC 卡上。其次,对于老车主再次登录时的处理方法也不同。前者需先输入车牌号和牌照类别(或车辆类别),然后自动从注册信息库里调出车辆信息,再补充检测项目。后者需要插入 IC 卡,按下读卡键,车辆信息自动从 IC 卡中调出,再补充检测项目,工作量大概相当。

### (二)线外检验结果录入功能

线外检验工位主要对受检车辆进行外观检查和底盘动态检验,联网检测系统应具有将车辆的外观检查及底盘动态检验项目全部录入的功能,并能自动判别关键项是否合格,同时还应能记载查验员/引车员的信息。

### (三)调度功能

车辆登录完成后,即由调度子系统对已登录车辆进行调度,实现登录与上线检测的顺序无关性,即"无序登录、有序调度"。同时检测线的上线调度功能应具有把受检车辆按任意次序调度到检测线任意工位、任意项目检测的能力,当线上某工位或某设备出现故障时,调度系统应能避开或取消该故障工位或设备进行下一项目的正常检测。

### （四）项目测控功能

工位机上的测控子系统（模块）是检测线测试的核心单元，具有承上启下的关键作用。测控模块的主要功能是完成从输入输出开关量的判别、机械动作控制、受控设备传感器信号输出后的信号调理到数据采集等检测过程的测量控制功能，能按照要求对机动车的车速表、废气、烟度、前照灯、喇叭声计、侧滑、轴重、制动、底盘等项目进行检测控制，引导指示引车员进行辅助操作判定。

测控模块的主要工作流程为：

(1)按照检测工位顺序及检测项目，启动相应设备进入测试状态。

(2)向引导系统发出操作提示命令，指示引车员按照提示操作。

(3)识别开关量输入信号，判断车辆是否到位。

(4)启动检测程序，控制机械动作，如灯光仪行走、举升装置升降、电机启动与停止等。

(5)根据有关规定自动采集各工位设备检测数据，对模拟输入信号进行调理、A/D 转换，实时传输数据信号。

注：对自动采集的数据，联网检测系统不得提供人工键入或修改的功能。

(6)根据国家相关标准对采样数据进行量值变换，以规定的计量单位处理显示数据。

(7)根据相关标准对检测数据进行结果判定。

测控模块应当采用高速智能数据采集卡，保证数据的实时性和准确性。在采样过程中，应当采用数据曲线拟合技术和数据校准方法，实现对非线性量的测量，采用动态零点跟踪、温度变化补偿等技术实现动态修正。对于模拟通道采样的信号，记录点之间间隔时间应不大于 10 ms，经滤波后的过程曲线应光滑不失真。同时，测控模块应具有对各工位采样通道进行测试及自诊断能力，对于故障能及时进行报警指示，对于故障工位能够进行有效屏蔽，确保检测设备正常后恢复该工位的检测能力。

### （五）主控功能

主控功能一般由兼作检测线服务器的主控计算机完成，通常采用高性能计算机。

主控功能主要进行车辆检测的全线控制与调度、数据的合成与存储，通常检测报告是在主控模块中进行打印的。

主控模块的主要功能有：

1. 协调调度检测车辆

对上线检测车辆进行协调，使整个检测流程合理、快速地进行。

2. 查看检测信息

实时显示在线检测车辆的检测结果及检测进程，显示相应工位车辆在线检测信息，查看已登录且未上线检测的车辆信息。

3. 在线检测调配

对正在进行检测流程进行管理和控制，以保障检测流程的顺利进行，对已经上线进行检测但由于某种原因需要终止检测的车辆进行强制下线，终止检测已登录而未上线检测的车辆，可以跳过在线车辆的未检项目。

4.数据收集与存储

对于完成检测过程的车辆，自动收集并整理其全部受检资料，生成完整的检测数据及结果，将检测结果及判定结果存入数据库。

5.生成并打印检测报告

自动生成相关标准规定的检测报告，并根据打印需要打印当次检测结果或初、复检合并数据报告。在合并报告中能反映车辆多次上线检测的最终检测结果，能根据需要在线重复打印已检车辆的检测报告。检测报告必须真实反映检测结果，对于历史数据，系统不得提供人工键入或修改的功能。

### （六）路试结果录入功能

对于不能上线检测或检测结果有争议的车辆，用路试法进行检测后，需将制动距离，MFDD、协调时间、制动稳定性、路试检验员等信息录入计算机并存入数据库。

### （七）数据管理

数据管理主要指对检测数据进行查询统计及完成相关系统设置。数据管理功能可在任意一台计算机上进行，但应设置相应的操作权限。

数据管理模块应具有以下功能：

1.操作员管理

完成操作员的设置，包括新增、修改、删除、权限设置。

2.数据清理

按指定条件清理数据库中的冗余或无效数据。

3.代码字典维护

进行与检测相关的代码字典的设置，包括号牌种类、车辆类型、检验类别、行政区划、车身颜色、外观项目、底盘项目等。代码是为方便、规范用户输入，减少汉字录入量而编制的。

4.系统设置

进行系统使用信息的设置，包括使用单位名称、服务器的 IP 地址及端口号、检测节拍、工位屏蔽等。为了适应国家或地方标准的变更，系统应提供对检测标准进行设定的功能，但需设置相应的操作权限。

5.数据备份

定时自动或手动完成数据库的备份工作。

6.数据恢复

完成数据库的恢复工作。

7.数据查询功能

输入各项组合条件，进行检测数据的模糊查询。能实时查询在检车辆的所有检测信息及数据、结果判定，保存检测数据不低于 3 年，同时可将历史数据另存至指定位置。

8.数据分析与统计功能

对所有联网检测数据进行分析，为职能监管提供依据，以及按照检测结果分类（如按检测类别、车辆类型分类等）进行统计、打印各类统计报表。

### (八)方便灵活的标定功能

联网检测系统应具备方便灵活的计量检定功能,各子系统能独立标定,标定程序主要提供各受控检测设备测量值的标定界面,并在界面上显示受控设备各模拟输入通道的零点输出、A/D值和标定值,提供校零及还原操作。标定状态与实际状态保持一致,确保检测数据的真实可靠。

### (九)故障自诊断及分析提示功能

联网检测系统应能够实时发现自身故障,并对发生故障的部位进行分析和提示,帮助用户排除故障。系统运行时应能自行对智能卡、光电开关、各传感器或线路等故障进行诊断提示,保障检测系统的正常运行。

1. 诊断智能卡是否正常

通过对智能卡的读写操作判定智能卡的工作是否正常,不正常时应给出相应提示。

2. 判断光电开关等输入输出通道是否正常

可通过检查光电开关加电时的状态判定光电开关是否有故障,对于故障应进行指示。

3. 诊断各传感器或线路故障

通过检测各传感器的输出是否在合理范围内来判定传感器或线路有无故障,并对故障进行指示。

系统维护员应通过故障诊断与提示进行故障检查,对不能及时排除故障的工位或测试设备应能在系统中予以屏蔽,使整个检测流程继续进行,不致中断。待工位或测试设备修复正常后再加入检测流程。

### (十)监控功能(可选)

监控功能主要用于监控检测线各工位的实际工作情况以及在线车辆的检测状况、所在位置,以供车主或管理职能部门观察了解现场情况,从而提高检测的透明度,体现公平公正的原则。通常监控功能应能监视检测线各工位的实时工作状态,显示受检车辆的受检情况。

### (十一)其他功能

除上述功能外,联网检测系统还可以实现其他一些功能,如检测过程实时公布、号牌自动识别登录、指纹身份识别、查验员/引车员随机安排等,具体如下:

1. 查验员/引车员随机安排

系统可以提供查验员/引车员自动随机安排的辅助功能,避免发生查验员与引车员内外勾结,影响检测结果真实性的情况。

2. 检测过程实时公布

联网检测系统的检测过程实时公布功能,一方面可以让车主参与机动车检测过程的监督,更好地保证机动车安全技术检验工作的公平、公正、公开性;另一方面可以让车主实时了解自己机动车的检测情况,充分体现为民服务的宗旨。

3. 检测过程实时公布方式

检测过程实时公布有两种实现方式：一种是通过在检测线特定位置安装CCD摄像头（可使用监控子系统的CCD摄像头），然后将实时视频图像通过监视器在车主休息等待处播放；另一种是通过LED大屏实时显示机动车安全技术检测数据，以便车主了解检测情况。

4. 指纹身份识别

如上文所述，系统具备完整的用户权限管理功能，用户必须拥有合法的用户名和密码方可登录到系统中进行相应的操作。然而，用户名和密码容易被剽窃和破解，影响整个系统的安全性。采用指纹来识别每个用户的身份和权限具有更高的安全性。

5. 号牌自动识别登录

机动车登录时，工作人员至少需要录入号牌号码、号牌种类和检测类别等信息，这会影响整个检测工作的效率。联网检测系统可以增加号牌自动识别登录辅助功能，以提高机动车登录工作效率。当配置号牌自动识别登录辅助功能时，车主只需驾车通过指定的入口，系统就能自动识别该机动车的号牌号码、号牌种类信息，然后工作人员录入检测类别等信息就可以完成机动车检测登录，提高机动车检测登录工作效率。

# 第五章　汽车构造基础知识

我们知道，汽车的基本结构由发动机、底盘、电气设备和车身四大部分组成。发动机为整车提供动力，决定了整车的动力性、经济性、环保性。底盘是构成汽车的基础，它由传动系统、行驶系统、转向系统和制动系统共同构成，分别完成传递发动机动力、支撑整车质量和实现行走、控制汽车行驶方向、控制汽车行驶速度等主要功能。车身则为驾驶者和乘客提供一个舒适而安全的工作环境，无论是承载式车身还是非承载式车身，其设计结构还影响着整车的风阻、平稳性以及美观等。电气设备由电源系统、启动系统、点火系统、照明和信号系统、仪表和报警系统、辅助电气系统、汽车空调系统、汽车音像系统、汽车电控系统及配电装置等组成。

作为汽车安检机构的检测人员，除了熟练掌握检测标准外，还要对汽车的基本构造有所了解。特别是底盘动态检验人员、车辆外观检验人员、车辆底盘检验人员，不仅要了解整车的构造，还要熟悉其组成的各总成的构造、性能、要求等，这样才能在检测过程中及时发现不符合项，消除安全隐患。本章针对安检机构的实际情况，主要对汽车的基本构造以及主要总成的构造、功能进行讲解，旨在使检测人员能够对车辆有个基本了解，并在今后的检测过程中加以运用，逐步达到熟悉、掌握。

## 第一节　汽车发动机

### 一、发动机的分类

发动机按照它不同的特点有很多种分类方法。通常按燃料划分，可分为柴油机、汽油机和天然气机等；机动车环保检验机构有时按点火方式划分，可分为压燃式发动机和点燃式发动机；有的按循环的行程数划分，可分为四行程发动机和二行程发动机；按冷却方式划分，可分为水冷式发动机和风冷式发动机；按进气方式划分，可分为自然吸气式发动机和增压式发动机；按气缸数目划分，可分为单缸发动机和多缸发动机；按气缸的排列形式划分，又可分为直列立式发动机、直列卧式发动机、V 型发动机等。但一般在描述发动机时，按排气量＋排列形式＋气缸数＋发动机特殊功能，如 1.8 升直列 4 缸机械增压发动机。随着科技的发展和环保要求，混合动力系统在汽车上也得到了广泛应用，在此，我们只对传统的发动机进行了解。对于发动机的型号，可参考《内燃机产品名称和型号编制规则》(GB/T 725－2008)。

## 二、汽油发动机和柴油发动机的比较

汽油发动机是以汽油作为燃料的发动机。它的优点是转速高，结构简单，质量轻，造价低廉，运转平稳，使用维修方便。它的缺点是热效率低于柴油机，油耗较高，点火系统复杂，可靠性和维修的方便性也不如柴油机。柴油发动机是以柴油为燃料的发动机。它的优点是功率大，经济性能好，适合于载货汽车的使用。它的缺点是成本较高，振动噪声大，冬季冷车时启动困难。

目前，应用最广、数量最多的汽车发动机为水冷、四冲程往复活塞式内燃机，其中汽油机用于轿车和轻型客、货车上，而大客车和中、重型货车发动机多为柴油机。少数轿车和轻型客、货车发动机也有采用柴油机的。

## 三、发动机的构成

汽油机由两大机构和五大系统组成，即由曲柄连杆机构和配气机构、燃料供给系、润滑系、冷却系、点火系和启动系组成。柴油机由两大机构和四大系统组成，即由曲柄连杆机构、配气机构、燃料供给系、润滑系、冷却系和启动系组成。

曲柄连杆机构由气缸体和曲轴箱组、活塞连杆组、曲轴飞轮组组成，其作用是将燃料燃烧时产生的热量转变为活塞往复运动的机械能，再通过连杆将活塞的往复运动变为曲轴的旋转运动而对外输出动力。配气机构由进气门、排气门、挺杆、推杆、摇臂、凸轮轴、正时齿轮等组成，其作用是使可燃混合气及时充入气缸并及时从气缸中排出废气。冷却系由水泵、散热器、风扇、分水管、水套等组成。润滑系由机油泵、滤清器、限压阀、油道等组成。燃料供给系：汽油机化油器式由燃油箱、汽油泵、化油器、进气管、排气管、滤清器等组成；直喷式由燃油箱、电动汽油泵、油压调节器、喷油器、进气管、排气管、滤清器等组成。柴油机燃料系由燃油箱、喷油泵、喷油器、进气管、排气管、滤清器等组成。汽油机点火系由蓄电池、分电器、点火线圈、火花塞等组成。启动系由启动机及附属装置组成。

## 四、术语

### （一）压缩比

压缩比就是发动机混合气体被压缩的程度，用压缩前的气缸总容积与压缩后的气缸容积（即燃烧室容积）之比来表示。压缩比越高就意味着发动机的动力越大，但压缩比太高可能会导致汽油自燃、预燃，而引起爆震的发生，使发动机无力，损坏机械元件。

### （二）活塞止点

活塞在气缸内做往复运动的两个极端位置称为“止点”。活塞离曲轴旋转中心最远的位置称为“上止点”，离曲轴旋转中心最近的位置称为“下止点”。

### （三）冲程

冲程也叫“行程”，上下止点之间的距离称为“活塞的行程”。曲轴转动半圈，相当于活塞移动一个行程。

## 五、四行程发动机的工作原理

四行程发动机的工作过程由进气、压缩、燃烧膨胀、排气四个行程组成。以汽油机为例，其工作过程如下：

### （一）进气行程

此时，活塞被曲轴带动由上止点向下止点移动。同时，进气门开启，排气门关闭。当活塞由上止点向下止点移动时，活塞上方的容积增大，气缸内的气体压力下降，形成一定的真空度。由于进气门开启，气缸与进气管相通，混合气被吸入气缸。当活塞移动到下止点时，气缸内充满了新鲜混合气以及上一个工作循环未排出的废气。

### （二）压缩行程

活塞由下止点移动到上止点，进、排气门关闭。曲轴在飞轮等惯性力的作用下带动旋转，通过连杆推动活塞向上移动，气缸内气体容积逐渐减小，气体被压缩，气缸内的混合气压力与温度随着升高。

### （三）燃烧膨胀

此时，进、排气门同时关闭，火花塞点火，混合气剧烈燃烧，气缸内的温度、压力急剧上升，高温、高压气体推动活塞向下移动，通过连杆带动曲轴旋转。在发动机工作的四个行程中，只有在这个行程才实现热能转化为机械能，所以这个行程又称为“做功行程”。

### （四）排气行程

此时，排气门打开，活塞从下止点移动到上止点，废气随着活塞的上行被排出气缸。由于排气系统有阻力，且燃烧室也占有一定的容积，所以在排气终了时，不可能将废气排净，这部分留下来的废气称为“残余废气”。残余废气不仅影响充气，对燃烧也有不良影响。

排气行程结束时，活塞又回到了上止点，也就完成了一个工作循环。随后曲轴依靠飞轮转动的惯性作用仍继续旋转，开始下一个循环。如此周而复始，发动机就不断地运转起来。

柴油机的工作过程基本与汽油机相同，不同的是，混合气的形成汽油机是缸外混合，柴油机是缸内混合。另外，着火方式不同，汽油机是点燃式而柴油机是压燃式。

二冲程发动机工作循环也包括进气、压缩、做功、排气四个过程，但它是在活塞往复两个冲程内完成的。第一冲程完成进气、压缩，第二冲程完成做功、排气。二冲程发动机在汽车上基本被淘汰。

## 六、发动机主要参数

### (一)排量

活塞从上止点到下止点扫过的气体容积就是气缸排量,它取决于缸径和活塞行程。所有气缸工作容积之和称为“发动机排量”,一般用升(L)或毫升(mL)表示。发动机排量是最重要的结构参数之一,它比缸径和缸数更能代表发动机的大小,发动机的许多指标都同排气量密切相关。

### (二)实测有效功率

实测有效功率即发动机在实际进气状态下所输出的功率。

### (三)校正有效功率

校正有效功率即将实测有效功率校正到标准进气状态下的功率。

### (四)净功率

发动机带全套附件时所输出的校正有效功率称“净功率”,所带附件指维持发动机工作所不可少的附件,如进气歧管、排气歧管、化油器或节气门体、电控系统、燃油输油泵、燃油喷射泵、分电器、水泵、机油泵、增压器、废气放气阀、中冷器以及风冷发动机的风扇、导风罩。

### (五)总功率

发动机仅带维持运转所必需的附件时所输出的校正有效功率即总功率。

### (六)额定功率

额定功率是指制造厂根据发动机的具体用途,在规定的额定转速下所输出的总功率。功率一般用马力(PS)或千瓦(kW)来表示。发动机的输出功率同转速关系很大,随着转速的增加,发动机的功率也相应提高,但是到了一定的转速以后,功率反而呈下降趋势,因此在标明最大功率时一定要指明是在什么转速情况下。另外,底盘最大输出功率是指汽车在使用直接挡行驶时,驱动轮输出的最大驱动功率(相应的车速在发动机额定转速附近)。实测驱动轮输出功率校正到标准环境状态下的功率,称为“校正驱动轮输出功率”。

### (七)最大扭矩

最大扭矩指发动机运转时从曲轴端输出的力矩,用牛·米(N·m)表示。扭矩越大,汽车的爬坡能力、起步、加速性越好。发动机只有在某个转速时才有最大扭矩,转速太高或太低都不是最大,因此说最大扭矩时一定要说明是在什么转速下。

内燃机经济性和动力性指标是以曲轴对外输出的功率为基础,代表了内燃机的整机性能,通常称它们为有效指标。经济性指标通常用燃油消耗率进行评价。另外,根据环保型指标,排放污染物和噪声等要符合国家相关标准要求。

## 第二节　汽车动力性

汽车动力性是指汽车在良好路面上直线行驶时，由汽车受到的纵向外力决定的，所能达到的平均行驶速度。它主要由以下三个指标进行评价：汽车的最高车速、汽车的加速时间和汽车能爬上的最大坡度。

### 一、名词解释与试验方法

#### （一）最高车速

最高车速是指在水平良好的路面上（混凝土或沥青）汽车能达到的最高行驶速度。试验方法参见《汽车最高车速试验方法》(GB/T 12544－1990)。

#### （二）汽车的加速时间

汽车的加速时间表示汽车的加速能力，包括原地起步加速时间和超车加速时间。原地起步加速时间是指汽车由一挡或者二挡起步，并以最大的加速强度（包括选择恰当的换挡时机）逐步由某一较低车速全力加速至某一高速的时间。超车加速时间是指用最高挡或者次高挡在某一速度下全力加速至某一较高速所需的时间。试验方法参见《汽车加速性能试验方法》(GB/T 12543－2009)。

#### （三）汽车爬坡能力

汽车爬坡能力是用满载或者一部分负载的汽车在良好路面的最大爬上坡度表示的。试验方法参见《汽车爬陡坡试验方法》(GB/T 12539－1990)。

### 二、汽车的受力及行驶条件

#### （一）汽车的驱动力($F_t$)

发动机输出的转矩，经离合器、变速器、传动轴、车桥传至车轮，产生驱动力矩，该力矩使轮胎支撑面上产生沿地面向后的作用力，同时地面给驱动轮一反作用力，这反作用力推动汽车前进，称为“汽车的驱动力”。

#### （二）汽车的行驶阻力

1. 滚动阻力($F_f$)

滚动阻力是车轮在地面上滚动时产生的阻力。当弹性车胎在硬路面上滚动时，车胎的变形是主要的，驱动状态下的轮胎，作用有驱动力矩，胎面对于地面有一定程度的滑动，增加了轮胎滚动时的能量损耗；在转弯行驶时，轮胎发生侧偏现象，滚动阻力大幅度增加，另外，还包括路面变形、路面不平整所引起的冲击阻力以及轮毂轴承的摩擦阻力等。

2.空气阻力($F_w$)

汽车行驶时,汽车与空气间形成相对运动,空气作用在汽车上沿其行驶方向上的分力,称为"空气阻力"。空气阻力由两大部分组成:一是作用在汽车外表面上的法向压力的合力在行驶方向上的分力,称为"压力阻力";二是具有黏度的空气对汽车表面的摩擦作用产生的阻力,称为"摩擦阻力"。

3.坡道阻力($F_i$)

汽车上坡时,汽车重心沿坡道的分力称"坡道阻力"。

4.加速阻力($F_j$)

汽车加速行驶时,需要克服其质量加速运动时产生的惯性力,称为"加速阻力"。

(三)汽车行驶的条件

由以上分析可见,汽车在行驶时必须满足:

$$F_t = F_f + F_w + F_i + F_j$$

只有满足上式,汽车才能加速行驶,当加速阻力为零时,汽车保持匀速行驶。所以汽车行驶的条件是驱动力必须大于或等于滚动阻力、上坡阻力和空气阻力之和。

### 三、影响汽车动力性的因素

发动机的外特征、最大功率和最大扭矩对汽车动力性影响最大。传动系的机械效率越高,汽车动力性越强。变速器的1挡的传动比直接影响汽车的原地起步加速性能和最大爬坡度。变速器挡位多,增加了发动机发挥最大功率附近高功率的机会,提高了汽车的加速性能和爬坡能力。车身的流线型设计会降低汽车在高速行驶时的空气阻力。轮胎的形式、花纹以及气压对汽车的动力性也有影响。另外,汽车质量增大,行驶阻力增加,动力因数降低,汽车动力性也会下降。

## 第三节 汽车底盘构造

汽车底盘由传动系、行驶系、转向系和制动系四部分组成(见图5-1)。底盘的作用是支撑、安装汽车发动机及其各部件、总成,形成汽车的整体造型,并接受、传递发动机的动力。

图5-1 货车的汽车底盘示意图

## 一、传动系

汽车发动机所发出的动力靠传动系传递到驱动车轮。传动系具有减速、变速、倒车、中断动力、轮间差速和轴间差速等功能，与发动机配合工作，能保证汽车在各种工况条件下的正常行驶，并具有良好的动力性和经济性。对于前置后驱的汽车来说，发动机发出的转矩依次经过离合器、变速器、万向传动装置、主减速器、差速器和半轴传给后轮即驱动轮（见图 5-2）。传动系的组成和布置形式是随发动机的类型、安装位置以及汽车用途的不同而变化的。例如：越野车多采用四轮驱动，则在它的传动系中就增加了分动器等总成；而对于前置前驱的车辆，它的传动系中就没有传动轴等装置。

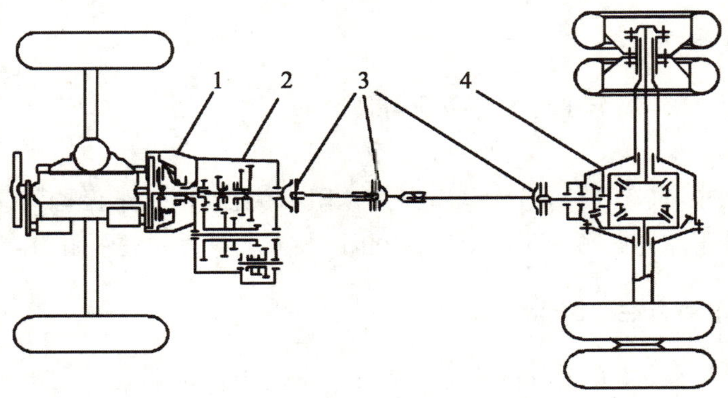


图 5-2　典型的发动机前置、纵置，后轮驱动的布置示意图

1. 离合器　2. 变速器　3. 万向传动装置　4. 驱动桥

传动系可按能量传递方式的不同，分为机械传动、液力传动、液压传动、电传动等。

### （一）机械传动

发动机发出的动力经离合器、变速器、万向传动装置传到驱动桥。在驱动桥处，动力经过主减速器、差速器和半轴传给驱动车轮。

### （二）液力传动

液力传动也叫“动液传动”，它靠液体介质在主动元件和从动元件之间循环流动过程中动能的变化来传递动力。动液传动装置有液力偶合器和液力变矩器两种。液力偶合器能传递转矩，但不能改变转矩大小。液力变矩器除了具有液力偶合器的全部功能以外，还能实现无级变速。一般液力变矩器还不能满足各种汽车行驶工况的要求，往往需要串联一个有级式机械变速器，以扩大变矩范围，这样的传动称为“液力机械传动”（见图 5-3）。

### （三）液压传动

液压传动也叫“静液传动”，它靠液体传动介质静压力能的变化来传递能量，主要由油泵、液压马达和控制装置等组成（见图 5-4）。发动机输出的机械能通过油泵转换成液压

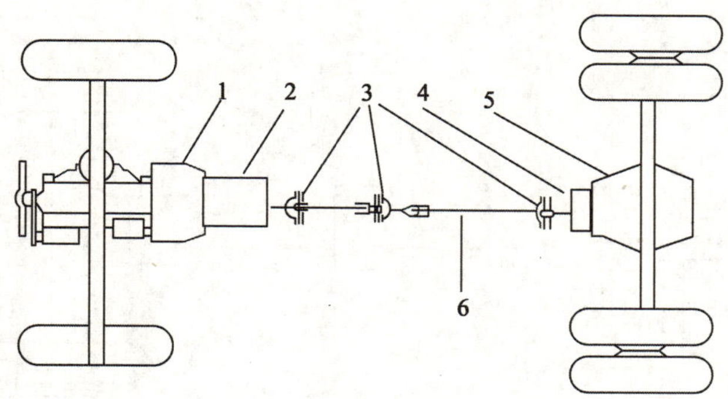


图 5-3　典型液力机械传动示意图

1.液力变矩器　2.自动器变速器　3.万向传动装置　4.驱动桥

5.主减速器　6.传动轴

能，然后再由液压马达将液压能转换成机械能。液压传动有布置灵活等优点，但其传动效率较低、造价高、寿命与可靠性不理想，目前只有少数特种车辆安装使用。

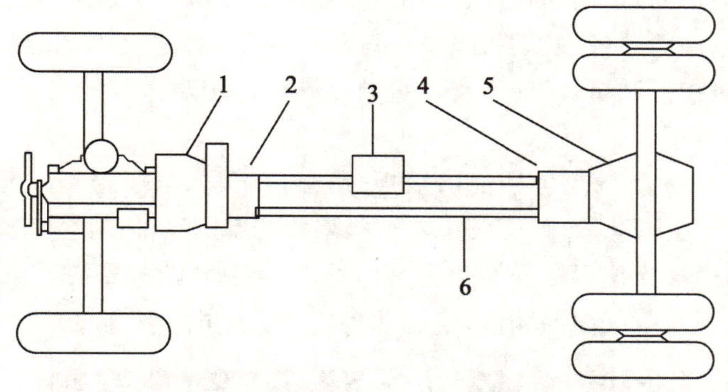


图 5-4　典型的液压传动示意图

1.离合器　2.油泵　3.控制阀　4.液压马达　5.驱动桥　6.油管

（四）混合式电动汽车采用的电传动

电传动是由发动机驱动发电机发电，再由电动机驱动驱动桥或由电动机直接驱动带有减速器的驱动轮（见图 5-5）。

（五）限速器或限速装置

电子限速器就是利用电脑控制发动机转速，行车电脑会检测到速度，达到限定速度后发动机就加不上油了。限速器就是行车电脑的一部分。

电子限速的作用是限制车速过高，防止因车速过高造成事故。电子限速器可以实时监测车辆的速度，当车速达到一定值的时候，它就会控制供油系统和发动机的转速，这时即使踏下油门踏板，供油系统也不会供油。

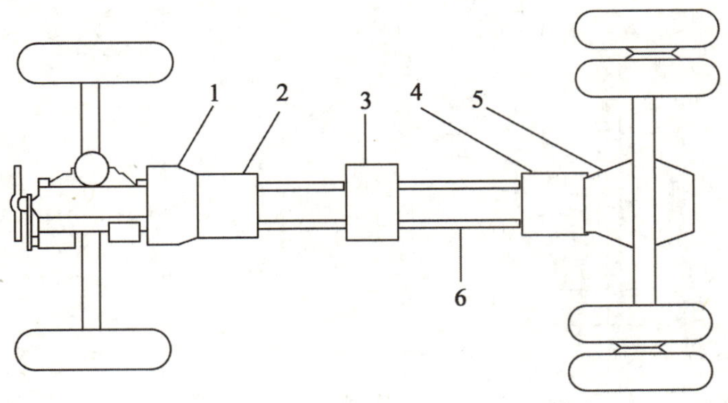


图 5-5　典型的混合式电动汽车采用的电传动

1.离合器　2.发电机　3.控制器

4.电动机　5.驱动桥　6.导线

工作原理:电子限速是根据车速传感器的信号和发动机转速信号来判断发动机的工作情况,根据车型的不同,限制的速度也不同,一般为 250 km/h,这是电脑预设的,达到这个速度之后,继续踩油门踏板,发动机供油系统将不再供油,速度下来之后供油系统恢复正常,主要是为了保护发动机,不让发动机过载而影响使用寿命。

1.限速器实现原理

一般的电子汽车油门系统包括油门踏板、踏板传感器、电子控制单元(ECU)、电机、节气门机构。如图 5-6 所示,驾驶员根据驾驶所需的功率踩踏油门踏板,油门踏板位置传感器将采集到的油门踏板位置信号转化为电信号,并将其传给电子控制单元,由电子控制单元通过电动机实现对节气门的调节,实现节气门的完全电子控制。

图 5-6　发动机限速装置

2.限速器的硬件设计

从限速器的实现原理分析,限速器必须具备以下功能:

(1)模拟信号采集、信号处理和信号输出

限速器需要采集油门踏板传感器的电信号，故需具备模拟信号采集功能，并对采集的信号进行滤波、计算等处理；同时，限速器根据采集信号处理后的结果，输出相应的电信号提供给 ECU，故需具备模拟信号输出功能。

(2)控制电路

限速器根据用户的指令或在某些不正常的状态下，需要实现限速器工作模式、报警器工作模式和关闭模式的功能。限速器在工作模式时，不但需要监测油门踏板传感器信号，而且要根据踏板传感器信号和预置的速度上限值 $v_m$，实现限速控制；处于报警工作模式时，只需监测油门踏板传感器信号，结合预置的速度上限值 $v_m$，实现超速时报警。

(3)人机交互功能

限速器需具备显示、键盘、语音报警输出等人机交互方式功能。

## 二、转向系

当汽车需要改变行驶方向时，必须使转向轮绕主销轴线偏转一定角度，直到新的行驶方向符合驾驶员的要求时，再将转向轮恢复到直线行驶位置。这种由驾驶员操纵，转向轮偏转和回位的一整套机构，称为“汽车转向系”，汽车转向系的功用是改变和保持汽车的行驶方向。按照助力形式，转向系可以分为机械式(无助力)和动力式(有助力)两种，其中动力转向器又可以分为气压动力式、液压动力式、电动助力式、电液助力式等种类。机械转向系以驾驶员的体力作为转向能源，而动力转向系统由于使用了发动机(或电机)动力作为转向能源，使转向操纵灵活、轻便，在设计汽车时对转向器结构形式的选择灵活性增大，能吸收路面对前轮产生的冲击等，因此已在各国的汽车制造中得到普遍采用。

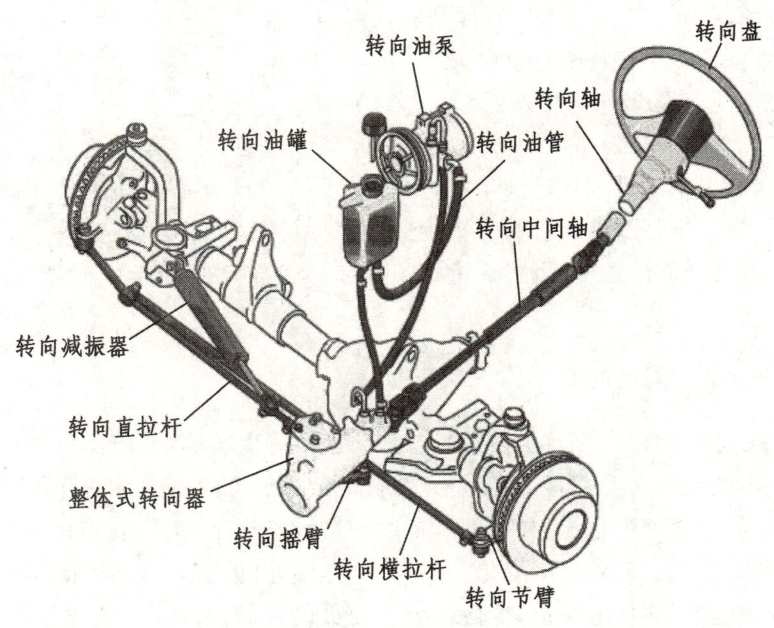


图 5-7　典型的动力转向系构成

图5-7为典型的动力转向系(液压助力式),它是在机械转向系统的基础上加设一套转向助力装置而形成的。其中属于转向助力装置的部件有:转向油泵、转向油管、转向油罐以及位于整体式转向器内部的转向控制阀与转向动力缸等。转向油泵安装在发动机上,由曲轴通过皮带驱动并向外输出液压油。转向油罐有进、出油管接头,通过油管分别与转向油泵和转向控制阀连接。转向控制阀用以改变油路,机械转向器和缸体形成左右两个工作腔,它们分别通过油道和转向控制阀连接。当驾驶员转动转向盘时,转向摇臂摆动,通过转向直拉杆、横拉杆、转向节臂,使转向轮偏转,从而改变汽车的行驶方向。与此同时,转向器输入轴还带动转向器内部的转向控制阀转动,使转向动力缸产生液压作用力,提供转向操纵助力。

(一)转向不足与转向过度

汽车转弯时,前后轮都会产生侧偏角。如果前后轮侧偏角相等,则汽车实际转弯半径等于方向盘转角对应的转弯半径,称为“中性转向”;如果前轮侧偏比后轮大,汽车实际转弯半径大于方向盘转角对应的转弯半径,称为“不足转向”;如果后轮侧偏比前轮大,汽车实际转弯半径小于方向盘转角对应的转弯半径,称为“过度转向”。见图5-8。

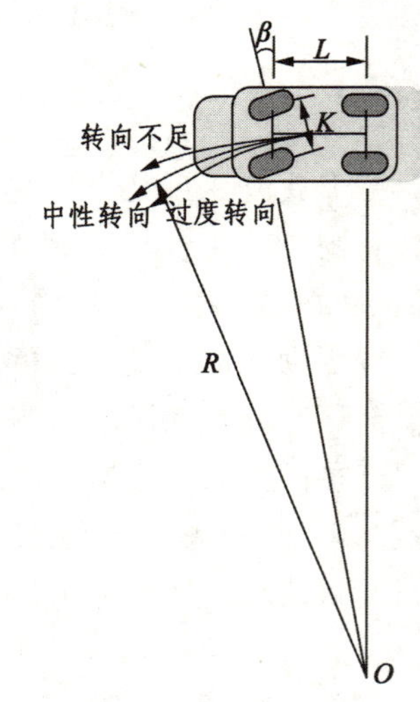

图5-8　不足转向与过度转向示意图

中性转向虽然能较好地利用侧向力,达到最大的转向速度,但却削弱了驾驶者对汽车稳定的主观感觉,无法预计汽车的制动甩尾。而过度转向当车速达到某一极限时,转向半径会急剧减小,汽车会发生激转,致使操纵困难或失去操纵,甚至导致事故。

不足转向产生相对较大的转向半径,侧向力减弱,汽车具有自动恢复直线行驶的良好稳定性,操纵容易。因此,绝大多数汽车制造厂家都将汽车做成具有轻微的不足转向。而且《机动车运行安全技术条件》也对此进行了规定:“汽车(三轮汽车除外)应具有适度的不足转向特性”。

(二)方向盘的自由转动量

通常汽车方向盘都有一个自由转动量,方向盘在这个转动量内转动,车轮不会产生左右运动,这个转动量用角度来表示,就是方向自由行程。方向盘的自由行程对缓和路面冲击及避免驾驶员过度紧张是有利的,也就是说在这种情况下,方向盘有一点小的抖动、偏转不会导致车辆的行驶方向发生变化。但如果这个自由量过大,则影响转向灵敏性,操纵转向时会显得响应不够且不顺畅,也会影响驾驶员的驾驶。因此,《机动车运行安全技术条件》中作了如下规定:

1.机动车方向盘的最大自由转动量应小于等于:

(1)最大设计车速大于等于100 km/h的机动车15°;

(2)三轮汽车 35°；

(3)其他机动车 25°。

2. 三轮汽车、摩托车的转向轮向左或向右转角应小于等于：

(1)三轮汽车、三轮摩托车、正三轮轻便摩托车 45°；

(2)两轮普通摩托车、两轮轻便摩托车 48°。

方向盘的自由行程是转向系各部分机件配合间隙的总反映，也是衡量转向系技术状况好坏的主要标志之一。通常自由行程过大，说明各配合机件磨损后的松旷量大，机件传动时存在着冲击，会加剧机件的磨损。导致这种现象的影响因素是多方面的，如转向机蜗杆与蜗轮间隙过大，转向垂臂与转向臂轴紧固螺母松动，转向节主销配合间隙过大，纵横拉杆球销磨损松旷，纵横拉杆臂与转向节的连接部位松旷，转向节衬套与主销松旷等，因此，在进行车辆底盘检查时，底盘检测员应与引车员配合，着重对上述部位进行检查。

## 三、行驶系

行驶系由汽车的车架、车桥、车轮和悬架等组成，如图 5-9 所示。

行驶系是将汽车构成一个整体，承受汽车的总质量，通过驱动轮与路面的作用产生驱动力，使汽车正常行驶。同时承受并传递路面作用于车轮上的各种反力和力矩，缓和不平路面对车身造成的冲击，衰减汽车行驶中的振动，保持行驶的平顺性；与转向系配合，保证汽车操纵稳定性。

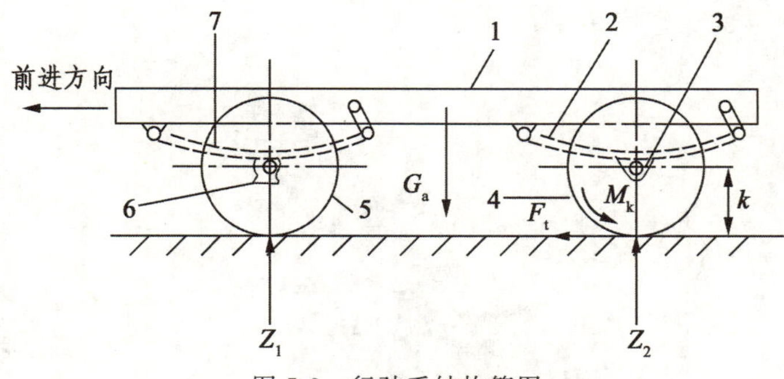


图 5-9 行驶系结构简图

1. 车架 2. 后悬架 3. 驱动桥 4. 后轮 5. 前轮 6. 从动桥 7. 前悬架

### (一)车架

车架是汽车上各部件的安装基础。如发动机、变速器、车身或驾驶室通过弹性支撑安装于车架上，前、后桥通过悬架连接在汽车车架上，而转向器则直接安装在车架上，通常车架由纵梁和横梁组成。按照结构形式主要可分为边梁式车架、中梁式车架、综合式车架和无梁式车架。边梁式车架(见图 5-10)由位于左右两侧的两根纵梁和若干根横梁构成，横梁和纵梁之间采用铆接或焊接连接。中梁式车架(见图 5-11)只有一根位于汽车中央的纵梁。纵梁断面为圆形或矩形，其上固定有横向的托架或连接梁，使车架呈鱼骨状。有些轿车和大型客车取消了车架，而以车身兼代车架的作用，即将所有部件固定在车身上，所有的力也都由车身来承受，这种车身称为“承载式车身”。

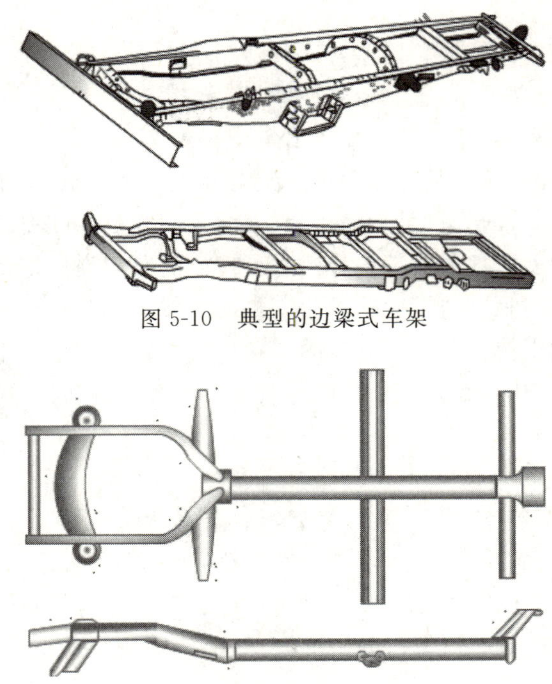

图 5-10　典型的边梁式车架

图 5-11　典型的中梁式车架

图 5-12 为典型的综合式车架。

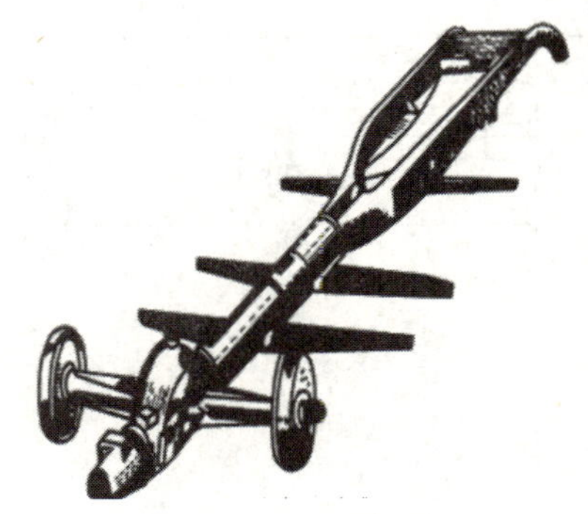

图 5-12　典型的综合式车架

（二）车桥

车桥通过悬架与车架连接，支撑着汽车大部分质量，并将车轮的驱动力或制动力以及侧向力经悬架传给车架。为了便于与不同悬架相配合，汽车的车桥分为整体式和断开式两种。按使用功能划分，车桥又可分为转向桥、转向驱动桥、驱动桥和支撑桥。

1. 驱动桥

驱动桥的功用是将由万向传动装置传来的发动机转矩传给驱动车轮，并经降速增扭，改变动力传动方向，使汽车行驶，而且允许左右驱动车轮以不同的转速旋转。驱动桥一般由主减速器、差速器、半轴、桥壳等组成。图 5-13 为北京吉普切诺基汽车的后驱动桥。

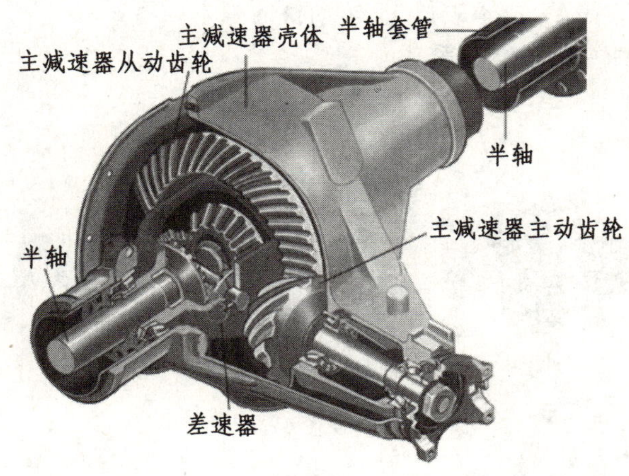


图 5-13　北京吉普切诺基汽车的后驱动桥

(1)主减速器

主减速器是驱动桥中降低转速、增大扭矩的主要部件。对发动机纵置的汽车来说,主减速器还利用锥齿轮传动以改变动力方向。主减速器广泛采用螺旋锥齿轮和双曲面齿轮。

(2)差速器

驱动桥两侧车轮分别与两根半轴刚性连接,差速器装在两根半轴之间。差速器的功用是允许左右驱动车轮以不同的转速旋转,以满足两驱动轮不等路程行驶的需要,使汽车既能直线行驶,又能轻便地转向,这种差速器又称为“轮间差速器”。多轴驱动的越野汽车,为使各驱动桥能以不同角速度旋转,以消除各桥上驱动轮的滑动,有的在两驱动桥之间装有轴间差速器。

(3)半轴

半轴是差速器与驱动轮之间传递扭矩的实心轴,其内端一般通过花键与半轴齿轮连接,外端与轮毂连接,根据其支撑形式不同,分全浮式和半浮式两种。全浮式半轴只传递转矩,不承受任何反力和弯矩,其特点是半轴易于拆装。半浮式半轴既传递扭矩,又承受全部反力和弯矩,它的支撑结构简单、成本低,但这种半轴支撑拆取较为麻烦。

(4)桥壳

桥壳支撑并保护主减速器、差速器的半轴等,使驱动的轴向相对位置固定。它和从动桥一起承受汽车的质量,承受由车轮传来的各种反力及力矩。驱动桥壳一般由主减速器壳和半轴套管组成。其内部用来安装主减速器、差速器和半轴等;其外部通过悬架与车架相连,两端安装制动底板并连接车轮,承受悬架和车轮传来的各种作用力和力矩。一般驱动桥壳可分为整体式和分段式两种。

重型汽车驱动桥又分为双级桥和单级桥两种。双级桥由主减速器减速加轮边减速器减速,由于是二级减速,主减速器减速速比小,主减速器总成相对较小,桥包相对减小,因此离地间隙加大、通过性好。单级桥由主减速器一级减速,桥包尺寸大,离地间隙小,相对双级桥而言，其通过性较差，主要用于公路运输车辆。单级减速驱动桥是驱动桥中结构最简单的一种，制造工艺简单，成本较低，是驱动桥的基本类型。

图 5-14 为载货汽车驱动桥外形。

图 5-14　载货汽车驱动桥外形

2. 转向桥

转向桥主要由前轴、转向节、主销、轮毂组成，其作用是利用转向节的摆动使车轮偏转一定角度，以实现汽车的转向，并承受一定的载荷。图 5-15 为重型车的转向桥组成。

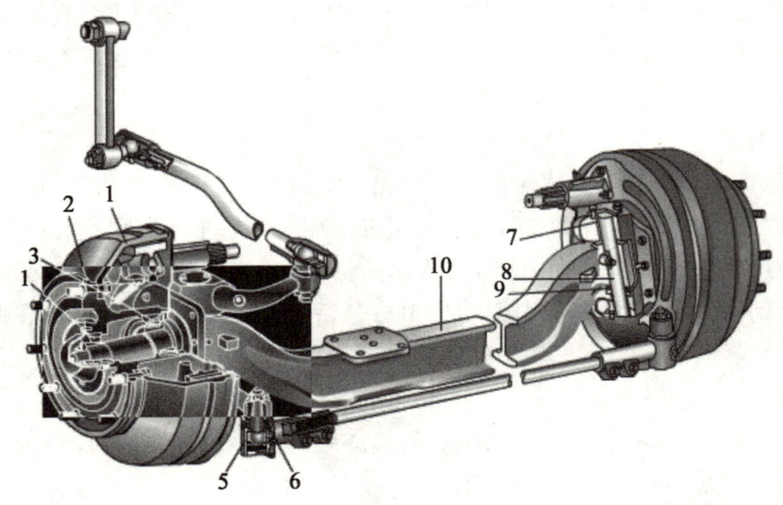


图 5-15　重型车转向桥

1. 制动鼓　2. 轮毂　3. 轮毂轴承　4. 轮毂轴承　5. 转向节
6. 油封　7. 衬套　8. 主销　9. 滚子止推轴承　10. 前轴

3. 转向轮定位的概念

为了保持汽车直线行驶的稳定性和转向操纵的轻便性，转向车轮、主销和前轴之间均有一定的相对位置，即转向轮定位。转向轮定位参数有主销后倾、主销内倾、前轮外倾、前轮前束 4 个参数。

(1)主销后倾角

在汽车的纵向平面内，主销的上部向后倾斜的角度称“主销后倾角”。主销后倾的作用是保持汽车直线行驶的稳定性，并使汽车转弯后能自动回正。后倾角越大，车速越高，车轮的稳定性越强。但是后倾角过大会造成转向沉重。

(2)主销内倾角

在汽车的横向平面内,主销上部向内倾斜的角度称“主销内倾角”。主销内倾的作用是使车轮转向后能自动回正,且操纵轻便。主销后倾与主销内倾都有使汽车转向后自动回正、保持汽车直线行驶的作用,二者主要的区别在于主销后倾的回正作用与车速有关,而主销内倾的回正作用与车速无关。高速时后倾的回正作用大,低速时主要靠内倾的回正作用。直线行驶时车轮偶尔遇到冲击而偏转时,也主要靠主销内倾的回正作用。

(3)转向轮外倾角

转向轮中心平面不是垂直于地面,而是向外倾斜了一个角度,该角度称为“转向轮外倾角”。转向轮外倾的作用是提高转向操纵的轻便性和车轮行驶的安全性。前轮外倾与主销内倾相配合能使汽车转向轻便,但外倾角过大,会使轮胎产生偏磨损。

(4)前轮前束

两转向轮的中心平面不平行,而是稍微带一些角度,这种现象被称为“前轮前束”。

四轮定位:四轮定位就是不仅要求对前轮定位,还需要对后轮定位,其参数还包括后轮外倾角、后轮前束等。

(三)悬架

悬架系统的作用是把车架与车桥弹性连接起来,吸收或缓和车轮在不平路面上受到的冲击和振动,传递各种作用力和力矩,同时为驾驶者和乘客提供最佳的乘坐舒适性。它一般由弹性元件、导向装置和减振器三部分组成。一般来说,悬架可分为独立悬架和非独立悬架两种形式,如图 5-16 所示。

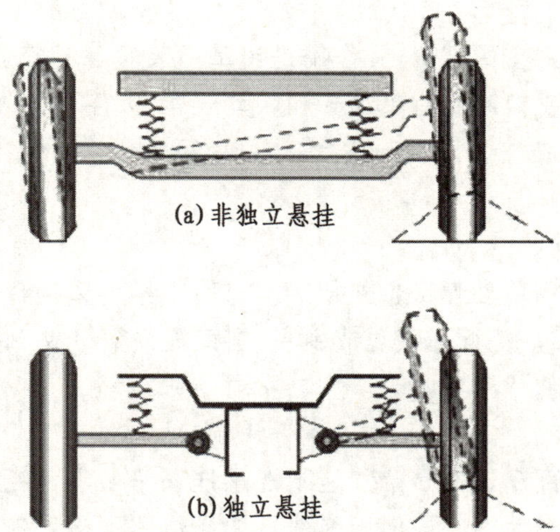


图 5-16　独立悬架与非独立悬架示意图

独立悬架的特点:每一侧车轮单独通过弹簧悬挂在车架下面,在汽车行驶中,当一侧车轮跳动时,不会影响另一侧车轮的工作。独立悬架中多采用螺旋弹簧和扭杆弹簧作为弹性元件,并配用导向装置和减振器。独立悬架在轿车上广泛应用。非独立悬架的特点是两侧的车轮分别安装在同一整体式车桥上,车桥通过弹性元件与车架相连。这种悬架在汽车行驶中，当一侧车轮跳动时，另一侧车轮也将随之跳动。非独立悬架中广泛采用钢板弹簧作为弹性元件，这种悬架在中、重型汽车上普遍采用。

独立悬架的优点：系统质量较轻，车轮的贴地性良好，乘坐比较舒适。由于车轮角度变化量的自由度大，使得操控的稳定性更好。但独立悬架零件数量多，零件的精密度要求高，系统特性调整困难，导致成本偏高。同时因连杆的自由度大需要较大的安装空间。

非独立悬架的优点：由于左、右轮在弹跳时会相互牵连，轮胎角度的变化量小，使轮胎的磨耗小。另外，其构造简单，制造成本低，容易维修。同时占用的空间较小，可降低车底板的高度。但由于左右轮在弹跳时会相互影响，从而降低了乘坐的舒适性及操控的稳定性。

《机动车运行安全技术条件》《机动车安全技术检验项目和方法》中规定，只对前轴采用非独立悬架的车辆进行侧滑量测量及评价，因此安检机构登录人员在车辆信息登录前，一定要核实被检车辆的悬架形式，以免造成误判。

多轴车一般采用钢板弹簧作为弹性元件，也有些采用油气悬架结构等。但在一些较大装载质量的挂车上，因其具有多轴承载，为保证各轴车轮与地面均有良好的接触及使悬架系统的载荷均匀，采用了平衡悬架；在液压全挂车上采用了液压悬架等。

1. 车架和车厢

货车的车架为框架式结构，纵梁为优质成型工字钢或焊接工字钢，其结构做成阶梯形，以降低重心；横梁则采用优质钢板冲压成型或成型槽钢。横梁与纵梁连接采用穿梁式结构，增加了车架的抗扭强度。整个车架是在特制的定位台架上组装、焊接而成，其结构合理、强度高、使用性能好。

2. 支撑装置

货车一般选用机械式支撑装置，其作用是当牵引装置与挂车脱开时，用于支撑地面，承受半挂车前部载荷。支撑装置有单动式和联动式两种，主要由支撑盘、螺杆传动机构、减速箱和操纵手柄等构成。

3. 悬挂

(1)单轴半挂车悬挂

单轴半挂车悬挂采用单轴弹簧悬架装置。前后支架均采用优质钢板组焊而成，并与纵梁焊成一体，坚固可靠。钢板弹簧总成由主、副钢板弹簧组成，主钢板弹簧为加厚、重载型，具有足够的承载强度。

(2)双轴半挂车悬挂

如果多轴车辆的全部车轮都是单独地刚性悬挂在车架上，在不平道路上行驶时将不能保证所有车轮同时接触地面。当使用弹性悬架而道路不平度较小时，虽然不一定会出现车轮悬空现象，但各个车轮间垂直载荷的分配比例会有很大改变(见图 5-17)。当车轮垂直载荷变小甚至为零时，车轮对地面的附着力随之变小甚至为零。转向车轮遇此情况将使汽车操纵能力大大降低以致失去操纵。驱动车轮遇此情况将不能产生足够的驱动力。此外，还会使其他车桥及车轮有超载的危险。全部车轮采用独立悬架，可以保证所有车轮与地面的良好接触，但将使汽车结构变得复杂。全轮驱动的多轴汽车尤其如此。

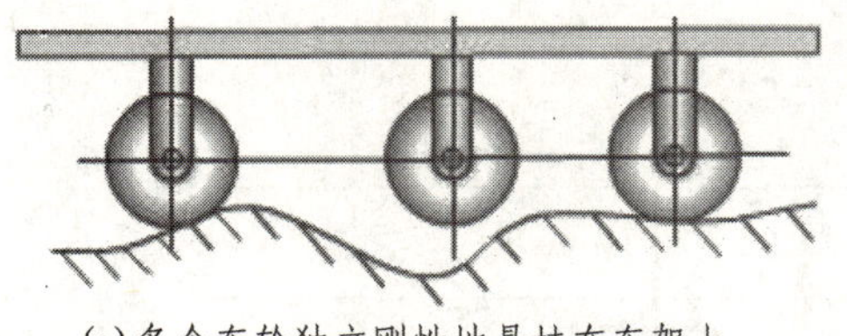
(a)各个车轮独立刚性地悬挂在车架上

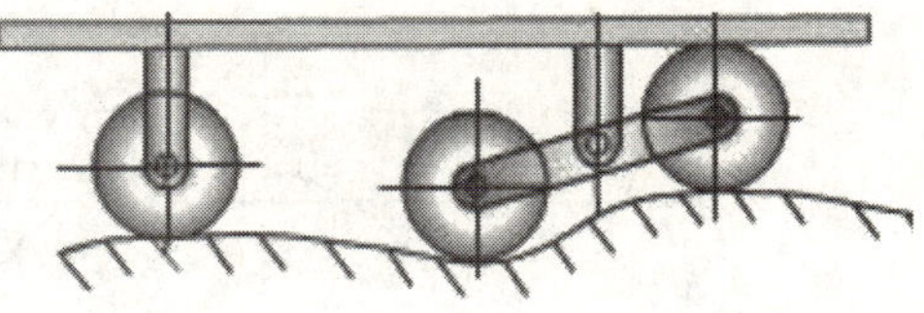
(b)车轮通过平衡悬架悬挂在车架上

图 5-17　多轴车独立悬挂和平衡悬挂

如果将两个车桥(如三轴汽车的中桥与后桥)装在平衡杆的两端,而将平衡杆的中部与车架作铰链式连接,一个车桥抬高将使另一个车桥下降。由于平衡杆两臂等长,使两个车桥上的垂直载荷在任何情况下都相等,这种能保证中、后桥车轮垂直载荷相等的悬架称为“平衡悬架”。

1)等臂式平衡悬架

等臂式平衡悬架(见图 5-18)是三轴和四轴越野汽车上普遍采用的一种平衡悬架结构形式。钢板弹簧的两端自由地支撑在中、后桥半轴套管上的滑板式支架内。这样,钢板弹簧便相当于一根等臂平衡杆,它以悬架心轴为支点转动,从而可保证汽车在不平道路上行驶时,各轮都能着地,且使中、后桥车轮的垂直载荷平均分配。

图 5-18　等臂式平衡悬架

2)摆臂式平衡悬架

摆臂式平衡悬架(见图 5-19)主要用于 6×2 的货车上。这种货车的结构特点是前桥为转向桥,中桥为驱动桥,后桥是可以升降的支持桥。当汽车在轻载或空载行驶时,可操纵举升油缸,通过杠杆机构将后轮(支持轮)举起,使 6×2 汽车变为 4×2 汽车。这不仅可减少轮胎的磨损和降低油耗,同时还可以增加空车行驶时驱动轮上的附着力。为适应这种汽车总体布置的需要,中(驱动)桥和后(支持)桥就有必要采用摆臂式平衡悬架。中桥的悬架采用普通纵置半椭圆钢板弹簧,后吊耳不与车架相连接,而是与摆臂的前端相连。摆臂轴支架固定在车架上。摆臂的后端与汽车的后桥(支持桥)相连。左、右后支持轮之间没有整轴联系。

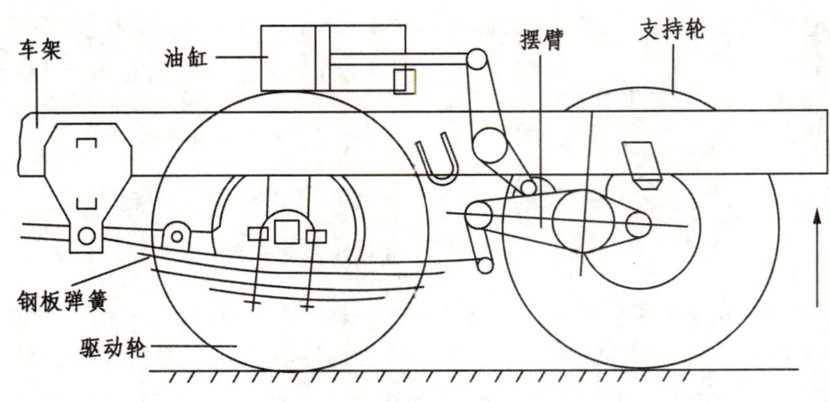


图 5-19　摆臂式平衡悬架示意图

(3)三轴(重型)半挂车悬挂

三轴(重型)半挂车悬挂采用三轴平衡式弹簧悬架装置。前后钢板弹簧悬架中间装有质量平衡装置,挂车在凹凸不平的道路上行驶,同样可使前后钢板弹簧挠度等量变化使车架得到缓冲。

(4)车轴总成

车轴总成主要由轮胎、车轴、制动器和轮毂等组成。

### (四)车轮和轮胎

车轮和轮胎的作用是支撑汽车车体质量,缓和由于路面不平引起的冲击力,接受和传递制动力和驱动力。轮胎具有抵抗侧滑的能力和自动回正的能力,使汽车正常转向,保持汽车直线行驶。

车轮由轮毂、轮辋以及轮辐组成。按照轮辐的结构,车轮可分为辐板式(见图 5-20)和辐条式(见图 5-21)。按车轮材质,可分为钢制、铝合金、镁合金等车轮。按车轴一端安装一个或两个轮胎,可分为单式车轮和双式车轮。

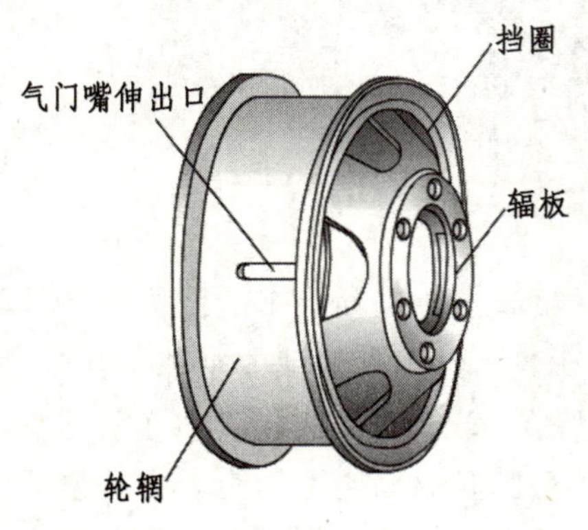


图 5-20　辐板式车轮

图 5-21　辐条式车轮

轮胎总成是安装在轮辋上的，直接与路面接触。它的作用是：承受汽车的重力；当汽车在行驶中，路面不平引起冲击和振动时，要求轮胎与悬架一齐起缓和冲击的作用；保证车轮和路面接触具有良好的附着性，传递驱动力和制动力，保持汽车行驶的稳定性。轮胎的性能与其结构、材料、气压、花纹等因素有关。汽车轮胎按胎体结构不同，可分为充气轮胎和实心轮胎；充气轮胎按结构不同，可以分为有内胎和无内胎两种；按胎面花纹不同，可分为普通花纹轮胎、越野花纹轮胎和混合花纹轮胎；按气压不同，可分为高压轮胎、低压轮胎、超低压轮胎；按帘布层结构不同，可分为斜交轮胎、带束斜交轮胎和子午线轮胎。

通常所说的附着力指地面对轮胎切向反作用力的极限值。汽车的附着力取决于附着系数以及地面作用于驱动轮的法向反作用力。附着系数是指汽车在直线行驶状况下，充分发挥驱动力作用时要求的最低附着系数。一般情况下，附着力与载荷成正比，同时与轮胎气压、轮胎尺寸、轮胎花纹以及车速有关。

子午线轮胎构造如图 5-22 所示。

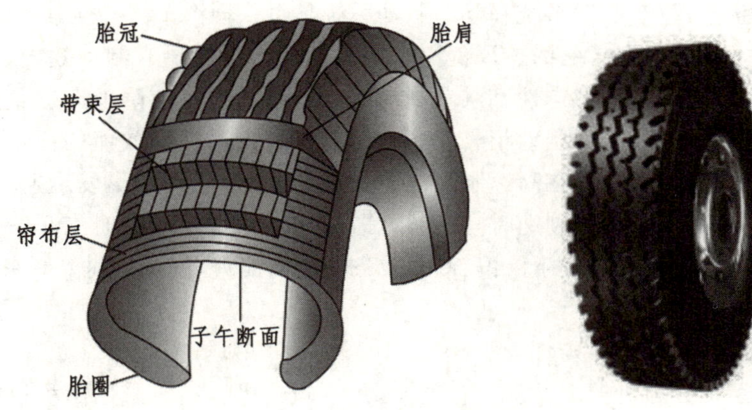


图 5-22　子午线轮胎

子午线轮胎（用 R 表示）是胎体帘线按子午线方向排列，有帘线周向排列或接近周向排列的缓冲层紧紧箍在胎体上的一种新型轮胎。它由胎面、胎体、胎侧、缓冲层（或带束层）、胎圈、内衬层（或气密层）等组成。按照胎体和带束层所用帘线材料不同，子午线轮胎可分为以下三种：全钢丝子午线轮胎、半钢丝子午线轮胎和全纤维子午线轮胎。

子午线轮胎的优点：接地面积大，附着性能好，胎面滑移小，对地面单位压力也小，因而滚动阻力小，使用寿命长；胎冠较厚且有坚硬的带束层，不易刺穿；行驶时变形小，可相对降低油耗；因为帘布层数少，胎侧薄，所以其径向弹性大，缓冲性能好，负荷能力较大；散热性能好，可适应高温、高速行驶。由于子午线轮胎具有耐磨、节油、乘坐舒适以及牵引性、稳定性和高速性能好的特点，使其获得了极快的发展。

子午线轮胎的缺点：因胎侧较薄，胎冠较厚，在胎冠与胎侧的过渡区易产生裂口。侧面变形大，导致汽车的侧向稳定性差，制造技术要求高，成本也高。

子午线轮胎不能与其他轮胎在同一车辆上混合使用，特别不允许和其他的轮胎装在同一轴上使用。另外，子午线轮胎要按规定标准充气，承载时不允许超载。

关于轮胎的一些其他知识可参考：

《轮胎术语及其定义》(GB/T 6326－2005)；

《轿车轮胎规格、尺寸、气压与负荷》(GB/T 2978－2008)；

《载重汽车轮胎规格、尺寸、气压与负荷》(GB/T 2977－2008 )。

## 四、制动系

制动系的作用有:使行驶中的汽车按照驾驶员的要求进行强制减速甚至停车;使已停止的汽车在各种道路条件下(包括在坡道上)稳定驻车;使下坡行驶的汽车速度保持稳定。制动系统可分为行车制动系统、驻车制动系统、应急制动系统及辅助制动系统等。用以使行驶中的汽车降低速度甚至停车的制动系统称为“行车制动系统”;用以使已停驶的汽车驻留原地不动的制动系统则称为“驻车制动系统”;在行车制动系统失效的情况下,保证汽车仍能实现减速或停车的制动系统称为“应急制动系统”;在行车过程中,辅助行车制动系统降低车速或保持车速稳定,但不能将车辆紧急制停的制动系统称为“辅助制动系统”。上述各制动系统中,行车制动系统和驻车制动系统是每一辆汽车都必须具备的,同时对行车制动系统要求必须是双管路的。评价汽车的制动性指标主要有制动效能、制动效能的恒定性、制动时汽车的方向稳定性。汽车制动效能是指汽车迅速降低车速直至停车的能力,对其评价的指标是汽车的制动距离或制动时的减速度。制动效能的恒定性主要是指制动器的抗热衰退性能,汽车在高速制动或下长坡制动时,制动器温度迅速上升,摩擦力矩显著下降,即热衰退现象。制动时汽车的方向稳定性通常用制动时汽车按给定轨迹的行驶能力评价。制动时汽车发生跑偏、侧滑或失去转向能力,汽车将偏离原来的轨迹。

### (一)行车制动

通常制动系统分为机械式、液压式、气压式、电磁式等。同时采用两种以上传能方式的制动系称为“组合式制动系统”。制动系统一般由制动操纵机构和制动器两个主要部分组成,如图 5-23 所示。

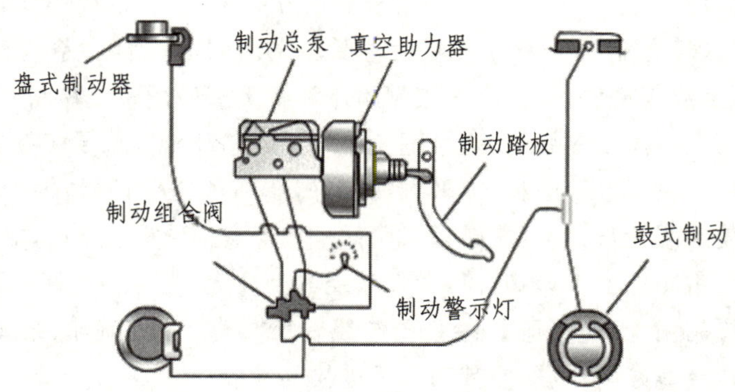


图 5-23　制动系统原理图(前盘后鼓)

1. 制动操纵机构

产生制动动作、控制制动效果并将制动能量传输到制动器的各个部件以及制动轮缸和制动管路。如制动踏板、真空助力器、制动总泵和制动组合阀等组成了制动操纵机构。

2.制动器

制动器指能够产生阻碍车辆运动或运动趋势的力(制动力)的部件。汽车上常用的制动器都是利用固定元件与旋转元件工作表面的摩擦而产生制动力矩,称为“摩擦制动器”。它有盘式制动器和鼓式制动器两种结构形式。

(1)盘式制动器

盘式制动器摩擦副中的旋转元件是以端面工作的金属圆盘,被称为“制动盘”,见图5-24。

图 5-24　盘式制动器

盘式制动器主要零部件有制动盘、制动钳、分泵、油管等。制动盘用合金钢制造并固定在车轮上,随车轮转动。分泵固定在制动器的底板上固定不动。制动钳上的两个摩擦片分别装在制动盘的两侧。分泵的活塞受油管输送来的液压作用,推动摩擦片压向制动盘发生摩擦制动。这种制动器散热快,质量轻,构造简单,调整方便。特别是高负载时耐高温性能好,制动效果稳定,而且不怕泥水侵袭。在冬季和恶劣路况下行车,盘式制动比鼓式制动更容易在较短的时间内令车停下。但盘式制动器对制动器和制动管路的制造要求较高,摩擦片的耗损量较大,成本贵,而且由于摩擦片的面积小,相对摩擦的工作面也较小,需要的制动液压高,所以必须要有助力装置的车辆才能使用。

(2)鼓式制动器

典型的鼓式制动器主要由底板、制动鼓、制动蹄、轮缸(又称“制动分泵”,其作用是把油液压力转变为轮缸活塞的推力,推动制动蹄压靠在制动鼓上,产生制动作用。制动轮缸有双活塞式和单活塞式两种)、回位弹簧、定位销等零部件组成。底板安装在车轴的固定位置上,它是固定不动的,上面装有制动蹄、轮缸、回位弹簧、定位销,承受制动时的旋转扭力。每一个鼓有一对制动蹄,制动蹄上有摩擦衬片。制动鼓则是安装在轮毂上,是随车轮一起旋转的部件,当制动时,轮缸活塞推动制动蹄压迫制动鼓,制动鼓受到摩擦减速,迫使车轮停止转动。图5-25为鼓式制动器原理图。

为了保持良好的制动效率,制动蹄与制动鼓之间要有一个最佳间隙值。随着摩擦衬片磨损,制动蹄与制动鼓之间的间隙增大,需要有一个调整间隙的机构。目前大多采用自动调整方式,即通常所说的自动间隙调整臂,摩擦衬片磨损后会自动调整与制动鼓的间隙。

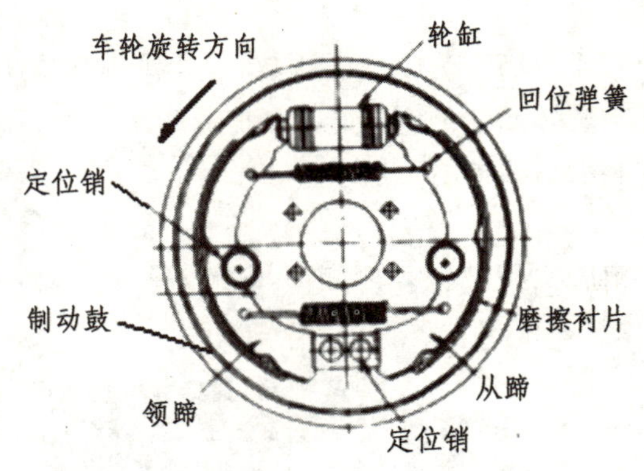


图 5-25　鼓式制动器原理图

鼓式制动器散热性能较差，在制动过程中会聚集大量的热量。制动蹄片和轮鼓在高温影响下较易发生极为复杂的变形，容易产生制动衰退和振抖现象，引起制动效率下降。但鼓式制动器能够产生较大的制动力矩，而且成本相对低廉，比较经济。

轿车鼓式制动器一般用于后轮(前轮用盘式制动器)。鼓式制动器除了成本比较低之外，还有一个好处，就是便于与驻车制动器组合在一起，凡是后轮为鼓式制动器的轿车，其驻车制动器也组合在后轮制动器上。

(二)驻车制动

驻车制动装置有三个作用：使停驶后的汽车驻留原地不动；便于坡道起步；当行车制动效能失效后临时使用或配合行车制动器进行紧急制动。

驻车制动装置按其安装位置可分为中央制动式和车轮制动式两种。

盘式驻车制动器：属于车轮制动形式，其驻车制动直接作用在两个后轮的盘式制动器上。驻车制动的软轴拉动驻车制动机构，该机构推动制动卡钳的活塞前行，压紧制动盘，起到制动作用。多用于一些高级轿车。

鼓式驻车制动器：属于车轮制动形式的另一种，比盘式制动器的驻车制动机构要简单，只需要将拉动转化为推动制动蹄片张开即可起到制动作用。多用于轿车和轻、中型卡车。

弹簧蓄能式驻车制动：多用于重型卡车和大型客车，是气压动力制动系统中所使用的驻车制动执行机构。它是使用一个被压紧的弹簧来对制动器施加制动力的。在行车时，压缩空气顶起弹簧，驻车时，只要操作一个阀开关，把气放掉，弹簧就会把后轮锁死，但要解除驻车制动，则必须建立足够的气压。通常所说的挂车的“断气刹”，其实就是使用了弹簧蓄能制动，一旦挂车脱落，其供气管路会被扯断，车辆的气压会全部散失，弹簧蓄能制动起效，车轮抱死，实现停车。

中央驻车制动器：其制动力直接作用在传动轴上，一般把驻车制动器直接安装在变速器后面，对传动轴施加制动力完成驻车，不过这种制动形式在乘用车上已很少见到了。

(三)辅助制动系统

在山区行驶的汽车连续下长坡时,汽车在自身重力下会不断加速,为保证安全,需对汽车进行持续制动。另外,行驶在交通情况复杂的城市街道上,为避免交通事故,也需频繁地使用行车制动器。在这种情况下,汽车制动器因长时间频繁工作将使制动器过热,导致制动能力衰退甚至丧失。因此,在此类车辆上要装设辅助制动系统。常见的辅助制动装置有排气制动装置、液力减速装置、电涡流缓速装置、牵引电机缓速装置、空气动力缓速装置等。

辅助制动系统能够降低车速或保持车速稳定,但不能将车辆紧急制停。辅助制动系中用以产生制动力矩对车辆起缓速作用的部件称为“缓速器”。其作用如图 5-26 所示。

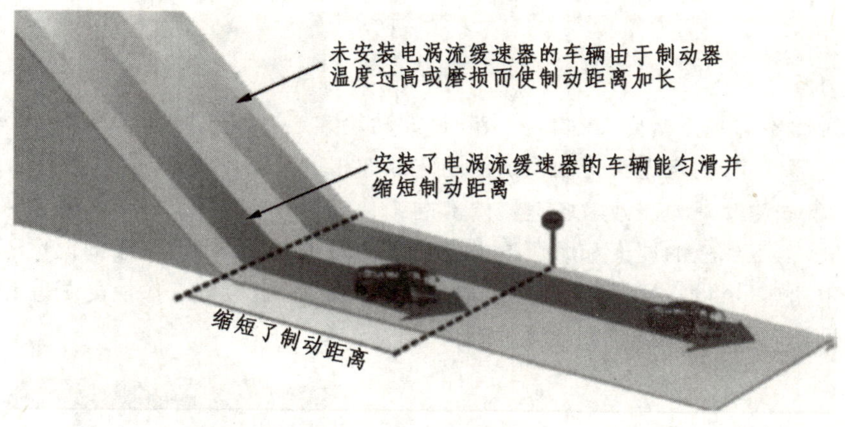


图 5-26 缓速器作用示意图

1. 排气制动装置

排气制动也有称为“废气制动”,在大型载货汽车上应用广泛。排气制动装置由排气制动按钮阀、废气工作缸、排气制动蝶阀、停油气缸组成,如图 5-27 所示。排气制动装置安装在发动机排气通道上,其工作原理是利用关闭发动机排气通道的办法,使发动机活塞在排气行程时受气体的反压力,阻止发动机的运转而产生制动作用,从而达到控制车速的目的。工作时,打开排气制动按钮阀,按钮阀受力打开气的通道,压缩空气进入废气工作缸。废气工作缸活塞受压缩空气的压力移动,推杆带动排气制动蝶阀,蝶阀转动将排气管堵死。压缩空气在按钮阀打开的同时也进入停油气缸,停油气缸的活塞在压缩空气的作用下移动,推杆通过联动机构带动调速器柄,使油料停止供应。由于排气管堵死,发动机停止排气,燃料供应中断,排气管中的压力上升,发动机活塞在工作中的排气行程必须克服此压力,因而大大增加了发动机制动的功率。故当采用排气制动时,发动机活塞在发动机排气行程时,活塞受气体的反压力,经过曲轴和传动系传至车轮,增加了车轮的转动阻力,降低了车速。但在使用排气制动时,不能挂空挡,也不允许分离离合器,否则排气制动无效,还会出现行车事故。

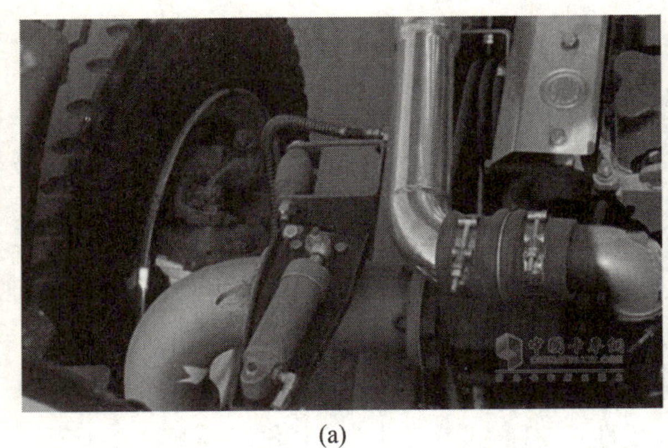

(a)

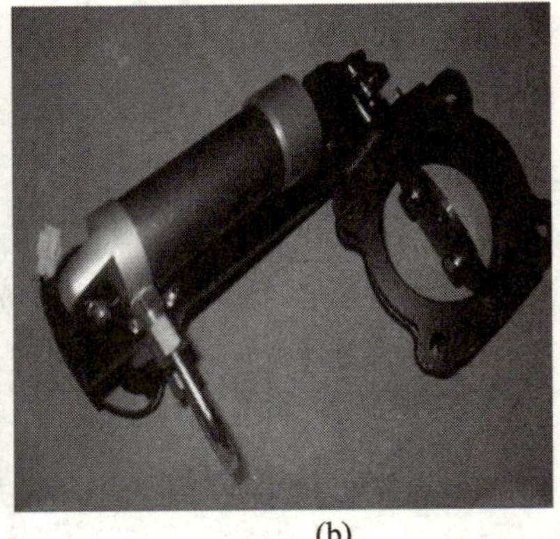

(b)

图 5-27　排气制动装置

2.液力减速装置

液力缓速器的主体结构由含有多个叶片的动轮和定轮组成(见图 5-28),动轮与传动系统的旋转部件相连,定轮与传动系统的固定部件相连。工作时,液力缓速器的动轮由传动系统带动,动轮叶片给予液力缓速器内部的工作液以动能和压力,工作液流入定轮后,冲击定轮叶片,工作液的冲击和摩擦损失变为工作液的热能,使工作液的温度不断升高,工作液产生的热量将通过循环流动而被散热器带走。在动轮与工作液的相互作用中,工作液施加反作用力于动轮,产生制动力矩。

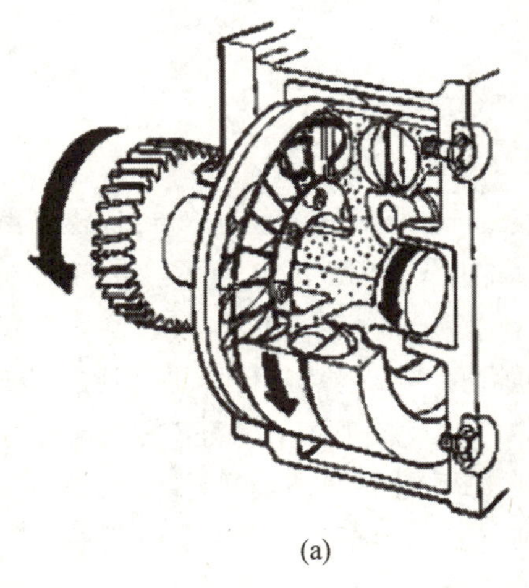

(a)

(b)

图 5-28　液力缓速器

3.电涡流缓速装置

电涡流缓速器的主要元件是与汽车传动系相连的盘状(也有鼓状的)的金属转子和由若干个固定不动的电磁铁组成的定子,如图 5-29 所示。二者之间有很小的(0.5～1.5 mm)间隙。当有电流通过定子的励磁线圈时,定子产生磁场。在磁场中旋转的转子内部便产生电涡流,这一电流在磁场中所受到的力是阻碍转子转动的,于是便能产生缓速作用。

(a)

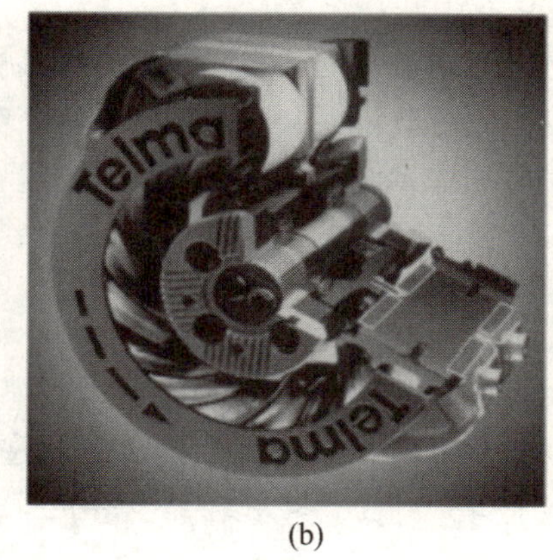


(b)

图 5-29　电涡流缓速器

4.牵引电机缓速装置

当电力传动的汽车需要缓速时，可将牵引电动机改作发电机，把汽车的行驶动能转变为电能。

5. 空气动力缓速装置

在超高速行驶的汽车后面释放减速伞，以加大作用于汽车的空气阻力的办法使汽车缓速。

需要提出的是，缓速器只是一种车辆辅助减速装置，而不是一种停车装置，不能用它来替代主制动系统制动。

（四）制动系的类型

1.人力制动系

按其传动装置的结构形式，人力制动系有机械式和液压式两种。机械式制动系通常用于汽车的驻车制动。液压式制动系以制动液为介质，将驾驶员施加的控制力通过装在车架上的主缸由机械能转换为液压能，再通过装在车轮制动器内的轮缸将液压能转换为机械能，促使制动器进入工作状态。

2.伺服制动系

伺服制动系兼用人力和发动机作为制动能源，在正常情况下，制动能量大部分由动力伺服系统供给，可以减轻驾驶员施加于制动踏板上的力，增加车轮制动力，达到操纵轻便、制动可靠的目的。在动力伺服系统失效时，伺服制动转变为人力制动。常见伺服制动系以发动机工作时在进气管中形成的真空（或利用真空泵产生的真空）为伺服能量。它可分为增压式和助力式两种形式。增压式是通过增压器将制动主缸的液压进一步增加，增压器装在主缸之后；助力式是通过助力器来帮助制动踏板对制动主缸产生推力，助力器装在踏板与主缸之间。

3.动力制动系

动力制动系中，制动能源是空气压缩机或油泵。在动力制动系中，人力仅作为控制能源，而不是制动能源，其特点是制动操纵省力、制动强度大、踏板行程小，一般在中型以上货车或客车上采用。

动力制动系有气压制动系、气顶液制动系和全液压动力制动系三种。气压制动系其供能装置和传动装置全部是气压式的。其控制装置大多数是由制动踏板机构和制动控制阀等气压控制元件组成，也有的在踏板机构和制动控制阀之间还串联有液压式操纵传动装置。气顶液制动系的供能装置、控制装置与气压制动系的相同，但其传动装置则包括气压式和液压式两部分。全液压动力制动系中除制动踏板机构以外，其供能、控制和传动装置全是液压式。

### （五）制动力分配调节装置

制动时车轮所受路面制动力以及车轮制动器所产生的制动力矩随踏板力的增加而增加，但受到轮胎与地面附着情况的限制，不可能出现理想的前、后轮同步滑移。为了在制动中保持行驶方向的稳定性，制动系必须将前、后车轮制动到同步滑移，即前、后轮制动力的比值应能随前、后轮垂直载荷的变化进行调节，这就是制动力调节装置。常见的制动力调节装置有限压阀、比例阀、感载阀和惯性阀等，它们一般都是串联在后制动管路中，也有少数串联在前制动管路中。

1．限压阀

限压阀串联于液压制动回路的后制动管路中，其作用是当前、后制动管路压力 $P_1$ 和 $P_2$ 由零同步增长到一定值 $P_s$ 后，自动将 $P_2$ 限定在该值不变。

2．比例阀

比例阀（又称“P 阀”）也串联于液压制动回路的后制动管路中，其作用是当前、后制动管路压力 $P_1$ 与 $P_2$ 同步增长到某一定值 $P_s$ 后，自动对 $P_2$ 的增长加以限制，使 $P_2$ 的增量小于 $P_1$ 的增量。

3．感载阀

其特性随汽车实际装载质量而变化，阀体安装在车身上，其中的活塞为两端承压面积不等的差径结构，活塞的一端通过杠杆、拉力弹簧与后悬架或车架连接。其作用是当前、后制动管路压力 $P_1$ 与 $P_2$ 同步增长到某一定值 $P_s$ 后，自动对 $P_2$ 的增长加以限制，使 $P_2$ 的增量小于 $P_1$ 的增量。其特点是由于拉力弹簧与车架连接，随着载荷的不同，其预紧力跟着发生变化，这样调节起作用点压力值 $P_s$ 就随轴载荷而变化。

4．惯性阀

惯性阀（也称“G 阀”）的特点是调节作用起始点的控制压力值 $P_s$ 取决于汽车制动时作用在汽车重心上的惯性力，即 $P_s$ 不仅与汽车总质量或实际装载质量有关，而且与汽车制动减速度有关。惯性阀包括惯性限压阀、惯性比例阀两类。

### （六）制动时汽车的方向稳定性与 ABS 和 EBD

理想的制动是在制动过程中充分发挥制动效能的同时，车辆仍按给定的轨迹行驶，即不发生跑偏、侧滑或失去转向。一般把汽车在制动过程中维持直线行驶或按预定弯道行驶的能力称为制动时汽车的方向稳定性。在试验时常规定一定宽度的试验通道（如 2.5 m或 3 m），制动时方向稳定性合格的车辆在试验过程中不允许其任何部位超出这条通道。

车辆跑偏的主要原因是汽车左、右车轮，特别是转向左、右轮制动器制动力不相等，所以《机动车运行安全技术条件》规定：在制动力增长全过程中同时测得的左、右轮制动力差的最大值，与全过程中测得的该轴左、右轮最大制动力中大者（当后轴及其他轴制动力小于该轴轴荷的 60%时为与该轴轴荷）之比，对新注册车和在用车应分别符合表 5-1 的要求。

**表 5-1　　台试检验制动力平衡要求**

| | 前轴 | 后轴及其他轴 | |
|---|---|---|---|
| | | 轴制动力大于等于该轴轴荷 60%时 | 制动力小于该轴轴荷 60%时 |
| 新注册车 | ≤20% | ≤24% | ≤ 8% |
| 在用车 | ≤24% | ≤30% | ≤10% |

侧滑是指汽车制动时某一轴的车轮或两轴的车轮发生横向滑动，严重的跑偏也会引起后轴侧滑。制动时若后轴比前轴先抱死拖滑，就有可能发生后轴侧滑，若只有前轮抱死拖滑，汽车基本上沿直线向前减速行驶，但汽车会丧失转向能力。前轮失去转向能力是指汽车在弯道制动时，汽车不再按原来弯道行驶而是沿弯道切线方向驶出。所以最理想的情况是，制动过程中任何车轮都不抱死，前、后车轮都处于滚动的状态，这样就可以确保制动时方向的稳定性，这就是车轮防抱死制动系统（ABS）和电子制动力分配系统（EBD）的功能。

ABS 是汽车上的一种主动安全装置，其作用是在汽车制动时，自动调节制动力的大小，避免车轮完全抱死在路面上产生拖滑，使车轮始终处于边滚边滑的状态，以保证汽车车轮与地面间有最好的附着状态，缩短制动距离，提高汽车制动过程中的方向稳定性及转向操纵能力，使汽车制动更为安全有效。ABS 一般是由传感器、电子控制器、执行器及警告灯等组成。其中传感器主要是指车轮的转速传感器，执行器主要是指压力调节器。

在一般的制动情况下，施加在制动踏板上的力较小时，车轮不会被抱死，ABS 不工作，制动力由踏板力来控制。在紧急制动或松滑路面制动时，ABS 将工作，其工作过程是：制动开始时，制动压力骤升，车轮速度迅速下降，车轮的滑移率在极短的时间内达到稳定界限 $S_p$（稳定界限时的滑动率）；当轮速传感器检测到车轮的滑移率刚刚超过 $S_p$ 出现抱死趋势时，ABS 控制器输出信号到制动压力调节器降低制动压力，减小车轮制动力矩，使车轮滑移率恢复到靠近稳定界限 $S_p$ 的稳定区域内，压力保持，车轮速度上升；当车轮的加速度超过某一值时，再次将制动压力提高到使车轮滑移率稍微超过稳定界限，压力保持，车轮速度又下降。ABS 按上述循环反复，将车轮滑移率控制在 $S_p$ 附近的狭小范围内，以获得最佳的制动效能和制动时的方向稳定性和转向操控能力。

在 ABS 中，对能够独立进行制动压力调节的制动管路称为“控制通道”。ABS 装置的控制通道常用的有四通道式、三通道式和单通道式。

四通道 ABS：四个车轮各配有一个车速传感器和一个独立的电磁阀。在这种配置下，控制器分别对各个车轮进行监视，以确保各个车轮均获得最大制动力，这是最佳的方案。

三通道 ABS：每个前轮各配有一个车速传感器和一个电磁阀，两个后轮共用一个传感器和一个电磁阀。后轮的车速传感器位于后轴中，这种 ABS 系统可以单独控制每个前轮，因此每个前轮都可获得最大制动力。因为对两个后轮一起监测，可以保证汽车在各种条件下左右两后轮的制动力相等，即使两侧车轮的附着系数相差较大，两个车轮的制动力都限制在附着力较小的水平，使两个后轮的制动力始终保持平衡。

单通道 ABS：配备了后轮 ABS 装置的轻型卡车通常采用这种系统。它由一个同时控制两个后轮的电磁阀和一个安装在后轴中的车速传感器组成。单通道 ABS 不能使两后轮的附着力得到充分利用，因此制动距离不一定会明显缩短。另外，前轮制动未进行控制，制动时前轮仍会出现制动抱死，因而转向操纵能力也未得到改善，但由于制动时两后轮不会抱死，能够显著地提高制动时的方向稳定性。

EBD 即电子制动力分配系统，它是 ABS 的辅助功能，可以改善 ABS 的功效。当紧急制动车轮抱死的情况下，它可以在制动的瞬间，自动调节前、后轴的制动力分配比例，并不断调整 ABS 液压组件，在 ABS 动作之前就已经平衡了每一个车轮的有效抓地力，以防止出现甩尾和侧滑，并缩短汽车制动距离，提高制动效能。EBD 的另外一个特性就是它的随动性。当车辆的载重或乘员数发生变化时，EBD 仍然能够根据各个车轮车速传感器采集的信号，主动、适时、合理地进行制动力分配，从而保证制动过程中车辆的直线行驶状态和车身的稳定性。同样，车轮在弯道制动时，因为弯道离心力，外侧的车轮承受较大的车身自重及惯性载荷，这时 EBD 会增大外侧车轮的制动力。

## 第四节　汽车主要零部件总成

### 一、汽车排气系统

汽车排气系统包括排气歧管、排气管、消声器和排气净化装置（三元催化）四个部分，如图 5-30 所示。排气系统的功能是以尽可能小的排气阻力和噪声，将气缸内的废气排到大气中。

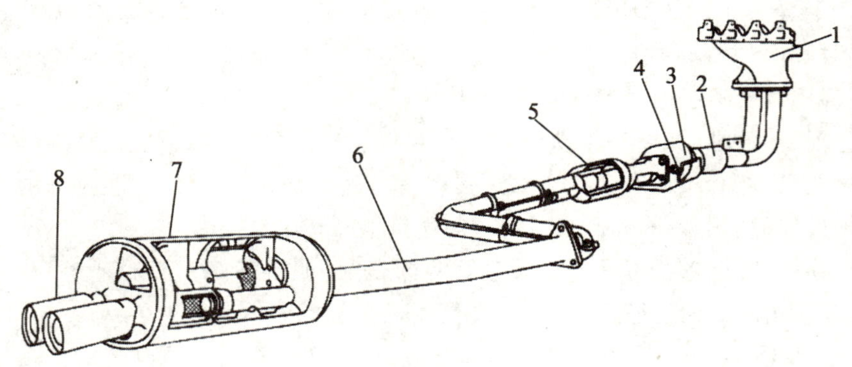


图 5-30　单排气系统的组成

1. 排气歧管　2. 前排气管　3. 催化反应器　4. 排气温度传感器
5. 副消声器　6. 后排气管　7. 主消声器　8. 排气尾管

（一）触媒转换器

汽油是一种碳氢化合物，在汽油分子中几乎都是碳及氢原子，这些碳及氢燃烧后产生$CO_2$及$H_2O$，但是因为少量混合气未完全燃烧，并且会有少许机油被排放出来，所以会产生HC及CO。另外，进到引擎内的空气中含有氮气，经过燃烧室的高温，会与空气中的氧化合，产生NO及$NO_2$，统称$NO_x$。HC、CO及$NO_x$都会造成环境污染，所以废气在排出前，首先要经过触媒转换器（目前绝大多数车辆采用三元触媒转换器）来还原废气中的HC、CO及$NO_x$，从而降低排到大气中气体的污染物。

（二）消声器

油气混合气体在发动机内燃烧做功后，以脉冲的形式排出发动机，会产生很大的噪声，且噪声的频率与发动机转速有关，消声器就是用来消除排气的噪声，降低噪声污染并避免驾乘人员疲劳。消声器内部的结构较为复杂，一般分为扩张式、共振式和阻尼式。在消声器的设计上，除了考虑尽量增大插入损失外，还要尽量降低发动机的功率损失。对于排气尾管，《机动车运行安全技术条件》中规定："排气管口不得指向车身右侧（如受结构限制排气管口必须偏向右侧时，排气管口中心线与机动车纵向中心线的夹角应小于等于15°）和正下方；客车的排气尾管如为直式的，排气管口应伸出车身外蒙皮。"

## 二、汽车和挂车侧面防护装置和后下部防护装置

（一）侧面防护装置

侧面防护装置是能有效地保护无防御行人，以免其跌于车侧而被卷入车轮下的装置，如图5-31所示。在设计上，侧面防护装置有的是单独设计的，有的则是利用车辆本身侧面的设计或装备，但后者构成部件的形状和特性必须符合相关标准的要求。

图5-31　侧面防护装置示意图

侧面防护装置不应增加车辆的总宽，外表面应光滑，并尽可能前后连续。它可以是一个连续平面，或由一根或多根横杆构成，或者是平面与横杆的组合体，其结构尺寸应满足《汽车和挂车侧面防护要求》(GB 11567.1—2001)。

（二）后下部防护装置

后下部防护是指专门的后下部防护装置或者依靠自身的外形与特性能够具有后下部防护装置功能的车辆的车体、车架部件或其他部件，如图 5-32 所示。后下部防护装置通常是由横梁组成的安装或连接在车架边梁或车辆其他结构件上的装置。

图 5-32　后下部防护装置示意图

后下部防护装置对追尾碰撞的车辆必须要有足够的阻挡能力，以防止发生钻入碰撞。在形状上，要求后下部防护装置横向构件的端部不得弯向车辆后方，尖锐部分不得朝后，其横向构件的端部呈圆角状。后下部防护装置在车辆后部可以被设计成具有不同的安装位置，但此时应具有可靠的方法以保证其安装后在安装位置上不会随意移动。后下部防护装置的安装尺寸及强度必须满足《汽车和挂车后下部防护要求》(GB 11567.2—2001)。

**三、前照灯**

为保证汽车在各种条件下安全行车，提高汽车的行驶速度，在汽车上装有照明灯、信号灯、报警灯、仪表、电子显示装置、发音装置、操纵控制装置等。汽车灯具按功能可分为照明灯和信号灯两大类；按安装位置可分为外部灯具和内部灯具两类。常见的内部灯具有顶灯、阅读灯、行李箱灯、门灯、踏步灯、仪表照明灯、工作灯、仪表板报警指示灯等。常见的外部灯具有前照灯、雾灯、牌照灯、倒车灯、制动灯、转向灯、示位灯、示廓灯、驻车灯和警示灯等。外部灯具光色一般采用白色、橙黄色和红色；执行特殊任务的车辆，如消防车、警车、救护车、抢修车，则采用具有优先通过权的红色、黄色或蓝色闪光警示灯。汽车灯具种类繁多，技术日益更新，在此主要对通用的、传统的前照灯(见图 5-33)作一下介绍。

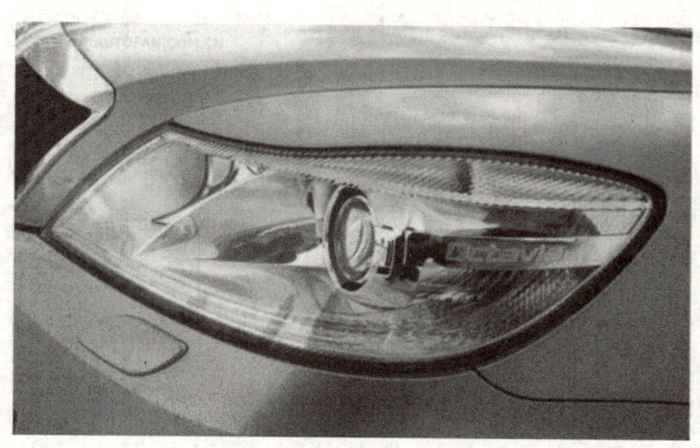

图 5-33　汽车前照灯

前照灯装在汽车头部两侧，用来照明车前道路。前照灯有两灯制、四灯制之分。四灯制前照灯并排安装时，装于外侧的一对应为近、远光双光束灯，装于内侧的一对应为远光单光束灯。另外，要求汽车的前照灯应有远、近光变换装置，并且当远光变为近光时，所有远光应能同时熄灭。

(一)前照灯的结构

前照灯的光学系统包括反射镜、配光镜和灯泡三部分。反射镜的作用是将灯泡的光线聚合并导向前方。反射镜的表面形状呈旋转抛物面，一般用薄钢板冲压而成。也有用热固性塑料制成的反射镜，其内表面镀银、铝或铬，然后抛光。由于镀铝的反射系数较高，机械强度也较好，所以现在一般采用真空镀铝。配光镜的作用是将反射镜反射出的平行光束进行折射，使车前路面和路缘都有良好而均匀的照明。配光镜一般用透光玻璃压制而成，是很多块特殊棱镜和透镜的组合。其几何形状比较复杂，外形一般为圆形和矩形。也有用塑料制成的配光镜，它不但质量轻，而且耐冲击性能好。汽车前照灯常用的灯泡有白炽灯泡和卤素灯泡两种。白炽灯泡灯丝用熔点高、发光强的钨丝制成，一般做成螺旋状，同时为防止钨丝受热后蒸发，缩短灯泡的使用寿命，在制造时玻璃泡内都抽成真空，然后充入混合惰性气体。卤素灯泡是在灯泡内的惰性气体中掺有某种卤族元素气体。卤素灯泡尺寸较小，壳体用耐高温、机械强度较高的石英玻璃和硬玻璃制成，充入惰性气体压力较高，掺入的卤素一般为碘或溴。因工作温度高，灯内工作气压要比其他灯泡高得多。又利用卤钨再循环原理，因此钨的蒸发受到了有效的限制。在相同功率情况下，卤素灯的亮度要远远大于白炽灯的亮度。

(二)前照灯的防眩目装置

为保障夜间会车安全，汽车前照灯必须具有良好的防眩目措施。一般采用远、近光束变换的措施。前照灯灯泡中装有远光与近光两根灯丝，由变光开关控制其电路。夜间公路行车且对面无来车时，使用远光灯，以增大照明距离，保证行车安全。夜间公路行车会车、夜间市区行车有路灯或尾随其他汽车行驶时，则使用近光灯。远光灯丝装于呈旋转抛物面的反射镜的焦点处，远光灯丝的光线经反射镜聚光、反射后，沿光学轴线以平行光束射向远方。近光灯丝产生的光线经反射镜反射后，光束的大部分将倾斜向下射向车前的路面，所以可减轻对方司机眩目，但这种方法还不能彻底避免眩目。因为近光灯丝射向反射镜下部的光线经反射后，将倾斜向上照射，仍会使对面交会汽车的驾驶员眩目。为此，在前照灯的近光灯丝下方装设了配光屏（又称“遮光罩”“护罩”或“光束偏转器”），用以遮挡近光灯丝射向反射镜下半部的光线，消除反射后向上照射的光束，提高防眩目效果。有些进口汽车的前照灯，还在近光灯丝的前方装设一个遮光罩，遮挡近光灯丝的直射光线，防止眩目。另外，采用不对称光形，更能达到良好的防眩目的效果。

《机动车运行安全技术条件》规定：“机动车不得安装遮挡外部照明和信号装置透光面的装置。除转向信号灯、危险警告信号、紧急制动信号、校车标志灯及消防车、救护车、工程救险车和警车安装使用的标志灯具外，其他外部灯具不得闪烁。”“用户不得对外部照明和信号装置进行改装，也不得加装强制性标准以外的外部照明和信号装置。”

## 四、汽车悬架用弹性元件

汽车悬架采用的弹性元件有钢板弹簧、螺旋弹簧、扭杆弹簧、空气弹簧、油气弹簧、橡胶弹簧等，下面就来介绍一下。

### （一）钢板弹簧

钢板弹簧由多片不等长和不等曲率的钢板叠合而成。钢板弹簧的第一片（最长的一片）称为“主片”，其两端弯成卷耳，内装青铜或塑料或橡胶、粉末冶金制成的衬套，用弹簧销与固定在车架上的支架或吊耳做铰链连接。钢板弹簧的中间用 U 形螺栓与车桥固定，如图 5-34 所示。当路面对轮子的冲击力传来时，钢板产生变形，起到缓冲、减振的作用，纵向布置时还具有导向传力的作用。非独立悬挂大多采用钢板弹簧作弹性元件，可省去导向装置和减振器，结构简单。

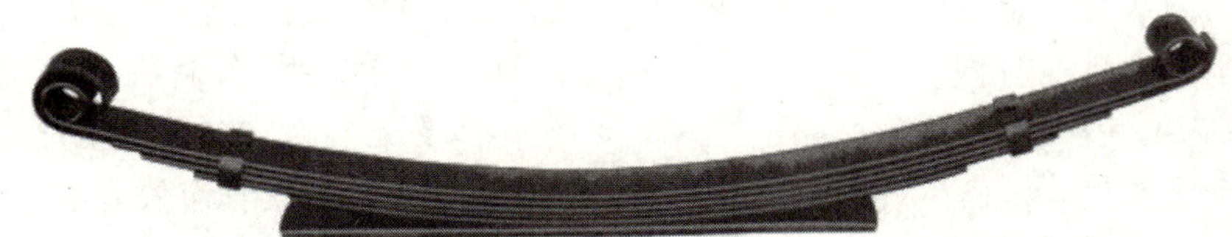

图 5-34　钢板弹簧

当钢板弹簧安装在汽车悬架中，所承受的垂直载荷为正向时，各弹簧片都受力变形，有向上拱弯的趋势，这时车桥和车架便相互靠近。当车桥与车架互相远离时，钢板弹簧所受的正向垂直载荷和变形便逐渐减小，有时甚至会反向。主片卷耳受力严重，是薄弱处。为改善主片卷耳的受力情况，常将第二片末端也弯成卷耳，包在主片卷耳的外面，称为“包耳”，如图 5-35 所示。为了使得在弹性变形时各片有相对滑动的可能，在主片卷耳与第二片包耳之间留有较大的空隙。有些悬架中的钢板弹簧两端不做成卷耳，而采用其他的支撑连接方式，如橡胶支撑垫等。

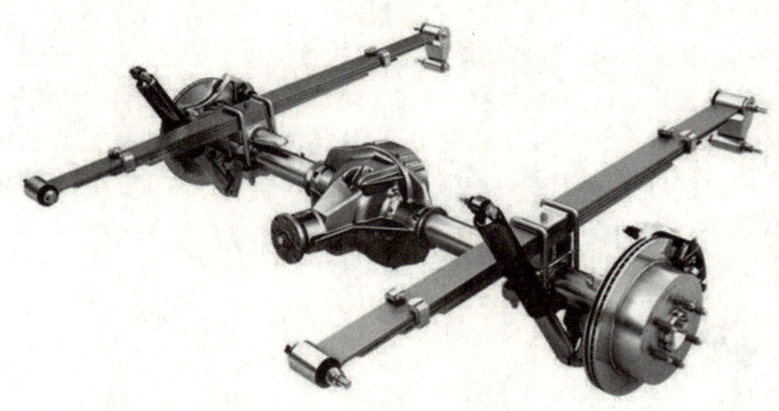

图 5-35 钢板弹簧与车桥的连接

(二)螺旋弹簧

螺旋弹簧(见图 5-36)是用弹簧钢棒卷制而成,有刚度不变的圆柱形螺旋弹簧和刚度可变的圆锥形螺旋弹簧两类。

螺旋弹簧大多应用在独立悬架上,尤以前轮独立悬架采用广泛。有些轿车后轮非独立悬架也有采用螺旋弹簧作弹性元件的。由于螺旋弹簧只承受垂直载荷,它用作弹性元件的悬架要加设导向机构和减振器。它与钢板弹簧相比具有不需润滑、防污性强、占用纵向空间小、弹簧本身质量小等特点,因而现代轿车上广泛采用。

图 5-36 螺旋弹簧、减振器

(三)扭杆弹簧

扭杆弹簧(见图 5-37)总成用合金弹簧钢制成,具有较高的弹性,既可扭曲变形又可复原,它的表面经过加工很光滑。通常为保护扭杆表面,在其上涂有环氧树脂,并包一层玻璃纤维,再涂一层环氧树脂,最后涂上沥青和防锈油漆,以防磨蚀和损坏表面,从而提高扭杆弹簧的使用寿命。扭杆弹簧一端与车架固定连接，另一端与悬架控制臂连接，通过扭杆的扭转变形达到缓冲作用。从截断面上看，扭杆弹簧有圆形、管形、矩形、叠片及组合式等。使用最多的是圆形扭杆弹簧，它呈长杆状，两端可以加工成花键、六角形等。扭杆弹簧能够储存较大的能量，比相等应力的螺旋弹簧和钢板弹簧要大得多。杆越短越粗，刚度也越大。一般来讲，与钢板弹簧和螺旋弹簧相比，扭杆弹簧单位质量的储能量较大，且占用的空间位置最小，易于布置，还可以适度调整车身的高度，所以不少乘用车悬挂采用扭杆弹簧。

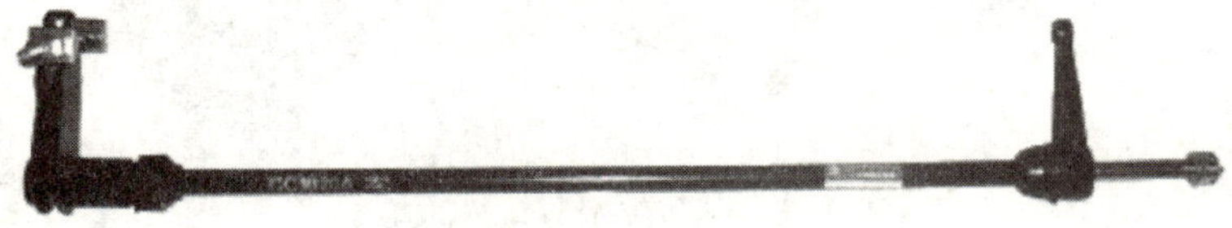

图 5-37 扭杆弹簧

(四)空气弹簧

空气弹簧(见图 5-38)主要用橡胶件作为密闭容器，它分为囊式和膜式两种，工作气压为 0.5～1 MPa。这种弹簧随着载荷的增加，容器内压缩空气压力升高，弹簧刚度也随之增加；载荷减小，弹簧刚度也随空气压力减小而下降。具有理想的变刚度弹性特性。图 5-39 为空气弹簧在支撑桥上的安装。

图 5-38 空气弹簧

(五)减振器

目前汽车悬架系统中采用的减振器多是液力减振器，其作用是改善汽车行驶平顺性和舒适性。工作原理是当车架(或车身)和车桥间受振动出现相对运动时，减振器内的活塞上下移动，减振器腔内的油液便反复地从一个腔经过不同的孔隙流入另一个腔内，此时孔壁与油液间的摩擦和油液分子间的内摩擦对振动形成阻尼力，使汽车振动能量转化为

图 5-39　空气弹簧在支撑桥上的安装

油液热能,再由减振器吸收散发到大气中。汽车悬架系统中广泛采用的是筒式减振器(见图 5-40)。在压缩和伸张行程中均能起减振作用的减振器叫双向作用式减振器。还有采用新式减振器的,它包括充气式减振器和阻力可调式减振器等。

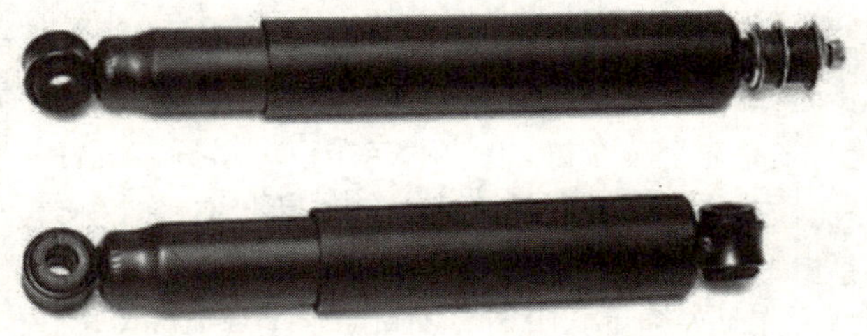

图 5-40　汽车筒式减振器

## 五、离合器

离合器位于发动机和变速箱之间,它的分离和接合能够切断或传递发动机向变速器输入的动力。离合器的功用主要有:保证汽车平稳起步,便于换挡和停车,防止传动系过载,降低扭振冲击,延长变速器齿轮寿命。离合器总成由离合器压盘(离合器盖)和从动盘(摩擦片)组成。离合器操纵机构由分离杠杆、分离杠杆支撑柱、摆动销、分离套筒、分离轴承、离合器踏板等组成。离合器有液力偶合器、磁力式离合器和摩擦片式离合器,其中最常见的是摩擦片式离合器。

### (一)摩擦片式离合器基本工作原理

图 5-41、图 5-42 分别为重型车用某种型号的离合器从动盘与压盘总成实物图。

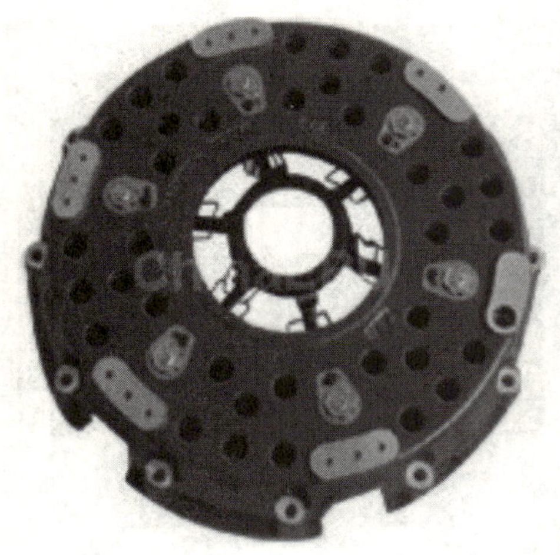
图 5-41 离合器从动盘总成

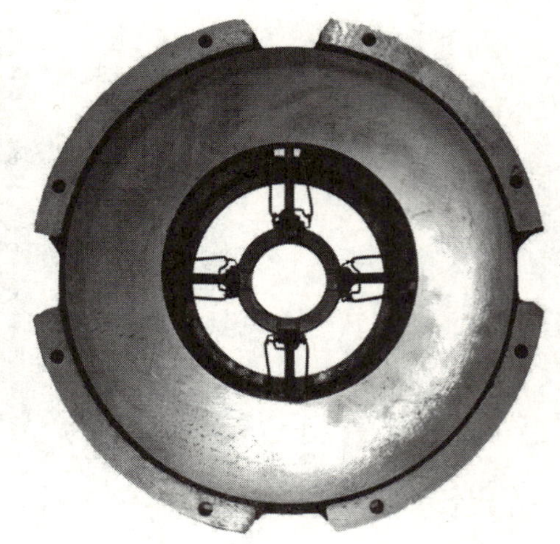
图 5-42 离合器压盘总成

离合器分为三个工作状态，即不踩下离合器的完全接合状态、部分踩下离合器的半接合状态以及踩下离合器的分离状态。当车辆在正常行驶时，压盘是紧紧将摩擦片压靠在飞轮上的，此时压盘与摩擦片之间的摩擦力最大，输入轴和输出轴之间保持相对静摩擦，二者转速相同。当车辆起步时，踩下离合器，离合器踏板的运动推动压盘向后靠，也就是压盘与摩擦片分离，此时压盘与飞轮完全不接触，也就不存在相对摩擦。最后一种，也就是离合器的半连动状态。此时，压盘与摩擦片的摩擦力小于全连动状态(完全接合)。离合器压盘与飞轮上的摩擦片之间是滑动摩擦状态。飞轮的转速大于输出轴的转速，从飞轮传输出来的动力部分传递给变速箱。此时发动机与驱动轮之间相当于一种软连接状态。

在大多数离合器中都设有分离叉机构，分离叉一般支撑在离合器壳上，分离叉臂通过传动机构与离合器踏板相连。在分离离合器时，由分离叉拨动分离套筒沿离合器轴线移动，使分离套筒压向分离杠杆内端或膜片弹簧小端。由于分离套筒是不转动的，而分离杠杆内端或膜片弹簧小端却是随离合器的主动部分转动的，所以在分离套筒上设置有推力式或径向推力式分离轴承。分离杠杆绕离合器盖上的支点转动，带动压盘后移，使离合器分离。在离合器接合时，分离轴承前端与膜片弹簧(或分离杠杆内端)之间有一定的轴向间隙，这一间隙称为分离轴承自由行程。当从动盘摩擦衬片因磨损而变薄时，离合器压盘前移，弹簧变形减少，膜片弹簧或分离杠杆内端将后移。如果没有上述自由行程，则膜片弹簧或分离杠杆内端将不能后移，相应地也就限制了离合器压盘前移，从而不能有效地压紧从动盘摩擦衬片，造成离合器打滑，传递转矩下降。图 5-43 为离合器总成原理图(推式)。

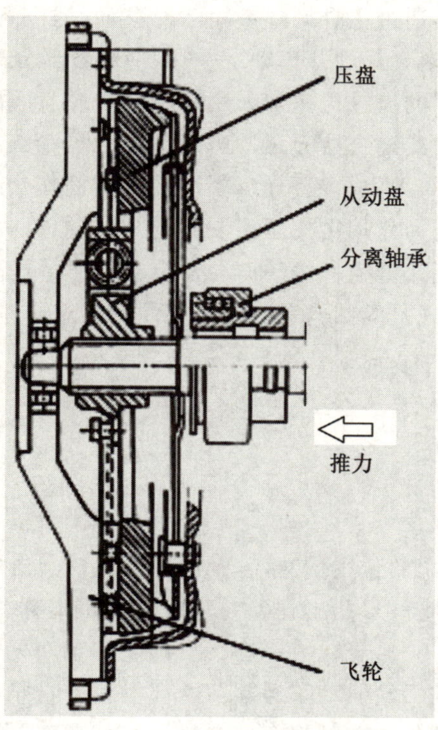


图 5-43　离合器总成原理图(推式)

(二)离合器的操纵机构

离合器操纵机构常见的有液压式和助力式两种。图 5-44 为液压式离合器操纵机构示意图。

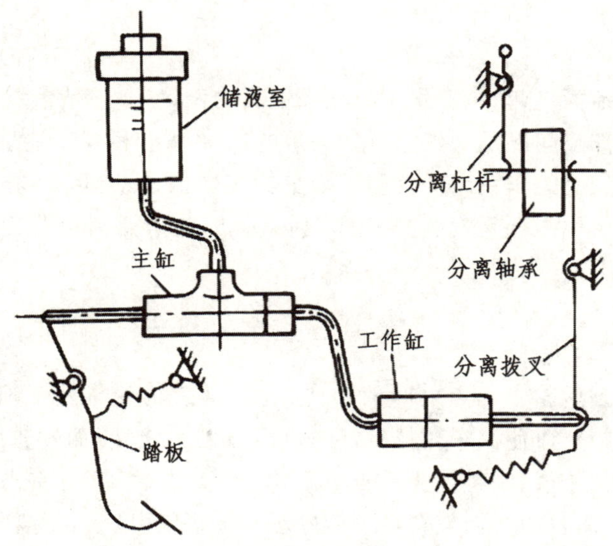


图 5-44　液压式离合器操纵机构示意图

当踏下离合器踏板时，通过主缸推杆带动活塞移动，建立起油压，推动工作缸活塞移动，使分离叉转动，带动分离套筒和分离轴承左移，使离合器分离。

在重型卡车上，离合器的操纵机构常采用气压助力式，利用压缩空气作为主要的操纵能源，其工作缸为气压助力式离合器分泵。当踏下离合器踏板时，液压总泵活塞后移，液压腔中的制动液沿油管进入助力缸液压腔，制动液一方面作为工作压力作用在工作活塞上，另一方面又作为控制压力作用在气压控制阀上，将其打开，使压缩空气进入助力缸气室，一起推动工作活塞作用于推力杆推动离合器分离摇杆，通过分离拨叉推动分离轴承，使离合器分离。气压助力式操纵结构具有操作轻便的优点，并具有良好的随动性，但当失去气压助力时，要分离离合器，需要在踏板上施加较大的力。

## 六、车身尺寸

### （一）车身长度

从汽车前保险杠最凸出的位置量起，直到后保险杠最凸出的位置，这两点之间的距离（即车身长度）。而自前保险杠最凸出处到前轮中心的距离称为“前悬”，从后轮中心到后保险杠最凸出处的距离称为“后悬”。一般来说，前轮驱动车的前悬会比同级后轮驱动车辆的前悬长，强调运动性的后轮驱动车通常前悬都很短。同样，除了装设大型保险杠或后置引擎的车型以外，后悬较长的车型都会拥有较大的行李箱空间。

### （二）车身宽度

绝大多数车型的车宽数据都是车身左、右最凸出位置的距离，但是不包含左、右后视镜伸出的宽度。车身长度及宽度较大的车型虽可以获得较为宽敞的内部空间，给乘客较好的乘坐感，但是也容易降低于狭窄巷道中的行驶灵活性。

### （三）车身高度

车身高度是从地面算起，一直到车身顶部最高的位置，不包括天线的长度。车身高度会影响到座位的头部空间以及乘坐姿态。头部空间大则不易有压迫感，稍挺的坐姿较适合长时间的乘坐。较高的车室高度有利于乘员在车内的活动，但是过高的车身却不利车辆进出地下停车场。而强调运动性的跑车，为了提升过弯道时的稳定性，通常车身高度较低。

### （四）轴距

从前轮中心点到后轮中心点之间的距离，也就是前轮轴与后轮轴之间的距离，称为“轴距”。较长的轴距可以使汽车获得较好的直线行驶稳定性，而短轴距则提供较佳的灵活性。对于车内空间来说，轴距代表前轮与后轮之间的距离，轴距越长，车内纵向空间就越大，膝部及脚部空间也因此而较宽敞。后轮驱动车辆因引擎纵向排列的关系，为了达到相同的车内空间，通常轴距会较同级前轮驱动车长。

图 5-45 为车身各部分尺寸示意图。

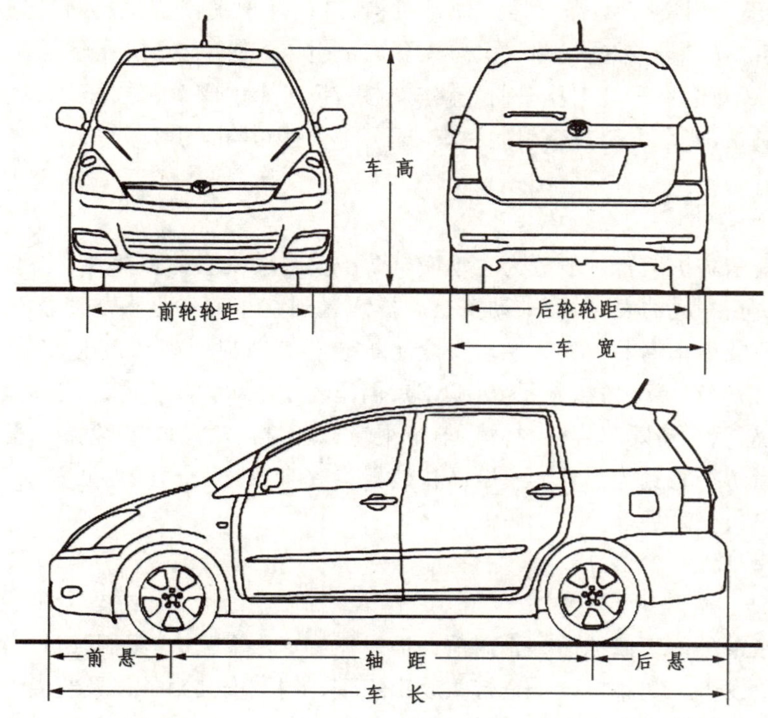


图 5-45 车身尺寸

(五)轮距

左、右车轮中心的距离即轮距。较宽的轮距有助于横向的稳定性与较佳的操纵性能。轮距和轴距搭配之后,即显示四个车轮着地的位置。车轮着地位置越宽大的车型,其行驶的稳定性越好,因此越野车辆的轮距都比一般车型要宽。

## 七、牵引座

牵引座(鞍座)(见图 5-46)主要由座板、分离连接机构和支座组成。它既能承受半挂车一部分垂直质量,又起着牵引半挂车的作用,同时又是半挂车的转向机构。牵引销是半挂车与牵引车连接并承受牵引力的重要构件,与牵引座相连接,按其尺寸分为 50 号和 90 号。

图 5-46 牵引座

牵引座按其支座能否移动分为固定型、举升型和移动型;按允许的自由度不同,有单自由度、二自由度和三自由度之分;按其分离连接机构不同,又分为夹板式和钩销式。固定型牵引座是目前应用最广泛的一种,其支座固定在牵引汽车车架上,牵引座在支座上允许有一定的自由度。在进行牵引车与半挂车连接时,首先升降半挂车支腿,使半挂车牵引销座板稍低于牵引座座板,然后拉出牵引座的解锁拉杆,张开牵引锁止机构,将牵引车后倒，使牵引销经牵引座 V 型开口导入锁止机构开口，并推动锁止机构转动，锁紧牵引销，最后连接牵引车与半挂车的气路与电路。分离牵引装置时，先操作升降支腿，将半挂车抬起一定间隙，断开牵引车与半挂车的气路与电路，拉出牵引座解锁拉杆，使锁止块张开，向前开出前牵引车，使牵引销与牵引座脱离，即可将半挂车与牵引车分开。

### 八、安全防护装置

汽车的安全防护装置一般分为主动安全防护与被动安全防护两种。主动安全防护装置能有效地防止事故的发生，而被动安全防护装置则在车辆发生事故时能最大限度地保护车内乘客并减少车辆的损失。主动安全防护装置有防抱死制动系统（ABS）、电子制动力分配系统（EBD）、牵引力控制系统（TCS）、倒车雷达、倒车影像雷达、随动转向大灯、自适应照明系统、倒车镜除霜、外后视镜、前下视镜、遮阳板、挡风玻璃刮水器、防雾除霜装置及侧面与后面防护装置等。被动安全防护装置有安全带、安全气囊、儿童安全座椅、防撞车身、安全出口、保险杠等。

#### （一）安全带

安全带在乘员由于惯性而急剧向前冲撞时能够产生束紧力，限制乘员向前冲撞，从而保护乘员避免发生二次碰撞。安全带主要由织带、带扣、安装附件以及收卷器等组成。最常用的是三点固定式安全带，它的织带包括斜跨前胸的肩带和绕过人体胯部的腰带，其固定点在座椅的外侧和内侧地板上各有一个，第三个固定点位于座椅外侧车身支柱的上方。在车身支柱内腔下端有织带收卷器，正常情况下，收卷器使安全带对人体上部不起约束作用。如乘员向前弯腰时，带子便从收卷器经由上方固定点的导向板被拉出；而当乘员恢复正常坐姿时，收卷器又会自动将带子收起，使带子随时保持与人体贴合；但在发生事故时，紧急抽拉安全带，收卷器会将带子卡住从而对乘员产生有效的约束。

#### （二）安全气囊（简称 SRS）

安全气囊一般安装在乘员的正面，有的安装在侧面和顶部。正面安全气囊一般安装在方向盘中央的衬盖内，副驾驶一侧安装在仪表板上；侧面和顶部安全气囊分别安装在驾驶员、乘客的侧面和顶部，对汽车侧面碰撞和汽车倾翻起安全保护作用。安全气囊主要由加速度传感器、气体发生器、气囊、控制装置以及显示装置等组成。发生碰撞时，加速度传感器对汽车碰撞强度作出判断，控制装置则据此决定是否开启气囊。当碰撞达到一定程度时，电控装置指令引爆气体发生器，安全气囊急速膨胀，挡住驾驶员或乘员的身体，起到缓冲保护作用。之后安全气囊小孔排气，使气囊逐渐变软，加强缓冲作用。需要注意的是，安全气囊只有与安全带同时使用，才能发挥更好的作用。

#### （三）座椅头枕

头枕是在汽车后部受撞击时限制人的头部向后运动的装置，这样可避免颈椎受伤，所以在使用时，应将座椅头枕调整到适当的高度。

### （四）安全玻璃

目前在汽车上广泛应用的安全玻璃有两种：钢化玻璃与夹层玻璃。钢化玻璃受冲击而损坏时，整块玻璃出现网状裂纹，脱落后则分成许多无锐边的碎片。夹层玻璃损坏时，内、外两层玻璃的碎片仍然黏附在中间层上。中间层有较大的韧性，在承受撞击时拱起，从而吸收一部分冲击能量，起缓冲作用。

### （五）门锁与门铰链

在乘用车上，要求门锁和门铰链能承受足够的纵、横两个方向的载荷，保证在碰撞时不致使车门开启，以避免乘员被甩出车外。同时，要求碰撞后门锁应仍有效，保证车门能正常开启。

## 第五节　常见的英文缩写词语解释

### 一、ABS——制动防抱死系统

ABS可使汽车在任何工况下，对汽车的4个车轮通过4个独立的传感器进行检测（四通道式），并对各个车轮独立控制，使4个车轮均处于最佳的制动状态，能够保障汽车在任何的路面上，特别是在雨水路面和冰雪路面上制动时，保证汽车的任何一个车轮都不抱死，避免汽车发生侧滑、甩尾及无法转向等，从而使汽车具有良好的制动效能、稳定性和转向性，提高汽车的制动安全性。

### 二、EBD——电子制动力分配系统

EBD是ABS的辅助功能，它的作用有两个：一个是保证汽车的4个轮胎在不同的路面上制动力均衡；另一个是保证汽车在高速行驶中紧急制动时，车后部不甩尾。带有EBD的ABS，通常会用“ABS＋”来表示。

### 三、EBA——紧急制动辅助装置

在正常情况下，大多数驾驶员开始制动时只施加很小的力，然后根据情况增加或调整对制动踏板施加的制动力。EBA通过驾驶员踩踏制动踏板的速率来理解它的制动行为，如果它察觉到制动踏板的制动压力恐慌性增加，EBA会在几毫秒内启动全部制动力，其速度要比大多数驾驶员移动脚的速度快得多。EBA可显著缩短紧急制动距离并有助于防止在停停走走的交通中发生追尾事故。

### 四、CBC——转弯制动控制

虽然在急刹车时，防抱死制动器能防止车轮抱死并帮助维持转向控制，但如果在转弯时紧急制动，汽车仍会有滑行的危险。在转弯制动时，CBC与防抱死系统配合工作，分别

控制每个车轮制动缸的压力,从而减少过度转向和不足转向的危险。通过这种方式,实现了最优的制动力分配,从而确保了汽车在转弯制动时的稳定性。

## 五、HDC——坡道控制系统

HDC利用防抱死制动电路,分别向4个车轮施加制动力,从而在下坡时控制汽车,并将车速限制在预定的目标速度范围内。HDC通常由驾驶员利用变速杆旁的开关打开。

## 六、EDS——电子差速锁

当汽车驱动轴的两个车轮分别在不同附着系数的路面起步时,EDS会通过ABS的传感器自动探测到左、右车轮的转动速度。当由于车轮打滑而产生两侧车轮的转速不同时,EDS就会通过ABS对打滑一侧的车轮进行制动,从而使驱动力有效地作用到非打滑侧的车轮,保证汽车平稳起步。

## 七、TCS——牵引力控制系统

对于不少大排量车型,一般都会配有牵引力控制系统。TCS是根据驱动轮的转速及传动轮的转速来判定驱动轮是否发生打滑现象,当TCS感应到车轮打滑时,首先会减低引擎扭力输出或是在该轮上施加刹车以防该轮打滑。也有用ASR、TRC来表示的。

## 八、ESP——车辆电子稳定系统

该系统是博世(Bosch)公司的专利。丰田叫VSC,宝马称为DTC,本田称为VSA,马自达叫DSC等。车辆电子稳定系统能够实时监控驾驶者的操控动作(转向、制动和油门等)、路面信息、汽车运动状态,并不断向发动机和制动系统发出指令。当发现车辆出现不稳定状况时(转向不足或转向过度),会对响应的车辆进行主动干预式制动,确保车辆按既有轨迹行驶,从而确保安全性。

## 九、CVVT——连续可变气门正时机构

它可给发动机工作状况下匹配最佳的气门重叠角(气门正时)。

## 十、TSI——涡轮增压、机械增压和燃油直喷

TSI是Turbo-charging(涡轮增压)、Super-charging(机械增压)和Injection(燃油直喷)三个词语的首字母缩写。在涡轮增压基础上,机械增压填补了涡轮增压产生迟滞时的动力输出,燃油直喷技术令发动机对燃料的使用效率提高到新的高度。但双增压会大副提高发动机的压缩比,相对应使用的燃油的标准也大大提高。

## 十一、4WD——四轮驱动系统

通过分动器将发动机的转矩分配给前、后轮,使前、后轮同时驱动汽车前进,提高了行驶的稳定性和越野性。

**十二、SRS——汽车安全气囊**

它的主要作用是当汽车遭受冲撞时,气囊迅速膨胀,承受并缓冲驾驶员或乘员头部与身体上部产生的惯性力,从而减轻人体受到的伤害程度。它是辅助座椅安全带起防护作用的一种被动安全装置。

**十三、CKD——散装零件装配**

它是出口国将汽车零件散装运到进口国,再在进口国组装成整车并就地销售。

**十四、GPS——全球导航系统**

它是利用在地球上超过 1600 km 上空轨道上运行的定位卫星,不断地对地面发射并提供三维位置、三维速度的电子信息,使地球上安装的接收设备接收到这些信息,并用中转帧继设备对这些信息进行分析,从而判定发射信息的物体所处方位的一种定位系统。

**十五、EGR——废气再循环系统**

该系统是针对有害气体 NO 而设置的排气净化装置。它将一部分排气引入进气管与新混合气混合后进入气缸燃烧,以增加混合气的热容量,降低燃烧时的最高温度,抑制 NO 的生成。

**十六、ATF——自动变速器油**

该油是一种特殊的高级润滑油,它不仅具有润滑、清洁、冷却的作用,还具有传递扭矩和液压以控制自动变速器的离合器和制动器工作的性能。

**十七、VIN——机动车身份条形码**

该条形码是由数字和英文字母共 17 个数字组成的代码,它能够全面、准确、规范地反映车辆信息,以保证 30 年内在全世界范围内唯一地识别每一辆车辆(可看出车辆产地、公司及生产年份)。

**十八、OBD——车载诊断系统**

它是一种装在汽车上用于检测汽车排放状况的系统。它通过车载计算机对所有影响排放性能的部件进行监测,并在发现问题时及时给驾驶员以提示,以保证有效地探测汽车尾气的排放状况。

**十九、ASR——汽车驱动防滑控制系统**

它是 ABS 的延伸,也是对 ABS 的完善和补充。这种装置在车辆速度急剧变化时改善车辆与地面的附着力,避免产生侧向滑动的危险。

## 二十、VSC——汽车稳定控制系统

它是在ABS/ASR基础上，为直接减小车辆的侧滑程度，提高车辆的主动安全性而采用的一项新技术。

## 二十一、TWC——三元催化转换器

它是一种使CO、HC、NO三种有害成分同时得到净化的排气装置。该装置与电子计算机控制系统结合在一起使用，用氧传感器检测排气中的氧浓度，向计算机输出一个随浓度变化的信号，构成一个控制空气、燃油配比的反馈闭合回路，以取得最佳的净化效果。

## 二十二、ISC——怠速控制系统

该系统把发动机的实际转速和由发动机冷却水温度、空调压缩机负载、自动变速器负载状况等因素决定的目标转速进行比较，根据比较的差值确定使发动机转速达到目标值的控制量，并通过执行机构对发动机怠速予以校正，使之达到目标转速。

## 二十三、ECS——电子控制悬架

它可根据路面情况调节悬架弹性元件的刚度和减振器的阻力，使振动和冲击迅速消除。此外，智能悬架还可以自动调节车身的离地高度，即使汽车在崎岖的路面上行驶，也可顺利通过路面障碍，使乘客感觉平稳和舒适。

## 二十四、CCS——汽车巡航控制系统

它可使汽车在发动机最佳转速范围内行驶，并减轻驾驶员的驾驶操纵劳动强度，提高驾驶舒适性。

## 二十五、TURBO——涡轮增压

如果在轿车尾部看到TURBO或者T，即表明该车采用的发动机是涡轮增压发动机。涡轮增压器实际上是种空气压缩机，通过压缩空气来增加进气量。它是利用发动机排出的废气惯性冲力来推动涡轮室内的涡轮，涡轮又带动同轴的叶轮，叶轮压送由空气滤清器管道送来的空气，使之增压进入气缸。当发动机转速增快时，废气排出速度与涡轮转速也同步增快，叶轮就压缩更多的空气进入气缸，空气的压力和密度增大可以燃烧更多的燃料，相应增加燃料量就可以增加发动机的输出功率。涡轮增压器的最大优点是能在不加大发动机排量的情况下较大幅度地提高发动机的功率及扭力。涡轮增压器的缺点是滞后，即由于叶轮的惯性作用对油门骤时变化反应迟缓，使发动机延迟增加或减少输出功率，这对于要突然加速或超车的汽车而言，瞬间会有点提不上劲的感觉。

# 附录 1　机动车安全技术检验相关法律法规

机动车安全技术检验人员熟悉相关法律法规，了解机动车安全技术检验法律责任，对提高检验质量，减少道路交通事故，具有积极意义。

## 附录 1-1　《中华人民共和国道路交通安全法》(节选)

(2003 年 10 月 28 日第十届全国人民代表大会常务委员会第五次会议通过　2003 年 10 月 28 日中华人民共和国主席令第 8 号公布　自 2004 年 5 月 1 日起施行　根据 2007 年 12 月 29 日第十届全国人民代表大会常务委员会第 31 次会议《关于修改〈中华人民共和国道路交通安全法〉的决定》第一次修正　根据 2011 年 4 月 22 日第十一届全国人民代表大会常务委员会第 20 次会议《关于修改〈中华人民共和国道路交通安全法〉的决定》第二次修正)

……

**第八条**　国家对机动车实行登记制度。机动车经公安机关交通管理部门登记后，方可上道路行驶。尚未登记的机动车，需要临时上道路行驶的，应当取得临时通行牌证。

**第九条**　申请机动车登记，应当提交以下证明、凭证：

(一)机动车所有人的身份证明；

(二)机动车来历证明；

(三)机动车整车出厂合格证明或者进口机动车进口凭证；

(四)车辆购置税的完税证明或者免税凭证；

(五)法律、行政法规规定应当在机动车登记时提交的其他证明、凭证。

公安机关交通管理部门应当自受理申请之日起 5 个工作日内完成机动车登记审查工作，对符合前款规定条件的，应当发放机动车登记证书、号牌和行驶证；对不符合前款规定条件的，应当向申请人说明不予登记的理由。

公安机关交通管理部门以外的任何单位或者个人不得发放机动车号牌或者要求机动车悬挂其他号牌，本法另有规定的除外。

机动车登记证书、号牌、行驶证的式样由国务院公安部门规定并监制。

**第十条**　准予登记的机动车应当符合机动车国家安全技术标准。申请机动车登记时，应当接受对该机动车的安全技术检验。但是，经国家机动车产品主管部门依据机动车国家安全技术标准认定的企业生产的机动车型，该车型的新车在出厂时经检验符合机动车国家安全技术标准，获得检验合格证的，免予安全技术检验。

**第十一条**　驾驶机动车上道路行驶，应当悬挂机动车号牌，放置检验合格标志、保险标志，并随车携带机动车行驶证。

机动车号牌应当按照规定悬挂并保持清晰、完整，不得故意遮挡、污损。

任何单位和个人不得收缴、扣留机动车号牌。

**第十二条**　有下列情形之一的，应当办理相应的登记：

(一)机动车所有权发生转移的;

(二)机动车登记内容变更的;

(三)机动车用作抵押的;

(四)机动车报废的。

**第十三条** 对登记后上道路行驶的机动车,应当依照法律、行政法规的规定,根据车辆用途、载客载货数量、使用年限等不同情况,定期进行安全技术检验。对提供机动车行驶证和机动车第三者责任强制保险单的,机动车安全技术检验机构应当予以检验,任何单位不得附加其他条件。对符合机动车国家安全技术标准的,公安机关交通管理部门应当发给检验合格标志。

对机动车的安全技术检验实行社会化。具体办法由国务院规定。

机动车安全技术检验实行社会化的地方,任何单位不得要求机动车到指定的场所进行检验。

公安机关交通管理部门、机动车安全技术检验机构不得要求机动车到指定的场所进行维修、保养。

机动车安全技术检验机构对机动车检验收取费用,应当严格执行国务院价格主管部门核定的收费标准。

**第十四条** 国家实行机动车强制报废制度,根据机动车的安全技术状况和不同用途,规定不同的报废标准。

应当报废的机动车必须及时办理注销登记。

达到报废标准的机动车不得上道路行驶。报废的大型客、货车及其他营运车辆应当在公安机关交通管理部门的监督下解体。

**第十五条** 警车、消防车、救护车、工程救险车应当按照规定喷涂标志图案,安装警报器、标志灯具。其他机动车不得喷涂、安装、使用上述车辆专用的或者与其相类似的标志图案、警报器或者标志灯具。

警车、消防车、救护车、工程救险车应当严格按照规定的用途和条件使用。

公路监督检查的专用车辆,应当依照公路法的规定,设置统一的标志和示警灯。

**第十六条** 任何单位或者个人不得有下列行为:

(一)拼装机动车或者擅自改变机动车已登记的结构、构造或者特征;

(二)改变机动车型号、发动机号、车架号或者车辆识别代号;

(三)伪造、变造或者使用伪造、变造的机动车登记证书、号牌、行驶证、检验合格标志、保险标志;

(四)使用其他机动车的登记证书、号牌、行驶证、检验合格标志、保险标志。

**第十七条** 国家实行机动车第三者责任强制保险制度,设立道路交通事故社会救助基金。具体办法由国务院规定。

……

**第九十四条** 机动车安全技术检验机构实施机动车安全技术检验超过国务院价格主管部门核定的收费标准收取费用的,退还多收取的费用,并由价格主管部门依照《中华人民共和国价格法》的有关规定给予处罚。

机动车安全技术检验机构不按照机动车国家安全技术标准进行检验，出具虚假检验结果的，由公安机关交通管理部门处所收检验费用5倍以上10倍以下罚款，并依法撤销其检验资格；构成犯罪的，依法追究刑事责任。

**第九十五条** 上道路行驶的机动车未悬挂机动车号牌，未放置检验合格标志、保险标志，或者未随车携带行驶证、驾驶证的，公安机关交通管理部门应当扣留机动车，通知当事人提供相应的牌证、标志或者补办相应手续，并可以依照本法第九十条的规定予以处罚。当事人提供相应的牌证、标志或者补办相应手续的，应当及时退还机动车。

故意遮挡、污损或者不按规定安装机动车号牌的，依照本法第九十条的规定予以处罚。

**第九十六条** 伪造、变造或者使用伪造、变造的机动车登记证书、号牌、行驶证、驾驶证的，由公安机关交通管理部门予以收缴，扣留该机动车，处15日以下拘留，并处2000元以上5000元以下罚款；构成犯罪的，依法追究刑事责任。

伪造、变造或者使用伪造、变造的检验合格标志、保险标志的，由公安机关交通管理部门予以收缴，扣留该机动车，处10日以下拘留，并处1000元以上3000元以下罚款；构成犯罪的，依法追究刑事责任。

使用其他车辆的机动车登记证书、号牌、行驶证、检验合格标志、保险标志的，由公安机关交通管理部门予以收缴，扣留该机动车，处2000元以上5000元以下罚款。

当事人提供相应的合法证明或者补办相应手续的，应当及时退还机动车。

**第九十七条** 非法安装警报器、标志灯具的，由公安机关交通管理部门强制拆除，予以收缴，并处200元以上2000元以下罚款。

**第九十八条** 机动车所有人、管理人未按照国家规定投保机动车第三者责任强制保险的，由公安机关交通管理部门扣留车辆至依照规定投保后，并处依照规定投保最低责任限额应缴纳的保险费的2倍罚款。

依照前款缴纳的罚款全部纳入道路交通事故社会救助基金。具体办法由国务院规定。

……

**第一百条** 驾驶拼装的机动车或者已达到报废标准的机动车上道路行驶的，公安机关交通管理部门应当予以收缴，强制报废。

对驾驶前款所列机动车上道路行驶的驾驶人，处200元以上2000元以下罚款，并吊销机动车驾驶证。

出售已达到报废标准的机动车的，没收违法所得，处销售金额等额的罚款，对该机动车依照本条第一款的规定处理。

……

**第一百零三条** 国家机动车产品主管部门未按照机动车国家安全技术标准严格审查，许可不合格机动车型投入生产的，对负有责任的主管人员和其他直接责任人员给予降级或者撤职的行政处分。

机动车生产企业经国家机动车产品主管部门许可生产的机动车型，不执行机动车国家安全技术标准或者不严格进行机动车成品质量检验，致使质量不合格的机动车出厂销售的，由质量技术监督部门依照《中华人民共和国产品质量法》的有关规定给予处罚。

擅自生产、销售未经国家机动车产品主管部门许可生产的机动车型的，没收非法生产、销售的机动车成品及配件，可以并处非法产品价值3倍以上5倍以下罚款；有营业执照的，由工商行政管理部门吊销营业执照，没有营业执照的，予以查封。

生产、销售拼装的机动车或者生产、销售擅自改装的机动车的，依照本条第三款的规定处罚。

有本条第二款、第三款、第四款所列违法行为，生产或者销售不符合机动车国家安全技术标准的机动车，构成犯罪的，依法追究刑事责任。

……

**第一百一十九条** 本法中下列用语的含义：

（一）“道路”，是指公路、城市道路和虽在单位管辖范围但允许社会机动车通行的地方，包括广场、公共停车场等用于公众通行的场所。

（二）“车辆”，是指机动车和非机动车。

（三）“机动车”，是指以动力装置驱动或者牵引，上道路行驶的供人员乘用或者用于运送物品以及进行工程专项作业的轮式车辆。

（四）“非机动车”，是指以人力或者畜力驱动，上道路行驶的交通工具，以及虽有动力装置驱动但设计最高时速、空车质量、外形尺寸符合有关国家标准的残疾人机动轮椅车、电动自行车等交通工具。

（五）“交通事故”，是指车辆在道路上因过错或者意外造成的人身伤亡或者财产损失的事件。

……

**第一百二十一条** 对上道路行驶的拖拉机，由农业（农业机械）主管部门行使本法第八条、第九条、第十三条、第十九条、第二十三条规定的公安机关交通管理部门的管理职权。

农业（农业机械）主管部门依照前款规定行使职权，应当遵守本法有关规定，并接受公安机关交通管理部门的监督；对违反规定的，依照本法有关规定追究法律责任。

本法施行前由农业（农业机械）主管部门发放的机动车牌证，在本法施行后继续有效。

**第一百二十二条** 国家对入境的境外机动车的道路交通安全实施统一管理。

……

## 附录1-2 《中华人民共和国道路交通安全法实施条例》（节选）

（自2004年5月1日起施行，2011年修订）

……

**第四条** 机动车的登记，分为注册登记、变更登记、转移登记、抵押登记和注销登记。

**第五条** 初次申领机动车号牌、行驶证的，应当向机动车所有人住所地的公安机关交通管理部门申请注册登记。申请机动车注册登记，应当交验机动车，并提交以下证明、凭证：

（一）机动车所有人的身份证明；

（二）购车发票等机动车来历证明；

（三）机动车整车出厂合格证明或者进口机动车进口凭证；

（四）车辆购置税完税证明或者免税凭证；

（五）机动车第三者责任强制保险凭证；

（六）法律、行政法规规定应当在机动车注册登记时提交的其他证明、凭证。

**第六条** 不属于国务院机动车产品主管部门规定免予安全技术检验的车型的，还应当提供机动车安全技术检验合格证明。第六条已注册登记的机动车有下列情形之一的，机动车所有人应当向登记该机动车的公安机关交通管理部门申请变更登记：

（一）改变机动车车身颜色的；

（二）更换发动机的；

（三）更换车身或者车架的；

（四）因质量有问题，制造厂更换整车的；

（五）营运机动车改为非营运机动车或者非营运机动车改为营运机动车的；

（六）机动车所有人的住所迁出或者迁入公安机关交通管理部门管辖区域的。

申请机动车变更登记，应当提交下列证明、凭证，属于前款第（一）项、第（二）项、第（三）项、第（四）项、第（五）项情形之一的，还应当交验机动车；属于前款第（二）项、第（三）项情形之一的，还应当同时提交机动车安全技术检验合格证明：

（一）机动车所有人的身份证明；

（二）机动车登记证书；

（三）机动车行驶证。

机动车所有人的住所在公安机关交通管理部门管辖区域内迁移、机动车所有人的姓名（单位名称）或者联系方式变更的，应当向登记该机动车的公安机关交通管理部门备案。

……

**第九条** 已注册登记的机动车达到国家规定的强制报废标准的，公安机关交通管理部门应当在报废期满的2个月前通知机动车所有人办理注销登记。机动车所有人应当在报废期满前将机动车交售给机动车回收企业，由机动车回收企业将报废的机动车登记证书、号牌、行驶证交公安机关交通管理部门注销。机动车所有人逾期不办理注销登记的，公安机关交通管理部门应当公告该机动车登记证书、号牌、行驶证作废。

因机动车灭失申请注销登记的，机动车所有人应当向公安机关交通管理部门提交本人身份证明，交回机动车登记证书。

……

**第十一条** 机动车登记证书、号牌、行驶证丢失或者损毁，机动车所有人申请补发的，应当向公安机关交通管理部门提交本人身份证明和申请材料。公安机关交通管理部门经与机动车登记档案核实后，在收到申请之日起15日内补发。

……

**第十三条** 机动车号牌应当悬挂在车前、车后指定位置，保持清晰、完整。重型、中型载货汽车及其挂车、拖拉机及其挂车的车身或者车厢后部应当喷涂放大的牌号，字样应当端正并保持清晰。

机动车检验合格标志、保险标志应当粘贴在机动车前窗右上角。

机动车喷涂、粘贴标识或者车身广告的，不得影响安全驾驶。

**第十四条** 用于公路营运的载客汽车、重型载货汽车、半挂牵引车应当安装、使用符合国家标准的行驶记录仪。交通警察可以对机动车行驶速度、连续驾驶时间以及其他行驶状态信息进行检查。安装行驶记录仪可以分步实施，实施步骤由国务院机动车产品主管部门会同有关部门规定。

**第十五条** 机动车安全技术检验由机动车安全技术检验机构实施。机动车安全技术检验机构应当按照国家机动车安全技术检验标准对机动车进行检验，对检验结果承担法律责任。

质量技术监督部门负责对机动车安全技术检验机构实行资格管理和计量认证管理，对机动车安全技术检验设备进行检定，对执行国家机动车安全技术检验标准的情况进行监督。

机动车安全技术检验项目由国务院公安部门会同国务院质量技术监督部门规定。

**第十六条** 机动车应当从注册登记之日起，按照下列期限进行安全技术检验：

(一)营运载客汽车 5 年以内每年检验 1 次；超过 5 年的，每 6 个月检验 1 次；

(二)载货汽车和大型、中型非营运载客汽车 10 年以内每年检验 1 次；超过 10 年的，每 6 个月检验 1 次；

(三)小型、微型非营运载客汽车 6 年以内每 2 年检验 1 次；超过 6 年的，每年检验 1 次；超过 15 年的，每 6 个月检验 1 次；

(四)摩托车 4 年以内每 2 年检验 1 次；超过 4 年的，每年检验 1 次；

(五)拖拉机和其他机动车每年检验 1 次。

营运机动车在规定检验期限内经安全技术检验合格的，不再重复进行安全技术检验。

**第十七条** 已注册登记的机动车进行安全技术检验时，机动车行驶证记载的登记内容与该机动车的有关情况不符，或者未按照规定提供机动车第三者责任强制保险凭证的，不予通过检验。

**第十八条** 警车、消防车、救护车、工程救险车标志图案的喷涂以及警报器、标志灯具的安装、使用规定，由国务院公安部门制定。

……

**第五十六条** 机动车牵引挂车应当符合下列规定：

(一)载货汽车、半挂牵引车、拖拉机只允许牵引 1 辆挂车。挂车的灯光信号、制动、连接、安全防护等装置应当符合国家标准；

(二)小型载客汽车只允许牵引旅居挂车或者总质量 700 千克以下的挂车。挂车不得载人；

(三)载货汽车所牵引挂车的载质量不得超过载货汽车本身的载质量。

大型、中型载客汽车，低速载货汽车，三轮汽车以及其他机动车不得牵引挂车。

……

**第六十二条** 驾驶机动车不得有下列行为：

(一)在车门、车厢没有关好时行车；

(二)在机动车驾驶室的前后窗范围内悬挂、放置妨碍驾驶人视线的物品;

(三)拨打接听手持电话、观看电视等妨碍安全驾驶的行为;

(四)下陡坡时熄火或者空挡滑行;

(五)向道路上抛撒物品;

(六)驾驶摩托车手离车把或者在车把上悬挂物品;

(七)连续驾驶机动车超过4小时未停车休息或者停车休息时间少于20分钟;

(八)在禁止鸣喇叭的区域或者路段鸣喇叭。

……

**第一百一十一条** 本条例所称上道路行驶的拖拉机,是指手扶拖拉机等最高设计行驶速度不超过每小时20公里的轮式拖拉机和最高设计行驶速度不超过每小时40公里、牵引挂车方可从事道路运输的轮式拖拉机。

**第一百一十二条** 农业(农业机械)主管部门应当定期向公安机关交通管理部门提供拖拉机登记、安全技术检验以及拖拉机驾驶证发放的资料、数据。公安机关交通管理部门对拖拉机驾驶人作出暂扣、吊销驾驶证处罚或者记分处理的,应当定期将处罚决定书和记分情况通报有关的农业(农业机械)主管部门。吊销驾驶证的,还应当将驾驶证送交有关的农业(农业机械)主管部门。

……

## 附录1-3 山东省实施《中华人民共和国道路交通安全法》办法(节选)

(2009年3月1日起施行)

……

**第八条** 机动车经公安机关交通管理部门依法登记后,方可上道路行驶。

申请登记的机动车必须符合机动车国家安全技术标准。机动车安全技术检验合格后应当及时到公安机关交通管理部门申领机动车检验合格标志;逾期60日不申领机动车检验合格标志的,应当重新接受安全技术检验。

……

**第十条** 机动车加装压缩天然气或者液化石油气等燃料装置,应当在具有改装资质的单位进行改装,取得改装合格证后办理变更登记。

**第十一条** 公路营运载客汽车、旅游客车、危险物品运输车、重型载货汽车、半挂牵引车以及国家和省规定的其他车辆,应当安装使用行驶记录仪,并保持行驶记录仪正常运行。公路营运载客汽车、旅游客车、危险物品运输车等车辆安装的行驶记录仪应当具有卫星定位功能。

**第十二条** 注册登记的营运载客汽车、载货汽车和半挂牵引车的车门上应当按照规定喷涂单位名称、核定载客人数、核定载质量等内容。

重型、中型载货汽车及其挂车车身或者车厢后部应当粘贴符合技术条件的反光标志。

**第十三条** 教练车应当符合国家标准和相应技术要求,悬挂公安机关交通管理部门核发的教练车号牌,安装教练员可以控制车辆行驶的安全装置,两侧车门喷涂单位名称。

**第十四条** 各级人民政府应当鼓励发展校车,建立政府扶持、社会参与、市场运作、管理规范的校车运营与管理机制。

校车应当符合国家和省有关规定，并喷涂或者设置统一的专用标志。

禁止货运汽车、拖拉机接送、搭载学生和学龄前儿童。

**第十五条** 禁止机动车安装和使用影响交通技术监控设备正常监测的装置、材料以及妨碍行人或者其他车辆安全通行的照明、音响等装置。

……

**第十七条** 公安机关交通管理部门应当严格执行国家机动车强制报废制度，加强对报废车辆的监督管理，对达到报废标准的机动车，实行强制报废。

质量技术监督、工商、交通等部门应当依据法定职责，及时查处非法生产、销售、拼装、擅自改装车辆(包括车辆成品及配件)和非法回收报废车辆的行为。

……

**第二十条** 驾驶人驾驶机动车上道路行驶前，应当对机动车的安全技术性能进行认真检查；不得驾驶安全设施不全或者机件不符合技术标准等具有安全隐患的机动车上道路行驶。

提倡机动车驾驶人具有一年以上驾驶经历后再驾驶车辆进入高速公路行驶。

……

**第七十八条** 公安机关交通管理部门根据交通技术监控记录资料，可以对违法的机动车所有人或者管理人依法予以处罚。当事人未收到处理通知的，公安机关交通管理部门可以在办理机动车检验以及相关工作时一并处理。

……

**第八十二条** 除本办法规定外，拖拉机、联合收割机等农业机械的管理，依照有关法律、法规的规定执行；高速公路的交通安全管理，依照《山东省高速公路交通安全条例》的规定执行。

**第八十三条** 本办法所称校车，是指幼儿园、中小学校、特殊教育学校、其他单位自备、社会力量购置或者长期承租(一年以上)的用于接送学生、学龄前儿童上学、放学或者接送学生、学龄前儿童参加有关活动的车辆。

……

## 附录 1-4 《校车安全管理条例》(节选)

(2012 年 4 月 5 日国务院令第 617 号公布施行)

……

**第十四条** 使用校车应当依照本条例的规定取得许可。

取得校车使用许可应当符合下列条件：

(一)车辆符合校车安全国家标准，取得机动车检验合格证明，并已经在公安机关交通管理部门办理注册登记；

(二)有取得校车驾驶资格的驾驶人；

(三)有包括行驶线路、开行时间和停靠站点的合理可行的校车运行方案；

(四)有健全的安全管理制度；

（五）已经投保机动车承运人责任保险。

**第十五条** 学校或者校车服务提供者申请取得校车使用许可，应当向县级或者设区的市级人民政府教育行政部门提交书面申请和证明其符合本条例第十四条规定条件的材料。教育行政部门应当自收到申请材料之日起3个工作日内，分别送同级公安机关交通管理部门、交通运输部门征求意见，公安机关交通管理部门和交通运输部门应当在3个工作日内回复意见。教育行政部门应当自收到回复意见之日起5个工作日内提出审查意见，报本级人民政府。本级人民政府决定批准的，由公安机关交通管理部门发给校车标牌，并在机动车行驶证上签注校车类型和核载人数；不予批准的，书面说明理由。

**第十六条** 校车标牌应当载明本车的号牌号码、车辆的所有人、驾驶人、行驶线路、开行时间、停靠站点以及校车标牌发牌单位、有效期等事项。

**第十七条** 取得校车标牌的车辆应当配备统一的校车标志灯和停车指示标志。

校车未运载学生上道路行驶的，不得使用校车标牌、校车标志灯和停车指示标志。

**第十八条** 禁止使用未取得校车标牌的车辆提供校车服务。

**第十九条** 取得校车标牌的车辆达到报废标准或者不再作为校车使用的，学校或者校车服务提供者应当将校车标牌交回公安机关交通管理部门。

**第二十条** 校车应当每半年进行一次机动车安全技术检验。

**第二十一条** 校车应当配备逃生锤、干粉灭火器、急救箱等安全设备。安全设备应当放置在便于取用的位置，并确保性能良好、有效适用。

校车应当按照规定配备具有行驶记录功能的卫星定位装置。

**第二十二条** 配备校车的学校和校车服务提供者应当按照国家规定做好校车的安全维护，建立安全维护档案，保证校车处于良好技术状态。不符合安全技术条件的校车，应当停运维修，消除安全隐患。

校车应当由依法取得相应资质的维修企业维修。承接校车维修业务的企业应当按照规定的维修技术规范维修校车，并按照国务院交通运输主管部门的规定对所维修的校车实行质量保证期制度，在质量保证期内对校车的维修质量负责。

……

**第三十条** 校车运载学生，应当按照国务院公安部门规定的位置放置校车标牌，开启校车标志灯。

校车运载学生，应当按照经审核确定的线路行驶，遇有交通管制、道路施工以及自然灾害、恶劣气象条件或者重大交通事故等影响道路通行情形的除外。

……

**第四十一条** 校车驾驶人驾驶校车上道路行驶前，应当对校车的制动、转向、外部照明、轮胎、安全门、座椅、安全带等车况是否符合安全技术要求进行检查，不得驾驶存在安全隐患的校车上道路行驶。

校车驾驶人不得在校车载有学生时给车辆加油，不得在校车发动机引擎熄灭前离开驾驶座位。

……

**第四十三条** 生产、销售不符合校车安全国家标准的校车的，依照道路交通安全、产品质量管理的法律、行政法规的规定处罚。

**第四十四条** 使用拼装或者达到报废标准的机动车接送学生的，由公安机关交通管理部门收缴并强制报废机动车；对驾驶人处2000元以上5000元以下的罚款，吊销其机动车驾驶证；对车辆所有人处8万元以上10万元以下的罚款，有违法所得的予以没收。

**第四十五条** 使用未取得校车标牌的车辆提供校车服务，或者使用未取得校车驾驶资格的人员驾驶校车的，由公安机关交通管理部门扣留该机动车，处1万元以上2万元以下的罚款，有违法所得的予以没收。

取得道路运输经营许可的企业或者个体经营者有前款规定的违法行为，除依照前款规定处罚外，情节严重的，由交通运输主管部门吊销其经营许可证件。

伪造、变造或者使用伪造、变造的校车标牌的，由公安机关交通管理部门收缴伪造、变造的校车标牌，扣留该机动车，处2000元以上5000元以下的罚款。

**第四十六条** 不按照规定为校车配备安全设备，或者不按照规定对校车进行安全维护的，由公安机关交通管理部门责令改正，处1000元以上3000元以下的罚款。

**第四十七条** 机动车驾驶人未取得校车驾驶资格驾驶校车的，由公安机关交通管理部门处1000元以上3000元以下的罚款，情节严重的，可以并处吊销机动车驾驶证。

……

## 附录1-5 《机动车登记规定》(节选)

(自2008年10月1日起施行，2012年9月12日修订)

……

**第六条** 机动车所有人应当到机动车安全技术检验机构对机动车进行安全技术检验，取得机动车安全技术检验合格证明后申请注册登记。但经海关进口的机动车和国务院机动车产品主管部门认定免予安全技术检验的机动车除外。

免予安全技术检验的机动车有下列情形之一的，应当进行安全技术检验：

(一)国产机动车出厂后两年内未申请注册登记的；

(二)经海关进口的机动车进口后两年内未申请注册登记的；

(三)申请注册登记前发生交通事故的。

专用校车办理注册登记前，应当按照专用校车国家安全技术标准进行安全技术检验。

……

**第四十九条** 机动车所有人可以在机动车检验有效期满前3个月内向登记地车辆管理所申请检验合格标志。

申请前，机动车所有人应当将涉及该车的道路交通安全违法行为和交通事故处理完毕。申请时，机动车所有人应当填写申请表并提交行驶证、机动车交通事故责任强制保险凭证、车船税纳税或者免税证明、机动车安全技术检验合格证明。

车辆管理所应当自受理之日起一日内，确认机动车，审查提交的证明、凭证，核发检验合格标志。

**第五十条** 除大型载客汽车、校车以外的机动车因故不能在登记地检验的，机动车所有人可以向登记地车辆管理所申请委托核发检验合格标志。申请前，机动车所有人应当将涉及机动车的道路交通安全违法行为和交通事故处理完毕。申请时,应当提交机动车登记证书或者行驶证。

车辆管理所应当自受理之日起一日内,出具核发检验合格标志的委托书。

机动车在检验地检验合格后,机动车所有人应当按照本规定第四十九条第二款的规定向被委托地车辆管理所申请检验合格标志,并提交核发检验合格标志的委托书。被委托地车辆管理所应当自受理之日起一日内,按照本规定第四十九条第三款的规定核发检验合格标志。

营运货车长期在登记以外的地区从事道路运输的,机动车所有人向营运地车辆管理所备案登记一年后,可以在营运地直接进行安全技术检验,并向营运地车辆管理所申请检验合格标志。

**第五十一条** 机动车检验合格标志灭失、丢失或者损毁的,机动车所有人应当持行驶证向机动车登记地或者检验合格标志核发地车辆管理所申请补领或者换领。车辆管理所应当自受理之日起一日内补发或者换发。

……

## 附录 1-6 《机动车强制报废标准规定》(全文)

(2012 年 8 月 24 日商务部第 68 次部务会议审议通过,并经国家发展和改革委员会、公安部、环境保护部同意,2012 年 12 月 27 日商务部、国家发展和改革委员会、公安部、环境保护部令,2012 年第 12 号公布,自 2013 年 5 月 1 日起施行)

**第一条** 为保障道路交通安全、鼓励技术进步、加快建设资源节约型、环境友好型社会,根据《中华人民共和国道路交通安全法》及其实施条例、《中华人民共和国大气污染防治法》、《中华人民共和国噪声污染防治法》,制定本规定。

**第二条** 根据机动车使用和安全技术、排放检验状况,国家对达到报废标准的机动车实施强制报废。

**第三条** 商务、公安、环境保护、发展改革等部门依据各自职责,负责报废机动车回收拆解监督管理、机动车强制报废标准执行有关工作。

**第四条** 已注册机动车有下列情形之一的应当强制报废,其所有人应当将机动车交售给报废机动车回收拆解企业,由报废机动车回收拆解企业按规定进行登记、拆解、销毁等处理,并将报废机动车登记证书、号牌、行驶证交公安机关交通管理部门注销:

(一)达到本规定第五条规定使用年限的;

(二)经修理和调整仍不符合机动车安全技术国家标准对在用车有关要求的;

(三)经修理和调整或者采用控制技术后,向大气排放污染物或者噪声仍不符合国家标准对在用车有关要求的;

(四)在检验有效期届满后连续 3 个机动车检验周期内未取得机动车检验合格标志的。

**第五条** 各类机动车使用年限分别如下:

(一)小、微型出租客运汽车使用 8 年,中型出租客运汽车使用 10 年,大型出租客运汽车使用 12 年;

(二)租赁载客汽车使用15年;

(三)小型教练载客汽车使用10年,中型教练载客汽车使用12年,大型教练载客汽车使用15年;

(四)公交客运汽车使用13年;

(五)其他小、微型营运载客汽车使用10年,大、中型营运载客汽车使用15年;

(六)专用校车使用15年;

(七)大、中型非营运载客汽车(大型轿车除外)使用20年;

(八)三轮汽车、装用单缸发动机的低速货车使用9年,装用多缸发动机的低速货车以及微型载货汽车使用12年,危险品运输载货汽车使用10年,其他载货汽车(包括半挂牵引车和全挂牵引车)使用15年;

(九)有载货功能的专项作业车使用15年,无载货功能的专项作业车使用30年;

(十)全挂车、危险品运输半挂车使用10年,集装箱半挂车20年,其他半挂车使用15年;

(十一)正三轮摩托车使用12年,其他摩托车使用13年。

对小、微型出租客运汽车(纯电动汽车除外)和摩托车,省、自治区、直辖市人民政府有关部门可结合本地实际情况,制定严于上述使用年限的规定,但小、微型出租客运汽车不得低于6年,正三轮摩托车不得低于10年,其他摩托车不得低于11年。

小、微型非营运载客汽车、大型非营运轿车、轮式专用机械车无使用年限限制。

机动车使用年限起始日期按照注册登记日期计算,但自出厂之日起超过2年未办理注册登记手续的,按照出厂日期计算。

**第六条** 变更使用性质或者转移登记的机动车应当按照下列有关要求确定使用年限和报废:

(一)营运载客汽车与非营运载客汽车相互转换的,按照营运载客汽车的规定报废,但小、微型非营运载客汽车和大型非营运轿车转为营运载客汽车的,应按照本规定附件1所列公式核算累计使用年限,且不得超过15年;

(二)不同类型的营运载客汽车相互转换,按照使用年限较严的规定报废;

(三)小、微型出租客运汽车和摩托车需要转出登记所属地省、自治区、直辖市范围的,按照使用年限较严的规定报废;

(四)危险品运输载货汽车、半挂车与其他载货汽车、半挂车相互转换的,按照危险品运输载货车、半挂车的规定报废。

距本规定要求使用年限1年以内(含1年)的机动车,不得变更使用性质、转移所有权或者转出登记地所属地市级行政区域。

**第七条** 国家对达到一定行驶里程的机动车引导报废。

达到下列行驶里程的机动车,其所有人可以将机动车交售给报废机动车回收拆解企业,由报废机动车回收拆解企业按规定进行登记、拆解、销毁等处理,并将报废的机动车登记证书、号牌、行驶证交公安机关交通管理部门注销:

(一)小、微型出租客运汽车行驶60万千米,中型出租客运汽车行驶50万千米,大型出租客运汽车行驶60万千米;

（二）租赁载客汽车行驶60万千米；

（三）小型和中型教练载客汽车行驶50万千米，大型教练载客汽车行驶60万千米；

（四）公交客运汽车行驶40万千米；

（五）其他小、微型营运载客汽车行驶60万千米，中型营运载客汽车行驶50万千米，大型营运载客汽车行驶80万千米；

（六）专用校车行驶40万千米；

（七）小、微型非营运载客汽车和大型非营运轿车行驶60万千米，中型非营运载客汽车行驶50万千米，大型非营运载客汽车行驶60万千米；

（八）微型载货汽车行驶50万千米，中、轻型载货汽车行驶60万千米，重型载货汽车（包括半挂牵引车和全挂牵引车）行驶70万千米，危险品运输载货汽车行驶40万千米，装用多缸发动机的低速货车行驶30万千米；

（九）专项作业车、轮式专用机械车行驶50万千米；

（十）正三轮摩托车行驶10万千米，其他摩托车行驶12万千米。

**第八条** 本规定所称机动车是指上道路行驶的汽车、挂车、摩托车和轮式专用机械车；非营运载客汽车是指个人或者单位不以获取利润为目的的自用载客汽车；危险品运输载货汽车是指专门用于运输剧毒化学品、爆炸品、放射性物品、腐蚀性物品等危险品的车辆；变更使用性质是指使用性质由营运转为非营运或者由非营运转为营运，小、微型出租、租赁、教练等不同类型的营运载客汽车之间的相互转换，以及危险品运输载货汽车转为其他载货汽车。本规定所称检验周期是指《中华人民共和国道路交通安全法实施条例》规定的机动车安全技术检验周期。

**第九条** 省、自治区、直辖市人民政府有关部门依据本规定第五条制定的小、微型出租客运汽车或者摩托车使用年限标准，应当及时向社会公布，并报国务院商务、公安、环境保护等部门备案。

**第十条** 上道路行驶拖拉机的报废标准规定另行制定。

**第十一条** 本规定自2013年5月1日起施行。2013年5月1日前已达到本规定所列报废标准的，应当在2014年4月30日前予以报废。《关于发布〈汽车报废标准〉的通知》（国经贸经〔1997〕456号）、《关于调整轻型载货汽车报废标准的通知》（国经贸经〔1998〕407号）、《关于调整汽车报废标准若干规定的通知》（国经贸资源〔2000〕1202号）、《关于印发〈农用运输车报废标准〉的通知》（国经贸资源〔2001〕234号）、《摩托车报废标准暂行规定》（国家经贸委、发展计划委、公安部、环保总局令〔2002〕第33号）同时废止。

附件：（一）非营运小微型载客汽车和大型轿车变更使用性质后累计使用年限计算公式

（二）《机动车使用年限及行驶里程参考值汇总表》

**附件(一)**

## 非营运小微型载客汽车和大型轿车<br>变更使用性质后累计使用年限计算公式

$$\text{累计使用年限}=\text{原状态已使用年}+\left(1-\frac{\text{原状态已使用年}}{\text{原状态使用年限}}\right)\times\text{状态改变后年限}$$

备注：公式中原状态已使用年中不足一年的按一年计算。例如，已使用 2.5 年按照 3 年计算；原状态使用年限数值取定值为 17；累计使用年限计算结果向下圆整为整数，且不超过 15 年。

**附件(二)**

**机动车使用年限及行驶里程参考值汇总表**

<table>
<tr><th colspan="5">车辆类型与用途</th><th>使用年限<br>（年）</th><th>行驶里程参考值<br>（万千米）</th></tr>
<tr><td rowspan="23">汽车</td><td rowspan="15">载客</td><td rowspan="11">营运</td><td rowspan="3">出租客运</td><td>小、微型</td><td>8</td><td>60</td></tr>
<tr><td>中型</td><td>10</td><td>50</td></tr>
<tr><td>大型</td><td>12</td><td>60</td></tr>
<tr><td colspan="2">租赁</td><td>15</td><td>60</td></tr>
<tr><td rowspan="3">教练</td><td>小型</td><td>10</td><td>50</td></tr>
<tr><td>中型</td><td>12</td><td>50</td></tr>
<tr><td>大型</td><td>15</td><td>60</td></tr>
<tr><td colspan="2">公交客运</td><td>13</td><td>40</td></tr>
<tr><td rowspan="3">其他</td><td>小、微型</td><td>10</td><td>60</td></tr>
<tr><td>中型</td><td>15</td><td>50</td></tr>
<tr><td>大型</td><td>15</td><td>80</td></tr>
<tr><td colspan="3">专用校车</td><td>15</td><td>40</td></tr>
<tr><td rowspan="3">非营运</td><td colspan="2">小、微型客车、大型轿车*</td><td>无</td><td>60</td></tr>
<tr><td colspan="2">中型客车</td><td>20</td><td>50</td></tr>
<tr><td colspan="2">大型客车</td><td>20</td><td>60</td></tr>
<tr><td rowspan="6" colspan="2">载货</td><td colspan="2">微型</td><td>12</td><td>50</td></tr>
<tr><td colspan="2">中、轻型</td><td>15</td><td>60</td></tr>
<tr><td colspan="2">重型</td><td>15</td><td>70</td></tr>
<tr><td colspan="2">危险品运输</td><td>10</td><td>40</td></tr>
<tr><td colspan="2">三轮汽车、装用单缸发动机的低速货车</td><td>9</td><td>无</td></tr>
<tr><td colspan="2">装用多缸发动机的低速货车</td><td>12</td><td>30</td></tr>
<tr><td rowspan="2" colspan="2">专项作业</td><td colspan="2">有载货功能</td><td>15</td><td>50*</td></tr>
<tr><td colspan="2">无载货功能</td><td>30</td><td>50</td></tr>
</table>

续表

<table>
<tr><td colspan="3">车辆类型与用途</td><td>使用年限（年）</td><td>行驶里程参考值（万千米）</td></tr>
<tr><td rowspan="4">挂车</td><td rowspan="3">半挂车</td><td>集装箱</td><td>20*</td><td>无</td></tr>
<tr><td>危险品运输</td><td>10</td><td>无</td></tr>
<tr><td>其他</td><td>15</td><td>无</td></tr>
<tr><td colspan="2">全挂车</td><td>10</td><td>无</td></tr>
<tr><td rowspan="2">摩托车</td><td colspan="2">正三轮</td><td>12</td><td>10</td></tr>
<tr><td colspan="2">其他</td><td>13</td><td>12</td></tr>
<tr><td colspan="3">轮式专用机械车</td><td>无</td><td>50</td></tr>
</table>

注：1.表中机动车主要依据《机动车类型　术语和定义》(GA 802—2008)进行分类；标注＊车辆为乘用车。

2.对小、微型出租客运汽车(纯电动汽车除外)和摩托车，省、自治区、直辖市人民政府有关部门可结合本地实际情况，制定严于表中使用年限的规定，但小、微型出租客运汽车不得低于6年，正三轮摩托车不得低于10年，其他摩托车不得低于11年。

## 附录1-7　机动车登记工作规范(全文)

(2012年11月30日公安部 公交管[2012]333号修订印发)

### 第一章　总则

**第一条**　根据《机动车登记规定》、《警车管理规定》和《临时入境机动车和驾驶人管理规定》，制定本规范。

**第二条**　各级公安机关交通管理部门车辆管理所应当按照本规范规定的程序办理机动车登记。县级或者设区的市级公安机关交通管理部门应当按照本规范规定的程序核发校车标牌。

车辆管理所办理机动车登记业务，应当设置查验岗、登记审核岗和档案管理岗。

**第三条**　车辆管理所应当按照机动车登记信息数据库规范和信息代码标准建立计算机登记数据库。按照机动车登记信息采集和签注标准，将登记信息和经办人信息录入计算机登记系统，打印相关证、表。

车辆管理所应当按照机动车查验工作规程查验机动车。按照机动车类型术语和定义标准确定机动车的车辆类型和使用性质。按照车辆和驾驶人管理印章标准使用印章。

### 第二章　登记程序

#### 第一节　注册登记

**第四条**　办理注册登记的业务流程和具体事项为：

(一)查验岗审查国产机动车的整车出厂合格证明(以下简称合格证)或者进口机动车的进口凭证(以下简称进口凭证)；不属于免检的机动车，还应当审查机动车安全技术检验合格证明；查验机动车，核对车辆识别代号拓印膜；制作机动车标准照片，并粘贴到机动车查验记录表上。符合规定的，在机动车查验记录表上签字；录入机动车信息。与被盗抢机动车信息系统比对；属于《道路机动车辆生产企业及产品公告》（以下简称公告）管理范围的，与公告数据比对。将机动车查验记录表内部传递至登记审核岗。

（二）登记审核岗审查《机动车注册、转移、注销登记/转入申请表》、机动车所有人身份证明、机动车来历证明、合格证或者进口凭证、车辆购置税完税证明或者免税凭证、机动车交通事故责任强制保险凭证、车船税纳税或者免税证明、机动车查验记录表。符合规定的，录入登记信息，向机动车所有人出具受理凭证。确定机动车号牌号码。制作机动车号牌（以下简称号牌）、机动车行驶证（以下简称行驶证）、机动车登记证书（以下简称登记证书）和机动车检验合格标志（以下简称检验合格标志），交机动车所有人。

（三）档案管理岗核对计算机登记系统的信息，整理资料，装订、归档。

**第五条** 办理进口机动车的注册登记，登记审核岗应当按照下列规定核查进口凭证：

（一）属于海关签发汽车用《货物进口证明书》的汽车整车和汽车底盘，或者海关总署签发《没收走私汽车、摩托车证明书》的汽车和摩托车的，与全国进口机动车计算机核查系统比对。符合规定的，使用专用钳在《货物进口证明书》右下角或者《没收走私汽车、摩托车证明书》左上角打孔，并打印《全国进口机动车计算机核查系统核对无误证明书》，录入登记信息。

（二）属于海关签发普通货物用《货物进口证明书》的摩托车，“一批一证”的挂车、半挂车、轮式专用机械，海关监管的机动车，或者国家规定的以其他方式进口的机动车，审查进口凭证。符合规定的，使用专用钳在进口凭证右下角打孔，录入登记信息。

（三）进口凭证打孔后，不得再次办理注册登记。

**第六条** 办理警车注册登记，应当审查下列事项：

（一）查验岗审查警车车型、外观制式、标志灯具和警报器是否符合有关规范和标准。

（二）登记审核岗审查《警车号牌审批表》。

**第七条** 办理救护车、消防车、工程救险车注册登记，应当审查下列事项：

（一）查验岗审查标志图案、标志灯具或者警报器等是否符合有关规范和标准。

（二）登记审核岗审查相关主管部门出具的车辆使用性质证明。

办理危险货物运输车、专用校车注册登记，查验岗应当审查标志图案、标志灯具等是否符合有关规范和标准。

办理加装肢体残疾人操纵辅助装置的小型自动挡载客汽车注册登记，查验岗应当审查操纵辅助装置产品型号和编号是否与加装合格证明相符；登记审核岗应当审查操纵辅助装置加装合格证明。

**第八条** 未注册登记的机动车所有权转移的，办理注册登记时，除审查机动车的所有权转移证明外，还应当审查原始来历证明。属于经人民法院调解、裁定、判决机动车所有权转移的，不审查原始来历证明。

**第九条** 下列资料存入机动车档案：

（一）《机动车注册、转移、注销登记/转入申请表》原件；

（二）机动车所有人身份证明复印件；

（三）机动车的来历证明原件或者复印件。其中，全国统一的机动车销售发票、《协助执行通知书》和国家机关、企业、事业单位或者社会团体出具的调拨证明应当是原件；

（四）车辆购置税的完税证明或者免税凭证副联原件；

（五）机动车交通事故责任强制保险凭证第三联原件。原件丢失的，收存其他任一联复印件并加盖保险公司印章，或者经登记审核岗签注“与原件一致”的其他任一联复印件；

（六）车船税纳税或者免税证明复印件。其中，在机动车交通事故责任强制保险凭证上签注已纳税信息的，收存机动车交通事故责任强制保险凭证原件；属于按照《车船税法》规定予以免征车船税的，不收存车船税纳税或者免税证明；

（七）属于国产机动车的，收存合格证原件。其中，属于使用底盘改装机动车的，还应当收存底盘合格证原件；

（八）属于进口机动车或者使用进口汽车底盘改装的机动车，收存进口凭证原件。其中，挂车、半挂车、轮式专用机械收存进口凭证原件或者复印件。通过全国进口机动车计算机核查系统比对的，收存《全国进口机动车计算机核查系统核对无误证明书》。通过发证机关查询的，收存发证机关出具的鉴定证明或者传真查询证明原件；

（九）属于警车的，收存《警车号牌审批表》原件；

（十）属于救护车、消防车、工程救险车的，收存车辆使用性质证明原件；

（十一）属于加装肢体残疾人操纵辅助装置的，收存操纵辅助装置加装合格证明复印件；

（十二）机动车查验记录表原件；

（十三）法律、行政法规规定应当在机动车登记时提交的其他证明、凭证的原件或者复印件。

## 第二节　变更登记

**第十条**　办理改变机动车车身颜色、更换发动机、更换车身或者车架、改变机动车使用性质的变更登记的业务流程和具体事项为：

（一）查验岗审查行驶证；查验机动车，属于更换车身或者车架的，核对车辆识别代号拓印膜；属于更换发动机、更换车身或者车架的，审查机动车安全技术检验合格证明，更换的发动机、车身或者车架无号码的，打刻原发动机号码、车辆识别代号；属于警车、救护车、消防车、工程救险车或者危险货物运输车使用性质变更的，还应当查验是否已拆除标志灯具、警报器，是否已清除车身外观制式、标志图案等；属于非专用校车喷涂粘贴校车外观标识的，还应当审查县级或者设区的市级人民政府批准的校车使用许可，查验校车外观标识；制作机动车标准照片，并粘贴到机动车查验记录表上。符合规定的，在机动车查验记录表上签字并内部传递至登记审核岗。

（二）登记审核岗审查《机动车变更登记/备案申请表》、机动车所有人身份证明、登记证书、行驶证和机动车查验记录表；属于非专用校车喷涂粘贴校车外观标识的，还应当审查县级或者设区的市级人民政府批准的校车使用许可。符合规定的，录入登记信息；属于更换发动机、更换车身或者车架的，与被盗抢机动车信息系统比对；向机动车所有人出具受理凭证。签注登记证书交机动车所有人；收回原行驶证并销毁，制作行驶证交机动车所有人；需要改变机动车号牌号码的，还应当收回原号牌并销毁，确定新的机动车号牌号码，制作号牌、检验合格标志交机动车所有人。

(三)档案管理岗核对计算机登记系统的信息,整理资料,装订、归档。

**第十一条** 办理因质量问题更换整车的变更登记的业务流程和具体事项为:

(一)查验岗按照本规范第四条第(一)项的规定办理。

(二)登记审核岗审查《机动车变更登记/备案申请表》、机动车所有人身份证明、登记证书、行驶证、合格证或者进口凭证、机动车查验记录表。符合规定的,录入登记信息,向机动车所有人出具受理凭证。按照变更登记的日期调整注册登记日期;签注登记证书;复印原机动车的合格证或者进口凭证,收回原行驶证并销毁,制作行驶证、检验合格标志;将登记证书、行驶证、检验合格标志、原机动车的合格证或者进口凭证交机动车所有人。

(三)档案管理岗核对计算机登记系统的信息,整理资料,装订、归档。

属于进口机动车、警车、救护车、消防车、工程救险车以及危险货物运输车、专用校车、加装肢体残疾人操纵辅助装置的小型自动挡载客汽车的,还应当按照本规范第五条至第七条的规定办理。

**第十二条** 办理机动车所有人的住所迁出车辆管理所管辖区域的业务流程和具体事项为:

(一)查验岗审查行驶证;查验机动车,核对车辆识别代号拓印膜;属于非专用校车的,应当确认机动车所有人已拆除校车标志灯、停车指示标志,消除校车外观标识,制作机动车标准照片,并粘贴到机动车查验记录表上。符合规定的,在机动车查验记录表上签字并内部传递至登记审核岗。

(二)登记审核岗审查《机动车变更登记/备案申请表》、机动车所有人身份证明、登记证书、行驶证和机动车查验记录表,对涉及机动车的交通安全违法行为和交通事故处理情况进行核查,与被盗抢机动车信息系统比对;属于校车的,应当收回校车标牌并销毁,录入收回信息,对未收回的在计算机登记系统中注明情况。符合规定的,录入变更后的信息,向机动车所有人出具受理凭证。

(三)档案管理岗核对计算机登记系统的信息,比对车辆识别代号拓印膜。符合规定的,签注登记证书;整理档案资料,装订成册,注明联系电话、传真电话和联系人姓名,并加盖车辆管理所业务专用章;密封机动车档案,并在密封袋上注明“请妥善保管,并于即日起30日内到转入地车辆管理所申请办理机动车转入,不得拆封”;对机动车档案资料齐全但登记事项有误、档案资料填写、打印有误或者不规范、技术参数不全等情况,应当书面注明;对2004年4月30日以前注册登记的机动车档案资料不齐全的,应当在排除被盗抢、走私、非法拼(组)装等嫌疑后,书面注明缺失的资料及原因。

(四)登记审核岗收回号牌并销毁,将机动车档案和登记证书交机动车所有人,核发有效期为30日的跨行政辖区临时行驶车号牌。

**第十三条** 办理机动车转入的业务流程和具体事项为:

(一)查验岗审查登记证书,查验机动车,核对车辆识别代号拓印膜;机动车在转入时已超过检验有效期的,还应当审查机动车安全技术检验合格证明;查询并下载机动车登记信息,与被盗抢机动车信息系统比对;制作机动车标准照片,并粘贴到机动车查验记录表上。符合规定的,在机动车查验记录表上签字并内部传递至登记审核岗。

（二）登记审核岗审查《机动车注册、转移、注销登记/转入申请表》、机动车所有人身份证明、机动车档案资料和机动车查验记录表，比对车辆识别代号拓印膜；机动车在转入时已超过检验有效期的，还应当审查交通事故责任强制保险凭证。符合规定的，录入登记信息，向机动车所有人出具受理凭证。确定机动车号牌号码，签注登记证书，制作号牌、行驶证和检验合格标志，交机动车所有人。

（三）档案管理岗核对计算机登记系统的信息，整理资料，装订、归档。

**第十四条** 有下列情形之一的，转入地车辆管理所应当办理转入，不得退档：

（一）机动车转出后登记证书丢失、灭失的；

（二）机动车转出后因交通事故等原因更换发动机、车身或者车架、改变车身颜色的；

（三）档案资料齐全但存在登记事项有误、档案资料填写、打印有误或者不规范、技术参数不全等情况的；

（四）2004 年 4 月 30 日以前注册的机动车档案资料不齐全，经核实不属于被盗抢、走私、非法拼（组）装等嫌疑车辆的；

（五）签注的转入地车辆管理所名称不准确，但属同一省、自治区管辖范围内的。

对属前款第（一）项的，办理转入时同时补发登记证书；对属前款第（二）项的，办理转入时一并办理变更登记；对属前款第（三）项中档案资料齐全但存在登记事项有误或者技术参数不全的，办理转入时一并更正、补齐。

**第十五条** 转入地车辆管理所认为需要核实档案资料的，应当与转出地车辆管理所协调。转出地车辆管理所应当自接到转入地车辆管理所协查申请 1 日内以传真方式出具书面材料，转入地车辆管理所凭书面材料办理转入。

转出地和转入地车辆管理所对转出车辆有不同意见的，车辆管理所所属公安机关交通管理部门应当报请省级公安机关交通管理部门协调。

转入地车辆管理所办理退档业务应当经业务领导批准，录入退档机动车信息、退档原因、联系电话、传真电话、经办民警和业务领导姓名，出具退办凭证交机动车所有人。

**第十六条** 机动车因不符合转入地依据法律制定的地方性排放标准被退回的，转出地车辆管理所应当凭转入地车辆管理所的证明予以接收，恢复机动车登记内容，将转入地车辆管理所的证明原件存入机动车档案。

**第十七条** 车辆管理所应当每日下载本地超过期限未办理转入的机动车信息，定期通过短信或者电话等方式督促机动车所有人及时办理机动车转入业务。

**第十八条** 办理共同所有人姓名变更登记的业务流程和具体事项为：

（一）变更后机动车所有人住所在车辆管理所管辖区域内的，登记审核岗审查《机动车变更登记/备案申请表》、登记证书、行驶证、变更前和变更后机动车所有人的身份证明、机动车为共同所有的公证证明或者证明夫妻关系的《居民户口簿》或者《结婚证》。符合规定的，向机动车所有人出具受理凭证。签注登记证书交机动车所有人；收回原行驶证并销毁，制作行驶证交机动车所有人；需要改变机动车号牌号码的，收回原号牌并销毁，确定新的机动车号牌号码，制作号牌、检验合格标志交机动车所有人。档案管理岗核对计算机登记系统的信息，整理资料，装订、归档。

（二）变更后机动车所有人的住所不在车辆管理所管辖区域内的，查验岗按照本规范

第十二条第(一)项的规定办理;登记审核岗按照本条第(一)项的规定审查相关资料。符合规定的,按照本规范第十二条第(三)项和第(四)项的规定办理转出。转入地车辆管理所按照本规范第十三条至第十六条的规定办理。

**第十九条** 办理变更登记的,下列资料存入机动车档案:

(一)《机动车变更登记/备案申请表》原件,办理机动车转入的,收存《机动车注册、转移、注销登记/转入申请表》原件;

(二)机动车所有人身份证明复印件;

(三)属于非专用校车喷涂粘贴校车外观标识、加装校车标志灯和停车指示标志的,收存县级或者设区的市级人民政府批准的校车使用许可的复印件;

(四)属于因质量问题更换整车的,收存更换后的合格证或者进口凭证原件,原机动车的合格证或者进口凭证复印件;

(五)属于机动车所有人的住所迁出车辆管理所管辖区域的,收存行驶证原件;

(六)属于机动车转入的,收存原机动车档案内的资料;

(七)机动车查验记录表原件。

办理共同所有人姓名变更登记的,除收存本条第一款第(一)项和第(二)项规定的资料外,还应当收存下列资料:

(一)变更前机动车所有人的身份证明复印件;

(二)机动车为两人以上共同所有的公证证明复印件。属于机动车为夫妻双方共同所有的,可以收存证明夫妻关系的《居民户口簿》或者《结婚证》的复印件;

(三)属于变更后机动车所有人住所不在车辆管理所管辖区域内的,收存机动车查验记录表、行驶证原件。

**第二十条** 办理变更备案的业务流程和具体事项为:

(一)机动车所有人住所在车辆管理所管辖区域内迁移、机动车所有人姓名(单位名称)、机动车所有人身份证明名称或者号码变更的,登记审核岗审查《机动车变更登记/备案申请表》、机动车所有人身份证明、登记证书、行驶证和相关事项变更的证明。符合规定的,录入备案信息,向机动车所有人出具受理凭证。签注登记证书交机动车所有人。属于机动车所有人姓名(单位名称)、住所变更的,收回原行驶证并销毁,制作行驶证交机动车所有人。

(二)机动车所有人联系方式变更的,核实机动车所有人身份信息,录入变更后的联系方式。

(三)发动机号码、车辆识别代号因磨损、锈蚀、事故等原因辨认不清或者损坏的,查验岗查验无被凿改嫌疑的,打刻原发动机号码、车辆识别代号;属于打刻车辆识别代号的,还应当核对车辆识别代号拓印膜。符合规定的,在机动车查验记录表上签字并内部传递至登记审核岗。登记审核岗审查《机动车变更登记/备案申请表》、机动车所有人身份证明、登记证书、行驶证和机动车查验记录表。符合规定的,录入备案信息,并签注登记证书交机动车所有人。

(四)已注册登记机动车加装肢体残疾人操纵辅助装置的,查验岗应当查验机动车,审查机动车安全技术检验合格证明、操纵辅助装置产品型号和编号是否与加装合格证明相符;符合规定的,在机动车查验记录表上签字并内部传递至登记审核岗。登记审核岗审查《机动车变更登记/备案申请表》、机动车所有人身份证明、机动车登记证书、行驶证、机动车查验记录表、操纵辅助装置加装合格证明;符合规定的,录入备案信息,收回并重新核发行驶证,签注登记证书交机动车所有人。

(五)已注册登记机动车拆除肢体残疾人操纵辅助装置的,查验岗应当查验机动车,确认是否拆除操纵辅助装置;符合规定的,在机动车查验记录表上签字并内部传递至登记审核岗。登记审核岗审查《机动车变更登记/备案申请表》、机动车所有人身份证明、机动车登记证书、行驶证、机动车查验记录表;符合规定的,录入备案信息,收回并重新核发行驶证,并签注登记证书交机动车所有人。

(六)档案管理岗核对计算机登记系统的信息,整理资料,装订、归档。

**第二十一条** 办理变更备案的,下列资料存入机动车档案:

(一)《机动车变更登记/备案申请表》原件;

(二)机动车所有人身份证明复印件;

(三)属于机动车所有人姓名(单位名称)、住所、机动车所有人身份证明名称或者号码变更的,收存相关事项变更证明的复印件;

(四)属于重新打刻发动机号码、车辆识别代号的,收存机动车查验记录表;

(五)属于加装肢体残疾人操纵辅助装置的,收存操纵辅助装置加装合格证明复印件。

**第二十二条** 机动车在被盗抢期间,发动机号码、车辆识别代号或者车身颜色被改变的,有关技术鉴定证明或者公安机关的发还证明能够确认该机动车与被盗抢的机动车为同一辆车的,按照下列规定办理:

(一)车身颜色被改变的,按照本规范第十条的规定办理;将有关技术鉴定证明或者公安机关的发还证明复印件存入机动车档案。

(二)发动机号码、车辆识别代号被改变的,按照本规范第二十条第(三)项的规定办理;将《机动车变更登记/备案申请表》原件、有关技术鉴定证明或者公安机关的发还证明复印件和机动车查验记录表存入机动车档案。

## 第三节 转移登记

**第二十三条** 办理转移登记的业务流程和具体事项为:

(一)查验岗审查行驶证;查验机动车,核对车辆识别代号拓印膜;机动车超过检验有效期的,应当审查机动车安全技术检验合格证明;属于非专用校车不再作为校车使用的,还应当确认机动车所有人已拆除校车标志灯、停车指示标志,消除专用校车外观标识。制作机动车标准照片,并粘贴到机动车查验记录表上。符合规定的,在机动车查验记录表上签字并内部传递至登记审核岗。

(二)登记审核岗审查《机动车注册、转移、注销登记/转入申请表》、现机动车所有人身份证明、所有权转移的证明或者凭证、登记证书、行驶证和机动车查验记录表;属于海关监管的机动车的,还应当审查《中华人民共和国海关监管车辆解除监管证明书》或者海关批准的转让证明;属于机动车超过检验有效期的,还应当审查交通事故责任强制保险凭证。对涉及机动车的交通安全违法行为和交通事故处理情况进行核查;与被盗抢机动车信息系统比对。属于校车的，应当收回校车标牌并销毁，录入收回信息，对未收回的在计算机登记系统中注明情况。符合规定的，录入登记信息，向现机动车所有人出具受理凭证。

（三）现机动车所有人住所在车辆管理所管辖区域内的，确定机动车号牌号码后，登记审核岗签注登记证书，收回原号牌、行驶证并销毁，制作号牌、行驶证和检验合格标志，交机动车所有人。现机动车所有人住所不在车辆管理所管辖区域内的，按照本规范第十二条第（三）项和第（四）项的规定办理。

（四）档案管理岗核对计算机登记系统的信息，整理资料，装订归档。

**第二十四条**　下列资料存入机动车档案：

（一）《机动车注册、转移、注销登记/转入申请表》原件；

（二）现机动车所有人的身份证明复印件；

（三）机动车所有权转移的证明、凭证原件或者复印件。其中，二手车销售发票、《协助执行通知书》和国家机关、企业、事业单位和社会团体等单位出具的调拨证明应当是原件；

（四）属于海关监管的机动车的，收存《中华人民共和国海关监管车辆解除监管证明书》或者海关批准的转让证明原件；

（五）属于现机动车所有人住所不在车辆管理所管辖区域内的，收存行驶证原件；

（六）机动车查验记录表原件。

**第二十五条**　现机动车所有人住所不在车辆管理所管辖区域内的，转入地车辆管理所按照本规范第十三条至第十六条的规定办理。

**第二十六条**　办理转移登记时，现机动车所有人为单位且住所不在车辆管理所管辖区域内的，可以提交《组织机构代码证书》的复印件、加盖单位公章的委托书和被委托人的身份证明作为其机动车所有人身份证明。

## 第四节　抵押登记

**第二十七条**　办理抵押登记的业务流程和具体事项为：

（一）登记审核岗审查《机动车抵押登记/质押备案申请表》、机动车所有人和抵押权人的身份证明、登记证书、依法订立的主合同和抵押合同。符合规定的，录入登记信息，向机动车所有人出具受理凭证。签注登记证书交机动车所有人。

（二）档案管理岗核对计算机登记系统的信息，整理资料，装订、归档。

在机动车抵押期间，机动车所有人将机动车再次抵押的，按照本条第一款的规定办理。

**第二十八条**　办理解除抵押登记的业务流程和具体事项为：

（一）登记审核岗审查《机动车抵押登记/质押备案申请表》、机动车所有人和抵押权人的身份证明、登记证书；属于被人民法院调解、裁定、判决机动车解除抵押的，审查《机动车抵押登记/质押备案申请表》、登记证书、人民法院出具的已经生效的《调解书》、《裁定书》或者《判决书》以及相应的《协助执行通知书》。符合规定的，录入登记信息，签注登记证书交机动车所有人。

（二）档案管理岗核对计算机登记系统的信息，整理资料，装订、归档。

**第二十九条**　下列资料存入机动车档案：

(一)《机动车抵押登记/质押备案申请表》原件;

(二)机动车所有人和抵押权人的身份证明复印件;

(三)属于抵押登记的,收存抵押合同原件或者复印件;

(四)属于被人民法院调解、裁定、判决机动车解除抵押的,收存人民法院出具的《调解书》《裁定书》或者《判决书》的复印件以及相应的《协助执行通知书》原件。

## 第五节　注销登记

**第三十条**　办理注销登记的业务流程和具体事项为:

(一)登记审核岗审查下列资料:

1.对机动车报废解体的,审查机动车回收企业提交的《机动车注册、转移、注销登记/转入申请表》、登记证书、号牌、行驶证、《报废机动车回收证明》副本;属于校车的,还应当审查校车标牌;属于本规范第三十二条规定的监销车辆的,还应当审查机动车查验记录表。

2.对机动车灭失的,审查《机动车注册、转移、注销登记/转入申请表》、机动车所有人身份证明、登记证书、行驶证和机动车灭失证明。属于校车的,还应当审查校车标牌。

3.对因机动车质量问题退车的,审查《机动车注册、转移、注销登记/转入申请表》、机动车所有人身份证明、登记证书、行驶证和机动车制造厂或者经销商出具的退车证明,并对涉及机动车的交通安全违法行为和交通事故处理情况进行核查。属于校车的,还应当审查校车标牌。

4.对机动车因故不在我国境内使用的,审查《机动车注册、转移、注销登记/转入申请表》、机动车所有人身份证明、登记证书、行驶证和出境证明,并对涉及机动车的交通安全违法行为和交通事故处理情况进行核查。属于海关监管的机动车,出境证明为海关出具的《中华人民共和国海关监管车辆进(出)境领(销)牌照通知书》。

5.对机动车登记被撤销的,审查公安机关交通管理部门出具的《公安交通管理撤销决定书》。

6.对非法拼(组)装或者达到国家强制报废标准的机动车被依法收缴并强制报废的,审查机动车被依法收缴的法律文书和《报废机动车回收证明》副本。

(二)符合规定的,登记审核岗录入登记信息;收回登记证书、号牌、行驶证,对未收回的在计算机登记系统中注明情况;销毁号牌;属于因机动车质量问题退车的,退还机动车来历证明、合格证或者进口凭证、车辆购置税的完税证明或者免税凭证、机动车交通事故责任强制保险凭证;出具《机动车注销证明》交机动车所有人。属于校车的,收回校车标牌并销毁。

(三)档案管理岗核对计算机登记系统的信息,整理资料,装订、归档。

**第三十一条**　下列资料存入机动车档案:

(一)《机动车注册、转移、注销登记/转入申请表》原件;

(二)登记证书原件;

(三)行驶证原件;

(四)属于报废的,收存《报废机动车回收证明》副本原件,其中属于本规范第三十二条规定的监销车辆的，还应当收存机动车查验记录表；

（五）属于灭失的，收存灭失证明原件；

（六）属于因机动车质量问题退车的，收存机动车制造厂或者经销商出具的退车证明原件；

（七）属于因故不在我国境内使用的，收存出境证明复印件，其中出境证明为海关出具的《中华人民共和国海关监管车辆进（出）境领（销）牌照通知书》的，收存原件；

（八）属于机动车登记被撤销的，收存《公安交通管理撤销决定书》原件；

（九）属于被依法收缴并强制报废的，收存被依法收缴的法律文书复印件和《报废机动车回收证明》副本原件。

**第三十二条** 校车、大型客车、中型以上货车及其他营运车辆在机动车回收企业解体时，车辆管理所应当派民警现场监督，并制作客车车身或者货车车架切割解体前、解体后以及包含车辆识别代号部件的照片，粘贴在机动车查验记录表上并签字。

**第三十三条** 因车辆损坏无法驶回登记地的，机动车回收企业向报废地车辆管理所申请注销登记时，报废地车辆管理所审查《机动车注册、转移、注销登记/转入申请表》、登记证书、号牌、行驶证和《报废机动车回收证明》副本；属于本规范第三十二条规定的监销车辆的，还应当审查机动车查验记录表。符合规定的，查询并下载机动车登记信息，录入报废信息，收回登记证书、号牌、行驶证；对未收回的，在计算机登记系统中注明情况；销毁号牌。收存《机动车注册、转移、注销登记/转入申请表》、登记证书、行驶证和《报废机动车回收证明》副本。

登记地车辆管理所每个工作日通过计算机登记系统查询机动车异地报废解体信息，打印异地报废解体证明，办理注销登记，将异地报废解体证明存入机动车档案。机动车所有人领取《机动车注销证明》时，审查机动车所有人身份证明或者《报废机动车回收证明》，出具《机动车注销证明》交机动车所有人。

**第三十四条** 车辆管理所应当每季度公告一次登记证书、号牌、行驶证作废的信息，具体内容为：

（一）机动车号牌号码；

（二）机动车的号牌种类；

（三）机动车的品牌型号；

（四）登记证书编号；

（五）车辆识别代号。

## 第六节 校车标牌核发

**第三十五条** 县级或者设区的市级公安机关交通管理部门收到同级教育行政部门转来校车使用许可申请材料后，应当在一日内通知申请人交验机动车，记录收到校车使用许可申请材料的时间，以及通知申请人的时间、通知人、被通知人、通知内容等情况。

对取得校车安全技术检验合格证明超过六个月的，还应当通知学校或者校车服务提供者在交验机动车前重新进行安全技术检验。

**第三十六条** 公安机关交通管理部门查验机动车时，应当按照有关标准查验校车标志灯、停车指示标志、具有行驶记录功能的卫星定位装置、逃生锤、干粉灭火器、急救箱等安全设备；对专用校车和喷涂粘贴有校车外观标识的非专用校车，应当查验外观标识是否符合规定；对非专用校车，应当按照标准核定用于接送幼儿、小学生、初中生、中小学生使用时的学生和成人乘坐人数，制作机动车标准照片。

对符合规定的，在机动车查验记录表上签字，并交机动车所有人在备注栏签字确认，查验结果录入系统；对不符合规定的，查验结果录入系统，并告知申请人整改。

**第三十七条** 公安机关交通管理部门审查校车使用许可申请材料时，应当审查下列资料：

（一）机动车所有人身份证明原件或者复印件；

（二）行驶证原件或者复印件；

（三）包括行驶线路、开行时间和停靠站点的校车运行方案；

（四）校车安全技术检验合格证明原件或者复印件，但专用校车已领取机动车检验合格标志的除外；

（五）校车驾驶人的机动车驾驶证原件或者复印件。

审查申请材料时，应当通过全国交通管理信息系统核查比对行驶证记载信息、校车驾驶人驾驶资格以及校车安全技术检验情况，确认是否一致。

**第三十八条** 公安机关交通管理部门应当自收到教育行政部门转来校车使用许可申请材料2日内，会同有关部门实地查看校车运行方案记载的行驶线路和停靠站点，审查开行时间和选用车型是否合理。

查看行驶线路时，应当确认是否避开急弯、陡坡、临崖、临水的危险路段；对存在无法避开危险路段的，确认是否在危险路段按照标准设置安全防护设施、限速标志、警告标牌。

查看停靠站点时，应当确认停靠站点设置位置是否安全、合理，并对应当设置的相关安全设施以及停靠站点预告标识、停靠站点标牌、标线等提出意见。

**第三十九条** 公安机关交通管理部门应当自收到教育行政部门征求意见材料之日起3日内作出审查意见，并向教育行政部门书面回复；对当事人未按规定交验机动车的，应当书面告知教育行政部门。

公安机关交通管理部门应当建立校车标牌档案，确定档案编号。

公安机关交通管理部门应当将教育行政部门征求意见材料、审查资料以及回复意见等材料复印件存入校车标牌档案。

**第四十条** 取得校车使用许可的学校或者校车服务提供者申请更换校车的，或者申请变更机动车所有人、驾驶人、校车行驶线路、开行时间、停靠站点的，公安机关交通管理部门收到同级教育行政部门转来征求意见的申请材料后，应当按照本规范第三十五条至第三十九条的规定办理。

**第四十一条** 公安机关交通管理部门办理核发校车标牌业务流程和具体事项为：

（一）审查《校车标牌领取表》，机动车所有人身份证明、校车驾驶人的机动车驾驶证、行驶证，县级或者设区的市级人民政府批准的校车使用许可、校车运行方案，并与校车标牌档案有关资料进行核对。

（二）录入校车使用许可有效期、机动车、驾驶人、行驶线路、开行时间、停靠站点以及非专用校车核定的学生和成人乘坐人数等信息。属于专用校车的，应当核对行驶证上记载的校车类型和核载人数；属于非专用校车的，使用按照本规范第三十六条采集的机动车标准照片制作行驶证，调整校车安全技术检验有效期，并在行驶证副页上签注校车类型、学生和成人乘坐人数，原行驶证收回并销毁。对校车安全技术检验有效期发生变化的，应当重新核发检验合格标志。

（三）对符合规定的，应当在收到《校车标牌领取表》之日起 3 日内核发校车标牌。按照县级或者设区的市级人民政府批准的校车使用许可在校车标牌上签注车辆号牌号码、机动车所有人、驾驶人、行驶线路、开行时间、停靠站点等信息，签注校车标牌发牌单位、有效期，核发校车标牌。校车标牌有效期的截止日期应当与校车安全技术检验有效期的截止日期一致；校车安全技术检验有效期的截止日期超出校车使用许可有效期的，校车标牌有效期的截止日期按照校车使用许可有效期的截止日期签注。

（四）对提交的材料不齐全或者无效的，不予核发校车标牌并书面告知理由。

**第四十二条** 办理核发校车标牌的，下列资料存入校车标牌档案：

（一）《校车标牌领取表》原件；

（二）县级或者设区的市级人民政府批准的校车使用许可复印件；

（三）县级或者设区的市级人民政府批准的包括行驶线路、开行时间和停靠站点的校车运行方案复印件。

**第四十三条** 办理期满换领、损毁换领、丢失、灭失补领校车标牌的，公安机关交通管理部门应当审查《校车标牌领取表》、机动车所有人身份证明、行驶证，核对校车使用许可有效期、机动车检验有效期及校车驾驶人的机动车驾驶证。

符合规定的，录入相关信息，换发、补发校车标牌；期满换领的，应当重新签注校车标牌有效期，收回原校车标牌并销毁；损毁换领的，应当收回原校车标牌并销毁。

**第四十四条** 办理期满换领、损毁换领、丢失、灭失补领校车标牌的，下列资料存入校车标牌档案：

（一）《校车标牌领取表》原件；

（二）机动车所有人身份证明复印件。

**第四十五条** 取得校车标牌的校车，不再作为校车使用的，公安机关交通管理部门应当核对《校车标牌领取表》、机动车所有人身份证明，收回校车标牌并销毁；校车标牌丢失的，在《校车标牌领取表》上注明。

属于非专用校车的，应当确认机动车所有人已拆除校车标志灯、停车指示标志；对喷涂粘贴校车外观标识的，应当确认已消除外观标识，通知机动车所有人办理机动车变更登记；对未喷涂粘贴校车外观标识的，制作机动车标准照片，并粘贴到机动车查验记录表上，核发行驶证，收回原行驶证并销毁。

**第四十六条** 办理收回校车标牌的，下列资料存入校车标牌档案：

（一）《校车标牌领取表》原件；

（二）机动车所有人身份证明复印件。

**第四十七条** 接到县级或者设区的市级人民政府吊销、注销或者撤销校车使用许可的决定后，公安机关交通管理部门应当责令学校或者校车服务提供者交回校车标牌并销毁；属于非专用校车的，还应当按照本规范第四十五条第二款有关规定办理。对校车标牌未交回的，依照决定公告校车标牌作废。

**第四十八条** 办理因校车使用许可被吊销、注销或者撤销收回校车标牌的，下列资料存入校车标牌档案：

(一)县级或者设区的市级人民政府吊销、注销或者撤销校车使用许可的决定；

(二)属于非专用校车的，收存机动车查验记录表原件。

**第四十九条** 因校车行驶线路、开行时间、停靠站点或者车辆、所有人、驾驶人发生变化，学校或者校车服务提供者经县级或者设区的市级人民政府批准后，公安机关交通管理部门应当录入有关信息，并按照本规范第四十一条的规定重新核发校车标牌。

**第五十条** 公安机关交通管理部门在办理校车标牌丢失、灭失补领、校车报废、转移、迁出业务时，校车标牌在有效期内未收回的，应当公告校车标牌作废。

**第五十一条** 公安机关交通管理部门应当通过计算机登记系统每月汇总下载本辖区核发、变更、收回校车标牌的信息，报本级人民政府备案，并通报教育行政部门。

公安机关交通管理部门应当每月通过计算机系统下载校车交通违法、事故情况以及临近或者逾期未换领校车标牌、临近检验或者逾期未检验等情况，通报教育行政部门、学校和校车服务提供者。

## 第三章 其他规定

### 第一节 质押备案和解除质押备案

**第五十二条** 办理机动车质押备案或者解除质押备案的业务流程和具体事项为：

(一)登记审核岗审查《机动车抵押登记/质押备案申请表》、机动车所有人和典当行的身份证明、登记证书。符合规定的，录入备案信息，向机动车所有人出具受理凭证，签注登记证书交机动车所有人。

(二)档案管理岗核对计算机登记系统的信息，整理资料，装订、归档。

**第五十三条** 下列资料存入机动车档案：

(一)《机动车抵押登记/质押备案申请表》原件；

(二)机动车所有人和典当行的身份证明复印件。

### 第二节 核发临时行驶车号牌和临时入境机动车牌证

**第五十四条** 办理机动车临时行驶车号牌的业务流程和具体事项为：登记审核岗审查机动车所有人身份证明、机动车交通事故责任强制保险凭证。属于未销售的机动车或者因轴荷、总质量、外廓尺寸超出国家标准的特型机动车的，还应当审查合格证或者进口凭证；属于购买、调拨、赠予等方式获得后尚未注册登记的机动车的，还应当审查机动车来历证明、合格证或者进口凭证；属于科研、定型试验的机动车的，还应当审查科研、定型试验单位的书面申请和机动车安全技术检验合格证明。符合规定的，录入相关信息，向机动车所有人出具受理凭证，按规定核发临时行驶车号牌。

**第五十五条** 车辆管理所留存下列资料并保存两年：

（一）机动车所有人身份证明复印件；

（二）机动车交通事故责任强制保险凭证复印件；

（三）属于科研、定型试验的机动车的，收存科研、定型试验单位的书面申请和机动车安全技术检验合格证明原件；

（四）属于因轴荷、总质量、外廓尺寸超出国家标准的特型机动车的，收存合格证或者进口凭证复印件。

**第五十六条** 办理临时入境机动车号牌、行驶证的业务流程和具体事项为：

（一）查验岗确认机动车号牌号码、车辆识别代号是否与境外主管部门核发的机动车登记证明一致；审查机动车安全技术检验合格证明，属于境外主管部门核发的非中文表述的，还应当审查中文翻译文本。属于载货汽车、挂车的，还应当审查车辆外廓尺寸等是否符合我国的国家标准。符合规定的，在《临时入境机动车号牌、行驶证申请表》上签字并内部传递至登记审核岗。

（二）登记审核岗审查《临时入境机动车号牌、行驶证申请表》、中国海关等部门出具的准许机动车入境的凭证、不少于临时入境期限的中国机动车交通事故责任强制保险凭证、境外主管部门核发的机动车登记证明，属于非中文表述的，还应当审查中文翻译文本，属于有组织的旅游、比赛以及其他交往活动的，还应当审查我国相关部门出具的证明。符合规定的，录入相关信息，向机动车所有人出具受理凭证。按规定核发临时入境机动车号牌、行驶证。

（三）档案管理岗核对计算机登记系统的信息，整理资料，装订、归档。

**第五十七条** 车辆管理所留存下列资料并保存两年：

（一）《临时入境机动车号牌、行驶证申请表》原件；

（二）境外主管部门核发的机动车登记证明复印件，属于非中文表述的，还应当收存中文翻译文本原件；

（三）中国海关等部门出具的准许机动车入境的凭证复印件；

（四）属于有组织的旅游、比赛以及其他交往活动的，收存中国相关部门出具的证明原件；

（五）不少于临时入境期限的中国机动车交通事故责任强制保险凭证第三联原件，原件丢失的，收存其他任一联复印件并加盖保险公司印章，或者经登记审核岗签注“与原件一致”的其他任一联复印件。

## 第三节　申领和补、换领机动车牌证及登记事项更正

**第五十八条** 办理补领、申领登记证书的业务流程和具体事项为：

（一）查验岗查验机动车。属于申领登记证书的，还应当核对车辆识别代号拓印膜。符合规定的，在机动车查验记录表上签字并内部传递至登记审核岗。

（二）登记审核岗审查《机动车牌证申请表》、机动车所有人身份证明。符合规定的，录入相关信息，向机动车所有人出具受理凭证。属于补领登记证书的，制作登记证书交机动车所有人。属于申领登记证书的，在受理凭证上签注领取时间，核对计算机登记系统的信息，调阅档案，比对机动车所有人身份证明和车辆识别代号拓印膜，制作登记证书交机动

车所有人。

(三)档案管理岗核对计算机登记系统的信息,整理资料,装订、归档。

**第五十九条** 办理换领登记证书的业务流程和具体事项为:

(一)登记审核岗审查《机动车牌证申请表》、机动车所有人身份证明。符合规定的,录入相关信息,向机动车所有人出具受理凭证。收回原登记证书;对不属于登记证书签注满后申请换发的,销毁原登记证书;制作登记证书交机动车所有人。

(二)档案管理岗核对计算机登记系统的信息,整理资料,装订、归档。

**第六十条** 下列资料存入机动车档案:

(一)《机动车牌证申请表》原件;

(二)机动车所有人身份证明复印件;

(三)属于补领、申领登记证书的,收存机动车查验记录表原件;

(四)属于登记证书签注满后申请换领的,收存原登记证书原件。

**第六十一条** 属于《机动车登记规定》第二十一条规定情形的,按照本规范第五十八条的规定办理补领登记证书业务,但登记审核岗还应当审查人民检察院、行政执法部门出具的未得到登记证书的证明或者人民法院出具的《协助执行通知书》,并存入机动车档案。属于机动车所有人变更的,办理变更登记、转移登记的同时补发登记证书。

**第六十二条** 办理补、换领号牌、行驶证的业务流程和具体事项为:

(一)登记审核岗审查《机动车牌证申请表》、机动车所有人身份证明。符合规定的,录入相关信息,收回未灭失、丢失或者损坏的部分并销毁。属于补、换领行驶证的,向机动车所有人出具受理凭证;制作行驶证交机动车所有人。属于补、换领号牌的,向机动车所有人出具受理凭证,并在受理凭证上签注领取时间;核发有效期不超过15日的临时行驶车号牌;号牌制作完成后交机动车所有人。

(二)档案管理岗核对计算机登记系统的信息,整理资料,装订、归档。

**第六十三条** 下列资料存入机动车档案:

(一)《机动车牌证申请表》原件;

(二)机动车所有人身份证明复印件。

**第六十四条** 办理登记事项更正的业务流程和具体事项为:

(一)登记审核岗核实登记事项,确属登记错误的,在计算机登记系统中更正;签注登记证书。需要重新核发行驶证的,收回原行驶证并销毁,制作行驶证交机动车所有人;需要改变机动车号牌号码的,收回原号牌、行驶证并销毁,确定新的机动车号牌号码,制作号牌、行驶证和检验合格标志交机动车所有人。

(二)档案管理岗核对计算机登记系统的信息,整理资料,装订、归档。

## 第四节 核发机动车检验合格标志

**第六十五条** 已注册登记的机动车参加定期安全技术检验合格的,办理核发检验合格标志的业务流程和具体事项为:查验岗审查《机动车牌证申请表》、行驶证、机动车安全技术检验合格证明、机动车交通事故责任强制保险凭证、本年度的车船税纳税或者免税证明;查验机动车。符合规定的,在机动车查验记录表上签字。对涉及机动车的交通安全违法行为和交通事故处理情况进行核查;录入相关信息;制作检验合格标志;在行驶证副页上签注检验记录,对行驶证副页签注信息已满的,收回原行驶证,重新制作行驶证;将行驶证、检验合格标志交机动车所有人。

**第六十六条** 车辆管理所收存下列资料并保存两年:

(一)《机动车牌证申请表》原件;

(二)机动车交通事故责任强制保险凭证第三联原件。原件丢失的,收存其他任一联复印件并加盖保险公司印章,或者经登记审核岗签注“与原件一致”的其他任一联复印件。原件因上次核发检验合格标志时已收存的,可以不收存;

(三)车船税纳税或者免税证明复印件。其中,在机动车交通事故责任强制保险凭证上签注已纳税信息的,收存机动车交通事故责任强制保险凭证原件;属于按照《车船税法》规定予以免征车船税的,不收存车船税纳税或者免税证明;

(四)机动车安全技术检验合格证明原件;

(五)机动车查验记录表原件;

(六)属于行驶证副页签注满后换发的,收存原行驶证原件。

**第六十七条** 委托核发检验合格标志的业务流程和具体事项为:

(一)登记地车辆管理所审查行驶证或者登记证书,对涉及机动车的交通安全违法行为和交通事故处理情况进行核查。符合规定的,录入委托事项,签注《委托核发检验合格标志通知书》。

(二)受委托检验地车辆管理所按照本规范第六十五条的规定办理。但审查机动车所有人提交的资料时,还应当审查《委托核发检验合格标志通知书》,并与下载的委托信息进行比对。

(三)登记地车辆管理所每个工作日从全国交通管理信息系统下载委托核发检验合格标志的机动车信息,保存在计算机登记系统中。

**第六十八条** 登记地车辆管理所留存下列资料并保存两年:

(一)《委托核发机动车检验合格标志通知书》存根原件;

(二)行驶证或者登记证书复印件。

受委托检验地车辆管理所留存下列资料并保存两年:

(一)《委托核发机动车检验合格标志通知书》原件;

(二)本规范第六十六条规定留存的资料。

**第六十九条** 在车辆管理所辖区以外登记、长期在本辖区从事道路运输的营运货车所有人申请备案的业务流程和具体事项为:

(一)查验岗查验机动车,核对车辆识别代号拓印膜,核对车辆外廓尺寸、货箱内部尺寸、车身反光标识、侧面及后下部防护装置;符合规定的,从机动车左前方和右后方各拍摄一张能反映整车外观的机动车照片,并粘贴到机动车查验记录表上。将粘贴有车辆识别代号拓印膜的机动车查验记录表内部传递至登记审核岗。

(二)登记审核岗审查行驶证、机动车查验记录表,核对机动车登记信息,核查机动车的交通安全违法行为和交通事故处理情况;符合规定的,在机动车登记系统进行备案,出具备案凭证交机动车所有人。

（三）档案管理岗装订、归档，收存行驶证复印件、机动车查验记录表原件。

在本辖区备案满一年的营运货车向辖区车辆管理所申请核发机动车检验合格标志的，按照本规范第六十五条的规定办理；行驶证副页签注信息已满的，通知机动车所有人向机动车登记地车辆管理所申请换领行驶证。

**第七十条** 办理补领、换领检验合格标志的，车辆管理所审查《机动车牌证申请表》和行驶证，核对登记信息，在安全技术检验合格和交通事故责任强制保险有效期内的，补发检验合格标志。

## 第四章 机动车档案

**第七十一条** 车辆管理所建立每辆机动车的档案，确定档案编号。机动车档案包括实物档案和电子档案，实物档案按照机动车号牌种类、号牌号码或者档案编号顺序存放。

车辆管理所按照本规范规定的存档资料顺序，按照国际标准A4纸尺寸，对每次登记的资料装订成册，并填写或者打印档案资料目录，置于资料首页。

车辆管理所及其工作人员不得泄露机动车档案中的个人信息。任何单位和个人不得擅自涂改、故意损毁或者伪造机动车档案。

**第七十二条** 车辆管理所对人民法院、人民检察院、公安机关或者其他行政执法部门、纪检监察部门以及公证机构、仲裁机构、律师事务机构等因办案需要查阅机动车档案的，审查其提交的档案查询公函和经办人工作证明；对机动车所有人查询本人的机动车档案的，审查其身份证明。

查阅档案应当在档案查阅室进行，档案管理人员应当在场。需要出具证明或者复印档案资料的，经业务领导批准。

除机动车所有权转移到原登记车辆管理所辖区以外和机动车

所有人住所迁出车辆管理所辖区以外的变更登记外，已入库的机动车档案原则上不得再出库。

**第七十三条** 车辆管理所办理人民法院、人民检察院、公安机关或者其他行政执法部门依法要求查封、扣押机动车的，应当审查提交的公函和经办人的工作证明。

车辆管理所自受理之日起，暂停办理该机动车的登记业务，将查封信息录入计算机登记系统，查封单位的公函已注明查封期限的，按照注明的查封期限录入计算机登记系统；未注明查封期限的，录入查封日期。将公函存入机动车档案。车辆管理所接到原查封单位的公函，通知解封机动车档案的，应当立即予以解封，恢复办理该机动车的各项登记，将解封信息录入计算机登记系统，公函存入机动车档案。

机动车在人民法院民事执行查封、扣押期间，其他人民法院依法要求轮候查封、扣押的，可以办理轮候查封、扣押。机动车解除查封、扣押后，登记在先的轮候查封、扣押自动生效，查封期限从自动生效之日起计算。

**第七十四条** 车辆管理所因意外事件致使机动车档案损毁、丢失的，应当书面报告省级公安机关交通管理部门，经书面批准后，按照计算机登记系统的信息补建机动车档案，打印该机动车在计算机系统内的所有记录信息，并补充机动车所有人身份证明复印件。

机动车档案补建完毕后，报省级公安机关交通管理部门审核。省级公安机关交通管理部门与计算机登记系统核对，并出具核对公函。审核进口机动车档案时，属于全国进口机动车计算机核查系统内的机动车还应当与计算机核查系统比对，经核查无记录的，不得出具核对公函。补建的机动车档案与原机动车档案有同等效力，但档案资料内无省级公安机关交通管理部门批准补建档案的文件和核对公函的除外。

**第七十五条** 机动车所有人在办理完毕机动车档案转出但尚未办理机动车转入前将机动车档案损毁或者丢失的，应当向转出地车辆管理所申请补建机动车档案。转出地车辆管理所按照本规范第七十四条的规定办理。

**第七十六条** 由代理人代理申请机动车登记和相关业务的，车辆管理所应当审查代理人的身份证明，代理人为单位的还应当审查经办人的身份证明；将代理人和经办人的身份证明复印件、机动车所有人的书面委托存入机动车档案。

**第七十七条** 机动车档案从注销登记之日起保存两年后销毁。属于撤销机动车登记的，机动车档案保存三年后销毁。校车标牌档案从机动车不再作为校车使用之日起保存三年后销毁。

销毁机动车档案时，车辆管理所应当对需要销毁的机动车档案登记造册，并书面报告所属直辖市或者设区的市公安机关交通管理部门，经批准后方可销毁。销毁机动车档案应当在指定的地点，监销人和销毁人共同在销毁记录上签字。记载销毁档案情况的登记簿和销毁记录存档备查。

## 第五章　嫌疑车辆调查

**第七十八条** 车辆管理所各业务岗位在办理机动车登记及相关业务过程中，有下列情形之一的，进入嫌疑车辆调查程序：

（一）机动车所有人身份证明、机动车来历证明、合格证、进口凭证、车辆购置税完税证明或者免税凭证、机动车交通事故责任强制保险凭证、号牌、行驶证、登记证书或者机动车档案被涂改或者有伪造嫌疑的；

（二）车辆识别代号或者发动机号码与被盗抢机动车信息库的同类型、同品牌机动车的记录完全相同，或者数字完全相同，或者有被盗抢记录的；

（三）车辆识别代号、发动机号码有凿改、挖补痕迹或者擅自另外打刻的；

（四）车辆识别代号、发动机号码与合格证、进口凭证、行驶证、登记证书或者机动车档案记载不一致的；

（五）与进口机动车核查系统比对，信息重复核对的。

**第七十九条** 车辆管理所应当建立嫌疑车辆调查台账，对能够排除嫌疑的，在机动车查验记录表上注明情况并签字；对不能排除的，滞留车辆，询问机动车所有人或者代理人并做询问笔录，开具行政强制措施凭证交机动车所有人或者代理人，并按照下列规定调查：

（一）确认机动车，复核有关资料，确认嫌疑事项并做嫌疑车辆查验记录。

（二）属于本规范第七十八条第（一）项规定情形的，向有关发证机关调查取证，其中对进口凭证真伪有疑问的持进口凭证原件到发证机关查询，对进口凭证内容有疑问的向发证机关传真查询；经核实的移交有关部门查处。

(三)属于本规范第七十八条第(二)项、第(三)项规定情形的,拓印车辆识别代号、发动机号码;经核实的移交有关部门查处。

(四)属于本规范第七十八条第(四)项规定情形的,需要取证的,向有关部门取证;经核实的移交有关部门查处。

(五)属于本规范第七十八条第(五)项规定情形的,填写重复核对报告表,按规定上报。对排除走私、被盗抢等嫌疑的,及时发还机动车并办理有关登记手续;对经核实有走私、被盗抢等嫌疑的,移交有关部门查处。

车辆管理所移交嫌疑车辆时,应当填写嫌疑车辆移交清单,注明移交车辆的特征和有关资料,并附嫌疑车辆查验记录和询问记录,办理交接手续。

车辆管理所对嫌疑车辆启动嫌疑车辆调查程序时,应当通知机动车所有人或者代理人协助调查。调查嫌疑车辆的时间不计入机动车登记时限。

**第八十条** 排除嫌疑的机动车,办案单位应当出具公函,车辆管理所应当以书面形式记载调查情况,将有关证据、询问记录和办案单位出具的公函存入机动车档案。

## 第六章 附 则

**第八十一条** 车辆管理所办理机动车登记业务时,业务受理、资料审查、机动车查验工作,应当由民警承担或者由文职、聘用人员按规定在民警监督下执行。业务导办、数据录入、制发牌证、档案整理等工作可以由文职、聘用人员承担。

车辆管理所民警和文职、聘用人员办理机动车登记业务时,应当使用本人的用户名、密码或者 PKI/PMI 登录计算机登记系统,并定期更换密码。严禁使用他人的用户名、密码或者 PKI/PMI 登录计算机登记系统。

车辆管理所办理机动车登记业务时,应当于业务办结后 3 日内在计算机登记系统中归档,并在 36 小时内将登记信息上传到全国交通管理信息系统。

**第八十二条** 登记审核岗应当设在车辆管理所业务办公大厅内,对外统一设置“业务受理”窗口标识。查验岗对外统一设置“机动车查验”标识。

机动车销售单位、交易市场、机动车安全技术检验机构、机动车报废回收企业等场所或者单位代办机动车登记业务的,对外使用“××机动车登记服务站”的名称。代办资质条件和业务范围由省级公安机关交通管理部门制定。

**第八十三条** 车辆管理所应当在机动车强制报废期满的 2 个月前,或者检验合格有效期满后的 2 个月内,通过信函、手机短信或者向社会公告等方式告知机动车所有人。

车辆管理所应当积极推行通过互联网预约、受理、办理机动车登记和业务,推行使用计算机打印申请表格。

**第八十四条** 车辆管理所应当配置机动车查验智能终端,实现远程比对公告数据、采集机动车照片、制作机动车查验记录表,提高机动车查验工作效率。

车辆管理所应当建立机动车安全技术检验监管网络平台,按照有关标准与机动车安全技术检验机构联网,实现对检验过程的视频监控和检验合格数据自动比对。

**第八十五条** 车辆管理所存在严重违规办理机动车登记业务的,省级公安机关交通管理部门可以指派其他车辆管理所人员接管办理该车辆管理所相关业务。

**第八十六条** 持有中国永久居留证的外国人办理机动车登记业务的，外国人的身份证明是其外国人永久居留证和公安机关出具的住宿登记证明。

**第八十七条** 本规范自印发之日起施行，公安部印发的《机动车登记工作规范》(公交管〔2008〕185号)同时废止。其他有关规定与本规范不一致的，按照本规范执行。

## 附录 1-8 《机动车安全技术检验机构监督管理办法》(全文)

(2009年12月1日起实行)

### 第一章 总 则

**第一条** 为了加强对机动车安全技术检验机构的监督管理，根据《中华人民共和国行政许可法》、《中华人民共和国道路交通安全法》及其实施条例、《中华人民共和国计量法》及其实施细则等有关法律法规，制定本办法。

**第二条** 机动车安全技术检验机构(以下简称"安检机构")开展机动车安全技术检验以及对安检机构实施监督管理应当遵守本办法。

本办法所称机动车安全技术检验，是指根据《中华人民共和国道路交通安全法》及其实施条例规定，按照机动车国家安全技术标准等要求，对上道路行驶的机动车进行检验检测的活动，包括机动车注册登记时的初次安全技术检验和登记后的定期安全技术检验。

本办法所称安检机构，是指在中华人民共和国境内，根据《中华人民共和国道路交通安全法》及其实施条例的规定，按照机动车国家安全技术标准等要求，对上道路行驶的机动车进行检验，并向社会出具公证数据的检验机构。

**第三条** 国家质量监督检验检疫总局(以下简称"国家质检总局")对全国安检机构实施统一监督管理。

各省级质量技术监督部门负责本行政区域内安检机构的监督管理工作。市县级质量技术监督部门在各自的职责范围内负责本行政区域内安检机构的监督管理工作。

**第四条** 各级质量技术监督部门应当遵循科学、公正、廉洁、高效的原则，依法对安检机构实施监督管理。

**第五条** 安检机构应当严格依据国家有关法律法规规定，按照机动车国家安全技术标准和有关规定对机动车实施检验，并对检验结果负责。

### 第二章 安检机构资格许可

**第六条** 安检机构的设置，应当遵循统筹规划、合理布局、方便检测的原则。

**第七条** 国家对安检机构实行资格管理和计量认证管理。

安检机构应当依照国家有关法律法规的规定，取得计量认证、检验资格许可后，方可在批准的检验范围内承担机动车安全技术检验。

省级质量技术监督部门负责实施本行政区域内安检机构检验资格许可申请的受理、审查、决定和发证。

**第八条** 安检机构的计量认证管理依照计量有关法律法规的规定执行。

**第九条** 安检机构计量认证、检验资格许可的申请及其受理、现场审查、发证应当一并办理。

**第十条** 申请取得安检机构检验资格许可，应当具备以下基本条件：

（一）具有法人资格；

（二）具有满足机动车安全技术检验工作需要的，并经省级质量技术监督部门考核合格的从事机动车安全技术检验工作的技术人员；

（三）有完善的工作管理制度，有齐全的机动车安全技术检验标准等技术规范文件资料；

（四）具有申请检测车辆类型和项目所需的机动车安全技术检验的设备及其校准设备；

（五）机动车安全技术检验设备应当通过合法有效的型式认定，在用计量器具应当依法经质量技术监督部门授权的计量技术机构计量检定合格或校准，并在检定或校准有效期内；

（六）具有满足机动车安全技术检验的设施、工作场所和工作环境；

（七）其他应当具备的条件。

**第十一条** 申请安检机构检验资格许可，应当向所在地省级质量技术监督部门提交以下申请材料：

（一）申请书；

（二）法人证明及复印件；

（三）检验人员考核合格证书及复印件；

（四）计量器具检定或校准证书及复印件；

（五）检测线配置明细以及检测、校准设备清单；

（六）地理位置、场地及厂房平面图，相应的所有权或合法使用权证明及复印件；

（七）其他有关合法证明材料。

**第十二条** 省级质量技术监督部门接到申请后，应当按照《中华人民共和国行政许可法》关于许可受理的规定，根据申请不同情况，分别做出处理。

**第十三条** 省级质量技术监督部门在受理申请后，应当及时组织审查人员对申请人进行审查，审查包括资料审查和现场核查。

审查人员应当具备相应的专业知识和实践工作经验。

**第十四条** 省级质量技术监督部门对申请人进行审查后，应当根据《中华人民共和国行政许可法》关于许可审查和决定的程序、期限等规定，作出是否批准检验资格许可的决定。

**第十五条** 省级质量技术监督部门应当及时向获得检验资格许可的申请人颁发安检机构检验资格许可证书和检验专用印章。

安检机构检验资格许可证书的式样、编号规则和检验专用印章的式样，由国家质检总局统一规定。

**第十六条** 安检机构检验资格许可证书有效期为3年。

安检机构检验资格有效期期满，继续从事机动车安全技术检验活动的，应当于期满前3个月向所在地省级质量技术监督部门重新提出申请；安检机构迁址、改建或增加检测线的应当及时向省级质量技术监督部门提出申请；申请的受理、审查和决定按照本规定执行。

## 第三章　安检机构行为规范

**第十七条**　安检机构应当遵循独立、客观、公正、诚信的原则开展机动车安全技术检验活动。

**第十八条**　安检机构应当保持信息系统通畅，及时向质量技术监督部门提供机动车安全技术检验信息。

**第十九条**　安检机构应当保证在用设备正常完好，在用计量器具依法进行计量检定或校准，并按照质量技术监督部门的要求定期参加检验能力比对试验。

**第二十条**　安检机构应当建立健全各项规章制度和机动车安全技术检验档案，按照国家有关规定对检验结果和有关技术资料进行保存，有保密要求的，应当遵守保密规定。

**第二十一条**　安检机构应当加强机动车安全技术检验人员培训和内部管理，不断提高检验服务水平。

**第二十二条**　安检机构应当接受质量技术监督部门的监督检查和管理，每年1月底之前向所在地质量技术监督部门提交上年度工作报告。

年度工作报告内容应当包括：

（一）安检机构基本情况；

（二）机动车年检验车型及其数量等机动车安全技术检验业务开展情况；

（三）在用检测设备的变更情况和计量器具检定或校准情况；

（四）检验人员培训、考核及变更情况；

（五）投诉、异议处理情况；

（六）其他应当报告的事项。

**第二十三条**　安检机构在机动车安全技术检验活动中发现普遍性质量安全问题的，应当及时向质量技术监督部门等有关部门报告。

**第二十四条**　安检机构如需停止机动车安全技术检验工作3个月以上的，应当报省级质量技术监督部门备案，上交检验资格许可证书和检验专用印章，并于停业前1个月向社会公告。

安检机构停止机动车安全技术检验工作1年以上的，由省级质量技术监督部门注销安检机构检验资格。

**第二十五条**　安检机构不得有下列行为：

（一）涂改、倒卖、出租、出借检验资格许可证书；

（二）超出批准的检验范围开展机动车安全技术检验；

（三）不按照机动车国家安全技术标准进行检验；

（四）未经检验即出具检验报告等出具虚假检验结果的行为；

（五）要求机动车到指定的场所进行维修、保养；

（六）使用未经省级质量技术监督部门考核或者考核不合格的人员从事检验工作；

（七）无正当理由推诿或拒绝处理用户的投诉或异议；

(八)其他违法行为。

## 第四章　监督管理

**第二十六条**　各级质量技术监督部门应当在各自的职责范围内,对本行政区域内安检机构及其工作情况组织监督检查。

监督检查可以采取以下方式进行:

(一)查阅原始检验记录、检验报告;

(二)现场检查机动车安全技术检验过程;

(三)检验能力比对试验;

(四)审核年度工作报告;

(五)听取有关方面对安检机构机动车安全技术检验工作的评价;

(六)调查处理投诉案件;

(七)联网监察或者其他能够反映安检机构工作质量的监督检查方式。

**第二十七条**　各级质量技术监督部门在进行监督检查时,应当记录监督检查的情况和处理结果,由监督检查人员签字后归档。

**第二十八条**　县级以上地方质量技术监督部门对在安检机构监督检查工作中发现的问题,应当依法进行处理。对发现的重大问题,应当及时向上级质量技术监督部门汇报,并将情况通报公安机关交通管理等相关部门。

**第二十九条**　各级质量技术监督部门应当建立投诉举报制度,接受投诉举报的质量技术监督部门应当及时核实、处理。

**第三十条**　各级质量技术监督在监督检查或者受理投诉举报时,发现安检机构不按照机动车国家安全技术标准开展机动车安全技术检验,出具虚假检验结果的,应当及时移交公安机关交通管理部门。

## 第五章　法律责任

**第三十一条**　未取得检验资格许可证书擅自开展机动车安全技术检验的,由县级以上地方质量技术监督部门予以警告,并处3万元以下罚款。安检机构超出批准的检验范围开展机动车安全技术检验的,由县级以上地方质量技术监督部门责令改正,处3万元以下罚款;情节严重的,由省级质量技术监督部门撤销安检机构检验资格。

**第三十二条**　有下列情形之一的,构成犯罪的,依法追究刑事责任;构成有关法律法规规定的违法行为的,依法予以行政处罚;未构成有关法律法规规定的违法行为的,由县级以上地方质量技术监督部门予以警告,并处3万元以下罚款;情节严重的,由省级质量技术监督部门依法撤销安检机构检验资格:

(一)涂改、倒卖、出租、出借检验资格证书的;

(二)未按照规定参加检验能力比对试验的;

(三)未按照国家有关规定对检验结果和有关技术资料进行保存,逾期未改的;

(四)未经省级质量技术监督部门批准,擅自迁址、改建或增加检测线开展机动车安全技术检验的;

(五)拒不接受监督检查和管理的。

**第三十三条** 安检机构使用未经考核或者考核不合格的人员从事机动车安全技术检验工作的,由县级以上地方质量技术监督部门予以警告,并处安检机构5千元以上1万元以下罚款;情节严重的,由省级质量技术监督部门依法撤销安检机构检验资格。

**第三十四条** 有下列情形之一的,由县级以上地方质量技术监督部门责令改正,逾期不改正的,处以1万元以下罚款:

(一)未按照规定提交年度工作报告或检验信息的;

(二)要求机动车到指定的场所进行维修、保养的;

(三)推诿或拒绝处理用户的投诉或异议的。

**第三十五条** 安检机构停止机动车安全技术检验工作3个月以上,未报省级质量技术监督部门备案的,或未上交检验资格证书、检验专用印章的,或停止机动车安全技术检验未向社会公告的,由县级以上地方质量技术监督部门责令改正,并处1万元以上3万元以下罚款。

**第三十六条** 安检机构不按照机动车国家安全技术标准开展机动车安全技术检验,未经检验即出具检验报告等出具虚假检验结果的,由有关部门依法予以处罚。

**第三十七条** 从事机动车安全技术检验工作的人员在检验活动中接受贿赂,以职谋私的,由省级质量技术监督部门依法撤销其考核合格资质;情节严重的,移送有关部门追究责任。

**第三十八条** 质量技术监督部门的工作人员在安检机构监督管理活动中滥用职权、玩忽职守、徇私舞弊的,依法给予行政处分;构成犯罪的,依法追究刑事责任。

## 第六章 附 则

**第三十九条** 承担进出口机动车安全技术检验的机构的监督管理,按照《中华人民共和国进出口商品检验法》及其实施条例的有关规定执行。

**第四十条** 军用及特殊管理的机动车安全技术检验,按照有关规定执行。

**第四十一条** 本办法由国家质检总局负责解释。

**第四十二条** 本办法自2009年12月1日起施行。2006年2月27日国家质检总局发布的《机动车安全技术检验机构管理规定》同时废止。

# 附录2 机动车安全技术检验项目及方法

## 附录2-1 外廓尺寸测量

1.1. 检验设备、工具要求

1.1.1. 人工检验标准器

钢卷尺:不确定度:1级;标尺、铅锤、水平尺。

1.1.2. 外廓尺寸自动测量仪

测量仪应符合计量法规,测量仪最大允许误差:±1%或±20mm。

1.2. 人工检验方法

1.2.1. 车辆长度、宽度的测量

将车辆停放在平整、硬实的地面上,在车辆前后和两侧突出位置,使用铅锤在地面画出“十”字标记。如图1所示。

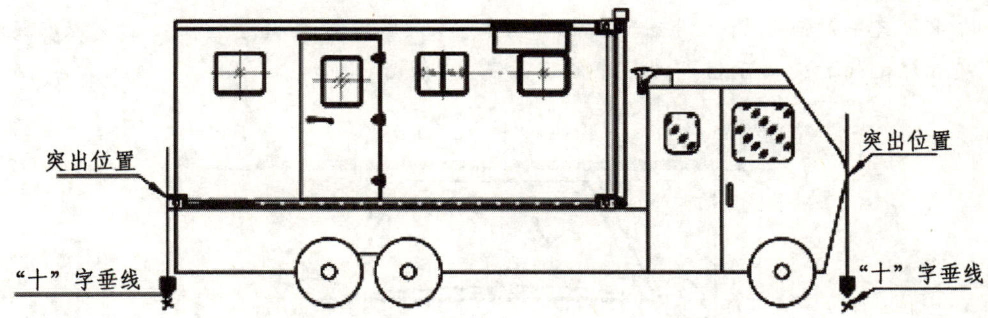


图1 车辆前后突出位置标注示意

为防止车辆前后突出位置不在同一中心线上,影响测试准确度,可将车辆移走,在地面的长宽标记点上分别画出平行线,在地面形成一个长方形框架(可用对角线进行校正)找出车辆中心位置,用钢卷尺分别测出长和宽的直线距离,作为整车的车长和车宽,但GB/T 3730.3规定的后视镜、侧面标志灯、示位灯、转向指示灯、挠性挡泥板、折叠式踏板、防滑链以及轮胎与地面接触部分变形,以及法律法规允许加装的其他部件不计入,如图2所示。

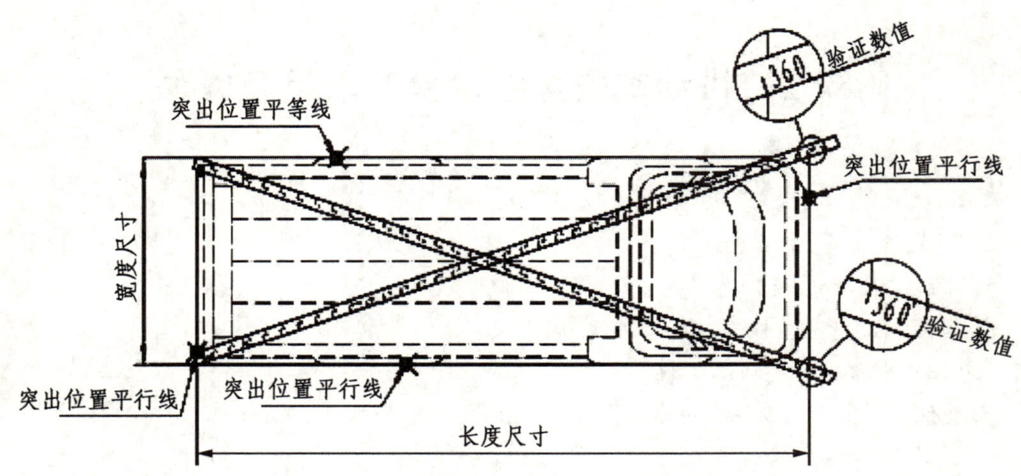


图 2　车辆长度、宽度的测量示意

1.2.2. 车辆高度的测量

将车辆停放在平整、硬实的地面上，将水平尺放在车辆的最高处并且保持与地面水平。在水平尺一端点放铅锤到地面画出“十”字标记，用钢卷尺测量水平尺该端点与地面“十”字标记之间的距离示值即为该车的实际高度，如图 3 所示。

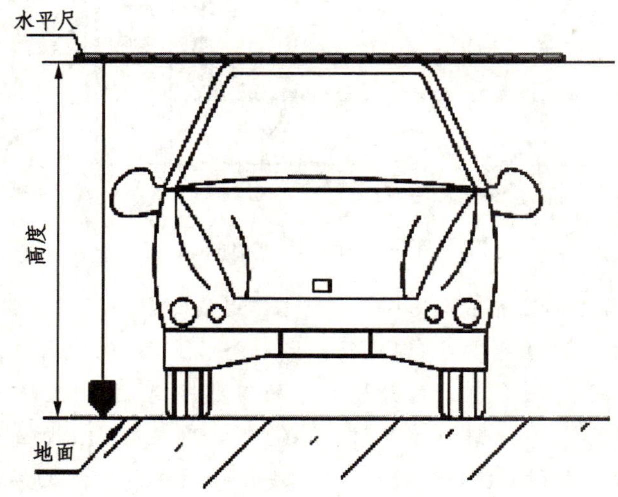


图 3　车辆高度的测量示意

1.3. 外廓尺寸自动测量仪检验

1.3.1. 将车辆正直居中驶进测量仪，按产品使用说明书的要求，测得车辆长度、宽度和高度数值。

1.3.2. 测量仪不得具有人工修改测量数据和照片的功能，对于需要人工确认修改不计入车长、车宽的，应记录修改日志。

1.4. 测量过程记录

1.4.1. 人工测量过程记录

人工检验的整个检验过程应进行全程摄像记录。

1.4.2. 外廓尺寸自动测量仪检验过程记录

仪器测量过程中应由仪器实时自动保存测得数据和车身正面、侧面的测量照片并上传至监管系统,照片及数据不能人工修改。

## 附录 2-2　整备质量测量

1.1. 设备要求

整备质量测量可选择地磅或轴(轮)重仪(包括带称重功能的平板试验台)等方式进行。三轴及三轴以上车辆如采用轴(轮)重仪测量时,应保证轴(轮)重仪有足够的有效测量长度,确保双联和三联的各并装轴同侧轮同时停在一块称重板上。

1.2. 测试车辆要求

测试车辆应符合 GB/T 3730.2 规定关于车辆质量的要求。

1.3. 应用地磅的测量方法

1.3.1. 将车辆平稳缓慢行驶至地磅上,等平稳静止后,测得整备质量。

1.3.2. 挂车的整备质量可先测得汽车列车的整备质量、牵引车的整备质量,然后计算得出汽车列车的整备质量与牵引车的整备质量的差值,作为挂车的整备质量。

1.4. 应用轴(轮)重仪的测量方法

1.4.1. 轴(轮)重仪测量时应保持被测车辆保持水平,将车辆依次逐轴(对并装双轴和并装三轴视为一轴)平稳缓慢行驶至测量台,等平稳静止后,测得该轴轴荷;计算所有轴荷之和,计为该车的整备质量。

1.4.2. 对于挂车的整备质量测量方法同 1.3.2 。

## 附录 2-3　制动性能检验

1.1. 台试空载制动检验

1.1.1. 检验设备相关要求

检验设备相关要求如下:

a) 机动车制动检验宜采用滚筒反力式制动检验台或平板制动检验台,并应根据所检验车辆的轴荷选择相应承载能力的制动台;

b) 轴(轮)重仪应水平安装,安装时称重台上表面与地平面的高差不得超过±5 mm;

c) 制动台前后地面的附着系数应不小于 0.7;

d) 用于检验多轴及并装轴车辆的滚筒反力式制动检验台,应具有台体举升功能并满足:滚筒中心距为 460 mm、主副滚筒高差为 30 mm 时,副滚筒上母线与地面水平面的高度差为+40 mm。当滚筒中心距增大或减小 10 mm,副滚筒上母线与地面水平面的高度差相应增大或减小 2 mm;当主副滚筒高差减小 10 mm,副滚筒上母线与地面水平面的高度差相应增大 4 mm。

1.1.2. 检验前准备

检验前应准备工作如下:

a）制动检验台滚筒（或平板）表面应清洁，没有异物及油污；

b）检验辅助器具应齐全；

c）气压制动的车辆，贮气筒压力应能保证该车各轴制动力测试完毕时，气压仍不低于起步气压（未标起步气压者，按 400 kPa 计）；

d）液压制动的车辆，根据需要将踏板力计装在制动踏板上。

1.1.3. 滚筒反力式制动检验台检验

检验步骤如下：

a）被检车辆正直居中行驶，各轴依次停放在轴（轮）重仪上，并按规定时间（不少于3s）停放，测出静态轴（轮）荷[轮（轮）重、制动分列式]；

b）被检车辆正直居中行驶，将被测试车轮停放在制动台滚筒上，变速器置于空挡，松开制动踏板；对于全时四轮驱动车辆，非测试轮应处于附着系数符合要求的辅助自由滚筒组上，变速器置于空挡；采用具有举升功能的滚筒反力式制动检验台时，对于多轴车辆及并装轴车辆，举升台体至规定位置，测出左右轮空载轮荷，计算得出该轴空载轴荷（或直接测得该轴空载轴荷）；

c）启动滚筒电机，稳定 3 s 后实施制动，将制动踏板逐渐慢踩到底或踩至规定制动踏板力，测得左、右车轮制动力增长全过程的数值及左、右车轮最大制动力，并依次测试各车轴；对驻车制动轴，操纵驻车制动操纵装置，测得驻车制动力数值，并按 1.1.5.1 要求计算轴制动率、不平衡率、驻车制动率、整车制动率；

d）可采取相关措施防止被检车辆在滚筒反力式制动检验台上后移，以适应制动检测需要。

1.1.4. 平板制动检验台检验

检验步骤如下：

a）检验员将被检车辆以 5～10 km/h 的速度滑行，置变速器于空挡后（对自动变速器车辆可位于“D”挡），正直平稳驶上平板；b）当被测试车轮均驶上平板时，急踩制动，使车辆停止，测得各车轮的轮荷（对小型、微型载客汽车应为动态轮荷，对于并装双轴、并装三轴车辆的左、右两侧可以按照 1 个车轮计）、最大轮制动力、轮制动力增长全过程的数值等，并按照 1.1.5.2 规定计算轴的制动率、不平衡率、整车制动率等指标；

c）重新启动车辆，待车辆驻车制动轴驶上平板时操纵驻车制动操纵装置，测得驻车制动力数值，按照 1.1.5.2 规定计算驻车制动率；

d）车辆制动停止时如被测试车轮已离开平板，则此次制动测试无效，应重新测试。

1.1.5. 制动性能参数计算

1.1.5.1. 用滚筒反力式制动检验台检验时

制动性能参数计算方法如下：

a）轴制动率为测得的该轴左、右车轮最大制动力之和与该轴（静态）轴荷之百分比；

b）以同轴左、右轮两个车轮均达到最大制动力（或两个车轮一个达到最大制动力，另一个产生抱死滑移；或两个车轮均产生抱死滑移）时为取值终点，取制动力增长过程中测得的同时刻左、右轮制动力差最大值为左、右车轮制动力差的最大值，用该值除以左、右车轮最大制动力中的大值（当后轴及其他轴，制动力小于该轴轴荷的 60%时为该轴轴荷），得到不平衡率；

c）整车制动率为测得的各轮最大制动力之和与该车各轴（静态）轴荷之和之百分比；

d）驻车制动率为测得的各驻车轴制动力之和与该车所有车轴（静态）轴荷之和之百分比。

注1：对多轴车辆及并装轴车辆，采用具有举升功能的滚筒反力式制动检验台，计算轴制动率、不平衡率和整车制动率时，（静态）轴荷按照空载轴荷计算。

注2：按照标准加载制动检验，计算加载轴制动率、加载轴制动不平衡率时，（静态）轴荷按照加载状态下的轴荷计算。

1.1.5.2. 用平板制动检验台检验时

制动性能参数计算方法如下：

a）轴制动率为测得的该轴左、右车轮最大制动力之和与该轴轴荷之百分比，对小（微）型载客汽车轴荷取左、右轮制动力最大时刻所分别对应的左、右轮荷之和，对其他机动车轴荷取该轴静态轴荷；

b）不平衡率、整车制动率、驻车制动率等指标的计算同1.1.5.1。

1.1.6. 特殊情形处置

特殊情形按以下方式处置：

a）在滚筒反力式制动检验台上检验时，被测试车轮在滚筒上抱死但整车制动率未达到合格要求时，应在车辆上增加足够的附加质量或相当于附加质量的作用力（在设备额定载荷以内，附加质量或作用力应在该轴左右车轮之间对称作用，不计入轴荷）后，重新测试；

b）在滚筒反力式制动检验台上检测受限的车辆或底盘动态检验过程中点制动时无明显跑偏，但左、右轮制动力差不合格的车辆，应换用平板制动检验台或采用路试检验。

c）对加装肢体残疾人操纵辅助装置的汽车，应通过操纵辅助装置检验制动性能。检验行车制动性能时施加在制动和加速迁延手柄表面上的正压力不应大于300 N，检验驻车制动性能时驻车制动辅助手柄的操纵力应不大于200 N。

1.2. 路试制动检验

1.2.1. 行车制动

1.2.1.1. 路试制动性能检验应在纵向坡度不大于1%、轮胎与地面间的附着系数不小于0.7的硬实、清洁、干燥的水泥或沥青路面上进行。检验时车辆变速器应置于空挡。检验前应对检验场地进行安全检查，并采取必要的防护及封闭措施，确保检验过程的安全。

1.2.1.2. 对于不适用于仪器设备制动检验的车辆，用制动距离或者充分发出的平均减速度（MFDD）和制动协调时间判定制动性能。有疑问时应安装踏板力计，检查达到规定制动效能时的制动踏板力是否符合标准。

1.2.1.3. 在试验路面上，按照GB 7258划出规定的试车道的边线，被测车辆沿着试车道的中线行驶。使用便携式制动性能测试仪进行测试时，行驶至规定初速度后，置变速器于空挡，急踩制动，使车辆停止，测量充分发出的平均减速度（MFDD）和制动协调时间，并检查车辆有无驶出车道边线；当使用第五轮仪或非接触式速度仪进行测试时，行驶至高于规定的初速度后,置变速器于空挡,滑行到规定的初速度时,急踩制动,使车辆停止,测量车辆的制动距离和检查车辆有无驶出车道边线。

1.2.1.4. 对已在制动检验台上检验过的车辆,制动力平衡及前轴制动率符合要求,但整车制动率未达到合格要求时,用便携式制动性能测试仪检测,对于小(微)型载客汽车及其他总质量不大于4500 kg的汽车的制动初速度应不低于30 km/h,对于其他汽车、汽车列车及无轨电车,制动初速度应不低于20 km/h,急踩制动后测取MFDD及制动协调时间。

1.2.2. 驻车制动

1.2.2.1. 将车辆驶上坡度为20%(总质量为整备质量的1.2倍以下的车辆为15%),附着系数不小于0.7的坡道上,按正、反两个方向保持固定不动,其时间不少于5 min,检验车辆的驻车制动是否符合要求。

1.2.2.2. 在用机动车检验时,在不具备试验坡道的情况下,可参照相关标准使用符合规定的仪器测试驻车制动性能。

1.3. 台试加载制动检验

加载制动检验宜采用具有台体举升功能的滚筒反力式制动检验台进行,多轴货车、由并装轴挂车组成的汽车列车的第一轴和最后一轴不进行加载制动检验。具体方法如下:

a) 被检车辆正直居中行驶,将被测试车的第二轴停放在制动台滚筒上,变速器置于空挡,松开制动踏板;

b) 通过举升台体对测试轴加载,举升至副滚筒上母线离地100 mm(或轴荷达到11500kg时),停止举升;测出左、右轮轮荷,计算得出该轴加载状况下的轴荷(或直接测得该轴加载状况下的轴荷);

c) 启动滚筒电机,稳定3 s后实施制动,将制动踏板逐渐慢踩到底或踩至规定制动踏板力,测得左、右车轮制动力增长全过程的数值及左、右车轮最大制动力;并按1.1.5.1要求计算加载轴制动率、加载轴制动不平衡率;

d) 重复a)、b)、c)步骤,依次测试各车轴。

## 附录2-4 前照灯检验

1.1. 设备要求

前照灯光束照射位置检验及前照灯远光光束发光强度测量应使用具备远近光光束照射位置检验功能的前照灯检测仪。

1.2. 检验前仪器及车辆准备

检验前,仪器及车辆准备如下:

a) 检测仪受光面应清洁;

b) 对手动式前照灯检测仪应检查其电池电压是否在规定范围内;

c) 轨道内应无杂物,使仪器移动轻便;

d) 前照灯应清洁。

1.3. 检验方法

1.3.1. 自动式前照灯检测仪检验

1.3.1.1. 采用自动式前照灯检测仪检验时，按以下步骤进行：

a）车辆沿引导线居中行驶至规定的检测距离处停止，车辆的纵向轴线应与引导线平行，如不平行，车辆应重新停放，或采用车辆摆正装置进行拨正；

b）置变速器于空挡（无级变速二轮、三轮车辆应实施制动），车辆电源处于充电状态，开启前照灯远光灯；

c）给自动式前照灯检测仪发出启动测量的指令，仪器自动搜寻被检前照灯，并测量其远光发光强度及远光照射位置偏移值；

（注：前照灯远光照射位置偏移值检验仅对远光光束能单独调整的前照灯进行；远光光束能单独调整的前照灯是指手工或通过使用专用工具能够在不影响近光光束照射角度的情况下调整远光光束照射角度的前照灯，通常情况下远近光束一体的前照灯其远光光束照射角度不能单独进行调整。）

d）被检前照灯转换为近光光束，自动式前照灯检测仪自动检测其近光光束明暗截止线转角（或中点）的照射位置偏移值；

e）按上述 c）、d）步骤完成车辆所有前照灯的检测；

f）在对并列的前照灯（四灯制前照灯）进行检验时，应将与受检灯相邻的灯遮蔽；

g）采用气体放电光源前照灯时，测试前应预热。

1.3.1.2. 三轮汽车、摩托车前照灯检验时，按以下步骤进行：

a）将车辆停止在规定的位置；

b）保持前照灯正对检测仪，有夹紧装置的将车轮夹紧；

c）开启前照灯检测仪进行检测，检测过程中车辆应处于充电状态（挡位置于空挡，无级变速的车辆应实施制动）；

d）对两轮机动车和装用一只前照灯的三轮机动车，记录前照灯远光光束发光强度；对装用两只或两只以上前照灯的三轮机动车，参照 1.3.1.1 的方法进行。

1.3.2. 手动式前照灯检测仪检验

用手动式前照灯检测仪检验时，参照 1.1.3.1 的方法进行。

## 附录 2-5　车速表指示误差检验

1.1. 设备要求

车速表检验宜在滚筒式车速表检验台上进行。

1.2. 检验程序

检验程序如下：

a）将车辆正直居中驶上检验台，驱动轮停放在测速滚筒上；

b）降下举升器或放松滚筒锁止机构，为防止车辆向前驶出该工位，可在非驱动轮前部加止动块（前轮驱动车使用驻车制动）；

c）当车速表指示 40km/h 时，测取实际车速，检验结束；

d）升起举升器或锁止滚筒，将车辆驶出检验台。

1.3. 检验注意事项

注意事项如下：

a) 测速时车辆前、后方及驱动轮两旁不准站立人员；

b) 检验结束后，检验员不可采取任何紧急制动措施使滚筒停止转动；

c) 对于不能在车速表检验台上检验的车辆，只需在底盘动态检验时定性判断其车速表工作是否正常即可。

## 附录 2-6　转向轮横向侧滑量检验

1.1. 设备要求

转向轮横向侧滑量的检验应在侧滑检验台上进行，侧滑检验台宜具有轮胎侧向力释放功能。

1.2. 检验程序

将车辆正直居中驶近侧滑检验台，并使转向轮处于正中位置，在驱动状态以不大于5km/h 的车速平稳、直线通过侧滑检验台，读取最大示值。

1.3. 检验注意事项

车辆通过侧滑检验台时，不得转动方向盘；不得在侧滑检验台上制动或停车；应保持侧滑检验台滑板下部的清洁，防止锈蚀或阻滞。

## 附录 2-7　玻璃可见光透射比的检验

1. 测量参数

玻璃可见光透射比。

2. 使用的仪器设备

透光率计。

3. 试验方法

3.1. 透光率计使用前标定。将取样器连接在主机上，打开电源，将内外取样器的取样区完全重合、零点位对中，检查透光率计主机上透光率的显示值，若该值此时不小于99.9%，则仪器正常，可进行检测。

3.2. 将取样器置于前风窗玻璃的内外两侧，内外取样器的取样区完全重合、零点位对中，读取透光率值；将取样器置于风窗以外玻璃用于驾驶员视区部位(即驾驶员用于观察后视镜的部位)，重复上述步骤，读取透光率值。

3.3. 校车应按上述步骤检测前风窗玻璃以及风窗以外玻璃用于驾驶员视区部位和所有车窗玻璃。

4. 试验结果处理

测得的前风窗玻璃及风窗以外玻璃用于驾驶员视区部位透光率最小值即为该车前风窗玻璃及风窗以外玻璃用于驾驶员视区部位的玻璃可见光透射比。

校车的玻璃可见光透射比按两个区域(前风窗玻璃及风窗以外玻璃用于驾驶员视区部位和其他车窗)分别进行评价。驾驶员视区部位的评判与其他车辆一致,所有车窗玻璃的测试结果中,透光率最小值即为该车的车窗玻璃可见光透射比。

前风窗玻璃及风窗以外玻璃用于驾驶员视区部位玻璃可见光透射比不小于70%。校车前风窗玻璃及风窗以外玻璃用于驾驶员视区部位玻璃可见光透射比不小于70%;其他所有车窗玻璃的可见光透射比均应不小于50%,且不应张贴有不透明和带任何镜面反光材料之色纸或隔热纸。

## 附录2-8 使用方向盘转向力—转向角检测仪的定值测量

1.测量参数

“方向盘的最大自由转动量”和“方向盘外缘的最大切向力”。

2.使用的仪器设备

方向盘转向力—转向角检测仪。

3.试验的道路设施环境条件

试验场地应为平坦、硬实、干燥和清洁的水泥或沥青道路,直径应大于31 m。

在试验场地上按图1所示画出检测场地标线。

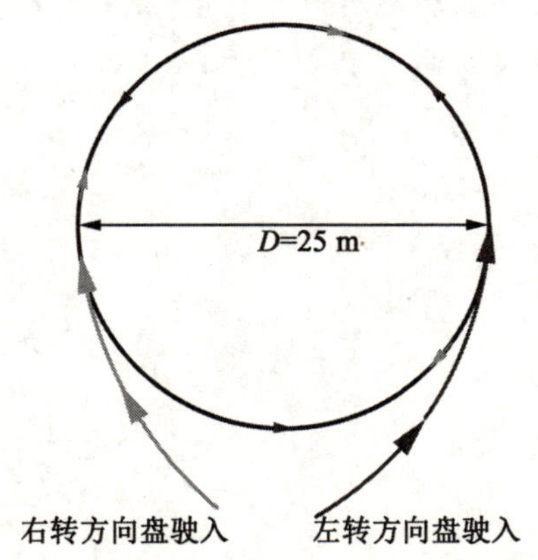


图1 方向盘外缘的最大切向力检测场地标线示意图

4.试验方法

4.1.方向盘的最大自由转动量检验

将被检车辆停在检测场地上,保持车体正直。将方向盘转向力—转向角检测仪安装在被测机动车方向盘上,机动车在原地不动,向左轻转方向盘至转向轮即将动作的瞬间(转向轮即将转动但未转动时),停止转动方向盘,初步调整方向盘转向力一转向角检测仪的转角示值为零,将电位器的转轴通过连杆固定在驾驶室内,精确调整方向盘转向力—转向角检测仪的转角示值为零，该点即为测试零点位。输入车辆信息，进入测试状态。向右轻转方向盘至转向轮即将动作的瞬间（转向轮即将转动但未转动时），读取方向盘转向力—转向角检测仪上转向角值，即为方向盘最大自由转动量。

4.2. 方向盘外缘的最大切向力检验

将被检车辆停在检测场地上，保持车体正直，将方向盘转向力—转向角检测仪安装在被测机动车方向盘上，初步调整方向盘转向力一转向角检测仪的转向力示值为零，将电位器的转轴通过连杆固定在驾驶室内，精确调整方向盘转向力—转向角检测仪的转向力示值为零，该点即为测试零点位。按图 1 所示，左转机动车方向盘，机动车以 10 km/h 的速度在 5 s 之内沿螺旋线从直线行驶过渡到直径为 25 m 的圆周行驶，读取方向盘转向力—转向角检测仪上的转向力值，即为施加于方向盘向左转时外缘的最大切向力；右转机动车方向盘，重复上述步骤，读取方向盘向右转时外缘的最大切向力。

5. 试验结果处理

5.1. 方向盘的最大自由转动量

机动车方向盘的最大自由转动量应满足以下要求：

5.1.1. 最大设计车速≥100 km/h 的机动车≤15°；

5.1.2. 三轮汽车≤35°；

5.1.3. 其他机动车≤25°。

5.2. 方向盘外缘的最大切向力

取方向盘向左转或向右转的转向力中最大值，即为方向盘外缘的最大切向力。

施加于方向盘外缘的最大切向力不应大于 245 N。

# 附录3　机动车安全技术检验必备检验标准

1.《机动车运行安全技术条件》(GB 7258—2012)
2.《机动车安全技术检验项目和方法》(GB 21861—2014)
3.《道路车辆外廓尺寸、轴荷及质量限值》(GB 1589—2004)
4.《专用校车安全技术条件》(GB 24407—2012)
5.《客车结构安全要求》(GB 13094—2007)
6.《轻型客车结构安全要求》(GB 18986—2003)
7.《车辆尾部标志板》(GB 25990—2010)
8.《货车及挂车　车身反光标识》(GB 23254—2009)
9.《汽车及挂车外部照明和光信号装置的安装规定》(GB 4785)
10.《汽车和挂车侧面防护要求》(GB 11567.1)
11.《汽车和挂车后下部防护要求》(GB 11567.2)
12.《道路运输危险货物车辆标志》(GB 13392)
13.《道路车辆 车辆识别代号(VIN)》(GB 16735)
14.《机动车用三角警告牌》(GB 19151)
15.《道路运输爆炸品和剧毒化学品车辆安全技术条件》(GB 20300)
16.《校车标识》(GB 24315)
17.《道路车辆　质量　词汇和代码》(GB/T 3730.2)
18.《汽车和挂车的术语及其定义　车辆尺寸》(GB/T 3730.3)
19.《天然气汽车和液化石油气汽车　标志》(GB/T 17676)
20.《汽车行驶记录仪》(GB/T 19056)
21.《机动车安全技术检验业务信息系统及联网规范》(GB/T 26765)
22.《中华人民共和国机动车号牌》(GA 36)
23.《机动车术语 类型和定义》(GA 802)
24.《机动车号牌专用固封装置》(GA 804)
25.《机动车安全技术检验监管系统通用技术条件》(GA 1186)

# 参考文献

1.《检验检测机构资质认定机动车安全技术检验机构评审补充要求》。

2.《机动车安全技术检验机构监督管理办法》。

3. 吴兴敏:《汽车检测与诊断技术》,中国人民大学出版社 2011 年版。

4. 安相壁、马效:《汽车检测设备与维修》,北京理工大学出版社 2005 年版。

5. 公安部道路交通管理标准化委员会:《机动车安全技术检验相关标准汇编》,北京中国标准出版社 2004 年版。

6. 刘元鹏、仝晓平:《反力式台架检测汽车制动性能关键技术参数的实验研究》,载《中国测试》2009 年第 35 期。

7. 张荣新:《计算机网络综合布线系统》,清华大学出版社 2003 年版。

8. 张福学:《传感器应用及其电路精选》,北京电子工业出版社 1993 年版。

9. 唐向臣、田雪松等:《汽车检测设备与控制系统培训教材》,济南新凌志检测技术有限公司,2010 年。

**图书在版编目(CIP)数据**

机动车安全技术检验机构检验技术人员专业技术培训教程/山东认证协会编写.
—济南:山东大学出版社,2016.4
ISBN 978-7-5607-5541-0

Ⅰ.①机...
Ⅱ.①山...
Ⅲ.①机动车－安全检查－技术培训－教材
Ⅳ.①U467.1

中国版本图书馆 CIP 数据核字(2016)第 100467 号

责任编辑:武迎新
策划设计:武迎新
封面设计:张　荔

出版发行:山东大学出版社
社　址　山东省济南市山大南路 20 号
邮　编　250100
电　话　市场部(0531)88364466
经　销:山东省新华书店
印　刷:山东新华印务有限责任公司
规　格:787 毫米×1092 毫米　1/16
17.25 印张　396 千字
版　次:2016 年 5 月第 1 版
印　次:2016 年 5 月第 1 次印刷
定　价:45.00 元